Martin Kaufhold
Die abendländische Christenheit im Mittelalter

Martin Kaufhold

Die abendländische Christenheit im Mittelalter

FREIBURG · BASEL · WIEN

© Verlag Herder GmbH, Freiburg im Breisgau 2025
Hermann-Herder-Str. 4, D-79104 Freiburg i. Br.
Alle Rechte vorbehalten
www.herder.de
produktsicherheit@herder.de
Umschlaggestaltung: geviert.com, Andrea Wirl, Schmiechen
Umschlagbild: © mauritius images / The Picture Art Collection / Alamy / Alamy Stock Photos
Satz: dtp studio eckart | Jörg Eckart, Frankfurt am Main
Herstellung: PBtisk a.s., Příbram
Printed in the Czech Republic
ISBN Print 978-3-451-02977-6
E-Book (EPub) 978-3-451-84277-1

Mir erscheint, König, das gegenwärtige Leben der Menschen auf der Erde im Vergleich zu der Zeit, die für uns ungewiss ist, wie wenn Du mit deinen Earldomen und Thanen im Winter beim Mahle sitzt, am lodernden Feuer in der Mitte, in der erwärmten Halle, während draußen die Winterstürme mit Regen und Schnee wüten, und einer der Sperlinge hereinkommt und die Halle sehr schnell durchfliegt; wenn er durch die eine Tür hereinkommt, fliegt er bald durch die andere hinaus. Zwar wird er während der Zeit, in der er drinnen ist, vom Wintersturm nicht berührt, aber er entkommt dennoch deinen Augen, da er nach dem raschen Ende der sehr kurzen Zeit des schönen Wetters sogleich vom Winter in den Winter zurückkehrt. So erscheint dieses Leben der Menschen als sehr kurze Zeit; was aber folgt und was vorausgeht, das wissen wir überhaupt nicht. Wenn aber diese neue Lehre etwas Gewisseres bringt, scheint sie zu Recht befolgenswert zu sein.

Ein Berater König Edwins von Northumbria plädiert im Jahr 627 für die Annahme des Christentums in dessen Königreich.[1]

Inhalt

Vorwort | 11
Einleitung: Ein anderer Blick | 13

Teil I
Weite Räume und wenige Priester: Die Christen im frühen Mittelalter (5.–11. Jahrhundert)

1 Das römische Erbe und die barbarische Herausforderung | 31
Das Absinken der römischen Ordnung | 31   Bedas Welt | 38

2 Wege zum Glauben | 44
Die irische Mission | 44   Regionale Welten des Glaubens | 52   Die Christenheit im Übergang zum Mittelalter | 57

3 Bekehrungen (500–1000) | 62
Chlodwigs Bekehrung (um 500) | 64   Die Bekehrung Edwins von Northumbria (627) | 69   Die Königinnen | 72   Die Christianisierung der Sachsen durch Karl den Großen (772– um 800) | 74   Island wird christlich (1000) | 79

4 Könige und Bauern | 84
Im Kreis der Könige | 84   Liuthar-Evangeliar und Regensburger Sakramentar | 90   Bäuerliche Welt und christlicher Glaube | 94

5 Gelebtes Vorbild und hierarchische Doktrin: Die Vermittlung und Verbreitung des Glaubens | 101
Bonifatius | 101   Synoden und schriftliche Überlieferung | 104   Regino von Prüm | 107   Die Grenzen der geistlichen Autorität | 110   Die Welt der Klöster | 113   Benedikt von Nursia und die Benediktregel | 114   Der Weg der Mönche | 122

Inhalt

Teil II
Neue Fragen, radikale Antworten: Der Glaube im hohen Mittelalter (11.–13. Jahrhundert)

6 Das Christentum als Lebensform: Die Christianisierung Europas (1050–1300) | 131
Aufbrüche | 136

7 Der Aufstieg des Papsttums in unruhigen Zeiten | 139
Gregor VII. | 139   Das Papsttum auf dem Höhepunkt seiner Macht | 144

8 Die Grenzen der päpstlichen Macht | 151
Widerstände gegen Gregor VII. | 151   Das Beispiel Konstanz | 154   Das Unbehagen des Sigebert von Gembloux | 157   Soziale und religiöse Unruhe | 158   Anselm von Canterbury: *Cur Deus Homo* | 160   Die Sorge um das Seelenheil | 163

9 Aufbruch in Armut | 167
Leben wie die Apostel | 168   Franziskus | 171   Die Franziskaner nach Franziskus | 176   Grundzüge des Aufbruchs in Armut | 181

10 Gewalt und Verfolgung | 185
Kreuzzüge und Judenpogrome | 185   Die blutige Eroberung Jerusalems | 189   Die Verfolgung von Häretikern | 194   Die Inquisition | 196

11 Die Heilige Schrift und die Wirkung christlicher Texte | 201
Eine Religion des Buches | 201   Christliches Personal für eine Welt der Helden | 204   Der Text der Heiligen Schrift | 206   Übersetzungen | 210   Der Sitz im Leben | 212   Die biblische Bibliothek | 214   Skriptorien und die Verbreitung der Texte | 217   Neue Leserschichten | 222   Neue Formate | 224   Hilfsmittel für das Verständnis der Bibel | 227   Exegese | 234

12 Weibliche Spiritualität | 239
Maria von Oignies – eine frühe Begine | 239   Die tägliche Arbeit des Glaubens | 241   Christliche Mütter | 245   Dhuoda als Erzieherin | 247   Führende Frauen | 251   Heloïse | 252   Eine Ausnahmeerscheinung: Hildegard von Bingen | 254   Katharina von Siena und die Krise des Papsttums | 259   Birgitta von Schweden | 262   Anmut in der Bedrängnis: Johanna von Orléans | 263

13 Auf Augenhöhe mit guten und finsteren Mächten:
    Der religiöse Alltag | 267
Dämonen | 267   Natürliche Geister | 272   Engel | 274   Dunkle Magie | 277   Figürliche Darstellungen | 281

14 Die besonderen Christen: Ein neues Klerikerideal | 285
Gratian | 285   Sanktionen | 287   Neue Priester | 289   Pfarrer und Pfarreien | 294   Städtische Pastoral | 297   Landpfarrer | 299   Geistliche Rivalitäten | 302   Wilhelm Durandus und sein *Rationale* | 305

Teil III
Menschen aus Fleisch und Blut: Die Christenheit im späten Mittelalter (14.–15. Jahrhundert)

15 *Ecce homo:* Leiden mit dem Gekreuzigten | 311
Neue Ausdrucksformen in der Passionsdarstellung | 311   Leidenserfahrungen | 314   Andacht | 317   Eine neue religiöse Haltung | 319   Die innere Einstellung | 321   Die verletzliche Kreatur | 322

16 Viele Aufbrüche, aber kein Umbruch: Reformen | 326
Reformbedarf | 326   Konzilien | 330   Ein Klerus in vielen Gestalten | 332   Reformvorschläge | 335   Das Basler Konzil und das Ende des Konziliarismus | 339   Ordensreformen | 341   Jan Hus und John Wyclif | 342   Die Aufbrüche der Laien | 345   Thomas von Kempen | 346   Antonello da Messina | 351

17 Die letzten Dinge | 353
Im Angesicht des Todes | 353   Augustinus | 357   Biblische Belege | 361   Reinigendes Feuer | 363   Jenseitsvorstellungen | 369   Jenseitsreisen | 372   Das Jüngste Gericht | 378   Die Hölle | 381   Auferstehung und Paradies | 384

Schluss Grundzüge einer Geschichte der Christenheit im Mittelalter | 387
Frühes und hohes Mittelalter: Ein Glaube für Macht und Sieg | 387
Der Umschwung im 13. Jahrhundert: Die Armutsbewegung und die Hinwendung zur Passion | 392   Reale Vielfalt und die Illusion der Einheit | 395

Inhalt

Anmerkungen | 401
Quellen und Literatur | 417
Zitierte Quellen | 417   Weiterführende Literatur | 423
Bildnachweis | 426
Zum Autor | 426
Personenregister | 427

Vorwort

Das Anliegen dieses Buches ist eine lebendige Geschichte der mittelalterlichen Christenheit. Die Darstellung bleibt nah an den Menschen, von deren Fragen, von deren Leben und von deren Glauben es handelt. Die Christenheit im Mittelalter war eine Welt in Bewegung, geprägt von Traditionen, aber voller Aufbrüche, voller Widersprüche und voller Leben. Für die historische Darstellung bedeutet das, nahe an den Quellen zu bleiben. Die Geschichte des Papsttums, der Kirchenstrukturen, der vielen Ämter spielt hier nur eine Nebenrolle. Dazu gibt es bereits viel Literatur. In diesem Buch geht es besonders um den Wandel der Christenheit in den tausend Jahren des Mittelalters. Tausend Jahre sind eine lange Zeit, und in dieser Zeit änderte die lateinische Christenheit ihre Zusammensetzung und ihr Erscheinungsbild entscheidend. Aus kleinen Christenheiten, die von Königen dominiert wurden, entstand eine europäische Christenheit, die von Menschen sehr verschiedener Herkunft geprägt wurde. Sie war weniger harmonisch, als dies meist vermutet wird. Sie war lebendig, aber auch aggressiv, dynamisch, aber auch von autoritärer Unbeweglichkeit. Die Vielfalt macht ihren Reiz aus. Viele ihrer Ansätze und ihrer Aufbrüche prägen das Bild der Christenheit bis heute. Dabei überwiegt heute meist ein autoritäres Bild dieser Epoche. Das liegt in einem hohen Maß an einer Interpretation der Geschichte, die die Rolle des Papsttums und der Hierarchie in den Mittelpunkt stellt. Es geht auch anders. Dieses Buch versucht die Perspektive zu öffnen und die unruhigen Menschen im Mittelalter ins Zentrum zu stellen.

Es gehört zur guten Praxis in der Wissenschaft, Quellenzitate nachzuweisen. Darum habe ich mich bemüht. Es ist ein Privileg des Professorenberufs, großen Fragen über längere Zeit nachgehen zu können. Und ich bin meinem Lektor, Dr. Bruno Steimer, sehr dankbar, dass er diese Leidenschaft für große Fragen verstanden und durch eine ganze Reihe von Vorschlägen unterstützt hat. Auf diese Weise ein Buch zu vollenden, ist ein Vergnügen. Philipp Müller-Augustin hat mit seinem scharfen Blick auf den fertigen

Vorwort

Text die Leserinnen und Leser vor manchem Ärgernis bewahrt. Dafür danke ich ihm herzlich. Was an Fehlern verblieben ist, liegt in meiner Verantwortung.

Wie meine anderen größeren und kleineren Bemühungen widme ich auch diese Friederike. Und der Jugend: Maria, Jonathan und Marla-Elise, Kristina und Carlo.
Vielen Dank für alles.

Augsburg, im November 2024 *Martin Kaufhold*

Einleitung

Ein anderer Blick

Die Geschichte der mittelalterlichen Christenheit ist eine lebendige Geschichte. Es ist eine Geschichte voller Gegensätze: von der Bekehrung ganzer Volksstämme und von vergeblichen Missionsversuchen, von pragmatischem Abwägen und von erschütternden Gottesbegegnungen, vom selbstlosen Dienst an Kranken und Armen und von finsterer Verfolgung. Es ist eine Geschichte mit Licht und Schatten. Eine Geschichte voller Bewegung.

So wird sie allerdings nur noch selten erzählt. Die Geschichte der Christenheit im Mittelalter erscheint heute in hohem Maße von Päpsten bestimmt. Die Lehren und die Macht des Papsttums hätten das Leben einer religiösen Epoche geprägt und römische Vorschriften hätten weit in den Alltag der Menschen hineinregiert. Am Papsttum kommt beim Blick auf das christliche Mittelalter niemand vorbei. Das hat Gründe und es hat eine lange Tradition. Schon Novalis hatte diese Perspektive in seinem elegischen Rückblick auf „Die Christenheit oder Europa" eröffnet: *Es waren schöne glänzende Zeiten, wo Europa ein christliches Land war, wo eine Christenheit diesen menschlich gestalteten Erdteil bewohnte.* Die Einheit wurde dadurch gewahrt, dass die Fragen und Konflikte durch einen besonderen Mann weise beigelegt wurden: *Fürsten legten ihre Streitigkeiten dem Vater der Christenheit vor, willig ihm ihre Krone und Herrlichkeit zu Füßen.*[2] Die Machtfülle des Papstes, mit Verantwortung und väterlicher Umsicht ausgeübt, war der Garant der Einheit.

Man sieht das heute differenzierter. Die Konflikte zwischen den mittelalterlichen Päpsten und den Herrschern ihrer Zeit füllen Bibliotheken. Aber das Bild der mittelalterlichen Christenheit ist meist das Bild einer strengen hierarchischen Ordnung mit dem Papst an der Spitze.

Einleitung

Die mittelalterlichen Päpste hätten über manches moderne Urteil die Stirn gerunzelt, aber sie hätten dieser Erzählung zugestimmt, die die Geschichte der Christenheit ihrer Epoche weitgehend auf das Wollen und Wirken entschlossener Päpste zurückführt. Modern gesprochen wird das Bild der mittelalterlichen Christenheit in hohem Maß durch ein Papstnarrativ geprägt.

Tatsächlich aber ist eine papstgeprägte Geschichte der Christenheit im Mittelalter eher eine Geschichte kirchlicher Institutionen und ihrer Ansprüche als eine Geschichte der Menschen und ihrer Erfahrungen mit dem christlichen Glauben. Es ist vor allem eine Geschichte der Texte. Die Fülle und die Qualität päpstlicher und auf das Papsttum ausgerichteter Texte kann keine historische Arbeit übersehen. Sie ist in der Tat beeindruckend.

Wie anders könnte sich die Geschichte der Kirche und der mittelalterlichen Christenheit heute darstellen, wenn die Landsknechte, die im Mai 1527 mordend, plündernd und brandschatzend durch Rom zogen, nicht durch die Launen des Zufalls von der vollständigen Zerstörung der päpstlichen Archive abgehalten worden wären:

Mit Beute beladen, verließen sie Rom [...] Alle Register, Suplikenregister und Schriften der Apostolischen Kammer wurden geplündert, zerrissen und teilweise verbrannt, so dass kein Stück davon mehr zu finden ist. Wie viele Bullen [päpstliche Urkunden und päpstliche Bleisiegel] *wurden verstümmelt, ihr Blei zu Kugeln der Arkebusiere gemacht. Die schöne geheime Bibliothek des Papstes, die in der ganzen Welt nicht ihresgleichen hat, wurde geplündert: aber Dentuulla* [Schreibfehler] *des Prinzen von Oranien, sagte, dass der Prinz von Oranien, der seine Garderobe dort hatte, sie vor einer großen Plünderung bewahrt hat: was wir sehr schwer zu glauben finden.*[3]

Paläste und Bibliotheken brannten, es gab zahlreiche Opfer, aber viele historische Dokumente überstanden den Sacco di Roma zu Beginn der Neuzeit. Dadurch behielt das Mittelalter im historischen Rückblick eine päpstliche Prägung; Archive von Königen, von Adligen und von Städten in Europa wurden durch die kriegerische Geschichte der Neuzeit und durch politische Umbrüche stärker in Mitleidenschaft gezogen. So wissen wir über viele Vorgänge der mittelalterlichen Geschichte nur Bescheid, weil das päpstliche Archiv Abschriften einschlägiger Unterlagen in seinen Beständen verwahrt. Die Originale sind in den meisten Fällen verloren. Da, wo wir es vergleichen können, stellen wir fest, dass nur etwa ein Zehntel der Texte im päpstlichen Archiv noch im Original erhalten ist. Die Masse dieser Dokumente ist verloren. Ohne die Kopien im päpstlichen Register hätten wir über viele wichtige Vorgänge keine Informationen mehr. Aber das päpstliche Register überliefert besonders die päpstlichen Anteile am Geschehen.

Wer schreibt, der bleibt. Die frühe Entwicklung der päpstlichen Buchführung als Sicherung für die vielen Rechtsansprüche des Papsttums im christlichen Europa bewährte sich im Sacco di Roma wohl auch deshalb, weil die Abschriften für die marodierenden Soldaten keinen materiellen Wert besaßen. Die Originalurkunden, an denen noch herrschaftliche Siegel hingen, wurden von den Plünderern achtlos weggeworfen, nachdem sie die Siegel abgerissen hatten; sie gingen verloren. Schwere Bücher, die nur zäh brannten und keinerlei Schmuck aufwiesen, konnten in der Attraktivität nicht mit feierlichen Urkunden konkurrieren, deren Inhalt banal sein mochte, die aber ein kaiserliches Goldsiegel zierte. So blieben die konzentriert gesammelten Informationen über päpstliche Initiativen, päpstliche Weisungen und päpstliche Rechte erhalten und prägen das Bild der mittelalterlichen Kirche bis heute.

Aber in vielen Fällen wirken diese Schriftstücke stärker auf die Nachwelt, als sie auf ihre mittelalterliche Gegenwart gewirkt haben. Das päpstliche Archiv hat Brände, Hochwasser, Aufstände und Kriege überstanden, es wurde in den Jahren Napoleons für einige Zeit nach Paris verbracht und kehrte mit Verlusten zurück, aber es gibt bis heute Zeugnis von der Geschichte des selbstbewussten Hauptes der katholischen Christenheit. Die päpstlichen Dokumente sind durch sorgfältige Textausgaben erschlossen. Sie sind unverzichtbar für eine vollständige Geschichte des Mittelalters. Ihr Anteil an der Überlieferung entspricht indes nicht ihrer Wirkung im Mittelalter selbst.

Kaum eine Geschichte des Papsttums oder der mittelalterlichen Kirche verzichtet auf die Wiedergabe des berühmten *Dictatus papae*, jener 27 programmatischen Sätze, die Gregor VII. im März 1075 seinem Schreiber persönlich diktierte. Es sind kraftvolle Sätze, und die päpstliche Politik jener Jahre des Investiturstreits scheint sich in wichtigen Punkten danach gerichtet zu haben. Es sind Sätze, von denen Studierende der mittelalterlichen Geschichte mehrheitlich meinen, dass die Könige dieser Zeit sie kannten. So

Einleitung

sollten die Herrscher wissen, was sie von diesem Papst erwarten konnten, er hatte es ja angekündigt. Tatsächlich aber kannten nur der Papst und sein Schreiber diese Sätze, die heute in jedem Geschichtsbuch zum Mittelalter und jedem Tutorial zum mittelalterlichen Papsttum zu finden sind. Die historische Forschung kennt diese Sätze seit der Erschließung des Briefregisters dieses Papstes, in das sie eingetragen waren – zu welchem Zweck, ist bis heute nicht klar. *Dass nicht als katholisch angesehen werden kann, wer sich nicht in Übereinstimmung mit der römischen Kirche befindet.*[4] Dieser 26. Satz des päpstlichen Textes hat sich stark auf unser Bild der mittelalterlichen Christenheit ausgewirkt. Dabei wissen wir nicht, wie verbreitet er war.

In der Welt, in der Gregor VII. diesen Satz diktierte, stieß seine Autorität schon in Rom an enge Grenzen. Eines seiner wichtigsten Anliegen war die Durchsetzung des Zölibats für alle Priester. Aber Gregor konnte nicht verhindern, dass die Boten des Bischofs von Konstanz, die er nach Rom bestellt hatte, um sie auf die neue Linie zu verpflichten, die Stadt verließen, bevor er die Beschlüsse der Synode gegen die Priesterehe und den Ämterkauf verkünden konnte. Man musste dem Papst nicht laut widersprechen. Es reichte, ihn zu überhören. Damit gewann man Zeit. Und der Vorgang ließ sich wiederholen – mehr als einmal. Der Papst musste Briefe nach Konstanz schicken. Der Bischof musste sie nicht lesen. In Fragen des Glaubens forderten die römischen Päpste seit Gregor VII. Gefolgschaft. Gefordert hatte das schon mancher Papst in den Jahrhunderten zuvor, aber solche Vorstellungen waren vor der Wende zum 11. Jahrhundert nicht durchgedrungen. Mit der Wende zum 11. Jahrhundert änderte sich der römische Ton und die römische Entschlossenheit, aber es dauerte noch immer über hundert Jahre, bis ein Papst den Ehrentitel des *Stellvertreters Christi* allein für sein Amt beanspruchte. Lange hatten die Könige Europas als Stellvertreter Christi gegolten. Diese Rolle verloren sie an die römischen Päpste. Seit dem Beginn des hohen Mittelalters wurden die römischen Ansprüche markant formuliert.

Ihnen [den Römern] setze ich Grenzen weder in Raum noch in Zeit, eine Herrschaft ohne Ende habe ich ihnen zugedacht.[5] Die berühmten Worte, die Vergil in seiner „Aeneis" Jupiter über die Aussichten seines Helden und seiner Nachkommen sprechen lässt, gelten als Ausdruck des römischen Selbstverständnisses zur Zeit des Augustus. Das war eine Zeit heidnischer Herrschaft. Über die räumlichen Folgen dieser Prophezeiung wurde viel nachgedacht, ihre zeitliche Erstreckung wird dagegen seltener beachtet. Mit der ausgehenden Antike traten die Bischöfe in den alten römischen Städten allmählich das Erbe des römischen Reichs an. Die römische Herrschaft nördlich der Alpen ging unter, aber ihre Aura lebte weiter. Vergil behielt Recht, was die Aussichten der Römer auf eine Herrschaft ohne zeitliche Grenzen anging. Nicht im Sinn der klassischen Herrschaft, die auf der Befehlsgewalt über Menschen basiert; diese römische Befehlsgewalt, die in den äußeren Provinzen des Reichs immer ihre Grenzen fand, verschwand mit den Legionen. Aber der Glanz der römischen Herrschaft überstrahlte ihr praktisches Ende. Bischöfe wie Caesarius im südfranzösischen Arles († 542) oder Gregor von Tours († 594) führten die jahrhundertealte Tradition römischer Kultur in Gallien fort, auch wenn die Herrschaft inzwischen durch merowingische Könige ausgeübt wurde. Das Koordinatensystem der frühmittelalterlichen Ordnung behielt eine römische Achse. Aber eine Änderung trat ein. Für das römische Reich der Antike markierten seine Städte, Straßen, Magistrate und Legionen einen Handlungshorizont. In seinen Grenzen konnte der Senat, der Prinzipat und später der Kaiser mit seinen Weisungen die Verhältnisse gestalten, zumindest auf sie einwirken. Der römische Staat übte Macht aus, das war in jedem Fall sein Anspruch. In der Welt des frühen Mittelalters lebten viele römische Bezüge fort. Die Verbindungen bestanden in gelegentlichen Korrespondenzen oder Besuchen, man sah sein Handeln und sein Leben in einem Verhältnis zu Rom. Aber der römische Arm konnte die Widerstrebenden nicht mehr zur Gefolgschaft zwingen. So wurde der römische Horizont in der frühmittelalterlichen Welt zu einem Horizont der Bildung, der Gedanken und der Phantasie.

Anfangs gab es noch Reisende und Migranten aus den südlichen Provinzen des alten römischen Reichs, die es bis nach Gallien verschlug. So trafen der irische Mönch Columbanus und seine Gefährten auf der Flucht vor einem wütenden König in Orléans auf ein syrisches Ehepaar.[6] Doch diese Migrationen wurden seltener. Die Erfolge der arabischen Eroberer entlang der südlichen Mittelmeerküste änderten Reise- und Handelswege über das Mittelmeer. Jerusalem wurde zu einer muslimischen Stadt. Der Schwerpunkt der christlichen Welt verschob sich nach Norden. Der Kirchenvater Augustinus († 430) wurde im Mittelalter eine vielzitierte und unumstritte-

Einleitung

ne geistliche Autorität. Er war Bischof im nordafrikanischen Hippo gewesen. Seine zahlreichen Anhänger im Mittelalter lasen seine Schriften, zumeist in Auszügen, und richteten kühne Gedankengebäude an ihnen aus, aber die nordafrikanische Welt, in der Augustinus gelebt, gewirkt und geschrieben hatte, blieb ihnen unerreichbar. Die Schauplätze der christlichen Geschichte, von denen die Texte des Neuen Testaments berichteten, die Orte, wo der neue Glaube seine ersten Anhänger gefunden hatte, waren für die Augen der Christen im frühen Mittelalter kaum noch sichtbar.

Dafür zog es die Christen aus dem Norden auch zu Beginn der Karolingerzeit noch nach Rom, wie die Korrespondenz des englischen Missionars Bonifatius († 754/755) zeigt, der mit päpstlichem Auftrag im östlichen Frankenreich missionierte und Kontakt zu seiner Heimat hielt. Er selbst reiste dreimal nach Rom und er war damit nicht allein. Die nicht mehr junge Äbtissin Eangyth schrieb ihm, wie sehr sie sich wünschte, *wie so viele unserer Angehörigen, Verwandten und Fremden, die einstige Herrin der Welt, Rom aufzusuchen.*[7] Sie war offenkundig nicht allein, und es blieb auch für Frauen nicht bei dem Wunsch, denn Bonifatius klagte, dass so viele Frauen aus England nach Rom reisten und auf dem Weg in Schwierigkeiten gerieten.

Das Rom dieser Zeit war schon lange nicht mehr die Herrin der Welt. Der römische Papst stand seit dem Thronverzicht des letzten weströmischen Kaisers (476) unter dem Schutz und der Leitung des oströmischen Kaisers in Konstantinopel. Die Verwaltung des römischen Reichs war am Ende des 4. Jahrhunderts in einen Ostteil und einen Westteil aufgeteilt worden, um auf die Anforderungen einer neuen Zeit zu reagieren. Das Reich blieb erhalten, aber nun gab es zwei Hauptstädte und zwei Kaiser. Das alte Rom blieb die Hauptstadt des weströmischen Teils, der östliche Teil wurde von Konstantinopel aus regiert. Der östliche Reichsteil hatte noch eine längere Geschichte vor sich und erlebte unter Justinian (527–565) im 6. Jahrhundert ein begrenztes Aufflackern seiner Macht im Mittelmeerraum. Konstantinopel sah sich als eigentliche Erbin des großen Rom, das tatsächliche Rom war auf das Maß einer mittleren Stadt herabgesunken, und der Kaiser in Ostrom ließ seine Ansprüche durch einen Vertreter aufrechterhalten, der in Ravenna residierte. Dieser hohe Beamte trug den byzantinischen Titel eines Exarchen. Die Vertretung Ostroms in Ravenna wurde in den letzten Lebensjahren des Bonifatius durch die Langobarden beendet.

Ein anderer Blick

Als letzter unruhiger Stamm der sogenannten Völkerwanderung eroberten die Langobarden 751 den Sitz des Exarchen in Ravenna. Damit trat eine Macht auf den Plan, die der Geschichte der Christenheit und der Geschichte des römischen Reichs einen ganz neuen Impuls verlieh.

Mit dem Niedergang der oströmischen Macht in Italien verlor der römische Papst seinen Schutzherren. Die Kaiser in Konstantinopel hatten seinen Status gesichert, und der Papst hatte Verwaltungsaufgaben für die oströmische Herrschaft übernommen. In dieser neuen Situation wandte sich der Papst an eine aufsteigende Macht jenseits der Alpen, von der er sich Hilfe erhoffte. Die Karolinger warteten schon lange auf eine Gelegenheit, das Königtum der Franken an sich zu ziehen, die von dem alten Gallien bis nach Thüringen hinein ihre Herrschaft errichtet hatten. Die Karolinger griffen mit der Unterstützung des Papstes in Rom erfolgreich nach der fränkischen Krone, und sie wurden in den kommenden Jahrzehnten zu einer neuen Schutzmacht für die römischen Päpste. Rom bot der erst langsam christianisierten Welt nördlich der Alpen eine direkte Verbindung zur Lebenswelt Jesu. Wer nach Rom reiste, reiste zu den Gräbern der Apostel. Hier hatten Petrus und Paulus ihr Martyrium erlitten, hier lagen diese Urväter der christlichen Religion der Tradition nach begraben. Karl der Große hielt Rom und die Kirche des hl. Petrus nach der Überlieferung seines Biographen Einhard in hohen Ehren. Einhard schildert, wie Karl auch die Christen jenseits des Meeres – und hiermit meinte er das Mittelmeer – in Syrien, in Ägypten, in Afrika und in Jerusalem mit Gaben unterstützte. Karls Horizont erscheint hier wie der Handlungshorizont eines römischen Kaisers. Und diesen Titel führte Karl dann ja auch nach der Kaiserkrönung in Rom: *Imperator Romanum gubernans Imperium: Kaiser, der das römische Reich regiert.*[8] In der lateinischen Form klang es noch imperialer. Karls Anspruch, die Tradition der römischen Kaiser fortzusetzen, ist offenkundig. Hier trat eine neue Macht auf die historische Bühne. Sie berief sich auf die Tradition, aber sie gab dieser römischen Tradition eine neue Deutung. Denn Karl residierte in Aachen, er bezog keine Villa in Rom. Und wenn dieser Kaiser seine Hand nach Jerusalem oder Syrien ausstreckte, dann um Gaben zu verteilen, nicht um herrschaftlich einzugreifen. Er mochte den alten Horizont der Kaiser im Blick haben, aber an diesen alten Wirkungsorten waren seine Gesandten nur geduldete Gäste. Sosehr Karl Rom schätzte, die „römischen"

Einleitung

Vorgaben kamen nun von nördlich der Alpen. Rom wurde zu einer Chiffre. Rom wurde zu einem Namen, den man mit dem Anspruch aufrief, Hüter einer großen Tradition zu sein, einer Tradition, die die eigene Familie und auch das eigene Volk in dieser Form nicht vorweisen konnte. Man kleidete sich in diese Tradition, aber der römische Mantel ließ Bewegungsfreiheit nach fränkischem Ermessen.

Was hier geschah, war eine Kräfteverschiebung von historischem Ausmaß. Das Kraftzentrum Europas, das so viele Jahrhunderte am Mittelmeer gelegen hatte, verschob sich in die Regionen nördlich der Alpen. Das römische Reich war mit seinen Hauptstädten Rom und Konstantinopel ein Mittelmeerreich gewesen. In dieser Kultur des Mittelmeeres war die christliche Religion stark geworden. Das sehen wir beispielhaft an den christlichen Symbolen, den Elementen des christlichen Ritus, die für die Menschen im Norden nicht selbstverständlich waren. Das Geschehen im Neuen Testament war ohne die Kultur des Weins und der Weinstöcke nicht denkbar. Nun verlagerte sich das Kraftzentrum des Christentums allmählich in eine Welt, in der viele Menschen eher Bier als Wein tranken. Hier vollzog sich der Transfer einer religiösen Kultur in eine anders beschaffene Welt. Dieser Transfer veränderte das Christentum. Es ist möglich, dass dieser Transfer eine Voraussetzung für die nahezu weltweite Verbreitung des Christentums in der Neuzeit war. Es war ein Transfer in der Dimension der Übertragung des Buddhismus von Indien nach China und Japan.

Die Entscheidungen im römischen Reich des Mittelalters fielen künftig meist nördlich der Alpen. Jahrhunderte später, nach der Jahrtausendwende, verlangten die Päpste die Hoheit über die Gläubigen in diesem Reich zurück, und in einem gewissen Maß waren sie dabei erfolgreich. Aber die päpstliche Macht blieb eine geistliche Macht. Sie wirkte im Norden mit Worten, nicht mit Legionen. Es konnten starke Worte sein, aber Worte ließen sich auf unterschiedliche Weise verstehen. Tatsächlich wurde im Mittelalter nach der Jahrtausendwende häufiger um die Frage gerungen, was die wahre römische Lehre sei. Es wurde auch darum gerungen, wo das römische Reich seine Heimat habe. Die Könige im entstehenden Deutschland nannten sich zur Klarstellung ihres Anspruchs *römische Könige*, dann nannte man das Reich *Heiliges Römisches Reich*.[9] Regiert wurde es von einem König nördlich der Alpen, um dessen Zuständigkeiten in Italien im weiteren

Verlauf des Mittelalters zunehmend gestritten wurde. Es war im Grunde ein klassischer Streit um das richtige Verständnis einer Tradition, die als Garant historischer Größe und Bedeutung galt.

Diese konkurrierenden Ansprüche waren typisch für das Mittelalter. Die einfachen Strukturen der Kommunikation, die meist primitiven Straßen, die komplizierten Zuständigkeiten verhinderten die Durchsetzung eindeutiger Lösungen mit großer Reichweite. Es gab das Bedürfnis nach Eindeutigkeit, aber diese Eindeutigkeiten hatten einen begrenzten Horizont. Das römische Papsttum ist dafür ein Beispiel. Im frühen Mittelalter war der Papst Bischof von Rom. Er hatte einen Amtssitz mit besonderer Tradition, aber keine übergreifenden Befugnisse. Daraus ging seit dem 11. Jahrhundert eine Kraft hervor, die die Leitung der gesamten Kirche mit römischer Autorität beanspruchte. Eine Kraft, die beanspruchte, Bischöfe einsetzen und Kaiser absetzen zu können, die verlangte, dass alle Christen als Gläubige ihr untertan sein müssten. Es war ein Anspruch, der in dieser Form für die lateinische Christenheit nicht durchsetzbar war. Im 14. Jahrhundert geriet dieses Papsttum in eine schwere Krise, in der es im Großen Schisma (1378–1417) zunächst zwei, schließlich sogar drei Päpste gleichzeitig gab. Sie hielten ihren Führungsanspruch aufrecht, obwohl er jeweils die andere Hälfte der Christenheit ausschloss und nur für ihre eigene Gefolgschaft galt. Aus dieser Krise vermochte sich das Papsttum selbst nicht zu befreien, weil es für dieses übermächtige Amt keine funktionierenden Kontrollmechanismen gab. So lebte die lateinische Christenheit für Jahrzehnte in einer schweren Spaltung, die die Lagerbildung nach der Reformation auf ihre Art vorbereitete. Das Verlangen nach Eindeutigkeit wuchs, und damit verringerte sich die Reichweite religiöser Autorität. Die religiöse Disziplinierung der Untertanen bis in den Alltag hinein wurde erst in der beginnenden Neuzeit zu einem Bemühen der Herrscher. Sie wurde nur möglich, weil es sich in der Regel um regionale oder nationale Unternehmungen handelte. Hier waren Kontrollen durchführbar. Im Mittelalter ging der Anspruch religiöser Autoritäten häufig deutlich über ihre Reichweite hinaus. Das war vertretbar, weil die christlichen Könige, Bischöfe, aber auch die Päpste um die Grenzen ihrer Möglichkeiten wussten. Verantwortlich waren sie nach ihrem Weltbild vor allem für die vornehmeren Bevölkerungsschichten. Ernsthafte Bischöfe mochten die Könige daran erinnern, dass sie

Einleitung

Gott gegenüber auch für den Glauben ihrer bäuerlichen Untertanen verantwortlich waren. In der wirklichen Welt dieser Zeit rief der Aberglaube der Dorfbewohner beim König aber noch wenig Sorgen hervor.

Die Grundlage des christlichen Glaubens ist die Bibel, die im Alten und im Neuen Testament vom Wirken Gottes und vom Wirken seines Sohnes in der Welt berichtet. Es gab hebräische, griechische, lateinische und schließlich auch volkssprachliche Versionen der biblischen Texte, je nach dem Publikum, für das das Wort bestimmt war. Bereits hier ist eine enorme Spannbreite festzustellen; nicht alle Übersetzungen ins Lateinische waren gleich gut. Solange man Latein beherrschte und solange eine Bibliothek in der Nähe war, konnte man den Bibeltext befragen. Schon hier wird klar, dass die vielen Menschen, die nicht Lesen konnten, aus diesem exklusiven Kreis ausgeschlossen waren. Bibliotheken waren das ganze Mittelalter hindurch Schatzkammern. Alle Bücher wurden mit der Hand geschrieben, in oft mühsamer Arbeit. Für die Abschrift einer Bibel brauchte ein geübter Schreiber drei Jahre. Solche Kostbarkeiten lagen nicht offen aus. Ohnehin gab es nicht viele bedeutende Klosterbibliotheken im Bereich der lateinischen Christenheit. Eine der bedeutenden Bibliotheken im England des frühen Mittelalters war die Bibliothek des nordenglischen Klosters Jarrow, das nahe dem heutigen Newcastle lag. Hier lebte im frühen 8. Jahrhundert der ehrwürdige Beda (Beda Venerabilis). Seine „Kirchengeschichte des englischen Volkes" ist trotz ihrer vielen Phantasien und Legenden eine unverzichtbare Quelle der Christianisierung Englands. Beda war ein gebildeter Mann. Aber die Menschen, die das Christentum in seinem Umfeld verbreiteten, waren es nicht. Sie konnten kein Latein. Also übersetzte Beda ihnen das Glaubensbekenntnis und das Vaterunser in die angelsächsische Sprache. Sie sollten den Wortlaut häufig wiederholen, um ihn nicht zu vergessen,[10] weil sie in vielen Fällen nicht lesen konnten.

Man stelle sich vor, welche Änderungen diese Texte durch Erinnerungslücken oder Missverständnisse bei der Vermittlung durch einen schüchternen Sprecher in einer unruhigen Gruppe bei rauem Wind ohne technische Unterstützung erfuhren. Bei der Überprüfung oder Auffrischung der Erinnerung half auch keine Textfassung, wenn die Katecheten, und gelegentlich auch die Priester, nicht lesen konnten. Mit Befremden berichtet Bonifatius zu etwa derselben Zeit aus dem Frankenreich, dass er Kindertaufen erlebt habe, bei denen die Kinder im Namen *des Vaterlandes und der Tochter* (*patria et filia*) getauft worden seien.[11]

Für die Übersetzungen des Vaterunsers und des Glaubensbekenntnisses, von denen Beda spricht, ohne diese übersetzten Texte seiner „Kirchengeschichte" anzufügen, gibt es auch aus dem deutschsprachigen Raum einen Beleg aus dem 8. Jahrhundert. Die Sankt Galler Klosterbibliothek verwahrt ein lateinisch-althochdeutsches Wörterbuch aus den Jahren um 790. Der Band (Codex Sangallensis 911) ist eines der ältesten Bücher in deutscher Sprache, und er enthält ein *Fater unseer* und ein Glaubensbekenntnis in Althochdeutsch. Der Beleg ist somit einige Jahrzehnte jünger als die Auskunft Bedas über seine Übersetzungstätigkeit, dafür erscheint der Text jedoch in seiner sprachlichen Form gesicherter. Diese Basistexte des christlichen Glaubens sollten den Gläubigen auch dann verständlich sein, wenn sie das Latein der Geistlichen nicht verstanden.

Für wen Wortlaut und Grammatik keine bekannten Größen waren, für den war eine schwerwiegende Abweichung nur ein kleiner Klangunterschied, und das galt für die meisten Menschen der mittelalterlichen Welt. Wir haben es hier mit einer Welt zu tun, in der lange Zeit die überwiegende Zahl der Menschen nicht lesen oder schreiben konnte, was keine Frage des sozialen Standes war. Auch hochrangige und mächtige Herren konnten bisweilen kaum lesen. Es tat ihrem Ansehen keinen Abbruch, solange sie gute Krieger waren. Wenn diese Menschen Fragen zum Glauben oder zu den auswendig gelernten Texten hatten, konnten sie selbständig nicht weiter nachforschen. Die Überlieferung war schriftlich und in lateinischer Sprache. Wenn die Fragen ernste Fragen waren, wenn sie die Menschen bedrängten, dann drängten sie selbst auf Antworten. Beda berichtet eindrucksvoll von Situationen, in denen die Menschen solche Fragen stellten. Die Antworten auf die drängenden Fragen fielen unterschiedlich aus. Auch dann, wenn die Fragen die gleichen waren und man eine gemeinsame christliche Grundlage besaß. Die Lebenserfahrungen waren sehr verschieden. Die verschiedenen Antworten konnten unterschiedliche Reichweiten haben. Manche betrafen ja nur eine Person, eine Familie oder ein Dorf – das hing von der Frage ab. Aber in manchen Fällen mussten die verschiedenen Antworten doch abgestimmt werden, etwa wenn es um die Feier bedeutender Feste ging, die von der ganzen Christenheit begangen wurden.

Einleitung

Um das Jahr 600 hatte der irische Mönch Columbanus keine Scheu, Papst Gregor den Großen, einen Mann von hohem Ansehen, in einer Frage energisch zu korrigieren, die für Christen eine besondere Bedeutung hatte: Ostern, das Fest der Auferstehung Jesu, war und ist das höchste Fest für alle Christen. Aber es gab unterschiedliche Traditionen bei der Berechnung des Ostertermins. Das Neue Testament nennt kein Datum, und bei der Herleitung des Termins gingen die Christen in Irland einen eigenen Weg, der sich von der römischen Datierung unterschied. Die Iren waren glaubensstark. Columbanus hatte keine Zweifel an der irischen Berechnung des Ostertermins. Die Feier der Auferstehung, der Sieg Jesu über den Tod, die christliche Nacht der Nächte sollte von den Gläubigen nicht an unterschiedlichen Terminen begangen werden. Das machte der irische Missionar dem Papst in Rom in deutlichen Worten klar. Aber die Iren konnten ihren Ostertermin nicht durchsetzen. Sie hatten starke Überzeugungen, aber im Vergleich mit den Anhängern der römischen Osterdatierung waren sie zu wenige. Die römische Datierung war weitverbreitet, und auch ihre Anhänger traten energisch auf. So setzte sich die römische Osterdatierung durch. Die Osterliturgie war kein geheimes Geschehen. Sie hatte einen hohen Stellenwert in der christlichen Gemeinschaft. Die gemeinsame Feier stärkte den Zusammenhalt. Eine terminliche Abweichung wäre eine Abgrenzung gewesen. So kam es mit wachsender Kommunikation unter den Christen zu einer Vereinheitlichung des Osterdatums nach römischem Muster. Die Vereinheitlichung war eine Folge des Drucks auf die Iren, nicht die Folge einer Überzeugung. Der Druck entstand, weil die Feier des Osterfests öffentlich war. Sie ließ sich überprüfen. Anders war es bei inhaltlichen Fragen des Glaubens. Die Gedanken waren frei – gerade im frühen Mittelalter, solange man sie nicht allzu laut aussprach. Die Vertreter unterschiedlicher Meinungen begegneten sich nicht so oft, wenn sie nicht der kirchlichen Hierarchie angehörten. Raum und Abstand gab es genug.

Die heute so problemlose Verfügbarkeit biblischer Texte und Auslegungen lässt die zeitlichen und räumlichen Distanzen vergessen, die damals den Austausch über inhaltliche Fragen erschwerten. Große Entfernungen erschwerten die Verbreitung von Ideen und Erfahrungen, aber sie schützten auch vor Übergriffen durch die Autoritäten und vor Einmischungen in das eigene Leben. Man konnte sich leicht aus der Welt zurückziehen, etwa in die Wüste, wie es die Mönche in der Spätantike getan hatten. Der Rückzug in die Abgeschiedenheit war der Weg der Mönche und Nonnen, ihre Lebensweise wurde zum Vorbild für die Gläubigen. Es war ein Weg für Wenige, aber die Menschen sahen in diesen Mönchen – Männern und Frauen – die Verwirklichung des christlichen Lebensideals. Bevor die ersten Klosterverbände zur Halbzeit des Mittelalters im 11. Jahrhundert begannen, einzelne Klöster mithilfe zentraler Strukturen zu kontrollieren, waren viele Klöster weitgehend unabhängige Einheiten. Sie gaben der frühen Christianisierung Europas wichtige Impulse. Die Christianisierung während der ersten fünf bis sechs Jahrhunderte des Mittelalters mochte sich auf Rom ausrichten, weil Jerusalem sehr weit entfernt und schließlich nicht mehr erreichbar war. Das Verständnis der Glaubenslehre war indes von den Lebenserfahrungen der Gläubigen geprägt. Und diese Erfahrungen waren zwischen Sizilien und Trondheim, zwischen Sevilla und Magdeburg bisweilen sehr verschieden.

Das Leben war hart, und die Hilfe Gottes oder die Hilfe höherer und niederer Mächte wurde häufiger für Belange des Alltags erbeten. Immer drohte Hunger, die Ernteerträge reichten knapp, wenn es ein gutes Jahr war, und es gab viele schlechte Jahre, Jahre mit zu kalten Wintern oder zu nassen Sommern. Es galt, Schlachten zu gewinnen oder die Mittel für den Kirchenbau zusammenzubringen.

Im frühen Mittelalter (d.h. von etwa 500 bis um 1050) standen Könige an der Spitze ihrer Kirchen, und diese Kirchen waren die Kirchen ihrer Königreiche. Keineswegs ergänzten sie sich immer in Harmonie. Bei der Mission etwa konnte man in erbitterte Konkurrenz geraten, und Hamburger Missionare in Dänemark sahen die Gläubigen, die den englischen Missionaren folgten, als verloren für den christlichen Glauben an. Die Reichweiten waren begrenzt. Daraus gewannen die Akteure vor Ort ihre Autorität.

Die Vita des heiligen Benedikt († 547), der zum Begründer des europäischen Mönchtums wurde, berichtet von einer Vision Benedikts am Ende seines Lebens. Die ganze Schöpfung entfaltete sich in dieser Nacht vor seinem Auge in ihrem inneren Zusammenhang. Eine solche Erfahrung stiftete Autorität – auch ohne ein bedeutendes Amt. Wir werden darauf noch ausführlich zurückkommen. Die Armutsbewegung des hohen und späten Mittelalters, die in Franziskus ihren bekanntesten Protagonisten fand, drängte die Menschen, nach dem Vorbild der Apostel ein Leben in der praktischen Nachfolge Jesu zu wählen. Es war ein gelebtes Modell, keine theologische Theorie, und es war auch Menschen zugänglich, die keine Bücher besaßen. Manchem stieg die Vorstellung, wie ein Jünger Jesu zu leben, zu Kopf, aber vielen vermittelte diese Lebenspraxis eine Glaubenserfahrung, aus der sie einen eigenen Standpunkt gewannen. Darum soll es im Folgenden gehen: um die Möglichkeiten und die Milieus unterschiedlicher Ausformungen christlichen Lebens im Mittelalter.

Es mag manche Leserin und manchen Leser verwundern, dass in dieser Darstellung der Begriff der *Christianitas* keine prominente Rolle spielt. Diese Vorstellung von einer Christenheit als einer im Wesentlichen einheitlichen Glaubensgemeinschaft ist bei christlichen Autoren, die den Päpsten nahestanden, seit dem frühen Mittelalter zu finden; sie findet sich auch in den Schreiben mancher Päpste. Die Idee der *Christianitas* ist eine Vorstellung aus der Perspektive einer idealisierten Leitung der Kirche, ein in höherem Maße theoretisches Konzept. In den Quellen dieser Darstellung, in der es um die verschiedenen Erfahrungen der Menschen vom frühen bis in das späte Mittelalter mit dem christlichen Glauben geht, wird die *Christianitas* dagegen kaum genannt.

Verschiedene Interpretationen der christlichen Lehre, Lebensweisen, die kaum miteinander vereinbar waren, sich aber auf denselben biblischen Text beriefen, päpstliche und bischöfliche Weisungen, die trotz wiederholter Einschärfung kein Gehör fanden – all dies waren mittelalterliche Realitäten. Es konnte angesichts der Lebensumstände kaum anders sein. Mitunter waren die Spannungen nicht zu überbrücken, und nicht immer führten sie zu Lösungen, die neue Türen öffneten. Gewalt, die auch die christliche Geschichte des Mittelalters begleitet, Verfolgung Andersdenkender, Tötung Andersgläubiger im Namen Gottes, Abwertung von Frauen – die Geschichte der Christenheit hat viele dunkle Seiten. Auch sie kommen zur Sprache.

Unterschiedliche Lebenserfahrungen führten im Lauf des Mittelalters zu einer großen religiösen und spirituellen Vielfalt, die in ihrer Dynamik leicht unterschätzt wird. Die große Zusammenschau dieser mittelalterlichen Geschichte des ersten Jahrtausends ist dabei nur um den Preis vieler

Auslassungen zu haben. Die mittelalterliche Geschichte der Christenheit unterscheidet sich von der Zeit nach der Reformation durch die Widerstände, die es zu überwinden oder auszuhalten galt. Bevor die Reformationen des 16. Jahrhunderts die Christen vor die Herausforderung stellten, ihren Glauben, der sich auf dieselben Grundlagen berief, in konfessioneller Abgrenzung zu rechtfertigen und zu praktizieren, hatten die Christen im Mittelalter nur selten Widersacher, die eine tatsächliche Herausforderung darstellten. Juden waren fast überall deutlich in der Minderheit. Muslimen begegneten die Christen nur in Sizilien und Spanien, wenn man von den Kreuzzügen absieht, die nur wenige ernsthafte theologische Begegnungen zur Folge hatten. In ihrer Welt bewegten sich die mittelalterlichen Christen im Abendland bis auf wenige Ausnahmen unter Gläubigen, die ihren Glauben grundsätzlich teilten. Es ist auch bei gründlicher Prüfung der Überlieferung heute kaum möglich, die Grundzüge des heidnischen Glaubens einigermaßen sicher zu benennen. Es waren im Vergleich zur Ausdehnung des Christentums kleinräumige Kulte von geringem Organisationsgrad, deren Rituale auch unter christlicher Herrschaft noch lange weiterleben konnten, deren Lehren aber keinen Gegenpol zu den christlichen Positionen bilden konnten.

Die mittelalterliche Christianisierung im lateinischen Europa vollzog sich in mehreren großen Wellenbewegungen bis mindestens in das 13. Jahrhundert hinein. In diesem Prozess vermochte der Glaube der lateinischen Christenheit auf ganz unterschiedliche Lebenserfahrungen und -umstände zu reagieren und bei aller Flexibilität und inneren Spannung so viel Gemeinsamkeit zu bewahren, dass sich der Papst schließlich als Haupt all dieser Christen sehen konnte. Der Papst sah sich dabei als Haupt einer Christenheit, die die Theologen seit dem Apostel Paulus als einen Körper begreifen konnten (vgl. 1 Kor 12) – als den mystischen Leib Jesu Christi. Im normalen Leben, und so auch in der Geschichte, folgt der Körper vielen Impulsen – und nicht nur dem Kopf. Im Verfolgen der Spuren, Handlungen und Widersprüche der Christenheit im Verlauf des Mittelalters lässt sich so etwas wie ein Grundbestand ausmachen, eine Haltung im Umgang mit dem Leben, die die europäische Tradition tiefer geprägt hat, als es uns bewusst ist, und die in unserer Gegenwart noch immer nachwirkt. Es ist eine Haltung persönlicher Verantwortung, die auch ihre finsteren Seiten

Einleitung

hat, weil sie diese Verantwortung oftmals als Schuld verstanden hat. Eine Schuld, die sie nicht auf sich genommen hat, sondern die sie anderen zuwies. Aber es gab auch immer wieder Menschen, Frauen und Männer, die sich zu einem persönlichen Beitrag herausgefordert fühlten. Das Bild der mittelalterlichen Christenheit ist widersprüchlich, bewegt und vielschichtig. Eindeutig ist es nicht. Dieses Bild von den Klischees eines einheitlichen Mittelalterbildes zu befreien, ist ein Anliegen dieses Buches. Es bietet Zugänge, keine systematische Gesamtdarstellung. Damit versucht es, einer Zeit gerecht zu werden, die stärker durch Vielfalt und Gegensätze als durch eine einheitliche Autorität geprägt war.

Teil I

Weite Räume und wenige Priester: Die Christen im frühen Mittelalter (5.–11. Jahrhundert)

Kapitel 1

Das römische Erbe und die barbarische Herausforderung

Das Absinken der römischen Ordnung

Das jahrhundertealte römische Reich endete im Westen Europas ohne Drama und Glockengeläut. Der letzte Kaiser, Romulus Augustulus, verließ im Jahr 476 die historische Bühne durch einen Hinterausgang. Eine Militärrevolte entließ ihn ins Exil nach Neapel. Nördlich der Alpen fiel sein Fehlen kaum auf. Etwa fünf Jahre nach dem Abgang des Kaisers trat der Franke Chlodwig in das Licht der Geschichte, als ihn Erzbischof Remigius von Reims als neuen Verwalter der Provinz Belgica Secunda begrüßte. Für den Erzbischof lebte die römische Ordnung weiter. Er empfahl dem neuen mächtigen Mann, sich mit guten Ratgebern zu umgeben und dem Rat der Priester (Bischöfe) zu folgen. So könne die Provinz besser bestehen bleiben.[12]

Das Ende des Kaisertums im Westen war noch nicht das Ende des römischen Reichs. Die oströmischen Kaiser in Konstantinopel erlebten im 6. Jahrhundert noch einmal eine Zeit der Stärke. Aber ihr Arm reichte nicht bis nach Gallien. Über ein halbes Jahrtausend war seit der Eroberung Galliens durch Julius Cäsar vergangen. Die römische Herrschaft, ihre Ordnung und die romanische Kultur hatten an den Orten, an denen die Legionen ihre Lager gebaut hatten, tiefe Spuren hinterlassen. Von der Straße von Gibraltar bis an den Rhein, an einigen Stellen darüber hinaus, in den Gebieten südlich der Donau, aber auch in Britannien hatten die Römer lange geherrscht. Sie hatten Kastelle und Heerlager errichtet, den Städtebau gefördert und Straßen für ihre Legionen angelegt. Wir haben keine genauen Zahlen, aber zur

Zeit Chlodwigs lebten etwa 11 Millionen Menschen in diesen romanisierten Regionen. Dazu kamen noch etwa 2 Millionen Menschen auf dem Gebiet des heutigen Deutschlands, wo die Römer nicht Fuß gefasst hatten. Die römische Herrschaft hatte sich auf die Städte konzentriert, und solange die Steuereinnahmen aus den Provinzen den Erwartungen entsprachen, konnten die Untertanen nach ihren regionalen Gewohnheiten leben. Zu Beginn des 3. Jahrhunderts hatte Kaiser Caracalla alle Untertanen seines Reichs zu römischen Bürgern erhoben, um sie besteuern zu können, aber die Regionalisierung des römischen Weltreichs ließ sich nicht aufhalten. Die Provinzen und Standorte lebten immer mehr ihr eigenes Leben. Der römische Arm reichte kaum noch über die Alpen, und um das Jahr 400 wurden die letzten römischen Magistrate aus Britannien abgezogen. Die Kräfte wurden an den Grenzen im Süden gebraucht.

Es ist schwer zu sagen, in welchem Maß die römischen Bürger in Gallien am Ende der römischen Herrschaft christianisiert waren. Gallien, wo die Franken sich anschickten, die Römer in der Herrschaft abzulösen, nachdem sie über lange Zeit als römische Hilfstruppen den römischen Lebensstil angenommen hatten, spielte bei der Christianisierung Westeuropas eine wichtige Rolle. Denn bis in die Mitte des 11. Jahrhunderts war die Verbreitung des Christentums eng mit den Königen verbunden, und im Frankenreich herrschte in dieser Hinsicht eine besondere Kontinuität: Chlodwig und seine Nachkommen, die Dynastie der Merowinger und die darauffolgende Familie der Karolinger, brachten nicht in jeder Generation starke Könige hervor. Aber beide Familien behielten den Königstitel jeweils für etwa 250 Jahre und stellten in dieser Zeit immer wieder regierungsfähige Kandidaten. In dieser Kontinuität entstand während einem halben Jahrtausend eine Tradition, die unter den Merowingern das Christentum förderte und unter den Karolingern die besondere Form des Königtums von Gottes Gnaden schuf, die die europäische Christenheit dieser Phase zutiefst prägte.

Dabei lässt uns der Blick auf zwei Akteure, die in dieser Zeit der schwindenden römischen Ordnung im Namen desselben Gottes und desselben Glaubens ihre Aufgabe versahen, die immense Spannung ermessen. Der Blick offenbart, dass die Christianisierung nach dem Ende des weströmischen Reichs nicht gleichmäßig voranging, sondern dass mit der römischen Kultur auch eine wichtige Voraussetzung für die Kenntnis der christlichen Lehre verblasste. Beide Akteure entstammen einem Milieu, das reich an Büchern war und das eine lange römische Geschichte erlebt hatte. Da war einmal, bald nach dem Abgang des letzten Kaisers, Caesarius von Arles († 542), ein typischer Bischof im romanisierten Gallien. Die römische Ordnung wankte bereits, aber sie zeigte sich noch reaktionsfähig. Caesarius setzte als ihr Vertreter Standards. Das geschah zu Beginn jener großen Transformation, die schließlich das Kraftzentrum Europas in den Norden jenseits der Alpen verschob und die so auch die christliche Lebenspraxis in vielen Fällen neu ausrichtete. Das werden wir sehen, wenn wir den Blick von Caesarius zu Beda Venerabilis († 735) im nordenglischen Kloster Jarrow wenden, der an der Peripherie der alten römischen Welt auf dem Höhepunkt dieser Transformation zwei Jahrhunderte später seine Stimme erhob. Der Kontrast ist enorm und lässt uns ermessen, wie groß die Unterschiede zwischen diesen Akteuren und diesen Standorten auf der Grundlage einer doch gemeinsamen römischen Tradition sein konnten.

Die Quellen werfen nur wenig Licht auf das Leben der Christen in der Wirkungszeit des Caesarius von Arles, als der Franke Chlodwig die Kontrolle in der römischen Provinz Belgica Secunda übernahm. Eine Zeit, die für Historiker dunkel ist, war für die Zeitgenossen nicht unbedingt eine finstere Zeit. Es war eine Zeit, in der wenig geschrieben wurde, deutlich weniger als zur Zeit der Römer, wobei die wenigen Schreiber, die die Ereignisse mit gespitzter Feder auf Pergament oder Papyrus festhielten, dafür noch lange die Sprache der Römer verwendeten. Denn die Kultur der Römer lebte noch Jahrhunderte fort, und die Männer der Kirche betrachteten sich als ihre Erben. Aber ohne die Aufgaben in der Verwaltung des Reichs wurden ihre Dienste seltener gebraucht.

Caesarius, der bald nach 500 Bischof von Arles wurde und das Amt trotz vieler Rückschläge 40 Jahre lang innehatte, lebte noch ganz in der römischen Tradition. Sie hatte den Süden Galliens tief geprägt, der im 5. Jahrhundert katholisch geworden war. Caesarius stammte ursprünglich aus Burgund und war einer Berufung zum Klosterleben gefolgt. Er trat in die Abtei Lérins ein, die auf einer kleinen Insel vor Cannes lag. Der junge Mann unterwarf sich einer so strengen Askese, dass seine Gesundheit Schaden nahm und ihn sein Abt nach Arles schickte, um sich zu kurieren. Als er dem dortigen Bischof vorgestellt wurde, erkannte der in Caesarius einen

Landsmann und sah ihn schon bald für weitere Aufgaben vor. Schließlich verpflichtete der Bischof sein Umfeld, Caesarius nach seinem Tod zu seinem Nachfolger zu wählen, und bemühte sich um die Zustimmung des Westgotenkönigs Alarich II., in dessen Herrschaftsgebiet Arles damals lag. So wurde Caesarius Bischof von Arles, als die römische Herrschaft einer neuen Ordnung wich, die zunächst durch rivalisierende Stämme und ihre Könige gekennzeichnet war. Heute würden wir von einer Welt der Warlords sprechen. Es war eine unruhige Welt des Übergangs. Caesarius ruhte nicht. Sein Biograph hob sein leidenschaftliches Drängen auf die Verkündung des göttlichen Wortes in seinen Predigten und in der Liturgie seiner Basilika hervor.[13]

Caesarius brachte die Liturgie seines Klosters mit nach Arles. Er führte die tägliche Lesung und den Gesang der klösterlichen Stundengebete ein. Caesarius war der Überzeugung, so könne sich kein Laie, der die Kirche aufsuche, diesem Dienst der Anbetung entziehen. Er drängte Klerus und Laien, geeignete Hymnen und Psalmen zu singen.

Allerdings waren dies lateinische oder griechische Texte. Die Gläubigen, die Caesarius in Arles erreichte, entstammten dem gebildeten städtischen Milieu. Es waren wahrscheinlich vornehme Römer von ähnlicher Herkunft wie er selbst. Der Einsatz einzelner charismatischer Bischöfe konnte die urbane Kultur dieser traditionell römischen Städte noch einmal zu einem eindrucksvollen Leben bewegen. Aber die Ordnung, die diese pflichtbewusste Haltung, die der eigenen Stadtgemeinde zugewandt war, ursprünglich trug, löste sich allmählich auf. Und in den Kämpfen um ihr Erbe geriet auch der Bischof von Arles in Bedrängnis. Wiederholt verlor er für einige Zeit sein Amt, erlebte, wie seine Stadt in den Kämpfen zwischen Westgoten auf der einen und Franken und Burgundern auf der anderen Seite belagert wurde. Dabei äußerte sich die Bedrängnis nicht nur militärisch, sondern die Parteien trennte neben dem politischen Anspruch auf die Herrschaft auch ihr christliches Glaubensverständnis: Die Burgunder und die Franken waren „katholisch" im Sinne des Glaubensbekenntnisses, das das Konzil von Nizäa (325) formuliert hatte, die Westgoten dagegen waren sogenannte „Arianer". Der Arianismus bezweifelte die in Nizäa definierte Gleichrangigkeit des göttlichen Sohnes. Für die Arianer war Jesus kein Gott. Arianische Auffassungen waren in der Phase des Niedergangs der römischen Ordnung weit verbreitet. Fast alle germanischen Stämme, die im Lauf des 5. Jahrhunderts die Donaugrenze überquert und in das römische Reich eingedrungen waren, hingen arianischen Vorstellungen an: die Westgoten, die unter ihrem ersten König Alarich 410 Rom geplündert und damit eine Schockwelle ausgelöst hatten, die bis nach Nordafrika reichte, wo Augustinus Bischof von Hippo war und unter diesem Eindruck sein großes Werk über den Gottesstaat (De civitate Dei) in Angriff nahm; sodann die Ostgoten, deren Herrschaft sich unter ihrem König Theoderich dem Großen über ganz Italien und weit auf den Balkan hin erstreckte; und auch die Vandalen, die aus dem Donauraum über die Iberische Halbinsel zogen und schließlich nach Afrika übersetzten, wo sie so weit nach Osten vordrangen, dass sie schließlich die Stadt des Augustinus belagerten, der während dieser Belagerung starb (430).

Die Bezeichnung „Arianismus" hat für manche Verwirrung gesorgt, da sich die Lehre von der wesensähnlichen Natur Jesu als Sohn Gottes, der selbst jedoch nicht wesensgleich mit dem Vater sei, in dieser Form tatsächlich nicht auf jenen Arius zurückführen ließ, der in den Jahrzehnten um 300 in Alexandria gewirkt hatte. Dessen Lehre von der göttlichen Natur Jesu wurde von seinen Anhängern und seinen Gegnern zu einem Streit um das in den griechischen Begriffen *homoousios* (wesensgleich) gegenüber *homoiousios* (wesensähnlich) ausgedrückte Verhältnis des Vaters zum Sohn zugespitzt.

Die Gegner des Arius vereinfachten seine komplexe Theologie und erreichten schließlich, dass Arius im Konzil von Nizäa 325 als Häretiker verdammt wurde. Dass die Arius zur Last gelegten Häresien tatsächlich von seinen Gegnern formuliert wurden, ist ein Schicksal, das er mit anderen teilt, deren Verfolger mächtig genug wurden, um sie verurteilen zu lassen. Der Arianismus bildete kein einheitliches System. Die Arianer verband keine ausformulierte häretische Lehre. Ihre Stigmatisierung folgte vielmehr einem bereits bekannten Muster: Die Vertreter der römischen Macht hatten in den Jahrhunderten ihrer Herrschaft die Stämme oder Völker in den Grenzregionen, die sie bekämpften oder die sie als Verbündete verpflichteten, mit eigenen Namen versehen. So entstanden die Germanen, die Franken, die Goten und die anderen Stämme. Sie hatten sich die Namen nicht selbst gegeben. Die Namen wurden ihnen von römischen Herren gegeben, und die römischen Stammesbezeichnungen hatten auch keine ethnischen Entsprechungen. Sie entsprachen vielmehr dem römischen Ordnungsdenken und orientierten sich zunächst an den Bedürfnissen der Römer, die ihren kleineren Nachbarn mit der Gleichgültigkeit, die den Umgang aller Großmächte mit Kleineren kennzeichnet, begegneten. Aber die so bezeichneten Stämme machten sich diese Namen schließlich zu eigen, als sie sich immer stärker an die Strukturen der römischen Welt anpassten.

Man sollte die Bereitschaft der Ostgoten, Westgoten oder Vandalen, die subtilen theologischen Differenzierungen eindeutig zu beurteilen, nicht zu hoch veranschlagen. Die Frage, wie göttlich der Mensch Jesus oder wie menschlich Christus als der Sohn Gottes gewesen sei, würden auch viele Christen heutzutage eher zögerlich beantworten, obwohl das Glaubensbekenntnis klare Formulierungen nahelegt. Die Frage wurde auch im 5. oder 6. Jahrhundert außerhalb der Konzilien kaum eindeutig gestellt. An den Konzilien nahmen die normalen Gläubigen nicht teil, und der griechische Wortlaut der Beschlüsse hatte wenig Bedeutung für den Glauben eines westgotischen Schusters in Saragossa. Es gab Phasen in der Geschichte, in denen komplizierte und subtile Unterscheidungen in zentralen Glaubensfragen, etwa nach der menschlichen bzw. göttlichen Natur Jesu oder, im 16. Jahrhundert, nach dem Opfercharakter der Messe, viele Menschen aufwühlen und umtreiben konnte. Manche versuchten auch, solche Fragen durch den Einsatz kriegerischer Gewalt zu beantworten. Aber diese Phasen waren selten und sie gingen vorüber. Im religiösen Alltag suggerierten die oft mühsam ausgehandelten Formeln der Bekenntnisse oder der Liturgie eine Eindeutigkeit, die sie für die meisten Gläubigen nur im Konfliktfall hatten. Im Alltag des Glaubens setzten die festen sprachlichen Formen der Liturgie Wegmarken für die vielen Menschen, die in den Feinheiten der theologischen Sprache nicht zuhause waren. Den Weg entlang dieser Markierungen mussten die Gläubigen mithilfe ihrer eigenen Vorstellung finden. Die historische Forschung verweist seit längerem darauf, dass die Unterschiede und Gräben zwischen katholischem und arianischem Bekenntnis in der Frühzeit des Mittelalters überschätzt wurden, und es spricht in der Tat viel dafür, dass ein Nebeneinander von Katholiken und Arianern möglich war, wenn nicht andere Spannungen hinzukamen.

Die arianischen Germanenstämme errichteten ihre eigenen kirchlichen Ordnungen, die weniger hierarchisch waren als die der Katholiken, und sie beließen die katholischen Bischöfe in ihren Ämtern. Diese Koexistenz zeigte sich ja auch um 500, als Caesarius mit der Duldung des Westgotenkönigs Alarich II. Bischof von Arles wurde. Er geriet damit in ein Kraftfeld, das von heftigen Spannungen durchzogen wurde. Diese Spannungen waren die Signatur der Übergangszeit, die sich auch dann nicht so schnell lösten, als sich die Franken schließlich unter den rivalisierenden Stämmen und Kräften in Gallien durchsetzten.

Caesarius hinterließ in dieser bewegten Welt einen sichtbaren Fußabdruck. In seiner Leidenschaft für sein Amt sah er seine pastorale Aufgabe in der geistlichen Betreuung der Gläubigen, aber auch in einer konkreten Verantwortung für die vielen Opfer der Kämpfe, die die Region heimsuchten. Caesarius mobilisierte alle Mittel, die ihm als Bischof zur Verfügung standen, um Gefangene auszulösen. Er verwendete liturgisches Gerät für ihren Freikauf oder ließ den Ornamentschmuck seiner Kirche dafür herausreißen. Die Kritik seiner Amtsbrüder wies er zurück, er ließ sie vielmehr fragen, welche Rettung sie sich wünschen würden, wenn sie in solche Bedrängnis gerieten. Als er bei einer Begegnung mit Theoderich dem Großen den König so sehr beeindruckte, dass dieser ihm ein kostbares Geldgeschenk übersenden ließ, nutzte Caesarius auch dieses Geld für den Freikauf von Gefangenen.[14] Die Biographen des Bischofs halten fest, dass zwischenzeitlich große Mengen Freigekaufter auf den bischöflichen Gütern versorgt wurden. Nicht alle diese Menschen waren Christen, aber der Einsatz des Bischofs für ihre Freiheit und ihr Leben ließ das Christentum für sie in einem besonderen Licht erscheinen. Bei dem Blick auf seine Gläubigen setzte Caesarius hohe Standards und formulierte hohe Erwartungen an sein Umfeld. Seine Biographen berichten, wie sehr er die Diskussion über biblische Themen und die Erörterung unklarer Textstellen liebte. Ausdrücklich ermunterte er die Gläubigen, Fragen zu stellen, um ihren Geist zu schulen. Die überlieferten Predigten sind ein Spiegel der zivilisierten Romanitas.

> *Dies nämlich müssen wir besonders beachten, dass wir das, was wir zur Ehre Gottes tun, mit heiterem Geist tun, mit der Freude des Glaubens und mit der Empfindung eines guten und ergebenen Willens. Wir wissen, dass wir aus dem, was wir ungern und gezwungen tun, nicht nur keinen Vorteil haben, sondern großen Schaden.*[15]

Caesarius soll darauf geachtet haben, dass die Diakone, die er weihte, mindestens 30 Jahre alt waren und dass sie die Bücher des Alten und des Neuen Testaments mindestens vier Mal gelesen hätten.[16] Hier ist es Zeit für einen Vergleich. Denn die Welt des Caesarius war eine Welt, die langsam verging. Es war die Welt einer gallorömischen Elite, der viele Bischöfe jener Übergangszeit entstammten, auch Bischof Gregor von Tours, der wichtigste Geschichtsschreiber dieser Epoche. Er war ein Vertreter dieses Milieus in der Generation nach Caesarius.

Werfen wir nun den Blick auf den anderen Akteur, um die Spannweite des Christentums in diesem erlöschenden römischen Reich zu erfassen.

Bedas Welt

Am nördlichen Rand des ehemaligen römischen Reichs, im nordenglischen Kloster Jarrow, schrieb der Mönch Beda Venerabilis im Jahr 734 einen Brief an den Bischof von York.[17] Es war ein Brief über notwendige Schritte für die Verbreitung des christlichen Glaubens. Beda empfahl dem Bischof, sich Helfer zu suchen, ohne dabei irgendwelche Anforderungen für deren Qualifikation oder Eignung zu nennen, die denen vergleichbar wären, die Caesarius erwartet hatte. Der Unterschied ist dramatisch. Während die Diakone im Arles des Caesarius in der Endphase der römischen Ordnung das Alte und das Neue Testament vor ihrer Weihe viermal lesen mussten – was bedeutet, dass sie zur Benutzung der Vulgata Latein lesen konnten –, drängte Beda den Bischof von York, dass seine Helfer das Glaubensbekenntnis und das Vaterunser kennen sollten. Und weil sie vielfach kein Latein beherrschten, sollten sie diese Texte beherrschen und häufig wiederholen.

> *Deswegen habe ich diese beiden Dinge, also das Glaubensbekenntnis und das Vater Unser, vielen ungebildeten Klerikern häufig in die englische Sprache übersetzt gegeben.*[18]

Kapitel 1   Das römische Erbe und die barbarische Herausforderung

Zu diesem Zeitpunkt war die römische Herrschaftsordnung in England lange vorüber, angelsächsische Siedler und Krieger hatten rivalisierende Reiche gegründet und die Kenntnisse der Inhalte des Glaubens erschienen gegenüber den Anforderungen des Bischofs von Arles gut 200 Jahre zuvor rückläufig. Aus diesem Blickwinkel bot sich ein stimmiges Bild des Niedergangs und der Bildungsvergessenheit. Aber ein zweiter Blick zeigt, dass die mittelalterlichen Zustände aus einem einzelnen Blickwinkel nicht angemessen zu erfassen sind.

Beda Venerabilis lebte in einer Schatzkammer des Wissens. Die Bibliothek seines Klosters gehörte zu den bedeutendsten Bibliotheken des nördlichen Europas. Sie stammte zu Teilen aus den Beständen des Vivarium-Klosters, das Cassiodor einst auf den kalabrischen Gütern seiner Familie an der Südspitze Italiens gegründet hatte, wo er um 580 als fast Hundertjähriger starb. Cassiodors theologische und historische Bildung war ehrfurchtgebietend. Kenntnisreich verglich er die Qualität von Ausgaben und Übersetzungen der heiligen Schriften und ihrer Kommentatoren, die er in seiner Bibliothek zur Hand hatte oder die er eigens anfertigen ließ. Über die Bücher der Bibel schrieb er in seinen *Institutiones divinarum et saecularium litterarum*:

> *Wie viel Nützliches und Erbauliches findet man nicht in diesen Büchern, wenn man klaren und lauteren Geistes an sie herangeht, Wir sind daher aufgefordert, den Text nicht nur zu hören, sondern ihn auch durch Taten zu erfüllen.*[19]

Cassiodor war ein Zeitgenosse des Caesarius von Arles. Er selbst hatte sich nach einem aktiven Leben in der Verwaltung des Ostgotenkönigs Theoderich in ein Leben der gelehrten Betrachtung zurückgezogen, und aus den Beständen seiner Bibliothek waren die Bücher in das Kloster Bedas gelangt. Der Gründer von Bedas Kloster hatte sie auf einer seiner sechs Reisen nach Rom erworben, um im Norden Englands einen Ort römischer Kultur zu schaffen. Dazu hatte er sogar Spezialisten für römischen Gesang und römischen Ziegelbau überzeugt, ihn zu begleiten.

Der zweite Blick auf Bedas Situation eröffnet so das ganze Feld der römischen Tradition. Beda selbst war vom Klostergründer – Benedikt Biscop – bald nach der Gründung in das Kloster aufgenommen worden, und er entfaltete in diesem seltenen Kosmos der Bücher und des Wissens eine rege Tätigkeit. Er verfasste Lebensbeschreibungen, naturkundliche und exegetische Schriften, eine Abhandlung über die Zeitrechnung und vor allem eine

Geschichte der Bekehrung Englands zum Christentum, die bei aller Legendenhaftigkeit für unser Verständnis unverzichtbar ist. Beda stand ganz in der gebildeten Tradition des römisch geprägten Christentums. Und wenn wir sehen, dass der Gründer von Bedas Kloster im Norden Englands, Benedikt Biscop, seinen Namen aus Verehrung für den heiligen Benedikt gewählt hat, der zur Zeit von Bischof Caesarius gelebt hatte, dann vervollständigt sich das Bild einer fortlebenden römischen Tradition noch weiter. Denn Benedikt von Nursia, Zeitgenosse des Caesarius von Arles, des Cassiodor und Gründer des Klosters Montecassino, war der Verfasser jener Regel für das mönchische Leben, die bei der Christianisierung nördlich der Alpen eine besondere Wirkung entfaltete. Wir werden darauf in einem eigenen Kapitel zurückkommen.

Die römische Kultur blieb dort eindrucksvoll lebensfähig, wo die Menschen einer Schicht angehörten, die Zugang zu den wertvollen Bibliotheken und einer christlich gewordenen Tradition hatte. Diese Kultur lebte auch im Mittelalter fort, weil es für anspruchsvolle Zeitgenossen keine Alternative gab, die eine ähnliche Überzeugungskraft gehabt hätte. Ihre Stärke war auch eine Folge ihrer Anpassungsfähigkeit. Die römische Tradition, ursprünglich eine Ordnung, die dem – heidnischen – Brauch der Alten (*mos maiorum*) folgte, hatte sich mit der christlichen Lehre versöhnt und wurde zu ihrem Träger. Dabei blieb sie offen für weitere Wandlungen. Bei den drei genannten Akteuren dieser fortdauernden römischen Tradition, bei Cassiodor, bei Caesarius von Arles und bei Benedikt von Nursia, begegnen wir dem Ideal der Einheit von Wort und Tat. Cassiodor hatte bei dem Lob der Heiligen Schrift auf die Einlösung durch die Taten verwiesen, Caesarius hatte seine Mittel für die Menschen eingesetzt, für die er verantwortlich war, und über Benedikt schrieb sein Biograph, Papst Gregor der Große: *Der heilige Mann konnte gar nicht anders lehren, als er lebte.*[20]

Bei diesen genannten Akteuren befinden wir uns in einer Welt, die in besonderer Weise klösterlichen Idealen verpflichtet war. Wir werden darauf im nächsten Kapitel über die Wege der Bekehrung weiter eingehen. Für das Fortleben des römischen Ideals bildeten die Klöster ein eigenes Milieu. Die liturgischen Handschriften der im 8. Jahrhundert beginnenden Karolingerzeit verweisen in besonderer Weise auf römische Vorbilder. Diese Handschriften hatten einen hohen Wert, denn der Feier des Gottesdienstes galt eine besondere Aufmerksamkeit. Ein erstes Beispiel ist der sogenannte Würzburger Comes, eine kleine Pergamenthandschrift von 16 Blatt, die auf den ersten vier Seiten eine Aufstellung der sogenannten *Stationskirchen* der Stadt Rom mit ihren Gottesdiensten enthält.[21] Die Würzburger Handschrift verweist damit auf eine besondere Gottesdienstordnung für die Stadt Rom. Dort feierte man nach einem eigenen Festkalender sogenannte Stationsgottesdienste in wechselnden Kirchen der Stadt. Diese Gottesdienste, etwa in Santa Maria Maggiore, Santi Quattro Coronati oder San Pietro in Vincoli, waren dann nicht nur Gottesdienste für die Pfarrgemeinden dieser Kirchen, sondern sie wurden stellvertretend für die Gemeinschaft der ganzen Stadt Rom gefeiert. Die Ordnung für die Stationsgottesdienste in Rom war ein anspruchsvoller Entwurf für die Vergegenwärtigung einer Gemeinschaft, die in dieser Form in einem Kirchenbau nicht zusammenkommen konnte. Die Besucher der Stadt Rom aus dem Norden und die liturgischen Handschriften, die sie aus Rom mitbrachten, überführten die Ordnung der Stationsgottesdienste in die Welt der karolingischen Klöster.

Auch die Anlage dieser Klöster lieferte ein Zeugnis für diese Orientierung an römischen Vorbildern. In einem Plan dieser Zeit, der in der Bibliothek von Sankt Gallen überliefert ist, wird eine ideale Klosteranlage entworfen. Das Ideal musste nicht erreicht werden, solange es möglich war, die Liturgie in einem Kloster an verschiedenen Altären zu zelebrieren, z. B. an Altären der Heiligen Michael, Petrus und Paulus, Stephanus, Martin oder Benedikt. Angestrebt wurde eine Feier der Liturgie in verschiedenen Kirchenbauten, wobei eine Marienkirche unverzichtbar war. Es entstanden in dieser frühen Phase sogenannte *Kirchenfamilien*, in denen eine aufwendige Liturgie zelebriert wurde, um einen tätigen Anschluss an das römische Ideal zu erlangen. Wohlhabende Reisende konnten so mehr als ein Souvenir aus Rom mit nach Hause nehmen. Sie nahmen die Möglichkeit mit, durch die richtigen Rituale den Geist Roms in ihrem Kloster erstehen zu lassen. Benedikt Biscop, der Gründer des Klosters, in das Beda Venerabilis einige Jahre nach der Gründung eintrat, hatte aus Rom Bücher, aber auch Spezialisten für Kirchenmusik und für Kirchenbau mitgebracht; er war nicht der einzige. Die Würzburger Handschrift, die die Stationskirchen in Rom verzeichnet, erinnert in Schrift- und Erscheinungsbild an angelsächsische Handschriften.

Diese Übergangszeit, in der sich das Kräftezentrum Europas über die Alpen nach Norden verlagerte, war keine Zeit städtischen Lebens. Die urbanisierten Zentren der römischen Herrschaft, der römischen Verwaltung und der römischen Kultur hatten ihre einstige Strahlkraft verloren, auch wenn ihre Stadtmauern an manchen Orten noch standen. Die Zeit der beginnenden Karolinger-Herrschaft im 8. Jahrhundert war eine Welt der Bauern und der Krieger. Es war eine ländliche Welt. In dieser Welt mächtiger Landbesitzer zählten die Einwohner der wenigen Städte eher nach Hunderten denn nach Tausenden. Die Bischöfe residierten in Städten. Aber die Reichtümer, die die mächtigen Familien für ihren Glauben und ihr Seelenheil ausgaben, hatten die Form von Landbesitz. Dieses Land ging häufiger als Schenkung an bedeutende Klöster, die abseits der Städte lagen.

Die Schenkungen ihrer Gründer und Gönner erlaubten es den Klöstern, Kirchenbauten für Gottesdienste zu errichten, deren Ablauf sich an einem abstrakten römischen Ideal orientierte. Die Feier der Gottesdienste in dieser subtilen Ordnung beschwor den Geist Roms. In Verbindung mit dem römischen Kaisertum, das die Karolinger seit der Krönung Karls des Großen in Rom (800) beanspruchten, ließen diese Feiern auch das römische Reich fortleben. Aber es war ein geistiges Reich, heraufbeschworen von gebildeten Priestern. Das römische Reich der Frankenkaiser war die Welt einer kleinen, vorwiegend geistlichen Elite. Es war eine sorgfältig kultivierte Welt. Aber anders als das antike Rom mit seiner eindrucksvollen Einwohnerzahl hatte das in den Klöstern heraufbeschworene Rom nur wenige Bewohner und war umgeben von Ländereien, auf denen Bauern lebten, die nicht lesen oder schreiben konnten. Das war die veränderte soziale Welt, in die der große europäische Transfer das Christentum in der Übergangszeit des 8. Jahrhunderts führte. Daher brauchte Beda Helfer, die die Grundlagen des Glaubens in der Volkssprache vermitteln konnten. Wenn er vor die Mauern seines Klosters trat, trat er in eine andere Welt, in eine Welt des Hungers, eine Welt, die den Launen des Wetters preisgegeben war, in der man kein Latein sprach und kein Latein verstand. Hier stieß jeder Rom-Bezug an seine Grenzen. In der Welt der Klöster konnte die Feier der Stationsgottesdienste in der richtigen Ordnung eine römische Gegenwart aufrufen. Aber es war ein gedachtes Rom. Das reale Rom dieser Zeit hatte seine Gestaltungsmacht verloren. Die Bücherkäufe waren auch deshalb möglich geworden, weil sie Ausverkäufe einer Kultur waren, deren materielle Grundlage schwand. Die antike Hegemonialmacht Rom erlebte eine Kräfteverschiebung, in der die alten Peripherien nun den Takt für das ehemalige Zentrum vorgaben. Es war kein einheitlicher Takt. In den ehemaligen Peripherien und in den neuen, vormals gar nicht romanisierten christlichen Ländern, die sich nun ebenfalls in die römische Tradition stellten, waren die Klöster autarke Größen mit sehr unterschiedlichen Profilen. Ihr Erscheinungsbild war abhängig von ihren Gründern und den Regeln ihrer Gemeinschaft, von ihren Äbten, den Mönchen und von ihrer materiellen Ausstattung. Sie feierten römische Gottesdienste, aber Rom war weit entfernt. Die Kräfteverschiebung wird in einem Brief von Papst Paul I. an den neuen König der Franken, Pippin, aus dem Jahr 759 erkennbar. Der Papst bedauert, dass die weite Entfernung und der seltene Botenaustausch keinen engeren Kontakt zulassen. So mussten gelegentliche Briefe den persönlichen Augenschein ersetzen.[22] Die Berufung auf Rom stellte die Gläubigen nördlich der Alpen in eine große Tradition. Aber wie sie diese Tradition in ihrer Umwelt mit Leben füllten, dafür gab es kaum Orientierung.

Kapitel 2
Wege zum Glauben

Die irische Mission

Die mehr als 200 Jahre zwischen dem Wirken des Caesarius in Arles um 500 und dem des Beda Venerabilis im Norden Englands um 730 markieren die lange Übergangsphase zwischen der spätantiken und der mittelalterlichen Welt. Als diese Transformation in der Mitte des 8. Jahrhunderts an ihr Ende kam, ließ sich eine Kräfteverschiebung erahnen, die in den kommenden Jahrzehnten deutlicher wurde. Europa richtete sich neu aus. Das Kraftzentrum Europas wanderte in dieser Epoche, die auf dem Festland die Epoche der Merowinger und in England die Zeit der angelsächsischen Königreiche war, vom Mittelmeer nach Norden über die Alpen. Nähme man die pastorale Praxis des Caesarius von Arles und die des Beda als alleinige Vergleichsgrößen, so erschiene diese Verschiebung als eine Geschichte des Niedergangs: ein Verlust an Bildung, Differenzierungsvermögen und Kommunikationsfähigkeit in Glaubensfragen unter dem Einfluss der Barbaren und ihrer kriegerischen Kultur. Doch diese Perspektive übersieht die Verbindung zwischen den vermeintlich gegensätzlichen Polen. Es war ein gemeinsamer Zug, der die Christenheit des frühen Mittelalters nachhaltig prägte.

Wir können in Caesarius von Arles den gebildeten Bischof aus einer erfolgreichen Familie der römischen Provinz Gallien sehen, den leidenschaftlichen Prediger und Lehrer des Glaubens, einen Mann aus der Oberschicht, der das erörternde Gespräch über die Bibel liebte. Doch dann lassen wir einen Zug außer Acht, der sein Leben ebenso prägte wie die Verantwortung für seine Stadt und ihre Einwohner, die sich in den Gefangenenfreikäufen zeigte. Caesarius war nach Arles gekommen, weil er sich zuvor in der Askese des Inselklosters Lérins überfordert hatte. Als ihn die Nachricht seiner Bischofswahl erreichte, musste er ein Kloster verlassen, das er im Auftrag des Bischofs reformieren sollte. Seine Biographen halten fest, dass er auch in der Stadt an der klösterlichen Lebensweise festgehalten hat. Viele Bischöfe fühlten sich von der Strenge des klösterlichen Lebens angezogen, und die Verbindung von klösterlicher Askese und Bischofsamt findet sich bei vielen prominenten Gestalten dieser Epoche, von Gregor dem Großen bis zu Ulrich von Augsburg.

Die Mönche schufen die Verbindung zwischen dem atlantischen Norden fernab der römischen Zivilisation und dem ehemals römischen Gallien, wo die merowingischen Könige und ihre Familien in Rivalitäten verstrickt waren, die nur selten ohne List oder Gewalt beigelegt wurden.

Der Ire Columbanus (um 543–615) verspürte früh eine Berufung zum Leben im Kloster. Er lebte eine längere Zeit im Kloster Bangor an der irischen Ostküste auf der Höhe des heutigen Belfast, bevor er sich mit einer Gruppe Gefährten auf eine Missionsreise nach Gallien begab. Zu diesem Zeitpunkt war er etwa 50 Jahre alt, ein Mann mit gefestigten Ansichten und entschiedenem Auftritt. Von Columbans Wirken zeugen nicht nur die Lebensbeschreibungen, die das Bild des Heiligen und seines Wirkens mit einer gewissen Verklärung überliefern, sondern auch Briefe, Predigten, eine Klosterregel und ein sogenanntes Bußbuch zur Gewissensprüfung für Laien. Aus diesen Quellen tritt uns ein profilierter Glaube entgegen, der einen deutlich anderen Zug trägt als die differenzierte Theologie des urbanen Caesarius. Columbanus gründete verschiedene Klöster, das wichtigste unter ihnen war Luxeuil in Burgund. Der Ire und seine Gefährten waren auf einem geistlichen Kriegszug. Seine Rhetorik ist die einer archaischen Welt:

Die große Tiefe, wer kann sie ergründen? Wer das tiefste Meer des göttlichen Verstehens kennen lernen will, der möge zunächst das sichtbare [Meer] überblicken, wenn er es vermag, und je weniger er all das kennt, das sich im Meer befindet, umso mehr kann er verstehen, wie wenig er von der Tiefe des Schöpfers weiß.[23]

Columbanus hatte die Höhen und Tiefen des menschlichen Lebens im Angesicht der Größe Gottes vor Augen, und man darf zweifeln, ob er die Bemühungen des Caesarius in Arles geschätzt hätte, hätte er sie gekannt.

> *Suche also die höchste Weisheit nicht in der Auseinandersetzung der Worte, sondern in der Perfektion der guten Sitten, nicht in der Sprache, sondern im Glauben [...].*[24]

Beide Männer verband ein Zug ins Kloster, aber es war nicht dasselbe Kloster. Die Klosterwelt des Caesarius war das urbane Milieu einer galloromischen Elite, das Kloster des Columbanus lag in einer ländlichen Welt. Das bedeutet allerdings nicht, dass diese Klöster isolierte Größen gewesen wären, ganz im Gegenteil. Friedrich Prinz hat darauf hingewiesen, dass es erst der Kontakt Columbans und seiner Gefährten mit dem Hof der Merowinger gewesen sei, der die enorme Wirkungsgeschichte der irischen Mission ermöglichte.[25] So waren die Klostergründungen der irischen Wandermönche wohl königliche Klöster, und die Nähe zum fränkischen Hof sollte für Columbanus zum Problem werden, als er sich mit der Königin überwarf und sein Kloster verlassen musste. Die irischen Mönche verstanden sich als Pilger auf einem gefährlichen Weg. Die Predigten Columbans sind in ihrer Echtheit nicht unumstritten, aber die kurze fünfte Predigt ist in einer Reihe frühmittelalterlicher Handschriften überliefert; eine kraftvolle Meditation über das menschliche Leben, nicht ohne rhetorische Eitelkeit, aber mit einer klaren Bildsprache:

> *Was also ist das menschliche Leben? [...] Ein Weg bist du, ein Weg, aber du bist nicht allen offenbar, viele nämlich sehen dich, und nur wenige verstehen, dass du ein Weg bist.*[26]

Das menschliche Leben war also die Zeit der Bewährung. Für Columban ging es dabei um alles. Im Angesicht der göttlichen Herausforderung musste der Mensch seine Laster bekämpfen, um das ewige Leben zu gewinnen. Die Sprache ist bisweilen martialisch. *Diese Zeit nämlich ist eine Zeit des Krieges.*[27] Hier geht es indes nicht um eine Biographie Columbans, sondern um die Vorstellungswelt dieser Zeit, die auch in zeitgenössischen Texten zum Ausdruck kommt, die ihm zu Unrecht zugeschrieben werden. Entsprechend nüchtern sind aber auch die Erwartungen: *Es reicht, wenn die Kämpfenden ihre Gegner besiegen, wenn du dich selber besiegst, hast du alles gewonnen.*[28]

Für Columbanus und für die, die sich ihm anschlossen, war der Weg des Glaubens weniger ein Weg der Worte als ein Weg der Tat. Da war er sehr klar. Dabei verstand er sich auf Worte. Seine Texte sind kraftvolle Rhetorik, und es ist erkennbar, dass er mit der Schrifttradition vertraut war. Zimperlich war er nicht. Columbanus hinterließ eine eigene Mönchsregel. Der Text regelte nicht, wie der Abt des Klosters zu bestimmen sei.[29] Dafür verfasste Columbanus einen Strafenkatalog für Mönche, die vom Weg abgekommen waren: Wer zu spät zu den Gebeten kam, wer bei der Ankunft oder nach dem Friedensgruß Geräusche machte, wer einen Befehl träge ausführte, wer laut wurde, wer trotzig antwortete oder wer mit vollem Mund sprach, der erhielt 50 Schläge mit der Rute. Die Strenge hatte Erfolg. Sie sprach eine besondere Schicht von Menschen an. Columbans Biograph Jonas von Bobbio berichtet, wie nach der Gründung seines Klosters in Luxeuil in den Vogesen die Kinder der Adligen von überallher kamen, um ein Leben in der Askese zu führen.[30]

In dieser Faszination lag der Grund für die Unterstützung der Iren durch den fränkischen Königshof. Im Lauf des 7. Jahrhunderts wurden im Frankenreich über 200 Klöster gegründet. Nicht alle lebten nach den Vorgaben Columbans, der seine Wanderung fortsetzte und schließlich in der Lombardei ein Kloster in Bobbio gründete, wo er starb. Das Kloster bot einem Leben des Gebets einen festen Rahmen, der von Haus zu Haus variierte. Die Vorschriften, nach denen die Mönche lebten, wurden nicht zentral erlassen. Bis zu den Klosterreformen der Karolinger, die einheitliche Standards einführen sollten, verging noch mehr als ein Jahrhundert. Das Spektrum christlicher Lebensformen war in dieser Phase weit gespannt, wie wir gesehen haben.

Für dieses Spektrum des Glaubens gab es verschiedene Leitbilder. Im späten 7. Jahrhundert, als die Klöster in der Nachfolge Columbans im Frankenreich gegründet worden waren, verfasste Muirchú moccu Machtheni (latinisiert Maccutinus), ein Mönch aus dem Nordosten Irlands, eine Lebensbeschreibung des heiligen Patrick. Patrick hatte etwa 200 Jahre früher gelebt – in der Schlussphase des weströmischen Reichs[31] –, und an der Qualität von Muirchús Text als historischem Zeugnis bestehen begründete Zweifel. Aber die Vita Patricks ist eine wertvolle Quelle für die Vorstellungswelt von Muirchús Zeit; er schrieb, als das Christentum nördlich der Alpen zunehmend an Boden gewann, und er eröffnet uns einen Blick in eine Welt der Dämonen, der Engel und der Kämpfe mit dunklen Gewalten, eingebunden in die römische Tradition.

Patrick, Sohn britannischer Eltern, wurde als Junge von heidnischen Iren auf die Insel entführt und dort in Sklaverei gehalten. Während dieser Zeit wurde er häufig von einem Engel besucht, der ihm Mut zusprach und der ihm das Signal zur Flucht gab, als die Zeit gekommen war. Nach einer turbulenten Rückkehr nach England verspürte Patrick den Drang, nach Rom zu reisen und dem Apostolischen Stuhl Ehre zu erweisen. Auf dem Weg durch Gallien beeindruckte ihn der Bischof von Auxerre, Germanus, so sehr, dass er dort Jahrzehnte blieb und in aller Demut Wissenschaft, Weisheit und Keuschheit lernte und lebte.[32] Schließlich aber kehrte Patrick nach Irland zurück, um dort den christlichen Glauben zu verbreiten. Zur Zeit des Osterfestes schlug er mit seinen Gefährten das Lager in der Ebene von Bregia auf, wo es nun zu einem dramatischen Kräftemessen zwischen dem neuen Glauben und den alten heidnischen Traditionen des Landes kam.[33] Denn zum selben Zeitpunkt trafen sich in der Nähe irische Könige mit ihrem Gefolge und Druiden in Tara zu einer großen Zusammenkunft. Eine Konfrontation bahnte sich an, als Patricks Feuer, versehen mit dem christlichen Segen, weit über die Ebene leuchtete, obwohl der König strikt verboten hatte, Feuer zu entzünden, bevor das Feuer in seinem Palast brannte. Es war eine Herausforderung, und der heidnische König und die Druiden forderten Patrick auf, sich vor dem König zu rechtfertigen. Als Patrick eintraf, verweigerten die Großen ihm den Respekt. So begann der Glaubensstreit. Der Druide, der Patrick entgegentrat, beleidigte den christlichen Glauben. Patrick sah ihn an und wandte sich mit dem Wunsch, der Mann möge schnell verlöschen, direkt an Gott.

Und bei diesen Worten wurde der Zauberer in die Luft gehoben und umgedreht wieder fallen gelassen, sein Gehirn wurde an einem Stein zerschmettert und er starb vor ihnen, und die Heiden fürchteten sich.[34]

Die Furcht wandelte sich bald in Wut, und der König wies seine Leute an, Patrick zu töten. Daraufhin erhob Patrick seine Stimme und beschwor Gott, seine Feinde zu zerstreuen.

Und sofort brach eine Dunkelheit herein, und es setzte eine furchterregende Unruhe ein, und die Ungläubigen kämpften untereinander einer gegen den anderen, und ein großes Erdbeben setzte ein, dass die Achsen ihrer Streitwagen gegeneinander schlugen, und so stürzten Wagen und Pferde über die Ebene, so dass sich am Ende nur wenige von ihnen halblebendig auf den Berg Monduirn (Mugdorna) retteten.[35]

Die Königin bat Patrick inständig, den König und die wenigen Überlebenden zu verschonen. Aber der König sann auf Rache und bestellte Patrick mit seinen Gefährten zu sich. Patrick erkannte die List, segnete seine Gefährten und sie alle verwandelten sich in Hirsche und verschwanden im Wald. Am nächsten Tag betrat Patrick den Speisesaal des Königs durch die geschlossenen Türen. Ein Druide, der das Kräftemessen des Vortages erlebt hatte, forderte Patrick erneut heraus. Er versuchte erfolglos, den Heiligen zu vergiften, und verlangte dann einen erneuten Magier-Wettstreit auf der Ebene. Mit seiner Magie füllte er die ganze Ebene bis zur Gürtelhöhe mit Schnee. Patrick sah zu und forderte ihn auf, den Schnee verschwinden zu lassen. Dafür verlangte der Magier einen Tag Zeit. Patrick segnete die Ebene, und der Schnee verschwand. Kurz darauf rief der Druide Dämonen, die dicken Nebel aufziehen ließen. Auch der Nebel blieb, bis ihn Patrick mit einem Segen auflöste.[36] In einem abschließenden Feuertest ließen Patricks Gebete den Druiden verbrennen. Die Macht seiner Gebete beeindruckte die Heiden, und seine Ermahnung, den Glauben anzunehmen, da sie sonst alle sterben müssten, zeigte schließlich Wirkung. Der König und seine Großen bekehrten sich zum christlichen Glauben. Patrick beschied ihm, dass sein Widerstand zwar seine eigene Herrschaft gerettet hätte, dass aber keiner seiner Söhne König werden würde.

Der Bericht über diese irische Bekehrung auf der Ebene bei Tara, der sich wohl kaum an den Empfehlungen der Bergpredigt orientiert, erinnert heutige Leser der Harry Potter-Romane an ein Duell Dumbledores mit »dem, dessen Name nicht genannt werden darf«. Hier agierte nicht der historische Patrick, sondern hier entwarf ein Mönch aus dem Norden Irlands in den Jahrzehnten vor 700 ein Leitbild, das auf die Befindlichkeiten seiner Zeitgenossen Rücksicht nahm. Hier traten zwei Magier gegeneinander an, und der Druide als Vertreter der dunklen Künste unterlag. Die Druiden verloren nicht nur den Wettstreit, sie wurden von der Macht Gottes zerschmettert. Und der heilige Patrick rief diese Macht herbei. Der Heilige stand nach dem Zeugnis seiner Lebensbeschreibung in ständiger Verbindung mit den guten übernatürlichen Kräften. Sein Biograph betont, dass ein Engel jeden Sonntag zu Patrick gekommen sei und sie sich *wie ein Mann mit dem anderen* unterhalten hätten. Der Ort dieser Männergespräche war für die Nachwelt dadurch markiert, dass der Engel dort einen sichtbaren Fußabdruck auf einem Stein hinterlassen habe. Dies sei ein Ort, an dem die Bitten der Betenden erhört würden.[37] Ein Heiliger wie Patrick bedurfte trotz seines bekundeten Respekts vor dem römischen Papst keiner kirchlichen Hierarchie, um mit Gott und seinen Helfern in Verbindung zu treten. Und wenn er es tat, dann wuchs ihm diese übernatürliche Unterstützung für Bewährungsproben zu, die auf den irischen Ebenen nach irischen Regeln ausgefochten wurden, nicht nach den Regeln, die den Fischern am See Gennesaret gepredigt worden waren.

Als Patrick nach Irland verschleppt wurde, teilte er die Erfahrungen einfacher Bauern und Hirten seiner Zeit. Seine Beschäftigung mit der christlichen Überlieferung unter Bischof Germanus hatte erst begonnen, als er bereits 30 Jahre alt war. In Irland hatte er keine Anleitung erfahren, aber er hatte regelmäßige Gespräche mit dem Engel geführt und viel Zeit im Gebet verbracht. In seinem Bekenntnis, das er selbst verfasste, schilderte er, wie er daraus Kraft schöpfte:

Doch als ich nach Irland gekommen war, musste ich täglich Schafe hüten. Ich betete oftmals am Tag, und die Liebe zu Gott wie die Furcht vor ihm erfassten mich mehr und mehr. Mein Glaube wurde stärker, und mein Geist ward getrieben, so dass ich an nur einem Tage bis zu hundert Gebete sprach und nachts fast ebenso viele, egal ob ich nun im Wald oder in den Bergen weilte. Ich stand vor Sonnenaufgang auf, um in Schnee, Eis und Regen zu beten. Ich fühlte keinen Schmerz, noch befiel mich Trägheit, und erst jetzt sehe ich, dass der Geist damals in mir glühte.[38]

Es ist wichtig, diese Erfahrung eines Hirten, die Patrick im 33. Kapitel seiner „Confessio" noch einmal eindringlich formuliert, im Hinterkopf zu behalten: *er beschütze mich vor allen Übeln – so glaube ich jedenfalls –, weil sein Geist in mir wohnte und bis zum heutigen Tag in mir wirkt.* Dies war die Stimme eines Menschen, der die kirchliche Hierarchie seiner Zeit respektierte und für den der Papst in Rom der lebendige Vertreter einer großen Tradition war. Aber Patrick benötigte diese Hierarchie für seine Glaubenserfahrung nicht, weil er den göttlichen Geist auch ohne Vermittlung und vor der Weihe zum Priester erfuhr. Aus dieser Erfahrung erwuchs eine eigene Autorität. Sie wurde in den Jahrhunderten, die auf Patrick folgten, und in denen die römische Ordnung verblasste, zu beiden Seiten der irischen und schottischen

See in Klöstern mit hohem Ansehen gewahrt und gefestigt. Auf einer Insel westlich vor Schottland lag das Kloster Iona. Seine Ausstrahlung reichte bis nach England hinein und seine Äbte genossen hohe Verehrung. Sie spielten bei der Christianisierung Englands eine eigene Rolle. Die Klöster, die von den irischen Mönchen gegründet wurden, pflegten ihre Traditionen. Dabei konnte es zu Spannungen mit Rom kommen, wenn die Römer eigene Missionare nach England schickten. Bei solchen Gelegenheiten zeigte sich das Selbstbewusstsein der irischen Mönche. Sie waren einer glaubensstarken Tradition verpflichtet, die es zu bewahren galt.

Der Ire Columbanus warnte Papst Gregor I. in der Frage des richtigen Osterdatums vor einer Position, die mit der des hl. Hieronymus nicht vereinbar sei. Er, Columbanus, müsse bekennen, dass jeder, der sich gegen die Autorität des hl. Hieronymus stelle, ein Häretiker sei, *wer auch immer er sei*.[39] Der Brief an Gregor den Großen zeugt von großem Respekt. Columbanus bekundet seine Wertschätzung für Gregors Buch über die Seelsorge, das er gelesen habe, und für Gregors Schriftauslegungen. Gleichzeitig bekräftigte er dem Papst gegenüber seinen eigenen Standpunkt, der nicht seine unmaßgebliche Meinung sei, sondern die Stimme der relevanten Tradition.

Dieser Zusammenstoß in der Frage des Ostertermins vollzog sich nur in Briefform und verlief daher ohne Konsequenzen und ohne Bitterkeit. Die Situation eröffnet uns einen klärenden Blick auf den Charakter von Auseinandersetzungen über Glaubensfragen im frühen Mittelalter. Es war eine Kommunikation, deren Ablauf für einen modernen Menschen ungewohnt und tatsächlich schwer verständlich ist. Wir sollten Missverständnisse vermeiden. Wir müssen die grundsätzliche Haltung verstehen, in der Columban einem Papst gegenübertrat, der unter seinen Zeitgenossen höchstes Ansehen besaß. Dies war die Haltung, mit der eine große Zahl von Christen des frühen Mittelalters ihren Glauben vertrat. Und es war diese Haltung, die bei aller Wertschätzung des römischen Bischofs und Nachfolgers Petri dem päpstlichen Amt eine eingeschränkte Gestaltungskraft verlieh.

Columbanus plädierte nicht für eine Diversität der Traditionen, die aufgrund unterschiedlicher Bedingungen hätten nebeneinander bestehen können. Er sprach in Hinblick auf die unterschiedlichen Osterdatierungen sogar von der Gefahr eines *scandalum diversitatis*.[40]

Hier stießen zwei Traditionen im Raum aufeinander. Ihre Vertreter begegneten sich mit Respekt. Dahinter stand die Weltsicht einer Übergangszeit. Peter Brown hat mit dem Blick auf diese Jahrhunderte von „Mikro-Christenheiten" gesprochen: Ein Europa mit mehr oder minder abgeschlossenen christlichen Gemeinden, die nur schwach miteinander verbunden waren. Die Sprache dieser Christen bediente sich der Worte einer universalen Kultur, eines Glaubens, der sich an alle Menschen richtete, eines Glaubens, der in der Zeit seines Aufstiegs in Rom vor dem Horizont eines Weltreichs agiert hatte.

Regionale Welten des Glaubens

Aber die Universalität der Königreiche, die das römische Reich ablösten, war nicht mehr die Universalität eines Weltreichs. Die Traditionen, die Rechtsordnungen, die Herrschaftsgewalt dieser Welt hatten eine begrenzte Reichweite. Es war eine Reichweite, die sich selbst genügte. Und diese Welten mit ihren begrenzten Horizonten bestanden nebeneinander. Sie stellten sich nicht in Frage. Sie nahmen sich dann wahr, wenn ihre Interessen kollidierten. Das Nebeneinander der Religionen im modernen Jerusalem vermittelt eine Ahnung von dieser Situation, wenn die Lage nicht gerade durch Gewalt angespannt ist. Es konnte zu Konkurrenzen kommen, dann stand die Rechtmäßigkeit des anderen in Frage. So sahen sich die Hamburgische und die englische Kirche um die erste Jahrtausendwende als Konkurrenten bei der Mission Skandinaviens. Sie sahen sich nicht als unterschiedliche Arme einer Kirche, vielmehr betrachteten die Geistlichen der Hamburgischen Kirche den Wechsel der Dänen zu englischen Priestern als einen Abfall vom christlichen Glauben. Es gab Ausnahmen, mancher Geistliche und mancher Herrscher in römischer Tradition sah die Welt anders, aber wir werden noch auf Beispiele stoßen, die zeigen, wie hart sich der weite Blick an den regionalen Realitäten stieß.

Columbanus hatte seine Heimat verlassen und starb schließlich in dem von ihm gegründeten Apenninenkloster Bobbio. Rom war für ihn eine respektable Größe. Columbanus war ein gebildeter Mann. Für ihn und für die Mönche der irischen Tradition, die ihm nachfolgten, stand die Berechtigung ihrer Tradition über jedem Zweifel. Sie suchten keine Entscheidung in der Frage des Ostertermins, für sie war die Antwort klar. Tatsächlich wurde ihnen diese Entscheidung im Fall des Osterdatums 50 Jahre nach dem Tod des Columbanus aufgezwungen: Auf einer Synode im nordenglischen Whitby (664) kam es zur direkten Konfrontation. Der Vertreter der römischen Datierung in England trat überheblich auf und ließ den Respekt vor den irischen Mönchen vermissen, die für ihre Anhänger im Ruch der Heiligkeit standen. Aber der Vertreter Roms setzte sich durch. Die unterlegenen Iren verließen England. Sie zogen sich auf ihre Insel zurück, eine typische Reaktion: Man lenkte ein, wenn man einlenken musste, nicht weil es nur eine Antwort geben konnte, nicht aus Einsicht, nicht aus geänderter Überzeugung. Es konnte nur eine Antwort geben, aber wenn es nicht die eigene Antwort war, dann zog man sich dorthin zurück, wo man nach den eigenen Regeln leben konnte. Das war die typische mittelalterliche Reaktion.

Im späteren Mittelalter wehrten sich Kirchenleute gegen die Vergabe von Titeln oder Pfründen durch ihren Bischof an ihre Konkurrenten, indem sie gegen die Entscheidung an den päpstlichen Stuhl in Rom appellierten. Dort ließ man sich in der Regel Zeit mit einem Urteil. Und solange der Einspruch nicht entschieden war, konnte der Beschwerdeführer seinen Titel weiterführen. Lange Zeit gab es für diese Ansprüche und Realitäten, die sich im Grunde gegenseitig ausschlossen, genügend Raum. Um die Geschichte der Spannungen und Glaubenskämpfe zu verstehen, ist es entscheidend, diese Wahrnehmungen zu verstehen. Wenn die Zeitgenossen von *allen Menschen* sprachen, meinten sie in der Regel alle diejenigen, die zu ihrer Gemeinschaft gehörten. Diese Wahrnehmung wurde durch die Primitivität der Kommunikationsmöglichkeiten über weitere Distanzen gestärkt. Mit dem Verblassen der römischen Ordnung gab es auch niemanden mehr, der sich über die vielen Herrschaftsgrenzen hinweg um den Unterhalt der römischen Straßen bemühte. Es gab kein organisiertes Botenwesen. Über längere Strecken war eine durchschnittliche Informationsgeschwindigkeit von 40 Kilometern am Tag die Regel. So konnte man in einem Fall normaler Dringlichkeit für einen Botenritt aus dem Aachen Karls des Großen nach Rom für die fast eineinhalbtausend Kilometer einen Monat veranschlagen. Die Zeit reduzierte die Dringlichkeit und schuf Distanz – nicht nur im räumlichen Sinn.

Diese Distanzen zwischen Menschen und Orten waren voller Gefahren, Herausforderungen und Überraschungen, die Reisende auf eine individuelle Probe stellten. Wer sich auf seiner Wanderung durch unwegsamen Wald plötzlich Wölfen oder finsteren Gestalten gegenübersah, handelte so, wie Umstände und Temperament es ihm oder ihr nahelegten, nicht nach kirchlichen Vorgaben. Columbanus, dem solche Begegnungen in der Wildnis kurz hintereinander widerfuhren, behielt die Nerven, als die Wölfe nach seinen Kleidern schnappten. Das war der Stoff, aus dem die Heiligen dieser Zeit gemacht waren.[41] Die Geschichten ähnelten sich bisweilen. Jonas von Bobbio berichtet, wie Columbanus auf einem Streifzug durch die Wildnis im Umkreis seines Klosters auf eine Höhle stieß, in der er einen Bären antraf. Freundlich empfahl er dem Bären, sich ein anderes Quartier zu suchen und nicht zurückzukehren. Daraufhin verschwand das Tier. Von einem seiner Gefolgsleute, von Gallus, auf den später die Gründung des Klosters St. Gallen nahe des Bodensees zurückging, erzählt sein Biograf eine ähnliche Geschichte. In einem Tal, in dem Gallus den geeigneten Ort für seine Niederlassung fand, erhielt er in der Nacht Besuch von einem Bären, der sich über die Reste des Nachtmahls der Reisenden hermachte. Gallus überließ dem Bären sein Brot, befahl ihm aber, das Tal zu verlassen und nicht wiederzukehren. Der Bär zog davon. Die Gentrifizierung der Wildnis durch die beiden Heiligen mag damit zusammenhängen, dass die Autoren dieser Lebensbeschreibungen nicht in allen Punkten unabhängig voneinander berichteten. Doch darauf kommt es hier nicht an. Von Bedeutung ist die Art dieser Bewährung in einer Welt von Bären, Wölfen und Räubern in diesen Erzählungen. Die Reaktionen der Heiligen gleichen sich in dieser Herausforderung. Aber sie waren gerade darin untypisch. Ihr unerschrockenes Verhalten sollte ein Vorbild für Menschen wie den Diakon, der Gallus begleitete und Zeuge des Vorfalls wurde, sein. *Jetzt weiß ich wahrhaftig, dass der Herr mit dir ist, denn selbst die Tiere der Wildnis gehorchen dir*, versetzte er danach.[42] Darum ging es in diesen Naturerlebnissen. Sie waren Beweise dafür, dass Gott mit diesen mutigen und besonnenen Mönchen war, so wie er Patrick auf der Ebene von Tara im Kampf mit den Druiden die Macht über Naturphänomene gegeben hatte.

Die Gläubigen und die, die den Glauben aufgrund solcher Erzählungen annehmen sollten, kannten die Erfahrung, in einer wilden Umwelt plötzlichen Gefahren gegenüberzustehen – einem Unwetter auf dem Meer, einem Gewitter im Gebirge, wilden Tieren in den Wäldern oder Zeitgenossen mit finsteren Absichten. Es waren Situationen, in denen man sich bewähren musste. Die Geschichten dieser Kämpfe waren die Geschichten, die man an den vielen dunklen Abenden erzählte. Es waren Geschichten von Kämpfen gegen finstere Mächte. Es waren Geschichten, die in eine Welt führten, in der die Macht Gottes sich nicht nur in inneren Kämpfen der Menschen zeigte, sondern in der die göttliche Macht ihre Überlegenheit in Siegen über Naturgewalten, Dämonen und Zauberer bewies. Es war eine Welt, in der die alten heidnischen Überzeugungen noch zahlreiche Auftritte hatten.

Zu den ältesten Geschichten aus dieser Welt voller Dunkelheiten gehören die Abenteuer des Helden Beowulf, der den dänischen Hof in nächtlichen Kämpfen von einem Ungeheuer befreit.

Von dort erwachten die Unholde alle,
Riesen und Alben und Höhlengeister,
desgleichen die Giganten, die gegen Gott kämpften.[43]

Die Finsternis gebar finstere Wesen, und auch in dieser oberflächlich christianisierten Welt zählten die alten Tugenden. Beowulf stellt sich in einem Kampf ohne Waffen dem Ungeheuer Grendel, das die große Halle des Königs in den Nächten heimsucht und die dort schlafenden Krieger tötet. Das Ungeheuer besitzt unheimlich strahlende Augen und enorme Kräfte, aber Beowulf überwindet es schließlich, und die Ruhe kehrt in die Halle des Königs zurück. Als nach weiteren Abenteuern schließlich sein Tod naht, versammelt Beowulf seine Gefolgsleute und gibt ihnen Anweisungen für sein Begräbnis. Obwohl er getauft worden ist, will er in einem Hügelgrab beigesetzt werden: *Das soll zu Erinnerung für meine Leute / hoch emporragen.*[44] Auch darum ging es: sich im Kampf zu bewähren und die Taten in der Erinnerung fortleben zu lassen. Ein Hügelgrab und die Heldendichtung waren, wie die Lebensgeschichten der Heiligen, der Stoff für die Verehrung. Der Umgang der Großen in der Halle des Königs hatte ein fast liturgisches Zeremoniell. Wir werden dieser zeremoniellen Sorgfalt am Hof Karls des Großen wiederbegegnen. Die Welten der Krieger und die Welt der Priester ähnelten sich in vielem; denn die Menschen, die sie bevölkerten, stammten oft aus den gleichen Familien. Nicht selten waren die Krieger und Priester Brüder.

> [...] *dass das nach Britannien gekommene Volk der Angeln für würdig befunden wurde, einen so hervorragenden Erforscher der himmlischen Schriftenreihe und einen so vortrefflichen Streiter Christi zusammen mit gutgeschulten und bestens ausgestatteten Jüngern vor aller Augen in löblicher Weise weit von sich weg hinauszuschicken zu geistigen Kämpfen [...].*[45]

Die Worte, die der Erzbischof von Canterbury für seinen Landsmann Bonifatius nach dessen Tötung in Friesland fand, klingen wie ein Heldengesang für einen waffenlosen Beowulf. Sie stammen aus den Jahren, in denen die Vertreter einer frühen Datierung der Beowulf-Dichtung die Abfassung des Textes vermuten.[46] Die Abfassungszeit von Dichtungen wie Beowulf, deren Manuskripte keine Datierungen aufweisen und in deren Handlung sich historische und legendenhafte Züge miteinander verbinden, ist bisweilen schwer zu bestimmen. Diese Schwierigkeit zeigt indes, dass diese Dichtung mit ihren Erzählungen der Kämpfe gegen Ungeheuer während des gesamten frühen Mittelalters vorstellbar war, weil diese Heldengesänge die Phantasie beflügelten. Die Helden dieser Geschichten fochten ihre Kämpfe mit Mut, mit List, bisweilen mit Hinterlist, und mit Beharrlichkeit aus. Ihre Siege waren zumeist Siege des Glaubens. Diese Schicht von Kämpfern, denen es um die Sache und um ihren Ruhm ging, um ein ehrenvolles Gedenken aufgrund ihrer Taten, waren wichtige Träger einer christlichen Kultur des frühen Mittelalters (d. h. bis in die Mitte des 11. Jahrhunderts) und auch darüber hinaus. In dieser Welt war das persönliche Zeugnis auf der Ebene der Großen ein Weg zum Ruhm oder zur Memoria, wie das Totengedächtnis in der christlichen Kultur genannt wurde.

Caesarius von Arles und Columbanus, so verschieden sie waren, wandten sich überwiegend an die Oberschicht ihrer Zeit. Caesarius predigte im gallischen Arles für Menschen seiner Herkunft. Sie verstanden Latein und Griechisch, sie vermochten seinen subtilen sozialen Ausführungen zu folgen. Das war die Welt seiner Predigten und kirchlichen Gesänge. Columbanus war weniger subtil und sein Stil war direkter. Aber seine Rhetorik des Kampfes richtete sich an Zuhörer, die das Waffenhandwerk kannten. Seine Sprache richtete sich nicht an Bauern, und Bauern tauchen in diesen Geschichten, die von Mönchen, Königen und Bischöfen in unterschiedlichen Konstellationen handeln, als Handelnde auch nicht auf. Wir bewegen uns in einer räumlich weiten Welt, wir bewegen uns zwischen Menschen, die weite Wege zurücklegten. Aber es waren Menschen, die an den Stätten der Macht ein und aus gingen.

Caesarius von Arles kaufte als Bischof Gefangene im großen Stil frei. Die Befreiten, die so in vielen Fällen einer Existenz als Sklaven entgingen, werden ihm dankbar gewesen sein. Ob sie deshalb auch Christen wurden, ist weniger sicher. Tatsächlich steht unser Wissen über die soziale Welt in den ehemaligen römischen Provinzen und im schriftlosen Germanien östlich des Rheins ohnehin auf einer sehr schmalen Grundlage. Die große Mehrheit der Menschen bestand aus Bauern. Für die germanischen Stämme vermittelt die Archäologie auf der Grundlage einzelner ausgegrabener Dörfer das Bild einer einfachen Landwirtschaft mit geringer Arbeitsteilung. Für Gallien meldet die Forschung seit einiger Zeit deutliche Zweifel an dem traditionellen Bild römischer Latifundien an, die mit einem hohen Sklaveneinsatz bebaut worden seien. Tatsächlich gibt es kaum einschlägige Nachweise, so dass man von einer frühen Form der Grundherrschaft ausgeht, in der freie und unfreie Bauern in unterschiedlicher Abhängigkeit von einem Herrn ein karges Leben führten. Über den Glauben dieser großen Mehrheit der Bevölkerung wissen wir kaum etwas. Die Erfahrungen des Amandus, eines Mönchs, der seinen Weg in Columbans Kloster Luxueil um 630 begann, mahnen zur Zurückhaltung.[47]

Die Christenheit im Übergang zum Mittelalter

Der Weg des Amandus als Missionar und Bekehrer der Ungläubigen führte ihn nach Flandern, wo ihm zu Ohren kam, dass die Menschen an der Schelde Bäume und Holzfiguren als Heiligtümer verehrten. Wegen der Wildheit dieser Heiden und der Kargheit des Landes fanden sich keine Priester, die bereit waren, dort das Wort Gottes zu verkünden. Als er das hörte, zog Amandus zum Bischof von Noyon nördlich von Paris und erwirkte von ihm einen Brief des Königs, wonach jeder, der sich nicht freiwillig durch die Taufe von seinen Sünden reinigen lasse, vom König zur Taufe gezwungen werde. So machte sich Amandus ans Werk. Seinem Biographen fiel es offensichtlich schwer zu schreiben, wie oft der eifrige Missionar in der Folge von den Einwohnern verprügelt wurde, wie häufig er von Männern und

Frauen abgewiesen wurde und wie oft man ihn in den Fluss warf. Bei dieser Art heidnischer Taufen half ihm auch der Brief des Königs wenig, denn die störrischen Heiden konnten nicht lesen. Seine Gefährten verließen Amandus, der beharrlich weiterpredigte, Gefangene freikaufte und taufte. Bei den flandrischen Bauern erreichte er nur wenig. In der Folge reiste Amandus weit nach Südosten, über die Donau zu den Slaven, wo er predigend umherzog – in der Hoffnung auf Bekehrungen oder auf das Martyrium. Beide Hoffnungen wurden enttäuscht und Amandus kehrte zu den Franken zurück. Für einige Jahre wurde er Bischof von Maastricht, wo er in seinem Klerus auf so viele Widerstände traf, dass er schließlich den Staub des Ortes von seinen Füßen schüttelte und weiterzog. Danach brach er auf, um die Basken im Norden der iberischen Halbinsel aufzusuchen. Die Basken waren keine Christen und Amandus wollte bei ihnen predigen. Aber seine Worte erreichten die Basken nicht, die an bisweilen unwirtlichen Orten bis in die Pyrenäen hinein hausten und *die in ihrer Blindheit verblieben*.[48]

Die Erfahrungen des Amandus vermitteln uns einen deutlichen Eindruck von den Wirkmöglichkeiten eines Bischofs und Missionars im 7. Jahrhundert. Seine Erfolge waren gering. Tatsächlich sind die wenigen Bekehrungen, von denen die Vita berichtet – und seine Vita war ein Text in christlicher Absicht –, Bekehrungen von Gefangenen und Bekehrungen infolge von Wundertaten. Die Predigt dagegen zeigte wenig Wirkung. Man mag sich fragen, in welcher Sprache Amandus zu Slaven und Basken sprach, aber wir können in jedem Fall feststellen, dass seine Worte die Heiden nicht für den Glauben gewannen. Eine gute Predigt war keine einfache Aufgabe; auch der Biograph des Caesarius von Arles berichtet davon, wie Caesarius wütend Gläubige zurechtwies, die nach dem Evangelium die Kirche verließen, als er zu sprechen begann.[49] Um das zu verhindern, ließ der Bischof häufig die Kirchentüren nach der Lesung verschließen; dabei war Caesarius ein Bischof, der seine Predigten sorgfältig vorbereitete. Bei den Slaven und den Basken gab es keine Kirchen, deren Türen man hätte verschließen können, und nicht nur bei diesen Völkern, die noch nicht christlich waren, sondern auch dort, wo Männer wie Caesarius oder Amandus das Amt eines Bischofs bekleideten, schlug ihnen vielfach Ablehnung entgegen.

Tatsächlich war die Personaldecke in der Kirche dieser Übergangsphase dünn und die wenigen Kirchenleute zogen auch nicht an einem Strang.

Wie schwach die Struktur war, lässt sich am Wirkungskreis von Amandus sehen. Derselbe Missionar predigte in Flandern, dann jenseits der Donau im Südosten und anschließend wieder im Westen bei den Basken. Die Distanz zwischen diesen Einsatzorten überspannt das ganze Frankenreich. Bei diesem Einsatz Einzelner lässt sich kaum von Strukturen sprechen, und in Summe war er erfolglos. Wir können bereits an dieser Stelle festhalten, dass die Wirkung von Missionsreisen in noch nicht christianisierte Regionen auch in den nachfolgenden Jahrhunderten kaum zunahm, wie wir an den Reisen Ansgars nach Skandinavien in der Generation nach Karl dem Großen sehen können.

Was bedeutet diese Erfahrung im Hinblick auf den Zustand der Christenheit in der Übergangsphase von der Antike zum frühen Mittelalter? Unser Bild von den Christen in dieser Übergangsphase ist unscharf. Wir besitzen nicht sehr viele Texte, die uns Auskunft darüber geben können, was die Menschen glaubten. Angesichts des schwach ausgebildeten Wegenetzes und der primitiven Kommunikationsbedingungen der Zeit lässt dieser Befund einen wichtigen Schluss zu: Es gab Raum für eigene Glaubensvorstellungen. Die Grundlagen des Glaubens – nach dem Verständnis der Zeitgenossen das Glaubensbekenntnis und das Vaterunser – sollten aktiv verbreitet werden. Bei der Frage, wie diese Texte zu verstehen seien, wie sie sich auf das Leben der Gläubigen auswirkten, sollten wir dagegen keine eindeutige Antwort erwarten. Caesarius hielt sein Umfeld zum regen Austausch über den Glauben an. Aber seine Biographen sahen darin keine typische Eigenschaft prominenter Christen, dazu betonten sie diesen Zug in ihren hagiographischen Werken zu wenig. Columbanus dagegen betont die grundsätzliche Herausforderung, die der Glauben an jeden einzelnen Menschen stellt. Der Mensch ist in das große Drama der Schöpfung hineingeworfen und muss sich dort bewähren. Das irdische Dasein ist ein Kampf, und jeder Gläubige muss ihn selbst kämpfen. Die Gläubigen mussten ihre eigenen Antworten auf die Fragen des Lebens geben. Die irischen Missionare führten die Bußbücher ein, nicht den Katechismus. Die Bußbücher hielten die Gläubigen, Kleriker und Laien, an, ihr Leben immer wieder auf ihre Verfehlungen hin zu überprüfen. Das Spektrum möglicher Verfehlungen war klassisch: Mord und Totschlag, verschiedene sexuelle Übertretungen, Diebstahl und Meineid. Wichtig war die individuelle Verantwortung, der sich die Gläubigen stellen sollten. Auf die Frage nach der Verantwortung des Einzelnen, auf die Frage nach seiner Schuld und auf die Frage nach dem Weg, den die Gläubigen gehen sollten, gab es notwendigerweise verschiedene Antworten. Welche Antwort die richtige war, war ohne Weiteres nicht zu klären.

Es traten in dieser Welt verschiedene Autoritäten in Erscheinung. Neben Bischöfen und einzelnen Äbten und Königen gelegentlich auch ein Papst. Aber die päpstliche Autorität hing davon ab, wie sehr die Gläubigen, der sich mit einer Frage an den Papst wandten, von dessen Antwort überzeugt waren. Columbanus etwa schrieb dem Papst, die Iren seien ein Volk, das in jeder Weise der apostolischen Tradition verpflichtet sei, das keine Häretiker und keine Schismatiker hervorgebracht habe, und auch, wie Columbanus weiter ausführt, keine Juden.

Die Christen dieser Phase lebten ihren Glauben in vielfältiger Weise, ob spirituell oder liturgisch. Es war jedoch keine Vielfalt im Geist der Toleranz, sondern eine Vielfalt infolge grundsätzlicher Herausforderungen, wie dem nur schwach stattfindenden Austausch zwischen wichtigen Protagonisten in einer Welt, in der keine zentralen Macht- und Ordnungsstrukturen existierten.

In dieser frühen Phase der mittelalterlichen Christenheit begegnen wir dennoch immer wieder charismatischen Klerikern, Mächtigen und Großen. Es waren überwiegend Männer. Ihre Bekehrungserfolge scheinen überschaubar. Jene zahlreichen Christen, die das Christentum in den folgenden Jahrhunderten zur beherrschenden Religion Europas machen sollten, wurden aber auf andere Weise gewonnen, nämlich durch Beschlüsse von Königen und Herrschern. Davon handelt das nächste Kapitel. Die historische Bühne, auf der Caesarius von Arles, Gregor von Tours, Patrick und Columbanus für die Nachwelt sichtbar agiert hatten, brauchte dramatische Stücke. Sie brauchte Herausforderung und Bewährung, Kämpfe mit dunklen Mächten und glorreiche Siege, von denen man sich noch lange erzählen konnte.

So bedeutend diese Geschichten auch waren – in ihnen bleibt eine Dimension unterbelichtet, ohne die der Erfolg des Christentums im europäischen Mittelalter nicht verständlich ist, auch wenn diese Dimension aufgrund ihrer Einfachheit in den Quellen nur wenige Spuren hinterlassen hat. Aber einige Spuren gibt es, und sie zeigen in dieser Zeit des Übergangs im späten 7. oder frühen 8. Jahrhundert eine Haltung religiös inspirierter Menschlichkeit, die sich auf die Alltagsebene konzentriert. Das irische „Alphabet der Frömmigkeit" (*Abgitir Chrábaid*) ist ein im Kern frühmittelalterlicher Text, der bis ins ausgehende Mittelalter hinein überliefert und bearbeitet wurde.[50] Das „Alphabet" ist Ausdruck einer einfachen, praktischen, aber in ihrer Konsequenz anspruchsvollen christlichen Moral, die nicht in erster Linie andere belehren will, sondern die weiß, dass überzeugende Lehre nur durch Beispiel gelingt: *Glaube mit Taten* […]; *Armut mit Großzügigkeit* […]; *Frömmigkeit ohne Heuchelei.*[51] In einfachen Kapiteln wird eine christliche Ethik für einen Klerus formuliert, der seine Aufgabe ernster nimmt als die Privilegien, die sein Status mit sich bringen konnte. Wann ist ein Mensch in der Lage, einen anderen zu korrigieren? Wenn er zunächst sich selbst korrigieren kann.[52] Beda berichtet in seiner „Kirchengeschichte" von einem Priester aus einer mächtigen Familie, der nach einer schweren Krankheit sein Leben neu ausrichtet und von dem der Chronist keine Heldentaten vermeldet, dafür aber ein gelungenes Leben.[53] So schwer diese Akteure, die versuchten, so zu leben, wie sie predigten, in der Überlieferung fassbar sind, so wichtig war ihr Beitrag für die Durchsetzung der christlichen Kultur. Ihre im Alltag gelebte Ethik prägte eine „Normalität", die historisch und in Quellen kaum zu fassen ist. Aber ohne diese Normalität wäre es nur schwer zu verstehen, warum die Christenheit den offenkundigen Machtmissbrauch christlicher Eliten, die Grausamkeiten in der Verfolgung Andersdenkender und die mangelnde Qualifikation so vieler Priester im Mittelalter überstand. Zu dieser prägenden Normalität gehörten in besonderer Weise die vielen Frauen, ohne die der christliche Glaube nicht bis in die Gegenwart überdauert hätte. Sie tauchen in den Texten, auf die wir unsere Geschichtsbilder aufbauen, selten in prominenter Rolle auf. Aber ohne ihr Wirken ist die Geschichte, von der hier die Rede ist, nicht denkbar. In den Quellen über Bekehrungen, von denen das nächste Kapitel berichtet, spielen sie als Königinnen eine unverzichtbare Rolle bei der Hinwendung und Bekehrung ihrer Untertanen zum Christentum.

Kapitel 3

Bekehrungen (500–1000)

Die Wege, auf denen die Europäer zwischen 500 und 1000 zum Christentum gelangten, prägten den Charakter der Christenheit auf sehr lange Sicht. In dem halben Jahrtausend, das mit der Taufe des Frankenkönigs Chlodwig begann und mit der Bekehrung Islands zu Ende ging, wurde das Christentum zur europäischen Leitreligion. Es gab noch immer Heiden, und der Aberglaube der bäuerlichen Welt kostete manchen Missionar oder Bischof viel Geduld, aber um das Jahr 1000 herum bildete die christliche Religion eine Ordnung, auf die sich Könige und herrschende Familien in Europa überwiegend bezogen. Der christliche Glaube bot ein Koordinatensystem, an dem man seine öffentlichen Handlungen ausrichtete. Die Frage, wie sehr der Glaube, auf den sich die Mächtigen zur Begründung ihrer Herrschaft beriefen, die Menschen erreichte und prägte, ist schwerer zu beantworten. Der Blick auf das frühe Mittelalter ist bis auf wenige Ausnahmen ein Blick auf die oberen Schichten in den einzelnen Königreichen. Nur dort, wo das Handeln der Mächtigen mit den einfachen Menschen in Berührung kam, kommen diese einfachen Menschen für uns in den Blick. Selten erscheinen sie dabei als Akteure eigenständiger Handlungen. Das liegt an der Haltung der Chronisten, die dem geistlichen bzw. adligen Milieu entstammten und für die Bauern und Handwerker keine Aufmerksamkeit verdienten, solange sie ihre Abgaben und Dienste erwartungsgemäß leisteten. Gelegentlich blitzt der Eigensinn dieser Menschen jedoch in Klagen der Bischöfe auf. *Hierzulande glauben fast alle Menschen, Adel und Volk, Stadt und Land, Alt und Jung, dass Hagel und Donner von Menschen gemacht werden können.*[54]

Diese Klage des Erzbischofs Agobard von Lyon stammt aus einer Zeit, in der der Nachfolger Karls des Großen Anstrengungen unternahm, die christliche Ordnung im Reich seines Vorgängers stärker zur Geltung zu bringen.

Die Klage ist nicht überraschend und sie begegnet uns im ländlichen Umfeld wiederholt. Angesichts von Eigensinn, von sehr unterschiedlichen Lebenserfahrungen und schwach ausgebildeten herrschaftlichen Ordnungsstrukturen war die Annahme des Christentums Ausdruck einer Entscheidung.

Bislang haben wir uns vor allem im Umfeld von Einzelentscheidungen bewegt, in dem charismatische Figuren wie Patrick oder Columbanus mit einem gewissen Erfolg wirkten oder einem Missionar wie Amandus der Erfolg versagt blieb – was auch an seinem Charisma gelegen haben mochte. Nicht jeder Glaubenszeuge trat einladend auf. Aus dieser Welt des Übergangs von der römischen zur frühmittelalterlichen Lebensordnung stammt das Baptisterium St. Jean in Poitiers.[55] Der Bau spiegelt die Veränderungen jener Epoche. Ursprünglich ein römischer Zivilbau, wurde er in der Merowingerzeit zu einer Taufkirche umgebaut. Dabei zeigt die Anlage, dass das Taufgeschehen offenbar in kleinerem Kreis stattfand. Denn das Taufbecken war für einen Täufling ausgelegt. In dieser Weise wurde die Kirche offenbar noch im 7. Jahrhundert genutzt. Dabei hatte in dieser Phase auch schon jene Taufpraxis eingesetzt, die dem Christentum schließlich eine weitere Ver-

Abb. 1 St. Jean in Poitiers (6. Jahrhundert)

breitung sicherte: die Taufe ganzer Gruppen von Untertanen, deren Zahl in die Tausende gehen konnte.

Chlodwigs Bekehrung (um 500)

Die folgenreichste Bekehrung für die Geschichte des europäischen Frühmittelalters war die Bekehrung des schon erwähnten Frankenkönigs Chlodwig zum katholischen Christentum im Jahr 497. Chlodwig war ein machtbewusster, rücksichtsloser Krieger. So wusste er auch, wann ein Kampf verloren war. Seine Frau drängte ihn seit längerer Zeit, sich dem Gott der Christen anzuschließen und den Göttern der Römer und den Naturgottheiten den Rücken zu kehren, die die Franken bis dahin verehrt hatten: *Nichts sind die Götter, die ihr verehrt, denn sie können sich und andern nicht helfen.*[56] Chlodwigs Ehefrau Chrodechilde war die Tochter des Burgunderkönigs, dessen Hof katholisch war, was jedoch eher eine Frage des Bekenntnisses als des Lebensstils war, der vor Gewalt nicht zurückschreckte. So sah man am Burgunderhof auch keine Möglichkeit, die Werbung des aufstrebenden Frankenkönigs Chlodwig zurückzuweisen, dessen Ambitionen deutlich erkennbar waren. Als Königin warb Chrodechilde bei ihrem Mann für das Christentum. Chlodwig wies ihre Werbungen zurück; zu machtlos erschien ihm der Christengott, der nicht einmal mit den Göttern seines Volkes verwandt war. Dass Chlodwigs erstgeborener Sohn unmittelbar nach der Taufe starb, bestärkte seine Ablehnung. Erst als er in einer Schlacht mit den Alemannen in gefährliche Bedrängnis geriet, aus der ihn seine Götter nicht befreien konnten, richtete er sein Gebet an den Gott, von dem seine Frau so oft sprach. *Hilfe, sagt man, gebest du den Bedrängten, Sieg denen, die auf Dich hoffen […].*[57] Das Gebet, so berichtet Gregor von Tours, wendete das Schlachtenglück. Die Alemannen wandten sich zur Flucht, töteten ihren König und unterwarfen sich den Franken. Einige Zeit danach folgte Chlodwig seinem Versprechen und ließ sich von Erzbischof Remigius von Reims taufen. Dreitausend seiner Großen sollen mit ihm getauft worden sein. So begann die Bekehrung der Franken, des auf längere Sicht erfolgreichsten Stammes oder Volkes dieser Epoche. Die Geschichte hat einen Modellcharakter für weitere Bekehrungen des frühen Mittelalters, und es ist unschwer zu erkennen, dass sie Züge eines berühmten Vorbildes trägt. *Er ging, ein neuer Constantin, zum Taufbade hin*, schrieb Gregor von Tours.[58]

Eusebius von Caesarea, auf den sich Gregor von Tours in seinem Werk wiederholt beruft, hatte in seiner Lebensbeschreibung des Kaisers Konstantin davon berichtet, dass Konstantin vor der Schlacht an der Milvischen Brücke gegen seinen Konkurrenten Maxentius (312) eine nächtliche Kreuzes-Vision gehabt habe. In dieser Vision wurde ihm bedeutet, dass er im Zeichen des Kreuzes siegen werde, wenn er vor der Schlacht die Kreuze auf seinen Feldzeichen anbringe. So geschah es. Nach diesem Sieg im Zeichen des christlichen Kreuzes verfügte Konstantin die Duldung der neuen Religion, deren Anhänger noch wenige Jahre zuvor von Kaiser Diokletian blutig verfolgt worden waren. Taufen ließ sich Konstantin indes erst auf dem Sterbebett (337). Insofern weicht die Geschichte der Bekehrung Chlodwigs von ihrem antiken Vorbild ab. Aber der zentrale Kern bleibt derselbe: Der christliche Gott schenkt denen den Sieg, die sich zu ihm bekennen. Es war eine alte römische Leitlinie: Ich gebe, damit du gibst. Es war ein Handel auf Gegenseitigkeit und der christliche Gott erwies sich als verlässlicher Partner.

Tatsächlich bedeutete die Bekehrung Chlodwigs keinen Wechsel seiner Lebenseinstellung, kein Vordringen zu einer neu erkannten Wahrheit mit Folgen für die Lebenspraxis. Chlodwig tat in gewissem Sinn das, was er bis dahin auch getan hatte, mit sicherem Instinkt und, wenn nötig, mit brutaler Konsequenz. Er schätzte die Kräfteverhältnisse ein und schloss eine neue Allianz. Sie erwies sich als schlagkräftig. Ausschlaggebend war der Erfolg. Das ist von einiger Bedeutung. Tatsächlich ist diese pragmatische Motivation – die Wahl des mächtigsten Gottes – das Motiv, das uns in den meisten Bekehrungsgeschichten des frühen Mittelalters entgegentritt, die in einer Gemeinschaft oder mit dem Blick auf eine größere Gruppe getroffen wurden oder die ein König in Abstimmung mit dem eigenen Umfeld traf. Dieses Umfeld, *das Volk, das mir folgt*, hatte Chlodwig zunächst Sorge bereitet.[59] Doch, so berichtet Gregor von Tours, noch vor der Taufe ihres Königs hätten die Franken dem Bischof, der zur Taufe angereist war, bekundet, dass sie sich dem Christengott anschließen wollten.

Vieles an dem Bericht von Chlodwigs Taufe hat legendenhafte Züge. Das betrifft neben dem Vorbild Konstantins auch die Zahl der neuen Christen. *Und an diesem Tag wurden etwa dreitausend Seelen hinzugefügt [...]*, so beschreibt die Apostelgeschichte nach dem Tod Jesu die Anfänge der christlichen Mission in Jerusalem (Apg 5,41). Dreitausend neue Gläubige gewannen die Jünger als Reaktion auf eine wortgewaltige Predigt des Petrus, und auch Bischof Remigius von Reims wird bei Gregor von Tours als ein erfahrener Prediger vorgestellt. Bei der Taufe Chlodwigs hätten sich *dreitausend [...] von seinem Heer* taufen lassen.[60] Die Anklänge an die Überlieferung Konstantins und die Apostelgeschichte offenbaren, dass es Gregor von Tours beim Bericht von Chlodwigs Taufe um mehr geht als um die Schilderung eines historischen Ereignisses: Wenn er Chlodwig als einen neuen Konstantin vorstellt, dann macht Gregor dem oströmischen Reich seines Zeitgenossen Justinian indirekt den Anspruch auf die Fortführung des römischen Erbes streitig. Das wirkt zu diesem Zeitpunkt, am Ende des 6. Jahrhunderts, stark ambitioniert. Paris, das alte Lutetia, hatte zu Gregors Zeit kaum die Größe einer unbefestigten Vorstadt Konstantinopels, und dieses Kulturgefälle sollte noch über Jahrhunderte bestehen bleiben – so wie die römische Kultur die funktionierende römische Ordnung lange überdauerte.

Gregor von Tours sah die merowingischen Könige, die auf Chlodwig folgten, auf einer heilsgeschichtlichen Mission. Er kannte ihre persönlichen Defizite. Die dynastischen Intrigen und Machtkämpfe der Königsfamilie zeugen von finsterer Energie. Aber die Merowinger standen für ein katholisches Bekenntnis. Darin sah Gregor ihren Auftrag. Er stellte seinen Büchern der fränkischen Geschichte jeweils ein Bekenntnis zum katholischen Glauben voran, und er sah in Chlodwig den Überwinder der arianischen Häresie:

> *Arius also, der schädliche Urheber dieser schändlichen Irrlehre, [...] wird dem höllischen Feuer übergeben. [...] Chlodovech [...] überwältigte [...] die Ketzer und breitete seine Herrschaft über ganz Gallien aus [...]. Der Herr gibt denen, die an ihn in Wahrheit glauben.*[61]

Gregor entwirft ein großes Tableau: der Kampf des wahren christlichen Glaubens gegen Häretiker und Heiden. Dabei fällt allerdings auf, dass er sich für eine Frage gar nicht interessiert: Weder er noch der Erzbischof von Reims fragen sich, aufgrund welcher Überzeugung die neuen Christen die Taufe empfingen. Was Chlodwig und seine Krieger über den neuen Glauben wissen, das ist nicht nur unklar, sondern es ist auch keiner Erwähnung wert. Beim Zögern des Frankenkönigs vor der Taufe geht es nur um die Frage, ob seine Untertanen ihm folgen werden. In Gregors Bericht bleibt sie nicht lange offen.

Wir wissen durch die gründlichen Untersuchungen Arnold Angenendts, dass diese Frage viele große und weniger große Herren jener Übergangszeit vor ihrer Taufe beschäftigte. Der Bruch mit der religiösen Tradition des Stammes war ein Bruch mit der Überlieferung der Väter, die zu schützen die eigentliche Aufgabe des Königs oder Häuptlings war. Wenn der Herrscher sich von ihr abwandte, ohne seine Gefolgsleute von diesem Schritt zu überzeugen, riskierte er, die Bewahrer der alten Ordnung auf den Plan zu rufen, die seine Führung in Frage stellen konnten.[62] Diese Gefahr war mit der Annahme des Christentums verbunden, und je nach ihrer Machtstellung suchten die Häuptlinge dieser Übergangszeit nach eigenen Wegen. Im Falle der Franken stellte sich diese Frage offenbar nicht. Das mochte auch damit zu tun haben, dass Chlodwig sich gegenüber aufsässigen Gefolgsleuten nicht zimperlich zeigte.

Gregor von Tours stellt der Bekehrungsgeschichte eine Erzählung voran, die von der Verteilung der Beute unter den Franken berichtet. Chlodwigs Franken hatten zahlreiche Kirchen geplündert und gingen nun an die Verteilung der erbeuteten Schätze. Ein überfallener Bischof bat Chlodwig darum, ihm einen wertvollen Krug zurückzugeben. Chlodwig beanspruchte diesen Krug daraufhin bei der Verteilung der Beute zusätzlich zu seinem Anteil. Die Gefolgsleute, die ihren König kannten, antworteten ihm: *Tue jetzt was dir gefällt, denn keiner kann deiner Macht widerstehen.*[63] Ein Krieger jedoch wies die Forderung des Königs zurück. Er bestand auf gleichen Anteilen für alle beteiligten Krieger. Dies war der fränkische Brauch. Chlodwig nahm die Kränkung zunächst hin, spaltete dem Aufsässigen allerdings bei der nächsten Gelegenheit vor seinem versammelten Heer den Schädel. Damit war klar, wer die Befehle gab. Die Glaubensentscheidung des Frankenkönigs erschien wie der Wechsel eines Verbündeten. Es war Zeit für einen schlagkräftigen neuen Bündnispartner.

Die alte Kirche hatte sich Zeit für die Katechese der Taufkandidaten genommen. Davon hören wir im Zusammenhang mit den Taufen in dieser Phase nichts. Auch die Frage, ob die christliche Religion die wahre Religion sei, wird nicht gestellt. Zumindest nicht in diesem sozialen oder herrschaftlichen Umfeld. In gewissem Sinn bewegen wir uns zunächst weiter in einem Kosmos mächtiger Götter nach heidnischem Vorbild. In diesem Kosmos war der Gott der Christen nun der mächtigste Gott. Und der mächtigste Gott war der wahre Gott.

Dass die neuen Brüder und Schwestern im Glauben die Inhalte dieses Glaubens lange Zeit nur langsam erlernten, zeigt sich in dem Bericht von einer Taufe in der Zeit Ludwigs des Frommen, des Sohnes Karls des Großen, mehr als dreihundert Jahre nach der Taufe Chlodwigs. Seinen Beinamen *der Fromme* erhielt der als Herrscher glücklose Ludwig für seine Bemühungen um die Verbreitung und Vertiefung des Christentums. So wurde sein Hof nicht nur zu einem Impulsgeber für die Überarbeitung überlieferter Texte, deren Übertragung in ein korrektes Latein und die Verbreitung anspruchsvoller Standards für das mönchische Leben, sondern Ludwigs Hof war auch ein Ort, an dem Heiden getauft wurden. Notker der Stammler, der vom Leben dieses Hofes manches mitzuteilen weiß, berichtet von einem Zwischenfall bei einer Taufe von 50 Taufkandidaten. Die Zahl hätte den Königshof an seine Grenzen gebracht, was die Ausstattung mit Taufkleidern anging. So musste man sich mit einfacheren Hemden behelfen. Daraufhin sei einer der Täuflinge ärgerlich geworden. Zwanzigmal sei er hier schon gewaschen worden, aber noch nie habe man ihm dabei ein so ärmliches Gewand gegeben. Das sei ein Gewand für einen Schweinehirten:

Und wenn ich mich nicht ob meiner Nacktheit schämen würde, würde ich für mich und nicht eingehüllt in das von dir gegebene [Gewand] Dir dein Gewand mit deinem Christus zurücklassen.[64]

Der Täufling, in diesem Fall ein Normanne, sah in der Taufe ein jährliches Ritual am Hof eines Mächtigen: eine Auszeichnung, begleitet von Geschenken und dem Hof eines Kaisers angemessen. Offenbar hatten weder die Priester am Hof Ludwigs noch zuvor die Priester am Hof seines Vaters Karl die 20 Gelegenheiten genutzt, um dem neuen Glaubensbruder den Sinn einer Taufe zu vermitteln. Der Normanne hatte keine Vorstellung davon, was mit ihm geschah. Eine Basiskatechese als Einführung in den christlichen Glauben scheint nicht stattgefunden zu haben. 100 Jahre später fragte der Erzbischof von Rouen bei seinem Amtsbruder in Reims nach, wie er mit denen umgehen solle, die obgleich wiederholt getauft, noch immer ihren heidnischen Kulten anhingen. Die Normannen errichteten gerade in der Erzdiözese Rouen ihr eigenes christliches Herzogtum, die Normandie. Es war eine Aufgabe, die einen längeren Atem brauchte.[65] Dass viele Getaufte auch nach dem Empfang des Sakramentes weiter ihren heidnischen Kulten an Bächen und anderen Orten in der Natur nachgingen, hatte schon Bischof Martin von Braga im nordwestlichen Spanien am Ende des 6. Jahrhunderts beklagt.[66] Dabei hatte der Bischof seine Taufe offenbar durch eine Kurzkatechese eingeleitet, auf die er seine Gläubigen verwies. Der karolingische Hof Ludwigs des Frommen hatte durchaus einen gewissen Personalbestand. Aber er blieb ein überschaubares Milieu. Auch in der Hofkapelle des Kaisers wechselte das Personal von Zeit zu Zeit. Die jungen Kapläne wurden Bischöfe und verließen den Hof. Aber der Wechsel hatte einen ruhigen Rhythmus. Wenn in diesem Umfeld derselbe Krieger zwanzigmal die Taufe erhalten konnte, ohne dass ihn ein Priester oder Bediensteter wiedererkannte, dann lässt das auch Rückschlüsse auf die Aufmerksamkeit zu, die den neuen Christen zuteilwurde. Die Taufe ist ein Sakrament, das nur einmal empfangen werden kann. *Was Deiner heiligen Brüderlichkeit wohlbekannt ist, wer getauft worden ist, […] darf auf keinen Fall nochmals getauft […] werden […]*, wie Papst Zacharias dem Missionar Bonifatius in aller Klarheit beschied.[67] Bonifatius hatte berechtigte Zweifel an der Gültigkeit einer Taufe gehabt. Am korrekten Ritus der Taufe am Kaiserhof Ludwigs des Frommen konnte dagegen kein Zweifel bestehen. Und dennoch verfuhr man am Hof des Kaisers, der sich besonders um korrekte Formen der religiösen Praxis kümmerte, in so regelwidriger Weise. Tatsächlich war dies ein schwerwiegender Verstoß bei einem zentralen Sakrament. Es ist wichtig, sich diese Berichte vor Augen zu führen, wenn man die tatsächliche Betreuung und Unterweisung der Gläubigen dieser Zeit ermessen möchte, die keine Könige oder Herzöge waren.

Die Bekehrung Edwins von Northumbria (627)

Von Beda Venerabilis war schon die Rede. Seine Berichte über die Missionsgeschichte in England führen in lebhafter Sprache in ein eigenes Milieu. Beda verbrachte sein ganzes Leben in dem bereits genannten Kloster Jarrow im Nordosten Englands, wie er am Ende seiner „Kirchengeschichte des englischen Volkes" selbst mitteilt. Das Werk schildert das Vordringen des

Christentums auf der Insel seit den Anfängen der Mission im Jahr 600 bis in Bedas Zeit. Beda beschloss seine Geschichte im Jahr 731. Vier Jahre später starb er.[68] Die Welt, die Beda schildert, ist eine Welt kurzlebiger, konkurrierender Stammesherrschaften. Sie hatten sich als „Königreiche" infolge des angelsächsischen Zuzugs auf die Insel gebildet. Aus den zunächst zwölf Kleinkönigtümern gingen bis zum Jahr 700 sieben Königsherrschaften hervor, die sogenannte Heptarchie; von Südwest nach Nordost: Wessex, Sussex, Kent, Essex, Mercia, East Anglia und im Norden Northumbria. Die Könige in dieser Welt waren Warlords, deren Stellung in hohem Maß von ihren militärischen Erfolgen abhing.

Um das Jahr 600 sollen die ersten Missionare auf der Insel eingetroffen sein, ausgesandt von Papst Gregor I., einem der großen Päpste des frühen Mittelalters (590–604). Gregor schickte eine Gruppe von Missionaren unter der Führung des Mönchs Augustinus nach England. Sie begannen ihre Mission in Kent, ganz in der Nähe von Canterbury, dem späteren Sitz des Erzbistums für England. Dies war der Auftakt zu einem Unternehmen, das ein gutes Jahrhundert dauerte und manchen Rückschlag hinnehmen musste. Man begegnet kühlem Machtdenken, aber auch nachdenklichen Stimmen und sorgsamer Abwägung. Eine Bekehrung, die auch nach einer Vision und dem hartnäckigen Drängen der katholischen Ehefrau eine längere Zeit benötigte, war die des Königs Edwin von Northumbria im Jahr 627.

König Edwin von Northumbria hatte in seiner Jugend gefährliche Situationen überstanden. Durch Schlachtenglück und Entschlossenheit erlangte er schließlich eine starke Stellung im Norden Englands. Nun suchte er eine Verbindung mit den Herrschern von Kent, wo einige Zeit zuvor die ersten Missionare auf der Insel gelandet waren. Die Familie des Königs von Kent hatte sich taufen lassen. Als Edwin von Northumbria die Tochter des Königs heiratete, nahm die junge Frau ihre geistliche Begleitung mit in den Norden. Ähnlich wie Chlodwig 100 Jahre zuvor sah sich Edwin dem Drängen seiner Frau Æthelburh ausgesetzt, sich zum Christentum zu bekehren. Auch die Lebensumstände am königlichen Hof in Northumbria erinnern an das unsichere merowingische Umfeld. In Northumbria suchten gedungene Mörder mit vergifteten Schwertern und finsteren Absichten die Nähe des Königs, der diesen Anschlägen zunächst noch entging. Anders als Chlodwig beschäftigte sich Edwin dagegen mit dem neuen Glauben:

Da er aber von Natur aus ein sehr kluger Mann war, bedachte er auch selbst, oft allein sitzend, den Mund zwar geschlossen, im Innersten seines Herzens aber viel mit sich beratend, was er tun solle, welche Religion zu beachten sei.[69]

Das Drängen seiner Frau wurde sekundiert von drängenden Briefen des Papstes an das königliche Paar und Gesprächen mit dem geistlichen Begleiter seiner Frau, dem inzwischen zum Bischof geweihten Paulinus. Paulinus unterwies Edwin in der christlichen Lehre, aber der König zögerte noch längere Zeit. Eine Erinnerung an eine legendenhafte alte Verpflichtung und die Beratung mit den mächtigen Männern seines Stammes brachten schließlich den Durchbruch.

Einer der Großen erhob sich in der entscheidenden Beratung und wandte sich an den König. Das Leben des Menschen erscheine ihm wie ein Vorfall bei einer winterlichen Zusammenkunft des Königs mit seinen Großen.[70] Man sitze in der Halle um ein Feuer, das Wärme und Licht spende. Da käme ein Spatz durch die Halle geflogen, zum einen Tor herein, zu einem anderen hinaus. So sei auch das Leben des Menschen: Er käme aus dem kalten Dunkel, er fliege kurz in der Wärme und dem Licht und verschwinde dann wieder in das Dunkel, von dem man nicht wisse, was es verberge. Wenn die Lehren des Christentums hier Sicherheit bieten könnten, so verdienten sie es, befolgt zu werden. So forderte man Paulinus auf, den christlichen Glauben zu erläutern. Schließlich votierte die Versammlung für die Annahme des Christentums und für die Zerstörung der alten Heiligtümer. Der Priester des alten Kultes willigte ein.

So ließ sich Edwin mit vielen seiner Großen in York taufen. Das Christentum habe sich in den folgenden Jahren so segensreich ausgewirkt, weiß Beda Venerabilis zu berichten, dass eine Frau mit einem neugeborenen Kind die Insel von Küste zu Küste hätte durchqueren können, ohne belästigt zu werden.[71] Diese Erzählung, die Beda Venerabilis nur aus der Überlieferung kannte, legt nahe, dass die Bekehrung Northumbrias in den 620er Jahren von einer tatsächlichen Überzeugung des Königs und seiner Berater getragen wurde. Mit herbeigeführt wurde die Überzeugung des Königs durch das Drängen seiner Frau und von ihrem geistlichen Umfeld, das bereits einen gewissen Zugang zum König hatte. Der Schilderung des Hergangs dieser Bekehrung im Norden Englands besitzt Ähnlichkeiten mit der Bekehrung der Franken unter ihrem König Chlodwig.

Teil I   Weite Räume und wenige Priester

Die Königinnen

Chlodwig und Edwin waren Krieger in einer Welt, in der das Schicksal der Häuptlinge den Verlauf der Geschichte zu prägen schien. An der Oberfläche war diese Welt der Krieger und regionalen Herrscher eine männliche Welt. Es war eine Welt, in der Legitimität auf Verwandtschaft gründete, so dass in den ständigen Rivalitäten auch die Kinder der Unterlegenen in Gefahr waren, konnten sie doch in Zukunft ihre verlorenen Ansprüche zurückfordern. Es war eine Welt, in der gedungene Mörder den Konkurrenten nachstellten und in der Geister rettende Hinweise gaben. In dieser Welt trafen Männer nach der überlieferten Lesart die Entscheidungen, auch wenn sie vor diesen Entscheidungen lange zögerten. Die Entscheidung für den Wechsel zum Christentum geschah nach der Erzählung des Bischofs von Tours und der des Mönches aus dem Kloster Jarrow infolge eines direkten göttlichen Eingriffs. Chlodwig hatte zudem schon früh die Empfehlung des Erzbischofs von Reims erhalten, dass das gute Einvernehmen mit den Priestern seine Provinz stärken würde. Edwin erhielt ebenso wie seine Frau einen drängenden Brief aus Rom von Papst Bonifatius V. Tatsächlich aber war Rom weit entfernt. York, wo Edwin schließlich von Bischof Paulinus getauft wurde, besaß römische Wurzeln, aber das lag im Jahr 627 über 200 Jahre zurück. Zwar ging die Mission in der vormaligen Provinz Britannien auf die Initiative des römischen Papstes zurück, aber für einen Heiden wie Edwin war der weit entfernte Priester eines Kultes, dessen Macht ihn noch nicht überzeugte, kaum eine zwingende Autorität. In dieser Welt der Männer, die nicht nur stolz auf ihre Waffen waren, sondern diese auch zu gebrauchen wussten, wurde nicht immer gekämpft. Man konnte nicht alle besiegen und für erfolgreiche Kämpfe brauchte man Verbündete. Bündnisse wurden in dieser Welt durch Heiraten geschlossen.

Ohne Ehefrauen bekamen diese Kriegerkönige keine Söhne, um der Macht, die sie errungen hatten, Zukunft zu verleihen. Die Tatsache, dass die geistlichen Berichterstatter den Königinnen Chrodechilde und Æthelburh im Vorfeld des Glaubenswechsels einige Aufmerksamkeit zukommen lassen, ist ein wichtiger Hinweis auf ihre Rolle. Eine größere Rolle mochten die Autoren diesen Frauen nicht zugestehen, dazu war ihr Frauenbild zu sehr von Evas Rolle geprägt. Aber Papst Bonifatius drängte die Königin von Northumbria, ihren Einfluss auf ihren Ehemann geltend zu machen. Wir können davon ausgehen, dass Æthelburhs Rolle bei der Übernahme des christlichen Glaubens im Norden Englands wichtiger war als die des Papstes. Doch unterlag auch sie den Gesetzen dieser unsicheren Welt, in der es für eine Frau im Normalfall wohl kaum möglich war, das Land von Küste zu Küste unbehelligt zu durchqueren. Der Frieden in Northumbria währte nach Edwins Bekehrung nur wenige Jahre, dann kam der getaufte König in einer Schlacht mit neuen Gegnern ums Leben, in der auch sein Sohn starb. Eine heftige Bewegung gegen das Christentum war zunächst die Folge. So ist es zu erklären, dass Beda Venerabilis 100 Jahre nach der Bekehrung Edwins, die zunächst von ernsthaftem Interesse getragen schien, die Kenntnisse seiner Landsleute im christlichen Glauben verhalten beurteilte. Hier endeten die Parallelen zum Glaubenswechsel im Frankenreich, denn die Bekehrung Chlodwigs und seiner Krieger war von Dauer. Das fränkische Christentum wurde zu einer Keimzelle des christlichen Europas.

Chlodwig war erfolgreicher als Edwin. Der Franke verlor keine Schlachten. Im Gegenteil, nach dem Sieg über die Westgoten umspannte seine Herrschaft den größeren Teil Galliens, und er legte die Grundlage für eine fränkische Herrschaft vom Atlantik bis zum Mittelmeer. Wie Edwin konnte er sich dabei auf die Bischöfe in seinem Herrschaftsbereich stützen, aber im Fall Chlodwigs war diese Stütze ein realer Machtfaktor. Die Bischöfe in Chlodwigs Herrschaftsbereich waren etablierte und häufig vermögende Vertreter der alten gallorömischen Elite.

Die Vertreter dieser Elite waren durch familiäre Bande verbunden und verfügten über die Mittel, die Bewohner ihrer Städte in Notlagen zu unterstützen. Deshalb war es für sie auch selbstverständlich, dass ein Bischof aus einer reichen Familie stammen sollte. Gregor von Tours schrieb über Francilio, der einige Jahre nach Chlodwigs Tod Erzbischof von Tours geworden war:

> *Der vierzehnte Bischof war Francilio, der von Senatoren abstammte, ein Bürger von Poitiers; er hatte eine Ehefrau mit Namen Clara, aber keine Kinder. Und sie waren beide sehr reich an Landgütern, welche sie vornehmlich der Kirche des heiligen Martinus schenkten, sie hinterließen aber auch einiges ihren Verwandten.*[72]

Die Frauen der Bischöfe wurden zunächst geduldet, allerdings erwartete man nach der Bischofswahl ein verändertes Verhältnis der Eheleute, das auch zu getrennten Wohnungen führte.

Das Einverständnis mit diesen Männern erleichterte das Regieren in einer Welt, in der der König nur über einen kleinen Apparat verfügte. Und wie sich in dem Schreiben von Erzbischof Hinkmar von Reims an Chlodwig zeigt, waren sich die Vertreter dieser geistlichen Schicht ihrer Macht bewusst. Im angelsächsischen England dagegen waren die Dinge noch sehr viel stärker im Fluss. Die römischen Magistrate waren abgezogen, bevor ihre Elite christlich geworden war. Es gab keine Bischofssitze aus römischer Zeit, die eine Erinnerung an die alte Ordnung bewahrt hatten. Die neue Ordnung wurde durch die Konkurrenz der angelsächsischen Warlords und ihrer Gefolge bestimmt. Grenzen und Bekenntnisse waren auch abhängig vom Verlauf der Kämpfe in dieser Welt, in deren Lebenswirklichkeit uns die Quellen nur unklare Einblicke erlauben.

Die Christianisierung der Sachsen durch Karl den Großen (772 – um 800)

Eine der bekanntesten Missionskampagnen des frühen Mittelalters war die Bekehrung der Sachsen durch die Armee und die Missionare Karls des Großen. Es war eine blutige Geschichte, die etwa 30 Jahre umfasste.

Danach wurde der Sachsenkrieg wieder aufgenommen, den Karl in der Zwischenzeit nur unterbrochen hatte. Kein anderer Krieg ist von den Franken mit ähnlicher Ausdauer, Erbitterung und Mühe geführt worden wie dieser. Denn die Sachsen waren – wie fast alle germanischen Stämme – ein wildes Volk, das Götzen anbetete und dem Christentum feindlich gesinnt war; auch empfanden sie es nicht als ehrlos, alle göttlichen und menschlichen Gesetze zu verletzen und zu übertreten.[73]

Sachsen lag am Rande des fränkischen Herrschaftsbereichs, aber es lag im Zentrum Europas. Die Informationen über die Unterwerfung der Sachsen unter die christliche Ordnung der Franken stammen von den Siegern. Die Sachsen verfügten als heidnische Kultur über keine schriftliche Überlieferung. So sind wir auf die fränkischen Quellen angewiesen, die uns immerhin die äußere Geschichte dieser Zwangsbekehrung erkennen lassen.

Der zitierte Einhard, der Biograph Karls des Großen, sah bei den heidnischen Sachsen Falschheit und Taktik am Werk, wenn er auf ihr Verhalten im Kampf mit den christlichen Franken sah. Die Sachsen würden nach der Niederlage Verträge mit den Franken schließen und die Bedingungen der Sieger widerspruchslos akzeptieren. Sie sagten die Annahme des Christentums zu, aber bei nächster Gelegenheit fielen sie von den Zusagen ab. Wir können hier nicht die einzelnen Eskalationsschritte eines Kriegs verfolgen, der wie viele spätere Kriege als eine Disziplinierungsmaßnahme gegen übergriffige Nachbarn begonnen hatte, um dann schrittweise grundsätzlicher und blutiger zu werden. Mathias Becher hat darauf hingewiesen, dass schon die Vorgänger Karls des Großen Kämpfe mit den Sachsen ausgefochten hatten und dass Karls Planung zunächst wohl eher eine oberflächliche Befriedung der heidnischen Nachbarn als eine gewaltsame Christianisierung vorgesehen hatte.[74]

Karls Kämpfe begannen mit Erfolgen. Auf einer Versammlung in Worms beschlossen die Franken unter Karl dem Großen den Angriff auf die Sachsen und setzten ihn zügig um. Mit *Feuer und Eisen* fielen die Franken in Sachsen ein. Sachsen erstreckte sich im Nordosten des Reichs von der Elbe bis fast an den Rhein. Die Franken seien bis zur Irminsul, einer Säule oder einem Baum, der den Himmel trug, vorgedrungen. Sie hätten dieses Heiligtum zerstört und Gold und Silber mitgenommen.[75] Eine schwere Trockenheit habe dem Heer zugesetzt und sei plötzlich durch göttliches Einwirken beendet worden. Die Truppen rückten bis an die Weser vor, wo man eine Vereinbarung mit den Sachsen traf, die durch sächsische Geiseln abgesichert wurde. Diese Anfangserfolge weckten die Illusion eines schnellen Sieges. Tatsächlich aber hatten die Franken kein klares Bild von ihren Gegnern. Die Sachsen waren anders als die Franken kein zentral geführter Stamm mit einem König an der Spitze, sondern bestanden aus einer Allianz zahlreicher kleinerer Stämme. Deren Anführer und Vertreter sprachen jeweils nur für ihren kleinen Stamm. So banden die Vereinbarungen, die Karls Krieger mit den besiegten Sachsen trafen, nur den besiegten Stamm. Hier stießen zwei Kulturen aufeinander. Für einen modernen Beobachter, der etwa die Erfahrungen der westlichen Allianz bei den langen Kämpfen in Afghanistan verfolgt hat, zeigen sich entfernte Parallelen. Sie sind nur begrenzt tragfähig, aber sie verweisen auf ein grundsätzliches Problem, das eine zentral geführte militärische wie politische Macht in der Auseinandersetzung mit einem lockeren Zusammenschluss mehrerer entschlossener Gegner hat. Es war also kaum möglich, dauerhaft bindende Abmachungen zu treffen, da die Verhandlungspartner nur das Mandat für ihre eigene Gruppe besaßen. Mit dieser Situation zurechtzukommen, fiel den Franken unter Karl dem Großen schwer. Für die Krieger Karls des Großen wurde die Unterwerfung der Sachsen ein langes und mühsames Unterfangen; aber nicht nur für die Krieger, sondern gerade auch für die Mönche und die Priester, die mit ihnen kamen.

Die fortgesetzten Überfälle der noch unbesiegten oder zwischenzeitlich wieder erstarkten Sachsen verbitterten die Franken. Die fränkischen Reichsannalen berichten zum Jahr 782 von einer blutigen Racheaktion. Die Franken hätten 4.500 Aufständische getötet, die die besiegten Sachsen ihnen überstellt hätten. Der Bericht über das „Blutgericht von Verden an der Aller" wird von der modernen Forschung allerdings in Frage gestellt. In jene Jahre wird aber auch ein Text datiert, der in einer einzigen Abschrift im Vatikanischen Archiv überliefert ist. Die *Capitulatio de partibus Saxoniae*[76] ist ein drakonisches Besatzungsstatut, das die Fortführung heidnischer Kulte unter scharfe Strafe stellt und den verschiedenen Teilen Sachsens eine christliche Praxis verordnet.

Dies nämlich haben alle als richtig angesehen, dass die christlichen Kirchen, die in Sachsen errichtet und Gott geweiht wurden, keine geringere, sondern eine größere und hervorragendere Ehre haben als die Heiligtümer der falschen Gottheiten.

Darauf folgt eine Liste mit Kapitalverbrechen, die in entsprechender Weise bestraft werden sollen: Wer sich gewaltsam Zutritt zu einer Kirche verschafft, soll des Todes sterben; wer das Fasten bricht, ohne zu hungern, soll des Todes sterben; wer einen Bischof oder einen Priester tötet, soll des Todes sterben. Wer sich der Taufe verweigert, soll mit dem Tode bestraft werden, und es solle darauf geachtet werden, dass Kinder im Lauf des ersten Lebensjahres getauft würden. Andernfalls würden Geldstrafen erhoben. Der Kirchenbesuch am Sonntag wurde vorgeschrieben, ebenso wie der Zehnte von allen eingefordert wurde. Es ist eine finstere Drohkulisse, die hier gegen Gegner des christlichen Glaubens errichtet wird.

Die fränkischen Stimmen artikulieren Unverständnis und auch Abscheu gegenüber dem sächsischen Heidentum. Die Sachsen selber hinterließen keine Aufzeichnungen darüber, wie sie ihre Kulte zelebrierten. Es ist ein klassisches Dilemma kolonialer Überlieferung. Wir erfahren über die kulturelle Praxis der Unterdrückten nur durch die Verbote und Zerstörungen der Unterdrücker. Den Verfasser der Reichsannalen interessierte nicht, wie die Irminsul aussah oder wozu sie diente. Ihn interessierte nur, dass sie zerstört wurde. Es gibt keine verlässlichen Maßstäbe dafür, was in diesen Siegertexten Missverständnisse und was korrekte Wiedergaben sind. Die Franken hatten kein Interesse an den sächsischen Kulten. Sie hatten ein Interesse an ihrem Verschwinden. Dabei sind auch Verbote keine eindeutigen Quellen.

Die *Capitulatio* enthält solche Verbote, bei denen nicht klar ist, ob sie allein aus einer alten Rechtstradition stammen oder ob sie sächsische Praktiken widerspiegeln:

Glaubt einer vom Teufel verführt nach Art der Heiden, ein bestimmter Mann oder eine bestimmte Frau sei eine Hexe, und er steckt sie deswegen in Brand, oder gibt ihr Fleisch jemandem zu essen oder isst es selbst, so soll er (oder sie) mit der Kapitalstrafe bestraft werden.[77]

In dem Paragraphen lebt eine antike Tradition fort, aber in dieser Form ist die Passage kein reines Zitat. Die Stelle zeigt, dass man auch männliche Hexen für möglich hielt. Die Strafe trifft hier nicht die Hexe oder den Hexer, sondern sie soll diejenigen treffen, die irregeleitet gegen diese vermeintlichen Hexen vorgehen. (Wir sollten das im Hinterkopf behalten. Am Ende des Mittelalters wird die Hexerei zu einem Verbrechen, und die Anklage von Hexen wird dann nicht mehr bestraft, sondern belohnt.)

In welcher Weise die *Capitulatio* tatsächlich zum Einsatz kam oder in Sachsen verbreitet wurde, ist nicht sicher. Aber gemeinsam mit verschiedenen Zeugnissen über eine deutliche Verschärfung der militärischen Gewalt der Franken erscheint sie als *ultima ratio* Karls. Die Sachsen unterwarfen sich schließlich, und die Franken errichteten Bistümer und eine kirchliche Hierarchie zwischen Rhein und Elbe. Neue Klöster wie Corvey sollten eine wichtige Rolle bei der Christianisierung Sachsens spielen. Die Bekehrung der Sachsen wäre ohne Gewalt in dieser Form nicht gelungen, zumindest nicht in dieser Zeit. Es gab Zeitgenossen, die den Druck auf die Sachsen deutlich kritisierten. Alkuin, einer der führenden geistlichen Berater Karls, ein Mann aus Northumbria, das in der Zeit Karls wieder christlich geworden war, erhob wiederholt seine Stimme.

Aber man soll auch das beachten, dass der Glauben – so wie es der heilige Augustinus sagt – aus dem Willen kommt und nicht aus der Notwendigkeit. Wie kann man einen Menschen zwingen, dass er glaubt, was er nicht glaubt? Zwingen kann man den Menschen zur Taufe, aber nicht zum Glauben.[78]

Alkuin vertrat eine Haltung zum Glauben, die Caesarius von Arles geleitet hatte – einen Zugang zum Bekenntnis, wie man ihn im Baptisterium von St. Jean in Tours praktiziert hatte: eine bewusste Entscheidung und freiwillige Hinwendung zum neuen Glauben. Die Absage an den Zwang überzeugt den modernen Leser sofort.

Und doch muss man nüchtern feststellen, dass die fränkischen Zwangsbekehrungen in Sachsen in der historischen Perspektive ein Erfolg waren. Wir können nicht ermessen, wie sehr sich die Sachsen den neuen Glauben zu eigen machten oder ob sie längere Zeit ohne Überzeugung lediglich die christlichen Riten vollzogen. Gleiches gilt jedoch auch für die Franken. Auf die Frage, wie lange die Bekehrung eines großen Stammes oder Volkes in Anspruch nahm, werden wir noch einmal zurückkommen. Hier müssen wir festhalten, dass die Sachsen, die von Karl dem Großen mit entschiedener Gewalt zur Taufe gezwungen worden waren, etwa vier Generationen später in die Fußstapfen eben dieses Frankenkaisers traten, als Otto I. unter ausdrücklichem Bezug auf Karl die Kaisertradition im Westen mit neuem Leben erfüllte. Sachsen behielt eine gewisse Sonderrolle, aber die sächsischen Kaiser aus der Familie der Ottonen und ihr Hof sahen sich eineinhalb Jahrhunderte nach ihrer Zwangsbekehrung als eigenständige Erben der christlichen Herrschertradition, die unter Karl dem Großen nach Sachsen ausgegriffen hatte. Zu diesem Zeitpunkt wurden die kleinen Stämme der Sachsen von einem Herzog regiert, der wie die anderen Herzöge im entstehenden Deutschland ein kleiner König war. Dieser Zusammenschluss unter einem Herzog oder König war eine Folge der Christianisierung, die sich auch bei den Franken und im angelsächsischen England beobachten lässt.

Auf diese Weise wirkte das Christentum ins politische Leben. Es beförderte die machtvolle Stellung der Könige. Die heidnischen Kulte dagegen hatten keine festen Lehren mit einem Wahrheitsanspruch. Ihre Überlieferung war von Stamm zu Stamm, auch von Familie zu Familie verschieden. Auch deshalb wurde sie nicht aufgeschrieben. Es war nicht nötig, Eckpunkte einer Lehre mit den Mitteln der Schrift zu garantieren, wie es die fränkischen Christen in der Generation Karls des Großen mit Nachdruck unternahmen. Wenn es keine einheitliche Lehre gab, mussten auch keine Glaubensfragen entschieden werden. Das war bei den Christen anders, und diese Vorstellung von einer gültigen Wahrheit stärkte die Position der Könige.

Die Franken und Sachsen befanden sich im Zentrum des westlichen Europas, und die fränkischen Könige bildeten zwischen 500 und 900 wichtige Kräfte bei seiner Christianisierung. Bekehrung von oben mit Mitteln der Gewalt spielte bei der Ausbreitung des christlichen Glaubens in dieser Phase eine entscheidende Rolle, wenn es dabei auch deutliche Abstufungen gab. Manchmal reichte eine Drohung. Es gab Bekehrungen, bei denen ein König am Horizont erschien und die Taufe verlangte, bei denen die Entscheidung aber im Land selbst fiel. Die Bekehrung Islands zum Christentum am Ende des ersten Jahrtausends war ein besonderer Fall. Die Geschichte der Isländer zeigt, wie man Entscheidungen in einer Umwelt traf, in der die Macht der Könige ebenso schwach war wie das Wegenetz. Die Menschen im Norden trafen ihre eigenen Entscheidungen. Auch wenn es keine gänzlich freien Entscheidungen waren, so war ihnen doch erlaubt, ihnen eine eigene Prägung zu geben.

Island wird christlich (1000)

In Island setzte sich das Christentum im Jahr 1000 durch. Die Insel war zwischen etwa 870 und 930 besiedelt worden. Die Besiedlung gehört in die Geschichte der Normannenzüge, die als Wikingerüberfälle seit der Zeit Karls des Großen das christliche Europa auch jenseits der Küsten beunruhigten. In Island war dies eine friedliche Besiedlung, wenn man von den Streitigkeiten um das beste Land absieht. Die isländischen Siedler waren zu großen Teilen aus Norwegen und aus Irland gekommen, wobei die irischen Siedler ursprünglich ebenfalls aus Norwegen kamen. Sie hatten sich zwischenzeitlich in Irland niedergelassen, wo sie Dublin gründeten. Viele von ihnen setzten um 900 ihre Reise fort. Wie viele Einwohner sich bei dieser Landnahme in Island niederließen, ist nur annäherungsweise zu schätzen, da die überlieferten Zahlen viele Unsicherheiten bergen. Die Forschung geht von etwa 20.000 Isländern aus.[79]

Eine Besonderheit Islands war, dass die Insel keinen König und keine Zentralgewalt kannte. Die großen Familien bildeten Gefolgschaften und Allianzen. Einmal im Jahr trat im Juni, wenn die Tage am längsten waren, das sogenannte *Althing* zusammen. Das Althing galt als die Versammlung der freien Männer der Insel, die über Fragen befand, die für alle Isländer von Bedeutung waren. Eine besondere Rolle kam dabei dem Gesetzessprecher zu. Er wurde für jeweils drei Jahre gewählt, und er sollte die Rechtstradition der Siedler durch Erinnerung und mündlichen Ausspruch bewahren. Das Althing trat für zwei Wochen zusammen. Es verhandelte wichtige Rechtsfragen, und diese Zusammenkunft war auch ein Ritual, das dem Zusammenhalt der eigensinnigen Isländer diente. Im Jahr 1000 stand das Althing vor der Frage, ob Island christlich werden solle.

Der norwegische König Olaf Tryggvason erhöhte seit einiger Zeit den Druck auf die Siedler, indem er Missionare auf die Insel schickte. Sie vermochten die Isländer nicht zu überzeugen. Sie galten als gewalttätig. Nur wenige Siedler ließen sich taufen. Zwei der Getauften versammelten zur Zeit des Althings Gleichgesinnte um sich. Sie verlangten, auf der Versammlung sprechen zu dürfen. Sie sprachen mit einigem Erfolg. Aber die Zahl der Isländer, die das Christentum ablehnten, war nach wie vor groß und die Parteibildung auf dem Althing nahm bedrohliche Züge an. *Christen und Heiden kündigten sich gegenseitig die Rechtsgemeinschaft auf*, vermerkt das Isländerbuch im Rückblick auf die entscheidende Zusammenkunft.[80] Für eine Gesellschaft, die durch ein gemeinsames Recht und nicht durch einen mächtigen König zusammengehalten wurde, war dies eine Schicksalsfrage. Der Bericht über dieses Geschehen stammt von Ari, einem isländischen Geistlichen, der ihn 120 Jahre nach dem Geschehen niederschrieb, wobei er sich auf eine mündliche Tradition stützen konnte, die seit der Zeit der Besiedlung von Spezialisten gepflegt wurde. Die Bewahrung der Gesetze Islands auf dem Weg der mündlichen Weitergabe war die Aufgabe der Gesetzessprecher, deren Namen ebenfalls sorgfältig überliefert wurden. Einem dieser Gesetzessprecher mit Namen Thorgeir fiel auf dem Althing im Jahr 1000 die entscheidende Rolle zu. Wie sein Namen signalisiert, war Thor-

Abb. 2 In Thingvellir im Süden Islands versammelten sich die freien Bauern der Insel einmal im Jahr zum Althing. Hier wurde über wichtige Fragen des Zusammenlebens beraten und entschieden. Im Jahr 1000 beschloss das Althing den Übertritt Islands zum Christentum.

geir ein Heide, und er wusste seine Entscheidung dramatisch zu inszenieren: *Thorgeir legte sich nieder, breitete seinen Mantel über sich und lag so den ganzen Tag und die ganze Nacht und sprach kein Wort.*[81]

Am nächsten Tag aber rief er die Versammlung zum Gesetzesfelsen und teilte dann seine Entscheidung mit. Thorgeir sprach von den Gefahren, die das Ende der Rechtsgemeinschaft heraufbeschwören würde. Er sprach von der Gewalt, die das Land veröden ließe. Seine Warnung war klar: *Wenn wir das Gesetz zerreißen, dann zerreißen wir auch den Frieden.* So verständigten sich beide Seiten darauf, das Gesetz anzunehmen, das Thorgeir verkünden würde.

In diesem Gesetz war festgelegt, dass alle Leute Christen werden und die Taufe empfangen sollten, die bisher in diesem Lande ungetauft geblieben waren; doch für die Kindesaussetzung und für das Essen von Pferdefleisch sollten die alten Gesetze gelten.[82]

So wurden die Isländer Christen. Die Entscheidung für den christlichen Glauben war ein Beschluss aus Vernunft und sozialer Verantwortung. Ari, der Priester, unternahm keinen Versuch, diese pragmatische Motivation zu verklären. Niemand fragte, ob die christliche Religion eine höhere Wahrheit vertrat als der heidnische Kult, dem die Mehrheit der Isländer bislang angehangen hatte. Ari berichtet auch, dass die Regelung heidnische Kulte im Geheimen tolerierte. Das Christentum setzte sich auf Island durch, weil die Heiden die Konfrontation nicht wollten, zu der die Christen offenbar bereit waren. Die Erzählung von der Bekehrung Islands ist in ihrer nüchternen Abwägung typisch für ähnliche Thingversammlungen im Norden, auf denen Missionare ihre Botschaften vortrugen. Der isländische Priester Ari verzichtet darauf, seinen Bericht durch Wunder oder göttliche Eingebungen zu verklären, er präsentiert nicht einmal den Inhalt der christlichen Ansprache auf dem Althing. Aber auch auf diesem Pragmatismus ließ sich aufbauen. Der Bericht über diese besondere Bekehrung am äußersten Rand Europas stammt von einem christlichen Priester. Auch vier Generationen nach diesem pragmatischen Wechsel des Bekenntnisses glaubten nicht alle Isländer an den christlichen Gott. Aber die Priester des neuen Glaubens hatten eine gefestigte Stellung auf der Insel erlangt. Darin liegt auch ein Hinweis auf die Dauer solcher Übergänge, die den Glauben einer größeren Gruppe von Menschen änderten und nicht nur den Glauben eines Menschen. Der zeitliche Abstand zwischen Aris Erzählung und der Bekehrung der Isländer entspricht dem zwischen dem Abschluss der gewaltsamen Christianisierung der Sachsen und der bewussten Fortführung der Tradition Karls des Großen durch Otto den Großen – etwa vier Generationen. Geduld war unverzichtbar.

Die hier dargestellten vier Bekehrungen zwischen 500 und 1000 lassen deutlich verschiedene Wege zum christlichen Glauben im frühen Mittelalter erkennen, wobei die fränkischen Wege in diesem Fall die Wege von Kriegern waren. Im Fall Chlodwigs und im Fall Karls des Großen und der Sachsen war der Gott der Christen der mächtige Gott der Sieger. Im Fall Edwins von Northumbria war der Erfolg eine wichtige Kraft, denn die Christianisierung erlitt nach Edwins Tod zunächst einen Rückschlag. Das Bündnis mit dem Christengott, der seinen Gläubigen den Sieg schenkt, war nicht die einzige Kraft, die diese Bekehrungen herbeiführte. Den Anteil der Frauen an diesen Entscheidungen können wir nicht sicher fassen, aber dort, wo mächtige Männer wie Chlodwig oder Edwin die Entscheidungen trafen, wird den Königinnen in der Erzählung eine wichtige Rolle zugeteilt. Sie bereiteten den Weg zu den Entscheidungen, auch wenn ihre Männer und deren Schreiber es später so sahen, als seien die wegweisenden Entscheidungen ihr alleiniges Werk gewesen.

Erfolg in einer kriegerischen Welt und Zusammenhalt einer Inselgesellschaft mit eigenwilligen Charakteren ohne starke Zentralgewalt – der Glaube wurde in dieser Phase zu einer bedeutenden Kraft, wobei von seinen Inhalten noch wenig die Rede war. Sie hatten Edwin von Northumbria beschäftigt, und wie wir sehen werden, beschäftigten sie auch Karl den Großen. Aber die Sachsen bekehrten sich nicht nach einer Glaubensunterweisung, die Isländer konnten nicht mehr als eine vage Vorstellung vom Christentum haben und die Franken um Chlodwig folgten dem Gott, der ihre Sprache sprach, ohne zu diesem Zeitpunkt genauer zu wissen, was er sagte.

Bis auf das isländische Beispiel am Rande Europas um das Jahr 1000 waren diese Bekehrungen Ereignisse in der Umgebung von Königen. Könige lösten sie aus oder waren maßgeblich an ihnen beteiligt. In diesem Befund spiegelt sich unser Bild vom frühen Mittelalter, das mit wenigen Ausnahmen eine Geschichte der Mächtigen und ihres Umfelds ist. In diesem Kosmos der Könige wirkten die Bischöfe, Priester und Mönche des frühen Mittelalters, soweit wir sie kennen. Es war ein eindrucksvoller Kosmos. Aber es war ein elitärer Kosmos.

Kapitel 4

Könige und Bauern

Im Kreis der Könige

Die christliche Religion, mit der er seit seiner Kindheit vertraut war, hielt er gewissenhaft und fromm in höchsten Ehren.[83] Einhards Biographie Karls des Großen zeigt den König der Franken, den Bekehrer der Sachsen und den Herrscher, der die lange Tradition eines christlichen Kaisertums im Westen begründete, als einen überzeugten Christen. Einhard stellt ihn als einen Mann vor, der zweimal am Tag die Kirche besuchte und auch die nächtlichen Gebetszeiten beachtete, wenn es möglich war. Die feierliche Liturgie lag ihm am Herzen, davon berichtet auch Notker der Stammler, der den karolingischen Hof kannte und manche Anekdote aus diesem Umfeld zu erzählen wusste. Der Eifer Karls setzte den Klerus seines Hofes unter erheblichen Druck. Notker schildert, wie Karl mitunter selbst die liturgischen Rezitationen in der Aachener Marienkirche anleitete und wie er die anwesenden Gläubigen zur Lesung oder zum Gesang aufforderte, indem er das Ende der jeweiligen Textstelle durch ein Räuspern anzeigte.[84] Im liturgischen Alltag herrschte gemeinhin eine gewisse Routine: Die Textstellen, die zu lesen waren, wurden durch Wachs oder auch durch Ritzungen auf den Pergamentseiten der Handschriften markiert. Karl durchbrach diese Routine, und er nötigte die Teilnehmer zu gespannter Konzentration. Das herrscherliche Räuspern wurde in der Aachener Marienkirche mit nervöser Spannung erwartet. Karl hatte einen Sinn für die Liturgie und hohe Erwartungen. *Kein Außenstehender, aber auch kein Bekannter, der des Lesens und Singens unkundig war, hätte es gewagt, sich in seine Geistlichkeit einzudrängen.*[85]

Es ist wichtig, dies richtig zu verstehen. Nach allem, was wir sehen können, ging es Karl dabei nicht um die Ästhetik, vielmehr ging es ihm um den korrekten Gottesdienst. Nur der richtig gefeierte Gottesdienst war ein gültiger Gottesdienst. Dafür bedurfte es der richtigen Rituale, der korrekten Texte und auch der würdevollen Umgebung, die sich in seinem bezeugten und bis heute sichtbaren Bemühen um die Aachener Pfalzbasilika ausdrückt. Er ließ die damalige Pfalzkapelle eigens mit Baumaterial und -elementen aus Ravenna und Rom ausstatten, um die Tradition christlicher Herrscher fortzuschreiben. Als christlicher Herrscher sah er es auch als seine Aufgabe an, die Bischöfe, die seinen Untertanen den Glauben verkündeten, selbst auszusuchen, wenn sich die Gelegenheit bot und es beim Tod eines Bischofs einen geeigneten Kandidaten gab. Das war anfangs vom Zufall abhängig, aber in der Zeit Karls wurden die Grundlagen für die Hofkapelle der Könige gelegt, die in den kommenden Jahrhunderten zu einer Ausbildungsstätte für junge Geistliche aus meist adligen Familien wurde. In der Nähe des Herrschers, in persönlicher Bindung an ihn und mit einer Ausbildung, die die Interessen und die Perspektiven des königlichen Hofes vermittelte, gab hier mancher kommende Erzbischof und Bischof seinen Einstand in ein geistliches Leben. Der König ernannte die Bischöfe seines Reichs, diese Praxis galt bis in das späte 11. Jahrhundert, als der sogenannte *Investiturstreit* diesen königlichen Anspruch in Frage stellte. Und sie galt an manchem Ort auch darüber hinaus. Mitunter ging die Kandidatenauswahl in sehr vertrauter Atmosphäre vor sich.

So machte sich etwa Bischof Ulrich von Augsburg gegen Ende seines Lebens auf den Weg zu Kaiser Otto I. (971). Es war ein beschwerlicher Weg, denn Ulrich war ein alter Mann und seine Kräfte ließen nach. Er musste über die Alpen getragen werden, der Kaiser hielt sich damals in Italien auf. Ulrich nahm die Mühen auf sich, um dem Kandidaten für seine Nachfolge die Tür zu öffnen. Kaiser Otto logierte in Ravenna, und nach einem Aufenthalt in Rom zog Ulrich an den Kaiserhof.[86] Die Szene, die Ulrichs Biograph nun schildert, gibt einen lebendigen Einblick in den gelebten Nepotismus dieser Phase. Als Ulrich am Quartier des Kaisers ankam, wartete er nicht, bis der Bote die Nachricht seiner Ankunft überbracht hatte und der Kaiser einen angemessenen Empfang für einen alten Gefährten vorbereiten konnte. Auch der Kaiser legte bei diesem Besuch wenig Wert auf Formalitäten.

Als er von Ulrichs Ankunft hörte, eilte er zur Tür, wobei er nur einen Schuh trug. Er nahm sich nicht die Zeit, den zweiten Schuh noch anzuziehen. Die alten Männer begrüßten sich, auch die Kaiserin wurde gerufen, und man zog sich gemeinsam zum Austausch zurück. In dieser persönlichen Atmosphäre trug Bischof Ulrich – unterstützt von der Kaiserin – den Wunsch vor, dass sein Neffe ihm als Bischof nachfolgen möge. *Der ruhmreiche und gütige Kaiser erteilte Zustimmung zu seiner Bitte.*[87] Dieser Blick durch ein Schlafzimmerfenster – *in cubiculum* – in Ravenna wenige Jahrzehnte vor der ersten Jahrtausendwende gewährt einen tiefen Einblick in die kirchliche Welt dieser Epoche. Der Kaiser war der Schützer der Christenheit – Otto war zu dieser Position aufgestiegen, nachdem er die heidnischen Ungarn auf dem Lechfeld bei Augsburg besiegt hatte (955). Er war König im Ostfrankenreich und als solcher bestimmte er die Bischöfe in seinem Reich. In Ravenna sind wir Zeugen der Kandidatenkür am königlichen Hof. Hier kam zu einem vorläufigen Ende, was durch die einschlägigen Stationen einer solchen Laufbahn am Königshof bereits vorbereitet war. Der junge Mann mit Namen Adalbero, der zunächst eine Erziehung im Kloster erhalten hatte, war danach an den Königshof gewechselt, wo er sich bewährte.[88] Er hatte das militärische Aufgebot der Augsburger im königlichen Heer befehligt. Nun wurde er auf den Vorschlag seines Onkels, der dem König und Kaiser nahestand, als kommender Bischof für Augsburg ausgewählt. Der Wunsch wurde von der Kaiserin unterstützt, die überdies weitläufig mit Bischof Ulrich verwandt war. In Ravenna sehen wir ein geistlich-herrschaftliches Netzwerk bei der Arbeit. Zwei alte Herren und eine alte Dame trafen Vorkehrungen für die Kirche von Augsburg. Die umsichtige Planung sollte sich jedoch nicht auszahlen. Der junge Adalbero scheiterte an seinem Ehrgeiz. Aber dies war das Umfeld wichtiger Entscheidungen auf dem Höhepunkt des Frühmittelalters. Sie fielen in einem engen Kreis. Man kannte sich und man blieb unter sich. Zwischen diesen Händen wurden die wertvollen liturgischen Handschriften weitergereicht, die die Buchmalerei jener Ära vor einem wertvollen Goldhintergrund erstrahlen ließen. Auf diesen Bildern kam das einfache Volk nicht vor, wie wir sehen werden. Es war vielmehr ein exklusiver Kreis, der sein Wirken als ein Tun in enger Abstimmung mit Gott betrachtete.

Auf einem Höhepunkt dieser königlichen Amtsführung von Gottes Gnaden – in der Zeit des Saliers Heinrich III. (1039–1056) – hatte die Hälfte aller Bischöfe des Reichs ihre Laufbahn als Kaplan in der Hofkapelle begonnen. Heute spräche man von einem Netzwerk. Die ältere Forschung hat diese Herrschaftstechnik das „ottonisch-salische Reichskirchensystem" genannt. So starr und so gefestigt waren diese persönlichen Bindungen indes nicht. Die persönlichen Bindungen dieser Zeit, die für das erfolgreiche Agieren des Königs unverzichtbar waren, waren zu konkret, um ein System zu bilden. Es war klar, dass der König in dieser Lebensordnung die Richtung vorgab. Er teilte die Aufgaben zu und er musste Gott für sein Tun Rechenschaft ablegen. Das war das Selbstverständnis der christlichen Könige des Mittelalters, seit sie wie Karls Vater Pippin der Jüngere zum König *von Gottes Gnaden* gesalbt wurden. Wir sprechen heute von Königskrönungen, denn bei ihrer feierlichen Einsetzung in den Kirchen von Reims, Westminster oder Aachen erhielten die Könige auch ihre Krone. Aber die Kronen des Mittelalters waren zur Not ersetzbar. Mitunter waren sie nicht verfügbar, manchmal waren sie in den Händen von Konkurrenten, die den Thron selbst beanspruchten. Dann konnte man sich mit einem Ersatz behelfen. Das Fehlen einer Krone wurde bemerkt, aber es verhinderte die Krönung nicht. Denn diese Krönung war eigentlich eine Salbung. In der feierlichen Zeremonie wurden die neuen Herrscher zum König gesalbt. Und dieses heilige Salböl verlieh dem Gesalbten seine besondere, lebenslange Würde. Es war eine Würde, die allen Wandel des Amtes im Mittelalter überdauerte, so dass William Shakespeare seinen Richard II. noch sagen lassen konnte:

Nicht alle Flut im wüsten Meere kann
den Balsam vom gesalbten König waschen.[89]

Die Salbung erhob den König über die Häuptlinge der früheren Zeit und verlieh ihm eine herausgehobene Stellung. Karl der Große sah sich bereits vor seiner Krönung zum Kaiser als Beschützer der Christenheit. Er schützte sie mit den Waffen seiner Krieger und durch sein Wachen über die richtige Lehre. Nicht nur im bewaffneten Kampf mit den Sachsen, auch in der Abwehr von Glaubenslehren, die seine Berater und er selbst für schädlich hielten, sah der Frankenkönig seine Aufgabe. Karls Interventionen in Glaubensfragen sind bezeugt und haben sogar in den zeitgenössischen Manuskripten Spuren hinterlassen. Als sich der Hof Karls des Großen gegen

Ende des 8. Jahrhunderts durch Berichte beunruhigt sah, die östliche Kirche habe auf einer Synode in Nizäa die Verehrung und Anbetung von Bildern beschlossen, ließ Karl sich die fraglichen Passagen vortragen und verfasste eine Anweisung an den Papst, wie er darauf zu antworten habe.[90] Auf einer Synode in Frankfurt (794) versammelte Karl den Klerus seines Reichs, und die Synode verdammte die Bilderverehrung in Anwesenheit des Königs, der *selbst in allerfrömmster Weise* zugegen war.[91] Im Umfeld der Synode entstand die Argumentationshilfe für den Papst, die ein enger Vertrauter Karls formulierte. Die erhaltene Handschrift des Textes trägt Randbemerkungen des Königs wie *optime* (*gut, bestens*).[92] Die besondere Zustimmung Karls fand etwa eine Passage, in der das tugendreiche Leben die Menschen Gott ähnlich sein ließ.

Die Texte zeigen auch, dass ein König wie Karl um die Fallstricke des täglichen Lebens seines Klerus wusste. So verbot die Frankfurter Synode den Priestern, Diakonen und Mönchen auch, Tavernen zu besuchen, und stellte ausdrücklich fest, dass die Menschen in allen Sprachen zu Gott beten konnten, nicht nur in den drei (heiligen) Sprachen (Hebräisch, Griechisch und Latein), und dass sie gehört würden, wenn sie gerechte Bitten vortrügen, egal in welcher Sprache.

Das war ein sinnvoller Hinweis, denn die Sprachkundigkeit der Franken war in dieser Zeit noch entwicklungsfähig. Die streckenweise polemische und scharf formulierte Zurückweisung der östlichen Positionen durch Karl und seine Berater um 794 beruhte auf einer fehlerhaften Übersetzung der Beschlüsse durch einen karolingischen Gesandten. Am Hof Karls ereiferte man sich über das Latein des Ostens und kam nicht auf die Idee, dass die Synode in Nizäa auf Griechisch getagt und ihre Beschlüsse in griechischer Sprache formuliert hatte. Die Übersetzung hatte ein karolingischer Gesandter angefertigt, der selbst kaum Griechisch konnte. Karls Hof polemisierte gegen das Latein der eigenen Leute. Die Episode zeigt, wie weit sich die lateinische und die griechische Kirche, die sich noch immer als die eigentliche römische und damit rechtmäßige Kirche sah, bereits in dieser Phase voneinander entfernt hatten – über 250 Jahre vor dem Eintritt des Morgenländischen Schismas 1054.

Die Häuptlinge des beginnenden Mittelalters hießen bei den christlichen Autoren *Könige*, aber zu Monarchen im Sinn von Alleinherrschern wurden sie erst, als ihre Herrschaft christlich wurde. Der Merowinger Chlodwig war zunächst ein König unter mehreren fränkischen Königen gewesen. Er überwand seine Konkurrenten, und meist tötete er sie auch. Es war nicht das Christentum allein, das Chlodwigs Aufstieg zum alleinigen König den Weg bereitete. Es war sein Erfolg als Krieger. Aber in dem Maß, in dem das Herrschaftsverständnis christlich wurde, setzte sich das Bild des Königs als alleinigem Oberhaupt seiner Untertanen mit einer besonderen Legitimität durch.

> *Der König hat seinen Namen vom richtigen Regieren: rex a bene regendo vocatur. Wenn er mit Gottesfurcht, Gerechtigkeit und Barmherzigkeit regiert, wird er zu Recht König genannt, wenn er diese Tugenden nicht besitzt, verliert er den Namen König. Die Alten nannten alle Herrscher Tyrannen. Doch später haben nur mehr die gottesfürchtig, gerecht und barmherzig Regierenden die Bezeichnung König erhalten.*

So formulierte es Jonas von Orléans in seinem Fürstenspiegel in der Zeit Ludwigs des Frommen,[93] wobei er die berühmte Etymologie des Isidor von Sevilla († 636) zugrunde legte. Dieses Verständnis des königlichen Amtes hatte in der Schlussphase der merowingischen Königsherrschaft dazu geführt, dass Papst Zacharias dem Wechsel der fränkischen Königsherrschaft zur Familie der Karolinger zustimmte und sie durch seine Salbung des neuen Königs und seiner Söhne bekräftigte. Das Königtum war eine anspruchsvolle Aufgabe. Es hatte in der Tradition der Antike, an die Karl der Große und seine Nachfolger sichtbar anknüpften, kein direktes Vorbild. Die Römer hatten Könige nicht geschätzt. Sie hatten Jesus als *König der Juden* (INRI: Iesus Nazarenus Rex Iudaeorum) hingerichtet, aber das Leben Jesu bot kein Rollenvorbild für die Könige der Franken oder Angelsachsen. Ihre Herrschaft war von dieser Welt. In den sichtbaren Erfolgen ihres Königtums, in den Siegen ihrer Waffen, sahen sie den Beleg für göttlichen Beistand. Ihre Siege waren Siege des Glaubens. Das Evangelium bot diesen Kriegern wenig, dem sie nacheifern konnten. Die Texte, an denen sie sich orientierten, entstammten eher den Geschichtsbüchern des Alten Testaments. So boten ihnen etwa die Bücher der Könige (1/2 Kön), die im Auftrag Gottes Kriege führten und gewannen und die über die Gesetzestreue ihres Volkes wachten, konkrete Rollenvorbilder. David und Salomon waren ihre Helden. Das christliche Königsbild des frühen Mittelalters änderte sich bis in das 11. Jahrhundert kaum, wie wir am Beispiel Heinrichs II. feststellen werden. Und in dieser Phase war das Rollenvorbild für die christlichen Herrscher ein jüdischer König. In den Krönungsbildern der ottonischen Herrscher um die Jahrtausendwende kam dieses Ideal der Nähe des Herrschers zu Gott zu einer eindrucksvollen Darstellung.

Liuthar-Evangeliar und Regensburger Sakramentar

Damals widmete Liuthar, ein Mönch im Kloster Reichenau am Bodensee, Kaiser Otto III. eine kunstvoll illustrierte Evangelien-Handschrift, die die Lesungstexte für die Gottesdienste am ottonischen Hof enthielt. Dem Evangeliar ist ein Bild vorangestellt, das den Kaiser in einer *Maiestas Domini*-Haltung zeigt – er sitzt dem Betrachter direkt zugewandt auf einem Thron, der von einer gestauchten Erdgöttin (Tellus) getragen wird, die vielleicht die unterworfenen Heidenvölker symbolisierte.[94] Der Thron zeigt indes mehr als nur die herrscherliche Gewalt des Kaisers, denn er ist von einer Mandorla umgeben, die ihn in die göttliche Sphäre rückt; diese wird wiederum auch bildlich durch das breite weiße Band markiert, das die vier Evangelisten(symbole) quer vor der Brust des Sitzenden entfalten. Von oben senkt sich in einem Nimbus die Hand Gottes herab, die dem Kaiser die Krone aufsetzt. Der Thron wird flankiert von zwei Königen, die sich ehrfürchtig vor dem Kaiser verbeugen, und zu Füßen des Throns stehen vier Große, zwei weltliche und zwei geistliche. Das Evangeliar wird heute im Aachener Domschatz verwahrt, wohin es wahrscheinlich gelangte, weil die neuen Herrscher des Reichs bei ihrer Salbung und Krönung darauf ihren Eid ablegten. Kaiser Otto III., dem der Codex gewidmet war, starb um die Zeit der Fertigstellung in Rom. Sein Nachfolger Heinrich II. (1002–1024) führte das ottonische Königs- und Kaiserverständnis auf einen Höhepunkt, allerdings durch seine Kinderlosigkeit auch in eine Sackgasse. Bald nach seiner Krönung entstand ein Krönungsbild, das die alttestamentarische Rolle des Königs in besonderer Form illustriert, das Regensburger Sakramentar.

Kapitel 4 Könige und Bauern

Abb. 3 Liuthar-Evangeliar (s. dazu im Text S. 90).

Das Regensburger Sakramentar zeigt den König als einen stehenden und mit Lanze und Schwert bewaffneten Herrscher.[95] Sein Kopf und seine Brust ragen in die Mandorla, die göttliche Sphäre, in der Christus ihm die Krone aufsetzt. Zwei Engel reichen ihm Lanze und Schwert, während seine Arme von den Heiligen Ulrich und Emmeram gestützt werden. Die heilige Lanze mit Partikeln des Kreuzes Christi war die bedeutendste Reliquie des Reichs, und die Darstellung ließ Heinrich II. wie Mose erscheinen, der sein Volk durch das Schilfmeer zum Sinai führte. Auf dem Weg dorthin kam es zum Kampf gegen die Amalekiter (Ex 17,8ff.). Während des Kampfes standen Mose und die Priester Aaron und Hur auf einem Hügel und sahen dem Kampf zu: *Solange Mose seine Hand erhoben hielt* (mit dem Stab), *war Israel stärker, sooft er aber die Hand sinken ließ, war Amalek stärker.* Schließlich ermüdete Mose, und seine Begleiter stützten ihn: *Aaron und Hur stützten seine Arme, der eine rechts, der andere links, so dass seine Hände erhoben blieben, bis die Sonne unterging. So besiegte Josua mit scharfem Schwert Amalek und sein Heer* (Ex 17,12f.). So ließ sich Heinrich II. als König darstellen. Auch die schriftlichen Quellen stützen dieses Bild.[96] Heinrich II. sah sich als höchsten Verwalter im Haus Gottes (*summus dispensator in domo Dei*), dem für die treue Erfüllung seiner Pflicht das Himmelreich, für eine Vernachlässigung seiner königlichen Aufgabe dagegen die Hölle bevorstehe.[97] Wie zu Zeiten Columbans, 400 Jahre zuvor, ging es noch immer um den höchsten Einsatz.

Die Berichte vom Leben dieser Könige von Gottes Gnaden boten, solange sie keine militärischen Niederlagen erlitten, schlüssige Bilder christlicher Herrschaft. Karl der Große im Frankenreich, Alfred der Große im angelsächsischen England, Otto der Große als Fortsetzer der Tradition Karls – sie alle kämpften erfolgreich gegen die Heiden und wirkten energisch für die Verbreitung des Glaubens. Sie trafen auf gute und schlechte Bischöfe, und soweit es ihnen möglich war, bemühten sie sich um die Korrektur von Fehlentwicklungen. Das Bemühen Karls des Großen und seines Nachfolgers um die Liturgie und die korrekten Texte für den Gottesdienst war von großem Ernst getragen und es prägte die europäische Kultur nachhaltig. Die Texte, die aus dieser großen Revision der christlichen und heidnischen Überlieferung hervorgehen, wurden zu einer Grundlage für die Textwissenschaft des hohen und späten Mittelalters. An der Ernsthaftigkeit dieser

Kapitel 4   Könige und Bauern

Abb. 4 Regensburger Sakramentar (s. dazu im Text S. 92).

Bemühungen kann kein Zweifel bestehen. Ob sie jedoch weit reichten, ist weniger klar.

Karls Sorge um den korrekten Gottesdienst war ebenso wie das Selbstverständnis von Heinrich II. als dem höchsten Verwalter des Hauses Gottes darin begründet, dass Gott ihr Richter sein würde. Heinrich II. ragt in seinem Krönungsbild in die göttliche Sphäre hinein. Dieses Selbstverständnis hatte indes seinen Preis; der gekrönte König war von Engeln und Heiligen umgeben. Wo aber waren seine Untertanen, für deren Seelenheil er Verantwortung trug?

Bäuerliche Welt und christlicher Glauben

Das ist freilich die Frage eines modernen Beobachters. Denn die Bauern, die etwa 90% der Bevölkerung stellten, kamen in den frühmittelalterlichen Stilisierungen zwar als arbeitende Kräfte (*laboratores*) vor; aber sie waren keine Akteure innerhalb jener Ordnung, die sie nur stützten. Die Akteure waren der Klerus (*oratores*) und die Krieger (*bellatores*) dieser Welt. Bauern gehörten gewissermaßen zur Ausstattung des Landes. Wir haben tatsächlich nur eine ungefähre Vorstellung von den Lebensumständen der Bauern im frühen Mittelalter. Das liegt an dem geringen Grad der Schriftlichkeit dieser Epoche, der im Jahrhundert vor der Jahrtausendwende sogar noch weiter zurückging. Schriftstücke waren ein seltenes Gut. Die Güterverzeichnisse, die aus kirchlicher Überlieferung stammen, erlauben gelegentlich Blicke auf die Ordnung, in der sich das Leben der Bauern abspielte, aber die große Mehrheit der Menschen in dieser schriftlosen Welt hat keine sichtbaren Spuren hinterlassen. Ihre Behausungen waren zumeist aus Holz in einer Umwelt, die von ausgedehnten Wäldern geprägt war. Mühsam musste man dem gerodeten Wald Felder abringen und mit einfachen Werkzeugen bestellen. Der Wald drang schnell wieder vor. Auch die archäologischen Zeugnisse sind rar. So sind auch die Spezialisten auf die wenigen überlieferten Texten angewiesen, die erhalten sind, weil sie einen Vorschriftscharakter hatten, der das bäuerliche Leben im Reich der Karolinger ordnen sollte.

Die Form bäuerlichen Lebens, die sich im Karolingerreich durchsetzte und die die bäuerliche Kultur im Westen Europas auf lange Sicht prägte, war die der sogenannten *Grundherrschaft*. Geistliche oder weltliche Herren, die über Land verfügten oder die im Zuge des Landesausbaus neues Land erschließen wollten, teilten ihre Ländereien in solche, die unter ihrer direkten Kontrolle für ihren Ertrag bebaut wurden, und solche, die sie an freie Bauern ausgaben bzw. von unfreien Bauern bestellen ließen. Die bereits angesprochenen Güterverzeichnisse, die sogenannten *Urbare*, lassen ganz unterschiedliche Grade der Freiheit und Unfreiheit erkennen. Je nach ihrem Status waren die Bauern zu unterschiedlichen Arbeiten auf dem Land des Herren oder an seinem Hof verpflichtet oder zur Leistung unterschiedlicher Abgaben.

Die Frage ist nun, welche Rolle die Annahme und die Ausübung des christlichen Glaubens in dieser herrschaftlich geprägten Umgebung spielte. Für die Grundherrschaften, die dem König gehörten, ist aus der Zeit Karls des Großen ein bedeutender Text erhalten, der die Erwartungen des Herrschers an die Organisation dieser Güter deutlich und erstaunlich präzise erkennen lässt. Das sogenannte *Capitulare de Villis* listet die Pflichten der Verwalter von der Sorge um die Weinberge, die Anlage von Fischteichen bis hin zur Hygiene bei den Tätigkeiten mit bloßen Händen auf. Aber bei aller Genauigkeit dieses königlichen Leitfadens, der sogar vorschreibt, in den königlichen Gärten Frauenminze und Sellerie anzupflanzen – von der Sorge um den Gottesdienst, von der Sorge um die Heiligung des Sonntags auf den königlichen Gütern, von der Sorge um die Arbeitsruhe an Sonn- und Feiertagen ist in dem Text nicht die Rede.[98] Der Bezug zur Kirche besteht in der Anweisung, den Zehnten an die Kirchen zu entrichten, die sich auf königlichem Grund befinden. Es bleibt aber unklar, ob die Verwalter des Königs dafür Sorge trugen, dass die Bauern auf ihren Gütern in Berührung mit dem kirchlichen Leben kamen. Das Wirken von Zauberern sollten sie dagegen begrenzen, denn Zauberer konnten Saatgut verderben und die Ernte schädigen. Malefikanten waren ein natürlicher Teil dieser agrarischen Welt. Der Aberglaube, dass Riten und Zauberkräfte das Wetter beeinflussten, von dem die Ernte und damit das Leben der Bauernfamilien unmittelbar abhing, empörte ja den bereits zitierten Erzbischof von Lyon einige Jahre später.

Kirchliches Leben konnte freilich auch in anderer Weise in die bäuerliche Welt hinwirken, etwa wenn die Dörfer einem Bistum oder Kloster zugehörten. Ein Güterverzeichnis dieser Jahre vom Staffelsee in der Diözese

Augsburg zeigt folgendes Bild.[99] Im sogenannten *Urbar von Staffelsee* beginnt die Aufzählung des Besitzes der bischöflichen Gutsherrschaft mit einer Michaelskirche, die über goldene und silberne Kreuze und liturgische Geräte verfügt. Die Kirche ist im Besitz eines gewissen Buchbestands. Die kleine Bibliothek verzeichnet die einzelnen Bücher des Alten und Neuen Testaments nach der Praxis der Zeit jeweils für sich. Beginnend mit den fünf Büchern Mose reicht die Liste bis zu den zwölf Propheten; ein *altes Buch* mit den vier Evangelien, die Apostelgeschichte, die Apostelbriefe und die Apokalypse. Darüber hinaus gab es Bücher für den liturgischen Gebrauch, verschiedene exegetische Texte und auch ein Exemplar der Benediktregel. Zur Gutsherrschaft gehörten 23 freie Bauern mit ihren Familien und 19 leibeigene Bauern mit ihren Familien. Staffelsee war eine besondere Anlage. Die Michaelskirche war eine Klosterkirche auf einer Insel im See, während die Bauernstellen wohl auf dem Festland angesiedelt waren. Das kleine Kloster auf der Insel, über das wir ansonsten kaum etwas wissen, war in dieser Zeit offenbar für einige Jahre auch der Amtssitz eines Bischofs. Diese Konzentration geistlicher Funktionen, Kloster und Bischofssitz, erklärt die reiche Ausstattung der Kirche und den respektablen Bestand der kleinen abgelegenen Bibliothek. In späteren Jahren war die Klosterinsel im See über einen Steg mit dem Festland verbunden. Wir wissen nicht, ob dieser Weg über den See in der Zeit Karls des Großen bereits angelegt war. Wir wissen auch nicht, ob die gut 40 Bauernfamilien, die zur Grundherrschaft gehörten, an Sonntagen über einen Steg oder mit Kähnen auf die Insel übersetzten und dort den Gottesdienst besuchten. An unserem Beispiel werden die Unsicherheiten unseres Bildes von dieser frühen Zeit besonders deutlich. Wenn wir diesen Beleg aus den späten Jahren Karls des Großen mit einer religiösen Ermahnung verbinden, die Karl gut 20 Jahre zuvor an seine Untertanen verschickt hatte, dann ergäbe sich ein Bild von einer engen religiösen Betreuung in dieser Phase. Die „Allgemeine Ermahnung" (*Admonitio Generalis*) hält die Gläubigen dazu an, am Sonntag nicht zu arbeiten, *sondern zur feierlichen Messe in die Kirche von überall her zu kommen.*[100] Karl mahnt Nächstenliebe und gerechtes Urteil bei seinen Untertanen an. Hexenmeister und Zauberer sollen von ihrem Tun ablassen, Naturkulte an Bäumen, Steinen oder Quellen sollen nicht geduldet werden. Bischöfe und Priester ermahnt er, den Glauben sorgfältig zu studieren und den Gläubigen so zu vermitteln, dass sie verstehen, was sie beten. Die *Admonitio Generalis* ist in ungewöhnlich vielen Abschriften überliefert. Der Ernsthaftigkeit des Inhalts entsprach das Bemühen um ihre Verbreitung. Hier sah sich Karl als König in der Tradition und der Verantwortung seiner alttestamentarischen Vorgänger.

> *Denn wir lesen in den Büchern der Könige, wie der heilige Josea sich bemühte, sein von Gott gegebenes Königreich inspizierend, korrigierend, mahnend zur Anbetung des wahren Gottes zurückzubringen.*

Dabei schien es ihm geboten, neben der Mahnung gegebenenfalls auch Zwangsmittel zu ergreifen.

So könnten wir uns die Bauern am Staffelsee an einem Sonntag im frühen 9. Jahrhundert vorstellen wie in einer Erzählung von Adalbert Stifter. Wir sehen, wie sie ihre Arbeit ruhen lassen und familienweise zur Michaelskirche ziehen, wo sie, durch eine Chorschranke (aus Ausgrabungen gesichert) von den Mönchen getrennt, dem Gottesdienst beiwohnen, einem Priester oder gar Bischof zuhören, der *allen so predigte, dass sie es verstehen* (c. 69).

Was am Staffelsee gepredigt wurde, können wir mit einer gewissen Wahrscheinlichkeit vermuten, denn die verschiedenen Hinweise auf die Predigten ergeben ein plausibles Bild. Die älteste Handschrift der „Allgemeinen Ermahnung" enthält neben dem Text von Karls Verordnung vor allem Predigten zum Vaterunser und zum Glaubensbekenntnis. Das waren jene Texte, die Beda knapp 100 Jahre zuvor für die angelsächsische Mission empfohlen hatte. Karls Berater Alkuin, der bei den religiösen Unterweisungen des Königs für seine Untertanen eine wichtige Rolle spielte, kam aus Northumbria. Er mochte die dortigen Erfahrungen damit, was vermittelbar war, im Sinn gehabt haben.

Die „Allgemeine Ermahnung" weist die Prediger nachdrücklich und mehrfach an, den Glauben an die Dreifaltigkeit, an die Menschwerdung Christi, an sein Leiden, die Auferstehung und die Himmelfahrt sorgfältig darzulegen und die Gläubigen zu tugendhaftem Leben anzuhalten.[101] In dieser Lebensführung sollen die Priester den Gläubigen mit ihrem Beispiel vorangehen, worauf auch die Bischöfe bei der Auswahl der Priester achten sollen. Bei dieser Gelegenheit werden die Kernaufgaben der Priester dieser Zeit aufgezählt: dass *sie den rechten Glauben beherrschen, die katholische Taufe ein-*

halten und die Messgebete gut verstehen.[102] Bei der Messe legt Karl in seiner Ermahnung besonderen Wert auf das würdige Singen der Psalmen, das richtige Verständnis des Vaterunsers, *damit jeder weiß, worum er Gott bitten soll.* Auch das *Ehre sei dem Vater* und das *Sanctus (Heilig, Heilig, Heilig)* sollen gemeinsam und würdevoll gesungen werden.[103]

Bei allem pädagogischen Ernst für ein friedliches und gottesfürchtiges Miteinander liegen die Schwerpunkte dieser Glaubenspraxis erkennbar auf einer respektvollen Annäherung an Gott als einen besonderen Herrscher. Einen Herrscher über die Welt, der mit würdigem Gesang geehrt und nicht mit ungebührlichen Anliegen belästigt werden sollte. Im direkten Vergleich mit dem religiösen Aufbruch, der die Christenheit im Lauf des 11. Jahrhunderts ergreifen wird und bei dem das Leben der Apostel als Vorbild im Zentrum steht, sehen wir bei diesem ersten erkennbaren Christianisierungsschub kein verstärktes Interesse am Leben Jesu oder seiner Jünger. Das Augenmerk der karolingischen Reformer lag stärker auf dem richtigen Ritus der Gottesverehrung. Sie waren Männer des Hofes, sensibel für den richtigen Umgang mit der Macht.

So denkbar eine regelmäßige sonntägliche Liturgie für die Bauern am Staffelsee ist, bei der sie etwa zum Verständnis der Dreifaltigkeit gehört hätten, so selten war sie. Die Anlage in Staffelsee war eine Ausnahme. In der Konzentration von Bischofssitz, Kloster – wenn auch beides in bescheidenem Format – und Grundherrschaft erblicken wir ein Ende des weiten Spektrums, an dessen anderem Ende wir Ignoranz und weitgehende Unkenntnis der Glaubensinhalte finden. Diesen Eindruck vermittelt zumindest Erzbischof Agobard von Lyon, der uns bereits begegnet ist und beim Blick auf manche Priester seiner Zeit ein weiteres Mal in Klagen ausbricht:

[…] als jene ruchlose Gewohnheit begann, dass sich unter denen, die nach weltlichen Ehren streben, so gut wie keiner findet, der nicht einen Hauspriester hat, dem er nicht gehorcht, sondern von dem er ununterbrochen erlaubten und auch unerlaubten Gehorsam verlangt, nicht nur in der Feier der Gottesdienste, sondern auch in den menschlichen Dingen, so dass man häufig solche findet, die am Tisch bedienen, […] die Hunde ausführen oder die Pferde […]. Und weil die, von denen wir hier sprechen, in ihren Häusern keine guten Priester haben können (denn wer kann ein guter Priester sein, der es zulässt, mit solchen Menschen seinen Namen und sein Leben zu entehren), kümmern sie sich in keiner Weise darum, was für

Priester diese sind, wie blind vor Unkenntnis, in welche Verbrechen verwickelt […].[104]

Die Klage hat einen realen Hintergrund: Adlige Herren, die auf ihrem Grund und Boden Kirchen errichteten, konnten diese Kirchen mit Priestern ihrer Wahl besetzen. Die Synode von 794 etwa sah diese Möglichkeit ausdrücklich vor.[105] Da es vor der Priesterweihe keine festgelegte Priesterausbildung oder -qualifikation gab, die einen Mindeststandard in Kenntnissen vom Christentum garantierte, konnte es zu den Fehlbesetzungen kommen, über die Agobard hier klagt. Da konnten auch die Vorgaben der *Allgemeinen Ermahnung* wenig ausrichten, die die Bischöfe anhielt, ihre Priester sorgfältig zu prüfen, und die diesen Priestern verbot, die kirchlichen Vorschriften nicht zu kennen.[106] Ihre Umsetzung war schwierig, wenn die Bischöfe bei der Auswahl dieser Priester gar nicht gefragt wurden, weil die Kirche ihnen nicht unterstand. Zudem war die Vorgabe einer sorgfältigen Prüfung der Glaubenskenntnisse von allerlei subjektiven Einschätzungen abhängig, solange es keinen feststehenden Wissenskanon gab, den ein Priester nachweisen musste – den es das ganze Mittelalter hindurch nicht geben sollte. Die historische Forschung hat für die Auswahl von Priestern durch die adligen Herren einer Kirche, die durch ihr Eigentum an der Kirche und ihrer Ausstattung auch das Besetzungsrecht für das geistliche Personal innehatten, früher den Begriff der *Eigenkirche* verwendet. Er bezeichnete die Verbindung von der Verfügungsgewalt über den Kirchen- oder Klosterbesitz eines Herren mit dessen geistlicher Leitungsgewalt über diese Kirche. Diese Verbindung habe ihre Wurzeln im germanischen Recht. Die heutige Forschung, die vermeintlich „germanischen" Traditionen mit berechtigter Skepsis begegnet, benutzt den Begriff der Eigenkirche kaum noch.

Zwischen geweihten Handlangern, die Erzbischof Agobard beklagt, und den Möglichkeiten am Staffelsee – über die tatsächliche Praxis der Predigt dort haben wir allerdings keinerlei Nachricht – lässt sich das ganze Spektrum von Frömmigkeit, Naturkulten, Aberglauben und ernstem Bemühen nachweisen. Allerdings sollten wir die Erwartungen dämpfen. Die Interessen der Herren, die das Land besaßen, und auch die Interessen der klösterlichen Landbesitzer richteten sich in der Regel stärker auf den wirtschaftlichen Ertrag der Güter als auf den Glauben der Bauern. Von Seelsorge, von der Zuwendung der Priester zu den Bauern und ihren Sorgen, ist in den verschiedenen Verlautbarungen dieser Epoche nichts zu hören. Sie war nicht vorgesehen. Die Bauern gehörten nach der Vorstellung dieser Landbesitzer zur Ausstattung ihres Landes. Sie waren bestenfalls Adressaten der Glaubenslehren, keine Akteure, die eine eigenständige Rolle spielen konnten. Das blieb noch sehr lange so. In der Zeit der Kreuzzüge zeigten die landbesitzenden Kreuzfahrer kein Interesse daran, die Bauern auf ihren Gütern im Heiligen Land zum Christentum zu bekehren. Die Bekehrung zum Christentum hätte, so fürchteten sie, den Wunsch der Bauern nach einem freieren Leben bestärkt. Die meisten Bauern dieser Zeit lebten in adligen Grundherrschaften. Beim Blick auf die Gesellschaft sehen wir eine gewaltige Spannbreite zwischen dem ernsten Rollenverständnis von Königen, die sich als verantwortliche Häupter ihres christlichen Reichs sahen, und dem religiösen Alltag der meisten ihrer Untertanen, geprägt von ungebildeten Priestern und alten Naturzaubern.

Kapitel 5

Gelebtes Vorbild und hierarchische Doktrin: Die Vermittlung und Verbreitung des Glaubens

Bonifatius

Mit dem Blick auf die sogenannten *Eigenkirchen* und die Klage des Erzbischofs Agobard von Lyon über die vielen ungeeigneten Priester haben wir einen ersten Blick in den Raum jenseits der königlichen Höfe geworfen. Es ist ein Blick auf den religiösen Alltag, der bei Agobard als sehr schlicht strukturiert erscheint. Von der existentiellen Herausforderung, die Columbanus formuliert hatte, von der Entscheidung der Gläubigen zwischen den strengen Forderungen Gottes und den vielen Lastern und Irrungen der Welt war auf dieser Alltagsebene kaum etwas zu ahnen. In der Welt, in der ungebildete Priester den Alltagsforderungen ihrer Herren gehorsam nachkamen, schien eine laxe Glaubenspraxis vorzuherrschen. Allerdings sollte uns die zugespitzte Kritik des Erzbischofs von Lyon nicht irreführen. Die häufig würdelos gefeierte Liturgie der Gottesdienste durch ungeeignete Priester war in der Regel durch die Lebensumstände der meisten Menschen und die Bedingungen unmittelbar vor Ort verursacht. So kam es in vielen Fällen darauf an, welche Haltung der Grundherr gegenüber den kirchlichen Anliegen und Glaubensbelangen einnahm. Denn ein Gemeindepfarrer oder Geistliche im Dienst des Bischofs, die unabhängig von den örtlichen Herren eine Kirche betreuten, waren nur auf königlichen Ländereien zu finden, wenn es die Mittel erlaubten, dort eine Kirche zu unterhalten.

Die Abhängigkeit vom jeweiligen Grundherrn konnte dazu führen, dass die Bauern und Handwerker einer Gutsherrschaft bei den nicht regelmäßig stattfindenden Gottesdiensten einen Priester erlebten, dessen einzige Eignung zu seinem heiligen Dienst darin bestand, kein tüchtiger Handwerker oder für die bäuerliche Arbeit nur wenig geeignet zu sein. Daher hatte ihn sein Herr für gottesdienstliche Aufgaben abgestellt, zu denen ihn die Weihe eines womöglich dazu genötigten Bischofs ermächtigte. Eine theologische Ausbildung hatte er nicht erhalten – und vielleicht nahm er auch im 9. Jahrhundert noch Taufen im Namen von *Vaterland, Tochter und Heiligem Geist* vor, wie dies in der Mitte des 8. Jahrhunderts aus dem Erzbistum Salzburg berichtet wurde.[107] Dafür, dass der Priester, der eine solche Taufe gespendet hatte, des Lateinischen nicht mächtig war, war dieser Wortlaut noch nah am liturgischen Text; größere Abweichungen sind vorstellbar und werden sehr lange Zeit auch häufig vorgekommen sein.

Das Problem lateinunkundiger Priester, den liturgisch richtigen Wortlaut, die fremde lateinische Sprache der liturgischen Texte korrekt wiederzugeben, konnte dauerhaft nur mit einer schriftlichen Textvorlage gelöst werden. Dazu brauchte es Texte, die korrekt abgeschrieben und in einer Form verbreitet wurden, in der sie auffindbar waren, wenn sie gebraucht wurden. Da bereits kleine Pergament-Codices von erheblichem Wert waren, zahlte sich ihr Erwerb nur aus, wenn der Priester, der die heiligen Riten vollzog und die Sakramente spendete, auch lesen konnte. Im Hinblick auf die Auswahlpraxis der Kandidaten, die Agobard von Lyon so abschätzig beschrieb, war das jedoch nicht sichergestellt, wie das Zitat im vorangegangenen Kapitel zeigt. So darf es nicht verwundern, wenn die Quellen von eigentümlichen oder wiederholten Taufen berichten. Bei der Personaldecke der entstehenden Kirchen im Westen Europas ließ sich das kaum vermeiden.

Du seist niedergeschlagen durch zahlreiche Schwierigkeiten und Verwirrungen, die ausgingen von Menschen, die Gott nicht fürchten, von falschen Bischöfen und falschen Priestern, von unzüchtigen Geistlichen und ihren verkehrten Maßnahmen, wie auch seitens der Heiden mit ihrer Feindschaft und Verfolgung […].

So beginnt ein Trostbrief, den Bischof Benedikt zusammen mit einem Schweißtuch und etwas Weihrauch aus Rom an Bonifatius in Germanien gesandt hatte, um den Missionar zu stärken.[108] Das war zu Beginn der Karolingerzeit gewesen. Damals hatte Bonifatius *weit mehr* falsche Priester vorgefunden als richtige.¹⁰⁹ Nun war Bonifatius ein sehr anspruchsvoller Mann, der die sorgfältige Prüfung aller Kandidaten für das Priesteramt verlangte, und mancher, den der schmallippige Missionar nicht akzeptiert hätte, war darum noch nicht ungeeignet. Aber die Beschwerden des klagefreudigen Bonifatius wiesen auf ein Phänomen hin, das wir bereits wiederholt erwähnt haben. Die Verkehrswege dieser Zeit mit viel Wald, wenigen Straßen und kleinen Siedlungen überforderten die Möglichkeiten der Mission in grundsätzlicher Weise. Seit über 80 Jahren habe man bei den Franken keine Synode mehr abgehalten, schrieb Bonifatius an den Papst. Die Bischofsitze seien in der Hand von Laien, und über die Priester wusste er kaum Gutes zu berichten. Bonifatius blickte in ein Jammertal.¹¹⁰

Wenn wir die Zustände in der Christenheit zu Beginn der Karolinger-Herrschaft aus der Perspektive des Bonifatius betrachten, gewinnen wir jedoch ein irreführendes Bild. Hier wurden Missstände angeprangert, das Eingreifen des Papstes gefordert und Gegenmaßnahmen angekündigt. Wenn wir dann noch die Initiativen hinzunehmen, die Karl der Große und sein Sohn eine Generation später forcierten, dann erscheinen die Probleme benannt und die Abhilfe vorbereitet. Doch der Blick täuscht. Denn das Licht, das in die Schattenwelt dieser Jahrhunderte leuchtet, strahlt in diesen Fällen immer von den Handelnden aus, die im Sinn des rechten Glaubens auf dem Weg waren. Könnten wir eine Vogelperspektive einnehmen, böte sich ein anderes Bild. Das Licht, das Bonifatius in die Dunkelheit warf, die er mit so kräftigen Worten zeichnete, würde zu einem kleinen Lichtpunkt schrumpfen, einem Lichtpunkt inmitten weiter Wälder, in denen andere Lichter umherzogen und mitunter aufgeregt funkelten. Von missionierenden Briten und Afrikanern berichtet Bonifatius, vom Gallier Aldebert, dem Schotten Clemens.¹¹¹ Gegen sie forderte er die römische Hilfe, aber die Menschen, die Aldebert hörten, sahen in ihm *einen heiligen Apostel, einen Beschützer und Fürsprecher*, auf den sie nicht verzichten mochten.¹¹² Bonifatius bemühte sich sehr, eine aktive Verbindung aus den Gebieten nördlich der Alpen zur römischen Kurie aufrechtzuerhalten, um auf unliebsame Prediger unterschiedlicher Couleur hinzuweisen. Seine Korrespondenz mit verschiedenen Päpsten erweckt den Eindruck guter Verbindungen und effektiver Organisation. Doch dieser Nachklang auf der historischen Bühne war zu Lebzeiten der Akteure wohl kaum hörbar.

Mit Bonifatius, der bisweilen auch eindrucksvolle Erfolgsmeldungen nach Rom schickte, sehen wir einen über 60-jährigen Zeloten zwischen Rhein, Fulda und Donau umherziehen, der sich aller möglichen Gegenspieler erwehrte. Jene nahmen sich selbst wahrscheinlich gar nicht als seine Gegenspieler wahr, sondern ebenso als Arbeiter im Weinberg des Herrn, wenn auch mit etwas anderem Programm. Erst durch den Eifer des Bonifatius für die eine, richtige Lehre wurden sie zu seinen Konkurrenten. Die Erfolge des Bonifatius dürften insgesamt bescheiden gewesen sein; auch in den Anfängen des europäischen Christentums wurden Männer seines Temperaments eher nachträglich verehrt als zu Lebzeiten begrüßt.

Synoden und schriftliche Überlieferung

Die Christianisierung Westeuropas war durch solche Missionstätigkeiten allein nicht zu erreichen. Um eine tragfähige Grundlage zu schaffen, auf der die unterschiedlichen Spielarten der Glaubensverkündigung und Temperamente ihrer Missionare ihre Dynamik entfalten konnten, bedurfte es des Zusammenspiels der Könige und der Bischöfe in den meist kleinen Städten. Die Verbindung der Könige mit den Bischöfen ihrer Reiche, die sie zum Teil selbst ernannt hatten, bildete das Fundament für den Auf- und Ausbau kirchlicher Strukturen. Diese Strukturen mochten noch lange Zeit schwach sein, sie bildeten aber das Grundgerüst für die Organisation der Kirche in den Ländern der lateinischen Christenheit. Für den König und den hohen Klerus konnte sich dabei die Sorge um das Seelenheil der Untertanen in sehr unterschiedlicher Weise und Intensität ausdrücken. Der Brückenschlag zwischen der geistlichen Führung des Reichs und den Priestern bei den Gläubigen vor Ort erfolgte von alters her durch Synoden, also Kirchenversammlungen, auf denen je nach Bedarf der Klerus eines Bistums, einer Kirchenprovinz – eines Erzbistums – oder auch des Königreichs zusammengerufen wurde, um über dringende Fragen zu beraten und zu entscheiden. Dabei konnte es um Glaubensfragen, disziplinarische Probleme, aber auch um Herrschaftsfragen gehen. So berichten die Reichsannalen zu 813:

Auf sein [sc. Karls des Großen] *Geheiß wurden auch zur Verbesserung der kirchlichen Zustände in ganz Gallien von den Bischöfen Kirchenversammlungen gehalten, eine zu Mainz, eine zweite zu Reims, die dritte zu Tours, die vierte zu*

Chalon, die fünfte zu Arles. Von den auf den einzelnen getroffenen Bestimmungen wurde sodann auf jedem Hoftag in Gegenwart des Kaisers eine Zusammenstellung gemacht; wer sie kennen lernen will, der kann sie in den genannten fünf Städten finden, obwohl sich auch im Archiv der Pfalz Abschriften derselben befinden.[113]

Tatsächlich zeigt die Überlieferung im Jahr 813 eine ungewöhnliche Dichte von Synoden, denn Karl der Große war dabei, seine Nachfolge zu regeln. Er krönte seinen Sohn Ludwig in Aachen zum (Mit-)Kaiser, und die Kirchenversammlungen dienten der Rückversicherung dieser Maßnahme. Der Kaiser berief diese Versammlungen ein und nahm an ihnen teil. Die Gegenwart Karls bei der Redaktion der Konzilsbeschlüsse vor ihrer Verbreitung belegt seinen Einsatz (der auch der Kontrolle diente). Das Engagement des Herrschers für seine Kirche ist offenkundig. Karls Sohn Ludwig der Fromme setzte diese Tradition christlicher Herrschaft fort. Im Jahr 829 verfügte er, dass es im Lauf des Jahres in seinem Reich vier Bischofszusammenkünfte geben solle: in Mainz, in Paris, in Lyon und in Toulouse. Die Erzbischöfe sollten mit den Bischöfen dieser Kirchenprovinzen zusammenkommen, um über die Angelegenheiten zu beraten, die mit dem christlichen Glauben und der Sorge darum zu tun hätten, ob sich die Mächtigen und das Volk an die christliche Lehre hielten und danach handelten. Ebenso sollten sie prüfen, was über die Priester und ihren Lebenswandel zu erfahren sei. Und sie sollten untersuchen, *welche Gelegenheiten bei beiden Ordnungen* (d. h. bei Klerikern und Laien) *dafür sorgten, dass sie vom rechten Weg abwichen*. Die Ergebnisse sollten zunächst diskret behandelt werden; dann solle ein Schreiber ausgewählt werden, der durch Eid gebunden, diese Ergebnisse sorgfältig archivieren solle.[114]

Wären diese Vorgaben erfolgreich und so gewissenhaft wie gewünscht umgesetzt worden, besäßen wir ein aufschlussreiches Dokument über die Zustände in der fränkischen Christenheit nach dem Tod Karls des Großen. Kaiser Ludwig beabsichtigte damit, als Beschützer der Christenheit ein Bild vom Stand der Christianisierung seiner Untertanen zu erhalten. Wie sein Vater sah er sich dafür Gott gegenüber in der Verantwortung. Man darf sagen, er wollte zu viel. Seine Herrschaft, die von dem Gedanken an die einheitsstiftende christliche Ordnung geleitet wurde, geriet schon wenige Jahre nach diesem Erlass in schwere Krisen. Agobard, der bereits zitierte

Erzbischof von Lyon, der in Ludwigs Erlass namentlich genannt wird, erfuhr die Grenzen seiner bischöflichen Gewalt unmittelbar. Diese Grenzen bildeten weniger die Ausnahme als eher die Regel. Bonifatius hatte den Ausfall von Synoden im Reich der Franken für mehr als zwei Generationen beklagt, was bedeutete, dass es manchen Priester gab, der niemals in seinem Leben mit Amtsbrüdern zusammenkam, der sein Amt vielleicht auf zweifelhafte Weise erlangt hatte, dabei jedoch keine Unterweisung und auch keine Zurechtweisung erhielt, wenn er auf Abwegen unterwegs war.

Der Wunsch nach Kontrolle des Klerus, nach der Bewahrung und Überlieferung, aber auch nach der Fortschreibung der Tradition zeigte sich in der Zeit der karolingischen Reformen des frühen 9. Jahrhunderts deutlich. Ludwig der Fromme verfügte die Aufzeichnung der gesammelten Einsichten. Nur durch die schriftliche Aufzeichnung konnte man sicher sein, den Wortlaut richtig weiterzugeben; nur durch die Verschriftlichung konnte man sicherstellen, dass die Geistlichen mit schwachem Gedächtnis die vielen Vorschriften, die die verschiedenen Bischofsversammlungen erließen, nicht vergaßen; und – das dürfen wir dabei nicht außer Acht lassen –: nur durch die schriftlichen Aufzeichnungen erfahren wir von diesen Initiativen.

Wenn die Zeitgenossen den Vorgaben Karls des Großen und seines Sohnes folgten, dann mussten viele Schafe und viele Ziegen sterben. Aus ihren Häuten wurde das Pergament gewonnen, auf dem geschrieben wurde. Papier gab es noch nicht. Aber die Texte, die so entstanden, waren für die Praxis auf dem Land, nach der wir ja eingangs gefragt haben, nur begrenzt einsetzbar. Sie waren lang, die darin enthaltenen Anweisungen waren in der Praxis schwer zu handhaben, auch waren sie nicht übersichtlich genug. Wenn die ordnende Gewalt des christlichen Königs in Kontakt mit den Untertanen kam, führte man keine Protokolle. Auch über die Reisen der Bischöfe durch ihre Diözesen, auf denen sie den Glauben durch Predigten verkündeten und in Fragen der geistlichen Disziplin Recht sprachen, gibt es für das gesamte Mittelalter nur wenige Protokolle, obwohl diese kirchlichen Visitationen zur Routine wurden. Tatsächlich war die Überlieferungschance für Schriftstücke solcher Art nicht sehr groß, wenn man bedenkt, was sie verzeichneten. Auch die große Mehrzahl päpstlicher Briefe und Anweisungen an die Bischofssitze der westlichen Christenheit ist im Original nicht mehr erhalten. Dabei sollten sie häufig über den Tag hinaus wirken. Aber eine systematische Archivierung gab es im frühen Mittelalter noch nicht, und Feuer und Wasser taten das ihre. Visitationsberichte waren Momentaufnahmen, Zustandsbeschreibungen, und die Zustände änderten sich bald wieder. Zudem zeigten sie die Schwächen der bischöflichen Administration. Der Wunsch, diese Protokolle für die Zukunft zu sichern, war nicht sehr stark.

Regino von Prüm

Die erhaltenen Texte besitzen weitgehend regelnden Charakter. Aus dem frühen 10. Jahrhundert ist ein Buch erhalten, das Abt Regino im Eifelkloster Prüm für den Mainzer Erzbischof zusammenstellte, *damit Ihr es als Handbuch bei Euch habt, wenn einmal die Gesamtheit Eurer Bücher nicht verfügbar ist.*[115] Reginos Handbuch bietet eine systematische Zusammenstellung einschlägiger Entscheidungen von Konzilien und anderer Autoritäten des Kirchenrechts. Die zwei Teile des Werkes behandeln das Leben des Klerus und das der Laien, mit einem besonderen Blick auf die vielen Möglichkeiten, vom rechten Wege abzuweichen; das hatte im Jahrhundert zuvor bereits auch Kaiser Ludwig und seine Bischöfe interessiert. Es konnte durchaus sein, dass potentielle Sünder bisweilen an Verfehlungen erinnert werden mussten, wozu das Handbuch einen detaillierten Fragenkatalog an die Hand gab:

> Hast Du Hände oder Füße abgehauen oder die Augen eines Menschen ausgestochen oder einen Menschen verletzt? […] Hast Du Dein Kind erstickt? […] Hast Du von einer Flüssigkeit getrunken, in der eine tote Maus oder ein totes Wiesel gefunden worden ist?[116]

Lange Fragenkataloge zielten auf mögliche Verstöße gegen Gebote oder kirchliches Recht. Vergleichsweise kurz waren dagegen die Fragen an die Priester vor Ort (ebda. 34–36). Sie zielten auf ihren Stand (frei oder unfrei), auf ihre Herkunft, auf ihre Weihe sowie auf ihre körperliche Unversehrtheit. Nach einer theologischen Qualifikation wird dagegen nicht gefragt. Zur Ausstattung der Pfarrkirchen gehörten die Bücher für die Liturgie, ein kompletter Bibeltext gehörte nicht dazu. Wie schon Beda legt auch Reginos Handbuch Wert auf die Unterweisung der Gläubigen durch das Glaubensbekenntnis und das Vaterunser.[117] Diese Texte sollte der Priester den Gläubigen nahebringen.

Das Handbuch Reginos war auch für die Visitationsreisen, die der Bischof durch seine Diözese unternehmen sollte, gedacht. Diese Reisen gehörten zu seinen Pflichten, wobei die Ermahnungen zu dieser Verpflichtung bereits erkennen lassen, dass mancher Bischof dieser Aufgabe nur selten nachkam.[118] Bischof Ulrich von Augsburg, der in der Generation nach Regino von Prüm zum Bischof erhoben wurde, gehörte dagegen zu den Bischöfen, die dieser Amtspflicht alle vier Jahre gewissenhaft nachkamen, wie sein Biograph Gerhardt berichtet.[119] Gerhardt schildert, wie Ulrich auf diesen Reisen die Nähe der einfachen Menschen suchte, ohne dass er einzelne Fälle, über die der Bischof zu Gericht saß, in seine Erzählung aufnahm. Ulrich saß nach der Feier des Gottesdienstes mitunter bis in die Abendstunden bei den Bauern, um Streitigkeiten beizulegen, Recht zu sprechen und die Firmung zu spenden. Nicht jeder Rechtsstreit ließ sich einfach beilegen,

dann ließ er, damit nicht deswegen die ebendort zu verhandelnden Sendgericht[gegenstände] unerledigt blieben, bei Lichtschein die Regeln der Kanones verlesen [...].[120]

Diese Quellen, die Beschlüsse der Synoden, die Vorschriften und der überlieferte persönliche Einsatz von Bischöfen wie Ulrich von Augsburg lassen eine entwickelte kirchliche Organisationsstruktur erkennen. Doch gleichzeitig gilt es, auch die Probleme wahrzunehmen. Nicht jeder Bischof des frühen Mittelalters war ein Ulrich von Augsburg, und auch Ulrich blieb bei diesen Reisen nur kurze Zeit vor Ort, dann zog er weiter. Der Bericht über die Reisen des Bischofs reiste mit ihm, denn es ging dabei um die Taten des Bischofs. Solange ein Bischof mit Charisma und Autorität vor Ort war, folgten die Gläubigen seinen Ermahnungen. Doch dann zog er weiter und die Aufmerksamkeit des Berichterstatters zog mit ihm. Wäre er vor Ort geblieben, hätte sich ihm ein Bild schnell schwindender Erinnerung geboten, wie wir im Folgenden am Beispiel Engiltrudas sehen werden.

Nur in den gedruckten Bänden der Synodalbeschlüsse erscheinen die Auftritte der königlichen und der geistlichen Autoritäten dicht gedrängt. In der Wahrnehmung der Zeitgenossen lagen weite, weglose Strecken und häufig Jahrzehnte zwischen königlichen Auftritten auf einer Synode. Für fast alle Menschen dieser Zeit war der König weit entfernt. Selbst wenn sich die seltene Gelegenheit ergeben sollte, ihn einmal im Leben zu Gesicht zu bekommen, so bot ein solches Zusammentreffen mit dem König und seinem Gefolge wenig Möglichkeiten einer bleibenden Glaubensunterweisung durch die Priester des Königshofes. Gelehrte wie Alkuin unterwiesen in der Regel keine Bauern. Es gab Ausnahmen, und Notker der Stammler berichtet, dass Karl der Große zwei wohl unfreie Müllersöhne, die zum Haushalt des Klosters Bobbio gehörten, in seine Schule aufnahm und ihnen später die Leitung der Propstei des Klosters übertragen hat, *weil es sich nicht geschickt hat, diese zur Leitung von Bistümern oder Klöstern zu befördern.*[121] Karl war als Krieger beständig auf Reisen, und so ergab es sich häufiger, dass er in direkten Kontakt mit Menschen weit unterhalb seines Standes kam. Er verstand sich auf solche Situationen. Auch die späteren Könige und Kaiser dieser Epoche lebten nicht in Palästen. Es waren einfache Zeiten. Aber die Möglichkeiten tatkräftiger und charismatischer christlicher Könige, zu ihren Untertanen vorzudringen, waren bescheiden. Die primitiven Verkehrswege und der geringe Grad herrschaftlicher Organisation führten häufiger dazu, dass königliche Interventionen rasch verblassten. Ohne bleibende Unterstützung war ihre Wirksamkeit nicht von Dauer.

Regino von Prüm berichtet in seiner Chronik über den päpstlichen Versuch, eine Ehekrise im Umfeld des fränkischen Königs Lothar II. beizulegen.[122] Engiltruda, die Gattin des Grafen Boso, hatte ihren Ehemann für einen Lehnsmann verlassen[123] und war diesem nach Gallien gefolgt. Das wollte der päpstliche Gesandte, dem diese Angelegenheit unterbreitet worden war, nicht akzeptieren; er belegte Engiltruda mit dem kirchlichen Bann. Er war zu den Franken entsandt worden, um König Lothar II. an seine ehelichen Verpflichtungen zu erinnern, und zwang auch die ehebrecherische Engiltruda zu einem Eid, mit dem sie sich zur Einhaltung der kirchlichen Gebote öffentlich verpflichtete.

Engiltruda gelobte feierlich,

[…] bei dem Vater, dem Sohne und dem Heiligen Geiste und bei diesen vier Evangelien von Christus Gott, welche ich mit meinem Mund küsse und mit meinen Händen berühre, dass ich künftig von aller Schlechtigkeit, die ich an meinem vorgenannten Manne Boso begangen habe, ablassen […] werde.[124]

Die Ordnung schien durch das Eingreifen eines energischen Bischofs im Namen des Papstes wiederhergestellt worden zu sein. Seit die Päpste die fränkischen Könige salbten und die Kaiser zu Krönung nach Rom zogen, hatte der Name des römischen Bischofs nördlich der Alpen einen gewissen Klang. Die untreue Ehefrau verpflichtete sich, nach Rom zu reisen, um dort die Bedingungen ihrer Buße zu erfahren.

Der Gesandte des apostolischen Stuhles kehrte also, nachdem er in Gallien die Dinge geordnet hatte, nach Rom zurück, woher er gekommen war.[125]

Allerdings ließ die Bußbereitschaft Engiltrudas mit der Aussicht auf diese Abreise bald nach. Schon an der Donau verließ sie den Legaten unter einem Vorwand und kehrte alsbald in ihr altes Leben zurück. Auf die komplizierte Eheaffäre Lothars II. hatte die Abreise des Gesandten eine ähnliche Wirkung. Lothars rechtmäßige Ehefrau floh vom Hof. So war der energische Gesandte, der bei seinen Auftritten eine Autorität ausstrahlte, als sei der Papst selbst anwesend, wie Regino bemerkt, nach Rom zurückgekehrt und die Zustände waren wieder wie zuvor. Die persönliche Autorität nahm mit der Entfernung ihres Trägers vom Ort des Geschehens ab. In beiden Fällen blieben die Wortbrüche nicht unbeachtet und hatten lange disziplinarische Schreiben zur Folge. Aber die Wirkung dieser Briefe war ohne Präsenz einer Autoritätsperson maßgeblich schwächer.

Die Grenzen der geistlichen Autorität

Männer wie Erzbischof Agobard von Lyon beklagten die Unruhe, die durch die alltägliche Gewalt in die Welt getragen wurde. Dieser Welt sei doch durch Christus ein neues Gesetz gegeben worden, das in gleicher Weise alle Menschen binde. Agobard war ein Mann der Theorie. Er konnte das Reich, das Karl der Große an seinen Sohn weitergegeben hatte, nicht als eine heterogene Ansammlung von Traditionen und Rechtsgewohnheiten, Lebensweisen, Sprachen, Dialekten und Sitten wahrnehmen, wie dies die Mächtigen taten, die Karls Kriege führten. Vielmehr sollte nach dem Wunsch der theologischen Berater Ludwigs des Frommen die Hand des Kaisers jene Einheit stiften, zu der die christliche Taufe alle Menschen vorbereitet habe. Die Taufe habe die Teilung des Reichs in verschiedene Stämme überwunden, da sie die Menschen erneuert habe, und diese getauften Menschen stünden nun gemeinsam unter Gottes Gesetz.

Die kirchlichen und theologischen Berater dürften den Widerstand der vielen regionalen Kräfte, die auf ihren Eigenheiten bestanden, unterschätzt haben. Die Einheit der Christenheit gab es im frühen Mittelalter nur in der Theorie; die reale Welt dagegen sah anders aus.

Der Theorie einer Einheit der Christenheit unter Leitung des Kaisers barg zudem ein Risiko, das die Vertreter einer starken Zentralgewalt während des gesamten Mittelalters ignorierten, woran der Anspruch zunächst königlicher, später päpstlicher Zentralgewalt aber ebenso sehr scheiterte wie an den vielfältigen Eigeninteressen vor Ort: Nicht jeder Kaiser besaß das Format und die Persönlichkeit Karls des Großen; nicht jeder Papst des Mittelalters war den Anforderungen des Amtes gewachsen oder wusste seine Amtsgewalt mit Augenmaß zu gebrauchen. Die Gefahr des Machtmissbrauchs war real, und so stiegen mit dem Machtanspruch auch die Erwartungen an den Herrscher und Amtsinhaber. Mit den Erwartungen stieg das Risiko des Scheiterns. Kaiser Ludwig der Fromme etwa vermochte die hohen Ansprüche, die er selbst befördert hatte, nicht zu erfüllen.

Das bedeutet nicht, dass die Glaubensunterweisungen, die die karolingischen Könige forciert hatten, und die Visitationspraxis, die im ottonischen Reich erkennbar wurde, folgenlos geblieben wären. Aber wir sollten bedenken, dass unsere Quellen im hohen Maß von diesem Ordnungsdenken geprägt sind. Und wir können nicht mit Sicherheit sagen, wie sehr oder wie nachhaltig diese überlieferten Ordnungsrufe in ihrer Zeit wirkten.

Im Jahr 952, zur Zeit Bischof Ulrichs, trat in Augsburg eine Synode zusammen, an der erstmals Bischöfe aus Italien teilnahmen.[126] Darin kündigte sich das Ausgreifen der ottonischen Herrschaft über die Alpen an, das zehn Jahre später in der Kaiserkrönung Ottos I. in Rom seinen Ausdruck fand. In deutlicher Form verbot die Synode Klerikern die Ehe.[127] Dies galt für Bischöfe, für Priester, für Diakone und für Subdiakone. Wenn ein Amtsträger heirate, verliere er sein Amt. Damit beginnt die knappe Reihe der zehn Punkte, die die Synode verabschiedete. Das erste, das dritte und das zehnte Kapitel zielten auf den Zölibat. Auch Kleriker, die keinen Gottesdienst feierten, müssten *im reiferen Alter* enthaltsam leben. Wer nicht dazu bereit sei, müsse dazu gezwungen werden: *Licet nolentes, ad continentiam cogantur.* Das war ein sehr klarer Beschluss. *Licet nolentes* – auch wenn sie nicht wollen; es wird nicht überraschen, dass der Beschluss auf Widerstand stieß. Aber wir sollten festhalten, dass trotz dieser Augsburger Tradition, die in einer Synode des später heiliggesprochenen Ulrich begründet wurde, der Verfasser der Augsburger Jahrbücher im frühen 12. Jahrhundert die Vertreibung von verheirateten Priestern durch Laien in den Unruhen der Kirchenreform (1076) bitter beklagte. Der Verfasser der Augsburger Jahrbücher war ein Domherr, ein Geistlicher von hohem Rang, und dieser geistliche Herr beklagte beim Blick in die jüngste Vergangenheit laut und empört die Verdrehung des Rechts, weil die Priester wegen ihres Zusammenlebens mit Frauen von den Laien *miserabiliter* vertrieben worden seien.[128]

Die Augsburger Eheverbote für Priester waren wenig originell, es gab bereits zahlreiche ähnliche Synodalbeschlüsse in der Augsburger Kirche und anderswo. Sie waren seit über 200 Jahren in der Welt und der hochangesehene Bischof Ulrich hatte sich um ihre Durchsetzung in seinem Bistum bemüht. Trotz dieser Vorgeschichte, trotz des sehr energischen Einsatzes Papst Gregors VII. (1073–1085) für den Zölibat, empörte sich der Augsburger Domherr in seiner Darstellung der Geschichte seiner Kirche über die Umsetzung eben dieser Beschlüsse. Dabei beklagte er sich nicht in einer private Runde hoher Herren; er klagte in einem Geschichtswerk, das auch für ein geistliches Publikum bestimmt war.

Ein erheblicher Teil unseres Wissens über die Christenheit des frühen Mittelalters stammt aus Quellen mit einem anordnenden Charakter, aus Quellen wie etwa den Augsburger Synodalbeschlüssen. Wir wissen nicht, inwieweit diese Ordnungen befolgt wurden. Zurückhaltung im Urteil ist angemessen. Sicher waren diese Ordnungen nicht wirkungslos. Die anordnende Gewalt und die unfolgsamen Untertanen oder Geistlichen standen nicht gegeneinander, sie standen nebeneinander. Wenn ein Kleriker in die Reichweite seines strengen Bischofs gelangte, hatten die Vorgaben des Bischofs oder des Königs eine spürbare Wirkung. Die Wirkung ließ mit der Entfernung von der Autorität nach, zumal wenn die Vorschrift unbeliebt war. Dieser Effekt ist auch heutigen Zeitgenossen nicht ganz unbekannt. Die Hierarchie konnte ihre Wirkung erst dann entfalten, wenn sie einen Zugriff auf die unteren Ebenen hatte.

Die Kräfte und die Möglichkeiten der Könige reichten in den Jahrhunderten des frühen Mittelalters nicht aus, um dem christlichen Glauben bei der Mehrheit ihrer Untertanen nachhaltiges Gehör zu verschaffen. Das war auch nicht ihr Ziel. Diese Aufgabe konnten auch die Bischöfe nicht erfüllen, die die Könige ernannten. Die Bischöfe residierten in Städten. Auch wenn sie von Zeit zu Zeit zu Visitationsreisen in ihren Diözesen unterwegs waren oder ihren Klerus zu einer Synode zusammenriefen, so lebten sie doch fern von den Bauern auf dem Land. Auch die adligen Familien, die dieses Land weitgehend unter sich aufgeteilt hatten, hielten sich fern von den Bauern. Aber diese Familien stifteten und unterhielten jene Häuser, die bis zum Anbruch des hohen Mittelalters die Bibliotheken bewahrten, in denen das theologische Wissen der Zeit fortlebte und die für viele Menschen das Ideal des christlichen Lebens verkörperten: die Klöster.[129]

Die Welt der Klöster

Das strenge religiöse Leben in der Abgeschiedenheit hatte eine lange Tradition, deren Wurzeln aus dem Osten stammten, die aber seit dem Beginn des Mittelalters auch im Westen heimisch wurde. Dabei entwickelten sich unterschiedliche Formen des Rückzugs aus der Welt, je nach Herkunft und Orientierung der charismatischen Gründer bzw. der Mönche oder Nonnen in Abhängigkeit vom jeweiligen Umfeld. Caesarius von Arles stand für ein Klosterleben in urbaner Tradition, während Columbanus aus einer Welt ohne Städte kam. Lange Zeit gab es Klöster mit unterschiedlichen Lebensregeln, und da ein Kloster ein Ort war, dessen Bewohner sich aus den Geschäften der Welt zurückgezogen hatten, hatte jedes Kloster sein eigenes Milieu. Das galt (und gilt weiterhin) auch in einer Zeit, in der Klostergemeinschaften in Orden organisiert und mit klaren Lebensregeln versehen wurden. Eine schriftlich fixierte Ordnung musste unter anspruchsvollen Bedingungen von Menschen gelebt werden. Zu einer Vereinheitlichung der verschiedenen Klosterregeln kam es im Westen erst in der Zeit Karls des Großen und seiner Nachfolger. Bis dahin prüften Klostergründer und verantwortliche Äbte die Überlieferung, soweit sie ihnen zugänglich war, und ihre eigene Erfahrung, um eine Lebensregel zu erstellen, der die Mönche bzw. Nonnen des Klosters folgen konnten. Das Leben in Armut, Gehorsam und Enthaltsamkeit war ein Weg, um die große Aufgabe zu bewältigen, vor die Columbanus alle Christen gestellt sah: die Verführungen der Welt zu überwinden, um das ewige Leben zu gewinnen.

Das Leben im Kloster war ein individueller Weg in gesellschaftlichem Auftrag. Viele Klöster wurden von adligen Familien gestiftet und mit Landbesitz versehen, damit die Mönche oder Nonnen für die Stifterfamilie beten konnten. Die Klosterinsassen lebten ihr strenges Leben des Gebets auch stellvertretend für die Stifter und die anderen Wohltäter ihres Klosters, deren Gaben das Kloster unterstützten. Diese Aufgabe hatte Folgen für das Leben im Kloster. Wenn die Mönche oder Nonnen stellvertretend für ihre Wohltäter und auch für die anderen Menschen ihrer weiteren Umgebung beteten, dann erwarteten die Wohltäter, dass diese Bitten auch erhört würden, dass die Strenge des göttlichen Urteils im Gericht gemildert würde, dass Gott trotz der Sünden einzelner mit Wohlwollen auf die Stifterfamilie schauen möge. Dazu mussten die Bitten glaubwürdig vorgetragen werden.

Wer über ein Sündenkonto verfügte, das ihm Sorgen bereitete, aber auch wer selbst fromm war, ohne in ein Kloster eintreten zu wollen, dem war daran gelegen, dass in dem Kloster, das er oder sie stiftete, Mönche oder Nonnen lebten, für deren Lebensstil man sich nicht schämen musste. Die Gründer erwarteten vielmehr, dass die Mönche oder Nonnen ein Leben *unter den Augen Gottes* führten, wie es Gregor der Große über den Vater des europäischen Mönchtums, Benedikt von Nursia, schrieb. Den Fürbitten einer Klostergemeinschaft in strenger Zucht schrieb man eine größere Aussicht auf Erhörung zu.

Über mehrere Jahrhunderte gab es konkurrierende Entwürfe und Regeln für unterschiedliche Formen klösterlichen Lebens. Viele Klostergemeinschaften lebten eigenständig, waren nicht auf eine „Zentrale" ausgerichtet. Charismatische Gründerfiguren wie Columbanus begründeten Anhängerschaften, die jeweils unterschiedlichen Lebensregeln folgten.

Benedikt von Nursia und die Benediktregel

Der *Codex Regularum Monasticarum*, den Benedikt von Aniane (um 750–827) zur Zeit Karls des Großen oder bald danach anlegte, enthielt über 20 verschiedene Regeln für das klösterliche Leben.[130] Im Zuge der Zentralisierung und der Revision überlieferter Texte, die in der Zeit Karls des Großen begann, setzte sich eine einzelne Mönchsregel durch. Sie verband strenge Klarheit mit Augenmaß in der Umsetzung. In den Jahrzehnten um 800 wurde die Regel Benedikts von Nursia, die *Regula Benedicti*, zum alleinigen Leitbild für das Leben in der klösterlichen Gemeinschaft erhoben. Bald nach seiner Kaiserkrönung soll Karl der Große Äbte und Mönche nach Aachen gerufen haben, wo sie die Benediktregel intensiv studierten und der Kaiser diese zum Leitfaden für das Klosterleben erklärte.[131] Die moderne Forschung zweifelt inzwischen mit guten Gründen an der Bedeutung Benedikts von Aniane als eines „zweiten Benedikt", der früher als maßgeblicher Mann für die Durchsetzung der Benediktregel im Frankenreich nach der Kaiserkrönung Karls des Großen betrachtet wurde. Aber eine so vielfältige Welt wie das Klosterleben, die sich aus vielen abgeschlossenen kleinen Welten zusammensetzte, ließ sich nicht einfach durch Erlasse umorganisieren, mochten sie auch durch Kaiser gestützt werden. Die Klöster waren meist eigenständig und ihren Stifterfamilien verpflichtet. Der Kaiser schlug mit seiner Entscheidung für die Benediktregel den Bogen nach Rom, wo man den heiligen Benedikt in hohen Ehren hielt.

Papst Gregor der Große hatte Benedikt eine Lebensbeschreibung gewidmet, die weite Verbreitung fand. So hatte das Mönchsleben nach dem Modell Benedikts Fürsprecher mit großer Autorität. Doch für den Erfolg der Benediktregel war diese Fürsprache nicht ausschlaggebend. Das Leben der Mönche und der Nonnen sollte ein Leben in enger Verbindung mit Gott sein. Das war eine tägliche Herausforderung, die sich durch kaiserliche Erlasse nicht bewältigen ließ. Die Erlasse Karls des Großen und seines Sohnes unterstützten die Wirkung einer Lebensordnung von ganz eigener Qualität. Die Benediktregel setzte sich durch, weil sie das richtige Maß beachtete. Der Erfolg und die lange Wirkungsgeschichte des benediktinischen Mönchtums waren die Folge einer günstigen Konstellation aus zweckmäßiger Qualität der Regel und mächtigen Unterstützern. Die Regel Benedikts von Nursia formulierte höchste Ansprüche im nüchternen Wissen um die menschlichen Schwächen. Die *Regula Benedicti* schuf in knapper, klarer Sprache eine Verbindung von Universalität und den Freiräumen für lokale Traditionen, indem sie sich auf das Wesentliche der religiösen Existenz konzentrierte. Bis heute wird sie auf sehr unterschiedliche Art gelesen und ausgelegt. Sie bietet vielen unterschiedlichen Temperamenten einen Zugang. Aber wer sie im Vergleich mit anderen Mönchsregeln dieser Zeit liest, kann ihren Erfolg noch heute nachvollziehen.

Benedikt von Nursia (um 480/90 bis um 550/60) war ein Zeitgenosse des Caesarius von Arles, und wie Caesarius war Benedikt in der römischen Welt zuhause. Dennoch stieß ihn das Leben in Rom ab, wie sein Biograph, Papst Gregor der Große, etwa ein Jahrhundert später schrieb. Dabei gibt es durchaus Zweifel an der Lebensgeschichte des Gründers der europäischen Mönchsbewegung. Wie in anderen Fällen berühmter Texte und ihrer Autoren stellen sich auch im Fall Benedikts, seiner Ordensregel und der Geschichte seines Lebens Fragen nach der Authentizität der Person Benedikts und der Autorenschaft seiner Lebensgeschichte. Die Zweifler mögen gute Gründe haben. Jedoch stellen sie Benedikt auch in eine honorige Reihe mit Mose und Shakespeare, deren Existenz mit unterschiedlichem Nachdruck infrage gestellt wird, deren Wirkung aber bis heute anhält. Für die Zeitgenossen der karolingischen Epoche und auch des weiteren Mittelalters war es aber eine Gewissheit, dass die *Regula Benedicti* auf jenen Benedikt zurückging, über dessen Leben das zweite Buch der Dialoge Gregors des Großen anschaulich Auskunft gab.[132]

Benedikt habe nach der ernüchternden Erfahrung Roms und seiner Laster etwa einen Tagesritt von der Hauptstadt entfernt die Einsamkeit gesucht und dort erste Erfahrungen mit dem Leben als zurückgezogener Asket gemacht. Der Ire Columbanus, der geboren wurde, als Benedikt starb, und der das Leben als einen Kampf gegen die Versuchung sah, in dem der Entschlossene siegreich bleiben würde, hätte Gefallen an der Entschlossenheit Benedikts gefunden, hätte er davon erfahren. Columbans Mönchsregel und auch sein Bußbuch enthalten zahlreiche Maßnahmen, um etwa die sexuellen Herausforderungen der mönchischen Existenz in den Griff zu bekommen. Benedikt sah sich in dieser frühen Phase seines Mönchslebens einer Phantasie ausgesetzt, deren Intensität ihn auf eine tatsächliche Probe stellte.

Fast hätte die Leidenschaft ihn überwältigt, und er war nahe daran, die Einsamkeit zu verlassen. Da traf ihn plötzlich der Blick der göttlichen Gnade, und er kehrte zu sich selbst zurück.[133]

Tatsächlich war dies eine entschlossene Rückkehr zu sich selbst, denn Benedikt legte seine Kleidung ab und warf sich in ein Dornengestrüpp, das mit Brennnesseln durchsetzt war. Er stand erst wieder auf, als das Bild der Frau, das ihn so irritiert hatte, verblasste. *Als er aufstand, war er am ganzen*

Körper verwundet. Es war eine radikale und nachhaltige Maßnahme und sie hätte sicherlich die Zustimmung Columbans gefunden. Benedikt verfuhr im Stil einer neuen, handgreiflicheren Zeit. Anders als Antonius, der in der ägyptischen Wüste der späten Antike die Dämonen durch inneren Kampf überwand, kämpfte Benedikt einen realen Kampf mit sichtbaren Folgen. Jenseits des leichten Befremdens, das den modernen Leser angesichts solcher Lektüre überkommt, lässt der kurze Bericht ein Ideal aufscheinen, das nur wenige Kapitel danach von Gregor erneut aufgegriffen und gültig formuliert wird.

Gregors Lebensbeschreibung nennt die gewaltsame Überwindung der Versuchung die Rückkehr zu sich selbst (*ad semetipsum reversus*). Sie geschah nicht aus eigenem Entschluss, sondern durch das plötzliche Einwirken der Gnade Gottes – in sprachlicher Anlehnung an die Befreiung des Petrus aus dem Kerker, wie sie in der Apostelgeschichte berichtet wird (Apg 12,11: *ad se reversus*). Vor der radikalen Austreibung war es die Einsamkeit gewesen, die die inneren Bilder heraufbeschworen hatte. Nach der Überwindung seiner Versuchung, die Gregor als derart dauerhaft beschrieb, *dass er sie nie mehr in sich verspürte* (ebda.), und einem ersten Scheitern als Vorsteher eines Kloster, kehrte Benedikt in die Einsamkeit zurück. *Allein, unter den Augen Gottes [...] wohnte er in sich selbst.*[134]

Damit formuliert die Lebensbeschreibung das Ideal eines kontemplativen Lebens in einfachen Worten. Wenn die Autorenschaft Gregors des Großen auch in Frage steht, so ist dieser Wunsch des in sich ruhenden Lebens doch Ausdruck einer Sehnsucht, die ihn als Papst in Rom inmitten seiner Amtsgeschäfte immer wieder umtrieb und die ihn das Kloster, das er in jüngeren Jahren selbst gegründet hatte, vermissen ließ. Der Moment der dauerhaften Entscheidung für ein asketisches Leben und dessen erreichter Zustand werden in fast identischen Worten ausgedrückt, die ein besonderes Ziel formulieren: die Selbstfindung in den Augen Gottes. Tatsächlich führt Gregors Biographie das Ideal eines christlich-asketischen Lebens in der Lebenspraxis vor. Aber der Text geht noch weiter. Er beschreibt und erläutert eine Gottesbegegnung, die Benedikt am Ende seines Lebens erfährt. Die Beschreibung von Benedikts Leben ist als Dialog angelegt. Dieses Stilmittel erlaubt es dem Verfasser, Passagen, die er hervorheben oder erläutern möchte, durch die Nachfragen des Gesprächspartners Gregors, des

Diakons Petrus, zu vertiefen. Im Fall der Vision Benedikts benötigt Petrus diese Erklärungen, da es sich um ein Geschehen handelt, das die Alltagserfahrungen übersteigt.

Die geschilderte Situation war der Gesprächssituation des Dialogs nicht unähnlich. Benedikt hatte in Montecassino Besuch von dem befreundeten Abt und Diakon Servandus aus Kampanien erhalten. Hier trafen sich zwei Weggefährten, die einander gut kannten und die an diesem Abend über das ewige Leben sprachen. Benedikt bewohnte auf dem Klostergelände einen Turm, und dort begaben sich die beiden auf unterschiedlichen Ebenen zur Ruhe. Am Fenster des oberen Geschosses im Gebet stehend hatte Benedikt vor den Vigilien eine Vision. Die Nacht wurde durch ein helles Licht erleuchtet.

Etwas ganz Wunderbares ereignete sich in dieser Schau, wie er später selbst erzählte: Die ganze Welt wurde ihm vor Augen geführt, wie in einem einzigen Lichtstrahl gesammelt.[135]

Der Text legt Wert darauf, dieses Ereignis nicht allein als eine innere Schau erscheinen zu lassen, er benennt vielmehr Servandus als Zeugen für das Leuchten, nachdem ihn die lauten Rufe Benedikts geweckt hatten. Der Bericht ist Petrus, dem Diakon in den Dialogen, nicht so einfach verständlich. Verwundert fragt er nach, wie ein Mensch die ganze Welt erblicken könne – und Gregor antwortet:

Halte fest, was ich sage, Petrus! Wenn die Seele ihren Schöpfer schaut, wird ihr die ganze Schöpfung zu eng […]. Wenn das Licht Gottes sie über sich selbst hinausreißt, wird sie im Innern ganz weit […].[136]

Diese Vision Benedikts bezeichnet den Höhepunkt seines Lebens. So wie die Stigmata des heiligen Franziskus für die Zeitgenossen der Beweis dafür waren, dass Franziskus den richtigen Weg gewählt hatte, so war diese Vision für Gregor und seine Zeitgenossen der Beleg dafür, dass das asketische Leben, das Benedikt gewählt hatte, in die Gegenwart Gottes führte. Dies ist ein Befund von erheblicher Tragweite für unser Bild der Christenheit im frühen Mittelalter. Denn das asketische, zurückgezogene Leben Benedikts wurde nicht zuletzt aufgrund des Berichts Gregors des Großen zu einem Leitbild christlicher Existenz schlechthin.

Wenn sich auch nur wenige Menschen zu einem Leben im Kloster berufen fühlten, so führte die Vereinheitlichung der Klosterregeln seit der

Karolingerzeit dazu, dass Benedikt von Nursia im Klosterleben zu einer überragenden Gestalt avancierte. Seine Lebensgeschichte wurde in vielen Klöstern bei den Lesungen während der Mahlzeiten regelmäßig vorgetragen. Ihr Verfasser genoss großes Ansehen als Theologe und Vordenker der Seelsorge. Gregors Schriften fanden sich, wie wir gesehen haben, auch in der kleinen Bibliothek am Staffelsee, ebenso wie ein Exemplar der *Regula Benedicti*.

Es waren oftmals die Mönche dieser Klöster, die für die Verbreitung des christlichen Glaubens, aber auch für sein Fortleben während des frühen Mittelalters sorgten. Sie waren für viele Bauern die Repräsentanten des christlichen Glaubens vor Ort, deren Leben sich im Idealfall an der Mönchsregel ausrichtete, auf die Gregor in seiner Vita Benedikts unmittelbar nach der Schilderung der nächtlichen Vision eingeht. Dabei hebt er die Übereinstimmung von Leben und Werk bei Benedikt hervor: *Der heilige Mann konnte gar nicht anders lehren, als er lebte.*[137] Diesem Standard sind wir bereits begegnet. Ohne solche zumindest gelegentlichen Übereinstimmungen zwischen Lehre und Lebenspraxis hätte das Christentum seine Aura als Religion des Königshofes und seiner Getreuen nicht glaubwürdig überschreiten können. Dass das gelang, war nicht selbstverständlich. Denn wie in Staffelsee erlebten die Bauern die Mönche zunächst als Herren über das Land, das sie für diese bebauten. Meist entstammten diese Herren adligen Familien des näheren oder weiteren Umlands. Ein Verständnis dieser monastischen und oft adligen Herren für die Sorgen der Bauern war aufgrund ihrer Herkunft nicht zu erwarten. So konnte dieses sichtbar gelebte Christentum in den Klöstern eine Chance, aber auch zugleich ein Risiko für die Akzeptanz und die Verbreitung der Religion bedeuten.

Die Regel Benedikts basiert auf einer älteren Mönchsregel, der *Regula magistri,* der „Regel des Meisters". Benedikt hatte diese Regel deutlich gekürzt und die Vorschriften auf das wesentliche Ziel eines Lebens im Kloster konzentriert: die Bemühung des Mönchs oder der Nonne um die Nähe Gottes und das richtige Handeln. *Anders kommen wir nicht ins Ziel.*[138] Die Benediktregel benennt die notwendigen Ämter und Einrichtungen im Kloster, die Haltung der Mönche, ihr Gemeinschaftsleben, den Ablauf und die Ordnung der Gebetszeiten, einige Vorschriften zum Alltag der Mönche, wie etwa die Aufnahme unterschiedlicher Gäste, Getränke oder Kleidung.

So ist die Benediktregel ein konzentrierter, einfacher Text, der immer darum bemüht scheint, die Vorschriften mit dem Blick auf das Ziel des klösterlichen Lebens verständlich zu machen. Im Vergleich zu dem kryptisch überlieferten Text der Columbanregel fällt deutlich auf, wie wenig diese Lebensordnung auf Sanktionen und Strafen setzte. Die Benediktregel setzte auf unbedingten Gehorsam gegenüber dem Abt. Das fünfte Kapitel ist dem Gehorsam gewidmet und es lässt keinen Zweifel: *Der erste Schritt zur Demut ist Gehorsam ohne Zögern.*[139] Anders als Columban, der seine Regel mit dem Kapitel über den Gehorsam beginnt und bereits das Zögern entschieden sanktioniert (wobei er die Zahl der Schläge klar benennt, nämlich 50), sah Benedikt in der körperlichen Züchtigung nur die *ultima ratio*. Die Benediktregel setzt vielmehr auf die disziplinierende Kraft der klösterlichen Gemeinschaft, auf die Einsicht der Missetäter sowie auf ihre Angst vor Strafe. Das Kapitel über den Rat der Brüder, den der Abt bei allen wichtigen Fragen hören soll, zeigt, dass unbedingte Autorität und Gehorsam im Kloster durch eine gemeinsame Verantwortung ausbalanciert werden.

Die Benediktregel formuliert ein anspruchsvolles Ideal im Wissen um die Schwächen der unterschiedlichen Akteure. Es ist ein Ideal mit starken Spannungen. Nicht nur die Lebensbeschreibung Gregors des Großen, sondern auch die Benediktregel formulieren das Ziel des kontemplativen Lebens übereinstimmend mit einem *weiten Geist* oder einem *weiten Herz*.[140]

Hier sind wir in der Herzkammer der christlichen Existenz, nicht nur im frühen Mittelalter. In der Weite, aber auch in der Unbestimmtheit der Erfahrungen Benedikts von Nursia wird das ganze Potential, werden aber auch die Schwierigkeiten in der Vermittlung des christlichen Glaubens erkennbar. Benedikts Erfahrung ließ sich nicht einfach vermitteln.

Wir begegnen dem Unverständnis gegenüber der Erfahrung Benedikts von Nursia schon bei ihrer Überlieferung. In den beiden Situationen, in denen Gregor entweder einen Höhepunkt religiöser Existenz – in der Vision – oder die Lebensform des religiösen Menschen – das *Bei-sich-Sein* – schildert, versteht sein Gesprächspartner nicht, wovon Gregor spricht, obwohl dieser Gesprächspartner ein Mann der Kirche und ein Vertrauter Gregors ist: *Es ist mir nicht ganz klar, was das bedeutet: Er wohnte in sich selbst* […].[141] Auch die Vision Benedikts lässt der Biograph Gregor seinen (fiktiven) Gesprächspartner Petrus nicht begreifen:

Was du da gesagt hast, dass Benedikt die ganze Welt wie in einem einzigen Sonnenstrahl gesammelt vor Augen haben durfte, das habe ich noch nie erlebt, und kann es mir auch nicht vorstellen.[142]

Zwar zeigt sich Petrus danach von der Erklärung Gregors überzeugt, der ihm erläutert, *wenn er [Benedikt] aber, wie gesagt, die ganze Welt als eine Einheit vor sich sah, so wurden nicht Himmel und Erde eng, sondern die Seele des Schauenden weit* – aber Zweifel sind wohl angebracht. Denn in der fehlenden Vorstellung davon, was Benedikt sah und wovon Gregor bei der Beschreibung der Vision Benedikts sprach, wird ein Grundproblem religiöser Erfahrung sichtbar. Ein Grundproblem, das letztlich für die vielen Glaubensstreitigkeiten, für die Missverständnisse, für die Gewalt und für die Verfolgung Andersdenkender ursächlich war, das andererseits aber auch die Erneuerung religiöser Dynamik beflügelte: Eine solche Glaubenserfahrung hatte zunächst keine Worte. Sie ging, nicht nur in diesem Fall, über die Sprache hinaus oder ereignete sich vor der Sprache – solche kontemplativen Erfahrungen hoben Grenzen auf und konnten enorme Kräfte freisetzen. Aber diese Kräfte wirkten in einzelnen Menschen. Die Entgrenzungserfahrung war nicht übertragbar. Sie wurde sprachlich vermittelt, und damit eröffnete sich ein ganzes Feld möglicher Probleme. Darauf werden wir noch kommen. Mit dem Blick auf Benedikt und die Tradition, die er begründete, können wir festhalten, dass das religiöse Leben Benedikts, das hier zu einem Vorbild erhoben wurde, letztlich die Individualität des Glaubenden stärkte. So sagte Gregor der Große in der zitierten Stelle über Benedikt: *Der heilige Mann wohnte in sich selbst, weil er stets wachsam auf sich achtete [...].* Ein Mensch, der unter den Augen Gottes in sich selbst wohnte, fand seinen Weg ohne weitere Autoritäten.

Eine kontemplative Erfahrung dieser Art war selten, auch Benedikt wurde sie erst am Ende seines Lebens zuteil. Aber seine Erfahrung wurde zum Leitbild für diejenigen erhoben, die sich auf den gleichen Weg machten. Zwar war der Alltag im Kloster durch eine strenge Hierarchie geprägt, aber neben der starken Betonung des Gehorsams müssen wir die Möglichkeit der Überwindung aller menschlichen Hierarchien im Hinterkopf behalten. Denn um diese Möglichkeit ging es. *Alle, die dem Herrn mit Hingabe nachfolgen, sind in dieser Hingabe mit Gott verbunden,* erläutert Gregor seinem Gegenüber. Diese Verbindung war seitens der Menschen gewissermaßen kreatürlich begrenzt, dennoch konnte die Verbindung zwischen Mensch und Gott eng sein. Mehr als 700 Jahre nach Benedikt schildert ein Schüler Meister Eckharts, Heinrich Seuse, in einem kleinen Traktat die kontemplative Teilhabe am göttlichen Wirken in sehr ähnlicher Weise. Es war eine Erfahrung, die den Betenden für einige Zeit aus den menschlichen und damit auch aus den kirchlichen Hierarchien löste. Eine solche religiös-kontemplative Erfahrung verlieh eine gewisse Unabhängigkeit.

Der Weg der Mönche

Der Weg der Mönche und Nonnen zielte auf diesen direkten Zugang zu Gott. Häufig war der Weg voller Ablenkungen von diesem Ziel, aber immer wieder wurde dieses Ideal, das von Benedikt am Beginn bis zu Thomas von Kempen am Ende des Mittelalters lebendig blieb, erreicht. Dazu musste man nicht unbedingt Mönch oder Nonne eines Klosters werden. Aber in der Verbindung von lebendiger Offenheit für Glaubenserfahrungen und klaren Regeln für ein Leben, das diese Erfahrungen ermöglichen sollte, lag (und liegt) die Stärke des benediktinischen Ideals. Die Kirche als eine hierarchische Organisation nahm im Lauf des hohen und späten Mittelalters unter der Leitung von Juristenpäpsten immer autoritärere Züge an. Aber diese hierarchischen Strukturen besaßen immer nur eine begrenzte Wirkung. Das Ideal der Arbeit an sich selbst mit dem Blick auf einen weiten Horizont bot immer einen Gegenpol. Der Benedikt Gregors des Großen und seine Regel für das Klosterleben haben im europäischen Mittelalter über die kirchliche Welt hinaus tiefe Spuren hinterlassen.

Religiosus oder ein *homo religiosus* war in dieser Epoche die Bezeichnung für einen Mönch. Die Mönche verkörperten das religiöse Leben, auch mit seinen Schattenseiten. Die Klöster wurden durch ihre Verbreitung in der unerschlossenen Welt des frühen Mittelalters zu bedeutenden Kraftzentren bei der Durchsetzung des Christentums. Die Theologie der Mönche prägte die religiösen Lehren dieser Epoche, und für viele Menschen waren die Klöster die sichtbarste und spürbarste Verwirklichung christlichen Lebens. Die Beziehungen des Klosters zur Welt, in der es existierte, konnten konfliktreich sein. Viele Mönche entstammten dem Adel, für sie gehörten die Bauern der Umgebung zur Ausstattung des Landes, über das sie geboten

Kapitel 5   Gelebtes Vorbild und hierarchische Doktrin

und dessen Besitz ihnen das Leben im Kloster ermöglichte. Diese Bauern waren häufiger Unfreie. Sie waren zwar keine Sklaven wie in der Landwirtschaft der Antike. An diesem Wandel hatte auch das Christentum einen Anteil. Aber frei waren viele Bauern dennoch nicht. Ihr Status war der von *Hörigen*. So waren die Mönche in ihrer Umwelt mächtige Herren. Sie waren aber auch angehalten, gegenüber denjenigen, die von ihrer Arbeit nicht leben konnten, weil Krankheit, schlechte Ernten, ein Unfall oder eine zu große Familie ihre Kräfte überforderten, mildtätig zu sein. Über Abt Odo von Cluny berichtet sein Biograph, dass niemals ein Armer mit leeren Händen von ihm wegging.[143]

Die Eigenständigkeit der einzelnen Klöster, die bedeutende Rolle ihres Abtes und die Motivation und Entschlossenheit der Mönche eröffneten ein ganzes Spektrum unterschiedlicher Lebensweisen im Kloster. Aus dieser Situation entstand im Lauf der Zeit auch ein Wettbewerb zwischen den Klöstern. Manche Klöster entwickelten dabei eine besondere Ausstrahlung.

Eine Abtei mit einer starken Außenwirkung wurde das burgundische Benediktinerkloster Cluny, das im frühen 10. Jahrhundert gegründet worden war. Sein Stifter, Herzog Wilhelm von Aquitanien, schuf die Voraussetzungen dafür, dass Cluny weitgehend selbstbestimmt agieren konnte. Er verzichtete auf Eingriffe, stattdessen gewährte er den Mönchen das Recht auf die freie Abtwahl. Die Mönche nutzten diese Möglichkeit mit Umsicht. In den zwei Jahrhunderten zwischen 910 und 1109 besaß Cluny nur fünf Äbte, die als prägende Persönlichkeiten dem Kloster zu einem besonderen Ruf verhalfen.

Über Odilo, der das Kloster ab 994 über 50 Jahre leitete, schrieb sein Biograph:

Er wurde zum Vater einer Menge von Mönchen jeden Alters und unterschiedlicher Stellung: einige waren noch Kinder, einige Jugendliche; einige auf der Höhe ihres Lebens, einige alt; und obwohl sie zu ihm in unterschiedlichen Zeiten aus entfernten Ländern kamen, mit ihren eigenen Gewohnheiten, wusste er, wie er sie zu einer Gemeinschaft zusammenführen konnte, durch die Stärke, die Mäßigung und Umsicht verliehen, durch die Liebe einer Mutter und die Sorge eines Vaters, so dass es erschien, als hätten sie alle ein Herz und eine Seele.[144]

Das war sicher ein verklärtes Bild, aber es zeigt die Stärken des benediktinischen Mönchtums, wenn die Regeln mit Augenmaß umgesetzt wurden.

Tatsächlich wurde Cluny schließlich zum Zentrum einer weitverzweigten Klosterorganisation, der *Ecclesia cluniacensis*, das als Vorbild im hohen Mittelalter weithin ausstrahlte und zu dessen Förderern auch der Kaiser gehörte. Heinrich III. wählte den Abt von Cluny als Paten für seinen einzigen Sohn Heinrich IV.

Clunys Erfolg sollte schließlich auch Kritiker auf den Plan rufen, die sich selbst dem benediktinischen Ideal eng verpflichtet sahen. Der strenge und wortgewaltige Bernhard von Clairvaux nahm Anstoß am Erscheinungsbild der cluniazensischen Klöster. Bernhard war in seiner Jugend dem aufstrebenden Orden der Zisterzienser beigetreten, deren asketisches Ideal junge Adlige im 12. Jahrhundert anzog und deren Klostergründungen ausgehend von Burgund schließlich nach ganz Europa ausgriffen. In der Mitte des 12. Jahrhunderts gab es über 300 Zisterzienserabteien, am Ende des 12. Jahrhunderts waren es mehr als 500 Klöster, deren erhabene architektonische Strenge den Geist ihrer Mönche widerspiegelt, denen Otto von Freising in seiner großen Geschichtschronik ein eindrucksvolles Memorial setzt:

Sie leben im Diesseits im Verborgenen, „mit Christus in Gott", und tragen kein Verlangen danach, dass ihr Ruhm erstrahle, bevor Christus, ihr Leben, in Herrlichkeit erscheint.[145]

Nicht alle Zisterzienser hielt es im Verborgenen. Oft waren es junge Männer aus Familien, in denen ihre Brüder als Ritter auf Ruhm aus waren, und Bernhard von Clairvaux soll schließlich einen Mitbruder als Begleiter bei sich gehabt haben, der die bedeutenden Worte der „Chimäre des Jahrhunderts" (Johannes Spörl) getreulich notierte. Die Zisterzienser erscheinen zumindest in den ersten Jahrzehnten wie eine adlige Jugendbewegung – Bernhard war 1113 gemeinsam mit 30 Gefährten in das Kloster Cîteaux eingetreten. Im Fall Ottos von Freising, der etwas jünger war und 20 Jahre später in den Orden eintrat, waren es 16 junge Männer. Der Eintritt in ein Kloster war kein Schritt in die Einsamkeit. Es war ein Schritt aus der Welt heraus, aber die Mönche blieben mit der Welt, aus der sie stammten, verbunden. Sie nahmen für diese Welt eine wichtige Aufgabe wahr:

Solches Unheil wuchert, wie wir sehen, in unseren Tagen in den Nachbarländern; was wir aber täglich aus entfernten, überseeischen Ländern hören, das wollen wir für jetzt verschweigen, um nicht Ekel zu erregen. Denn es ist so ungeheuerlich, dass wir fürchten müssten, die Welt ginge in Kürze völlig zugrunde, wenn sie nicht

Abb. 5 Das Langhaus der Abteikirche von Noirlac, eine Tagesreise südlich von Bourges, zeigt den strengen Stil zisterziensischer Klosterarchitektur (12. Jahrhundert).

durch das Verdienst und die Fürbitte der Mönche erhalten bleibe, deren es ja jetzt durch Gottes Gnade eine Menge gibt.[146]

So sah nicht nur Otto von Freising die Rolle der Mönche als stellvertretende Beter für eine gefährdete Welt. Diese Rolle hatten die Mönche und Nonnen seit ihrer Frühzeit.

Die Attraktivität klösterlichen Lebens in der Christenheit des frühen Mittelalters umfasste ein ganzes Spektrum: Es gab viele Mönche, die dem Vorbild Benedikts folgten; dann war ihr Ziel ein freier Geist. Aber es gab unter den traditionellen Mönchen und Nonnen in benediktinischen Klöstern auch viele, die von ihren Eltern für dieses Leben bestimmt worden waren, weil das Land der Familie nicht weiter geteilt werden sollte. Sie waren bereits als Kinder einem Kloster übergeben worden, ohne sich für ein solches Leben selbst entschieden zu haben. Die Zisterzienser aber nahmen

Abstand von dieser Praxis. Wer ihrem Ideal folgte, sollte es aus freiem Willen tun. Aber da sind wir bereits im hohen Mittelalter.

Um das Jahr 1000 gewann die Christenheit des frühen Mittelalters deutlich an Profil. Es war ein Profil, das eine königliche Krone trug. Dieses gekrönte Bild zeigt uns aber nur einen Ausschnitt aus der Realität dieser Zeit. Bis zur Jahrtausendwende ist die Realität christlichen Lebens im Abendland für uns nur in einzelnen Bereichen fassbar. Die Höfe der christlichen Könige, ihr Personal und ihre Ausstrahlung eröffnen uns einen Zugang zu dieser elitären Welt, deren Reichweite schwer zu ermessen ist. Die Quellen aus dieser Welt sind überwiegend Texte mit einem Ordnungscharakter. Sie formulieren Regeln, bei denen nie klar ist, inwieweit sie eingehalten wurden. Aber dieser Befund lässt auch eine Aussage zu.

Das christliche Leben des frühen Mittelalters, also der Zeit von etwa 500 bis in die Mitte des 11. Jahrhunderts, war in hohem Maß von regionalen Realitäten geprägt, von Machtstrukturen vor Ort, von Impulsen einzelner Geistlicher oder auch der Ausstrahlung einzelner Klöster. Der Zugang zum Christentum und die Zugehörigkeit zur Kirche hatte einen deutlich anderen Charakter als in den antiken Anfangszeiten der Religion. In den ersten drei Jahrhunderten nach Jesu Tod bis zur offiziellen Tolerierung der Religionsausübung durch den römischen Kaiser Konstantin zu Beginn des 4. Jahrhunderts (313) waren die Christen eine kleine Minderheit gewesen, die mitunter schwerer Verfolgung ausgesetzt war. Die Forschung schätzt den Anteil der Christen zur Zeit Konstantins, als die neue Religion zur Religion der Kaiser wurde, auf etwa 10% der Bevölkerung des römischen Reichs. Diese dynamische Minderheit besaß in der heidnischen Welt eine so starke Ausstrahlung, weil sich der christliche Glaube und das christliche Ethos im Leben seiner Mitglieder niederschlugen. Auch wenn sie nicht immer wie *ein Herz und eine Seele* waren, wie die Apostelgeschichte über die Urgemeinde schreibt (Apg 4,32), so standen die frühen Christen doch füreinander ein. Ihr Glaube und ihr Ethos verlangten Solidarität und Fürsorge für die Bedürftigen, was auch zunehmend von den christlichen Bischöfen verlangt wurde. Daraus erwuchs eine soziale Dynamik, die in die Zukunft wies und die die Kaiser für sich nutzen wollten. Dieses frühe Christentum hatte seinen Ausgang nicht von einem Herrscherhof genommen; die frühen Christen mussten sich zudem in der Katechese einer intensiven Glaubenseinweisung unterziehen, bevor sie getauft wurden.

Die mittelalterliche Christenheit war dagegen frühzeitig von christlicher Herrschaft geprägt. Die Bekehrung der Könige war das erste Ziel der Missionare, und als die Könige ihre Macht im Namen Gottes ausübten, wurde der christliche Glaube zu einer maßgeblichen Kraft der Herrschaftsordnung. Entsprechend formalisiert waren die Anforderungen an die Gläubigen. Die Bemühungen Karls des Großen und seiner Nachfolger richteten sich auf eine korrekte und feierliche Liturgie. Ein Herrscher wie Karl der Große wusste, was ein Herr erwarten konnte, der deutlich über einem stand. Gott stützte Karls Regierung, solange Karl und seine Untertanen ihm respektvoll begegneten. Das war die Erwartung Karls des Großen und seiner Nachfolger. Das ernsthafte Bemühen dieser Könige um christliche Herrschaft ist deutlich erkennbar. Die zentrale Rolle der Könige prägte dieses Christentum. Dabei gab es mehrere Könige in Europa. Jeder war das Haupt seiner Kirche. Diese Kirchen endeten gewissermaßen an den Grenzen der Königreiche. In Dänemark tätige Missionare aus Hamburg sahen daher angelsächsische Missionare nicht als Verbündete und Brüder im Glauben, sondern als Konkurrenten ihres christlichen Glaubens.

In den Quellen, die diese offizielle Religiosität hinterlassen hat, wird eines offenkundig: Die Erwartungen richten sich auf die korrekte Verehrung Gottes, auch auf ein Vermeiden bzw. Büßen von Sünden, also auf den Schutz der göttlichen Ordnung. Es war eine Religiosität mit klaren Regeln. Ihre Prägung durch die Obrigkeit ist erkennbar. Impulse zur christlichen Lebensführung oder zum christlichen Ethos findet man auf dieser Ebene dagegen kaum. Die Vorbilder für das Christentum der Höfe entstammen der Welt des Alten Testaments. Die Könige der Völkerwanderungszeit oder des angelsächsischen Englands schlossen pragmatische Bündnisse mit dem mächtigen Christengott als dem neuen Herrscher der Welt, den man durch korrekt ausgeführte Riten versöhnlich stimmen wollte. So entstand eine feste christliche Herrschaftsordnung, und es bleibt unklar, inwieweit dieses höfische Christentum in der Bevölkerung Fuß fasste. Die Quellenlage dafür ist in dieser Phase sehr dünn. Klar sichtbar wird jedoch, dass das Selbstverständnis der Regierenden, von der Thingversammlung in Island bis zu den Königen und Herzögen auf dem Kontinent, ein christliches Selbstverständnis wurde. Es war in vielen Fällen ein eher formales Christentum, eine Ordnung für die Welt, die jedem seinen Platz zuwies. Dabei gab es sehr unterschiedliche Plätze, der Platz der Könige fand sich besonders nahe bei Gott. Die Anstrengungen dieser Phase um eine korrekte Gottesverehrung trugen indes dazu bei, die Grundlage für spätere und umfassendere religiöse Aufbrüche zu legen. Denn die Arbeit am richtigen Wortlaut der Bibel und ihre folgende Verbreitung bildeten eine Voraussetzung dafür, dass sich die Menschen im hohen Mittelalter auf das Leben Jesu und der Apostel berufen konnten, als sie eine religiöse Unruhe erfasste.

Wie wir gesehen haben, ist der herrschaftliche und formale Charakter dessen, was wir als frühmittelalterliches Christentum erfassen können, nur der Teil, der besonders gut überliefert ist. Die Klöster, die um das Jahr 1000 bereits weit verbreitet waren, waren jedoch an vielen Orten zu Stätten einer lebendigen Religiosität geworden. Das müssen wir festhalten. Die karolingische Klosterreform und die Durchsetzung der Benediktregel als verbindliches Leitbild für das Klosterleben im Abendland sorgten für eine langsame Vereinheitlichung des Klosterlebens. Aber es war eine Vereinheitlichung der Standards, nicht der Details. Jedem Kloster blieben Freiräume, die die Mönche nutzen, die sie jedoch auch missbrauchen konnten. Darüber konnte es zu erbitterten Streitigkeiten kommen, wie etwa Radulf Glaber über ein Kloster in der Gascogne um die Jahrtausendwende erzählt.[147] Der ehrwürdige Abbo, Abt des Klosters von Saint Benoît-sur-Loire, reiste nach La Réole, um die Mönche dort zur strengen Befolgung der Regel zu ermahnen. Abbo war ein angesehener Gelehrter. La Réole gehörte zu dem kleinen Verband, dem sein Kloster vorstand. Er verbrachte einige Zeit in dem Kloster und wurde Zeuge eines heftigen Streites im Klosterhof. Abbo versuchte zu schlichten und wurde dabei von einem wütenden Mönch mit einer Lanze getötet.

Das Leben im Kloster konnte Unruhe hervorrufen, und es ist sicher kein Zufall, dass im religiösen Aufbruch des 11. Jahrhunderts häufig Mönche als wichtige Akteure erkennbar sind. Das mönchische Leben in der Nachfolge Benedikts war eine eigenständige Kraft, die der mittelalterlichen Christenheit bedeutende Impulse verlieh. Es waren Impulse, die in verschiedene Richtungen wiesen.

Teil II

Neue Fragen, radikale Antworten: Der Glaube im hohen Mittelalter (11.–13. Jahrhundert)

Kapitel 6

Das Christentum als Lebensform: Die Christianisierung Europas (1050–1300)

Nach der Jahrtausendwende zeigten sich allmählich die Zeichen einer beginnenden neuen Zeit. In diesem 11. Jahrhundert veränderte sich das Erscheinungsbild der lateinischen Christenheit in dramatischer Weise. Dieser Wandel ist von den Kennern der Epoche unter dem Namen »Investiturstreit« prägnant dargestellt worden. Weil die Veränderungen auf ein Christentum zielten, dessen zentrale Größen die europäischen Könige waren, erscheinen sie heute in der Regel als Machtkämpfe. Daran ist vieles richtig, und die Überlieferung ist daran nicht unbeteiligt. Aber der eigentliche Wandel, der die Christenheit neu aufstellte, war nicht nur ein Machtkampf der kirchlichen und weltlichen Eliten. Es war ein breites Ringen um die Frage, wer alles eine eigene Stimme in den Fragen des Glaubens haben konnte. Es meldeten sich ganz neue Stimmen zu Wort. Mitunter waren sie schrill, aggressiv und riefen zu Zerstörung und Totschlag auf. Es war ein epochaler sozialer und kultureller Umbruch. Harmonisch war er nicht.

Der Wandel ereignete sich nicht überall zur gleichen Zeit und in gleicher Weise; dafür waren die Verhältnisse zu verschieden. Aber bis zur Mitte des 11. Jahrhunderts wurde er doch an den meisten Orten sichtbar. Und wenn man die Zeichen der Zeit zu lesen verstand, stellte man sich vielleicht darauf ein. Die deutschen Herrscher, die in dieser Zeit allmählich deutsche Könige wurden, obwohl sie diesen Titel nie trugen, verstanden die Zeichen der Zeit zunächst nicht, was zu dem schweren Konflikt mit der aufstrebenden Kraft des Papsttums führte.

Der Wandel hätte sogar die Heiligen erfasst, hätte man sie auf die Bühne dieser Epoche gestellt. Ein Heiliger wie Bischof Ulrich von Augsburg, der unmittelbar vor der Jahrtausendwende vom Papst in Rom heiliggesprochen wurde, wäre 80 Jahre später von Papst Gregor VII. nicht einmal mehr als rechtmäßiger Bischof anerkannt worden. Der Bericht über Ulrichs Leben, den sein Kaplan Gerhardt angefertigt hatte und den die Gesandten der Augsburger Kirche dem Papst in Rom vortrugen, enthielt die Formulierung, Ulrich sei auf *Betreiben seines Neffen, des Herzogs Burchard, und anderer unter seinen Verwandten* Bischof von Augsburg geworden.[148] Daran hatte um das Jahr 1000 niemand Anstoß genommen; das war der selbstverständliche Weg auf die Throne und Bischofsstühle des frühen Mittelalters. Keine 100 Jahre später scheute Papst Gregor VII. keinen Streit und kein scharfes Wort, um allen klarzumachen, dass dieser Vorgang eine schwere Sünde sei: Er verstelle das Wirken des Heiligen Geistes, der bei der Auswahl der Bischöfe seine Kraft entfalte. Die Großen bewegten sich nun nicht mehr selbstverständlich in einer göttlichen Aura. Der Ton wurde allenthalben schärfer.

Neue soziale Kräfte drängten auf die historische Bühne. Das galt für das politische, aber auch für das religiöse Leben. Diese Sphären waren jedoch im Sinn der christlichen Weltordnung des frühen Mittelalters gar nicht klar zu trennen gewesen. Menschen verschafften sich Gehör, die im frühen Mittelalter noch nicht zu hören waren. Niedere Adlige, Ministeriale, Kaufleute und Handwerker, Bewohner der Städte.

Neue individuelle Antriebskräfte wurden erkennbar: Das Sündenbewusstsein wuchs, die Sorge um das eigene Seelenheil wurde zu einer starken religiösen Antriebskraft. Der Wunsch nach einer wirksamen Buße trieb die Menschen an, er beförderte die Kreuzzugsidee, den Kampf gegen die Priesterehe und gegen Priester, die ihr Amt gekauft hatten, die sogenannte Simonie. Die Sorge um die eigene Sündenschuld enthielt eine psychologische Dimension, die uns auch in der theologischen Reflexion über das individuelle Verhalten entgegentritt.

Von diesen neuen Kräften profitierte letztlich das Papsttum, das sich seit der Mitte des 11. Jahrhunderts als das neue Haupt der Christenheit präsentierte, das eindeutige Lösungen anbot und das den Kampf mit den Königen um diese Position energisch aufnahm. Der Investiturstreit war auch ein Kampf der Mächtigen um die Führung der Christenheit. Aber er war sehr viel mehr als ein Kampf um die Macht. Er war Ausdruck einer neuen Unruhe, die die Christenheit erfasste und die viele Menschen so bewegte, dass sie nach eindeutigen Antworten verlangten. Diese Eindeutigkeit erhoffte man sich in dieser Phase von den Päpsten in Rom.

Das Jahrhundert nach dem ersten Jahrtausend war eine Zeit des Aufbruchs und des Umbruchs. Der Wandel traf viele Größen der alten Ordnung ins Herz. Könige und Bischöfe, die den Himmel des frühen Mittelalters getragen hatten, sahen sich radikal in Frage gestellt. Der sittliche Reinheitsanspruch der Reformer war radikal. Familienbande galten ihnen als verwerflich. Eine prüde Zeit brach an. Das 11. Jahrhundert gilt als die Zeit des Reformpapsttums, und der anbrechende Streit um die Investituren in kirchliche Ämter durch Laien gilt als ein Streit um die Führung der Kirche, ein Streit, den Rom für sich entschied. Aber diese Perspektive verengt den Blick. Denn der Aufstieg der Päpste an die Spitze der Kirche wurde von einer breiten sozialen Unruhe getragen, die die lateinische Christenheit tiefgreifend veränderte. Einfache Adlige, Stadtbewohner und gelegentlich Bauern verlangten Gehör. Es war eine aggressivere Bewegung. Sie beanspruchte ihre Teilhabe am Himmelreich und sie war im Umgang mit den alten Autoritäten nicht zimperlich.

Die Christenheit wandelte sich von einer adlig-elitären Gemeinschaft zu einer religiösen Gesellschaft in unterschiedlichen sozialen Milieus. Diese Veränderung öffnete die Türen zu dynamischen Entwicklungen, aber der soziale Wandel der Christenheit trug aggressive Züge.

In der Welt des frühen Mittelalters, in der sich Könige im Bund mit David oder Salomon sahen, war die Haltung gegenüber den Juden reserviert, vielfach auch ablehnend. Die jüdischen Gesetze und Riten waren den Christen fremd, aber offene Feindschaft und Verfolgung waren selten. Die Könige lebten in einer Welt, die ihre Vorbilder im Alten Testament fand, das wenig Anhaltspunkte für antijüdische Stimmung bot. Die christliche Bibel bestand zu einem Großteil aus jüdischen Büchern, auch wenn man sie aus einem christlichen Blickwinkel las. Die Könige, die ihren christlichen Untertanen vorstanden, zeichneten jüdische Händler mit Privilegien aus. Es gab Räume für ein jüdisches Leben. Diese Räume wurden mit der Ausweitung der Christenheit in neue soziale Milieus enger – und sie waren gefährdet. Die soziale Veränderung der Christenheit brachte eine Abkehr vom Alten Testament und eine Hinwendung zur Person Jesu von Nazaret und seiner Jünger mit sich. Eindrucksvolle Aufbrüche und Lebensläufe waren eine Folge. Franziskus und die vielen Menschen, die ihm folgten, und das Bemühen um ein authentisches Leben im Geist des Evangeliums sind ohne diese Vorgeschichte kaum vorstellbar. Aber mit dieser Hinwendung zum Leben Jesu in der christlichen Spiritualität verließ die Christenheit die gemeinsame Basis mit den jüdischen Gemeinden. Auch die Passion Jesu rückte stärker in den Blick.

Das Kreuz hatte im frühen Mittelalter selten den Gekreuzigten gezeigt. Es war ein abstraktes Symbol des Triumphes über den Tod. Nun wurde es Zug um Zug zur Erinnerung an die konkreten Leiden Jesu. Dass Jesus selbst, seine Jünger sowie jene Personen des Evangeliums, an deren Handlungen man sich orientieren wollte, sämtlich jüdisch waren, geriet ganz aus dem Blick. Am Ende dieses Jahrhunderts zog ein christlicher Mob mordend durch die Straßen von Worms, Mainz und Köln, um sich an den Juden für den Tod Jesu zu rächen, der selbst ein Jude gewesen war. Der Aufbruch, der im 11. Jahrhundert die Christenheit neu aufstellte, brachte viele verschiedene christliche Lebensformen hervor. Er öffnete ein breites Spektrum spiritueller Wege, er prägte das Ideal des Ritters als Krieger für eine gerechte Sache, das sich bei allen Verzerrungen als sehr beständig erwies. Er bezog auch Menschen ohne adlige Geburt in seine Dynamik ein. Aber er öffnete auch die Türen zu den Hinterhöfen brutaler Gewalt, zu Verfolgungen und Mord im Namen des Glaubens. Die Geschichte der mittelalterlichen Christenheit als Geschichte mit einem sozialen Spektrum nimmt im 11. Jahrhundert konkrete Gestalt an.

Gerade vor dem dritten Jahr nach dem Millenium begannen die Menschen in der ganzen Welt, aber besonders in Italien und Gallien, Kirchen zu erneuern, obwohl die existierenden in den meisten Fällen ordentlich gebaut waren und nicht im Geringsten unwürdig. Es war, als ob sich die ganze Welt befreite, die Lasten der Vergangenheit ablege und sich allerorten in einen weißen Mantel aus Kirchen hülle.[149]
Die berühmten Worte des burgundischen Mönchs Radulf Glaber († um 1047) übertreiben Ausmaß und Verbreitung der Baumaßnahmen dieser Zeit ein wenig. Aber gebaut wurde viel, und wenn Radulf schreibt, dass sowohl die Bischofs- als auch die Klosterkirchen und die Oratorien in den

Dörfern von den Gläubigen verbessert wurden, dann benennt er die Dynamik, die im 11. Jahrhundert einsetzt.

So zum Beispiel in Augsburg. Bischof Ulrich hatte nach seinem Amtsantritt mit dem Wiederaufbau der verfallenen Augsburger Domkirche begonnen (Vita Oudalrici, Kap. 1). Dazu ließ er Baumeister kommen, die Handwerker und Arbeiter aber stammten aus Augsburg und der Umgebung der Stadt. Sie gehörten der *familia* des Bischofs, seinem Haushalt, an. Ulrichs Bauten war keine lange Dauer beschieden. Nach einem ersten Einsturz und Neubau in seiner Zeit musste Ulrichs Bau noch vor der Jahrtausendwende erneuert werden. *Die Augsburger Kirche brach von selber zusammen*, vermerkten die Augsburger Jahrbücher zum Jahr 994.[150] So wurde über die Jahrtausendwende ein neuer Dom errichtet, der nach neueren Erkenntnissen der Bauforschung im Jahr 1006 fertiggestellt wurde. Wir haben keine Berichte über den Bau, aber vieles spricht dafür, dass der Dombau um das Jahr 1000 von einer italienischen Bauhütte und nicht mehr von den Leuten des Bischofs errichtet wurde. Die Errichtung des Baus wurde also professionalisiert. So kamen auswärtige Handwerker und Bauarbeiter für den Bau der Kirche und für ihre Ausstattung in die Stadt. Mauern mussten errichtet, Holz musste bearbeitet, Farben mussten aufgetragen werden. Und die Arbeitenden mussten versorgt werden. Ein solcher Kirchenbau war eine logistische Herausforderung. Er brachte unterschiedliche Menschen zusammen, deren Fachkenntnisse benötigt wurden. Wenn die Augsburger Bauhütte aus Italien kam, bedeutete das, dass die Verbindung über die Alpen, die in der Augsburger Synode von 952 erstmals erkennbar ist, nun auch auf der Ebene des Handwerks wirksam wurde. Krieger unterschiedlichen Standes waren seit der Kaiserkrönung Ottos I. 962 immer wieder nach Italien gezogen. Diese Verbindung wurde für die Dynamik, die die Christen im Norden erfasste, im hohen und späten Mittelalter bedeutend. Die Menschen, die bei diesen Baumaßnahmen und im Umfeld der neuen Kirchen nun sichtbar wurden, veränderten das Bild. Ihre Beteiligung veränderte den Charakter der von Königen geprägten Christenheit.

Die bäuerliche Welt der Grundherrschaften war eine regionale Welt, die sich selbst versorgte. Die freien und unfreien Bauern produzierten für den eigenen Bedarf und führten Abgaben und Erträge an ihre Herren ab. Handwerker lebten und arbeiteten in der Regel in diesem ländlichen Rahmen. Sie waren Teil dieser grundherrschaftlichen Welt. Große Baustellen waren indes nur zu unterhalten, wenn die Arbeitenden ausreichend mit Lebensmitteln, Bier (oder Wein) und Baumaterial versorgt wurden. Für diese Versorgung reichten die bischöflichen Kapazitäten aus den Grundherrschaften des Bistums nicht immer aus. Weitere Ressourcen mussten mobilisiert werden. Das Marktgeschehen nahm zu. Dazu mussten Wege gesichert, Marktrechte verliehen und Münzen geprägt werden. All das beobachten wir seit dem früheren 11. Jahrhundert. Europa geriet in Bewegung. Wir können diese Bewegung nicht quantifizieren. Es gibt keine belastbaren Zahlen. Die Verleihung von Münzprivilegien an Bischöfe lässt nicht erkennen, wie viele Münzen in Augsburg, Mainz oder Köln auch tatsächlich geprägt wurden. Aber die Zunahme von Münzstätten, Marktorten, Zollstellen lässt erkennen, dass der Warenumlauf zunahm. So nahm auch die Mobilität in der Christenheit zu.

Aufbrüche

Im Herbst des Jahr 1064, so beginnt ein spannender Bericht des Lampert von Hersfeld, machten sich Erzbischof Sigfried von Mainz, Günther von Bamberg, Otto von Regensburg, Wilhelm von Utrecht *und viele andere, Säulen und Häupter Galliens* auf den Weg nach Jerusalem.[151] Es war eine Pilgerfahrt. Einige der Reisenden waren zur Selbstverteidigung bewaffnet, die Schlagkraft der Reisegruppe war nicht sehr groß. Es war keine Vergnügungsreise. Nahe dem Ziel im Heiligen Land wurden sie von Räubern überfallen. Viele Pilger verloren bei dem Angriff ihr Leben, die übrigen konnten sich in einen kleinen befestigten Hof zurückziehen. Bei den Verhandlungen der Pilger mit den Angreifern über die Bedingungen der Aushändigung ihrer Wertgegenstände und ihres freien Abzuges wurde der Anführer der Angreifer ärgerlich:

Sie sollten sich von keiner falschen Hoffnung täuschen lassen, er werde zuerst alles nehmen, was sie hätten, und dann ihr Fleisch essen und ihr Blut trinken. Ganz unverzüglich wickelte er den Turban, mit dem er nach der Sitte seines Volkes den Kopf umwunden hatte, auf, machte eine Schlinge daraus und schlang sie dem Bischof um den Hals. Der Bischof aber, ein Mann von edlem Ehrgefühl und voll-

Kapitel 6   Das Christentum als Lebensform

Abb. 6 Das Weltgerichtsportal der Kathedrale von Autun aus dem frühen 12. Jahrhundert zeigt verschiedene Pilger, die an ihrer Mütze, dem Pilgerstock und ihrer Tasche zu erkennen sind. Das Kreuz weist die linke Figur als einen Pilger nach Jerusalem aus, die Muschel des rechten Pilgers zeigt ihn auf dem Weg nach Santiago de Compostella. Es waren mühsame und gefahrvolle Wege.

> *endeter Würde, ertrug diese Schmach nicht; er schlug ihm mit solcher Gewalt die Faust ins Gesicht, dass er den völlig Verdutzten mit einem Schlag jählings zu Boden streckte [...].*

Auch für einen Bischof hatte die Demut offenbar Grenzen. Männer wie Bischof Günther von Bamberg traten in der Folge häufiger in Erscheinung.

Am anderen Ende Europas, in Island, hatte sich einige Jahre zuvor der Großbauer Isleif auf den Weg nach Süden gemacht. Er war noch kein Bischof, als er Island verließ, aber er war ein Bischof, als er zurück auf die Insel kam. Isleif reiste im Auftrag der Isländer nach Rom, um sich zum Bischof weihen zu lassen. Der Papst schickte ihn weiter zu dem zuständigen Erzbischof von Hamburg-Bremen. Dort erhielt Isleif seine Weihe und Island erhielt seinen ersten Bischof. Auch Isleif war, wie der wehrhafte Bischof auf seiner Pilgerfahrt, ein furchtloser Mann. Der Bericht über seine Reise hält fest, dass er einen Eisbären als Geschenk mitführte.[152] In den Jahren zwischen Isleifs Reise und der abenteuerlichen Pilgerfahrt brauchte Rom einen neuen Bischof, und dieser Bischof reiste aus Lothringen an. Der Kaiser hatte ihn darum gebeten. Heinrich III. brauchte einen fähigen Papst in Rom. Als Bischof von Rom gehörte der Papst zu den Bischöfen des Reiches, die vom Kaiser ernannt wurden.

All diese Reiseaktivitäten zwischen Mittelmeer und Nordatlantik kündigten den Beginn einer neuen Zeit an. Die Pilgerfahrt, die Fahrt zur Bischofsweihe und die Reise zum Antritt des Papstamtes waren weite Reisen aus religiösen Motiven. Die Pilger zogen über Land und durchzogen unterschiedliche Königreiche ohne die Absicht der Eroberung. Nach ihren Erfahrungen mit den Räubern musste sich früher oder später die Frage nach einem Schutz stellen, der auch außerhalb ihrer heimatlichen Königreiche wirksam war. Die Reise Isleifs zur Bischofsweihe berührte zudem die Frage, wer für die Weihe des Bischofs in Island zuständig war. Die Isländer, wie auch die anderen Skandinavier, waren nicht sehr glücklich über die Ansprüche des Erzbischofs von Hamburg-Bremen, denn die Reise des Isländers nach Rom war auch ein Versuch, die Hamburger Hegemonie zu umgehen. Der Papst sah sich in diesem Fall und zu diesem Zeitpunkt indes noch nicht zuständig, weshalb er Isleif von Rom nach Hamburg weiter- oder vielmehr zurückschickte. Dafür stellte sich andererseits allmählich die Frage, wer für die Ernennung des Papstes zuständig war. Die Legende berichtet, dass Bischof Bruno aus dem lothringischen Toul das ihm von Heinrich III. angetragene Papstamt nur dann annehmen wollte, wenn die Römer seiner Wahl zustimmen würden. Hier kündigte sich die Zeit der Reform an, in der die Berufung in ein hohes Kirchenamt durch weltliche Herrscher von den Eifrigen nicht mehr akzeptiert wurde. Die neue Zeit warf ihre Schatten voraus.

Kapitel 7

Der Aufstieg des Papsttums in unruhigen Zeiten

Gregor VII.

Dass die Ordnung der christlichen Welt des frühen Mittelalters vor neuen Herausforderungen stand, zeigte sich spätestens im Pontifikat von Papst Gregor VII. (1073–1085). Schon ein Jahr nach seinem Amtsantritt in Rom ließ Gregor VII. die französischen Bischöfe wissen:

> *Wenn er nicht auf Euch hören will, Gottesfurcht von sich wirft und gegen die Würde der Könige, gegen sein und seines Volkes Heil in der Härte seines Herzens verharrt, dann tut ihm gleichsam mit unserem Mund kund, dass er dem Schwert apostolischer Strafe nicht länger entgehen kann.*[153]

Diese Ansage galt dem französischen König Philipp I., dessen Amtsführung Gregor erboste. Der Anspruch auf ein neues Verhältnis der Kräfte kündigte sich an, wenn Gregor fortfuhr, *dass wir auf alle Weise versuchen werden, die Königsherrschaft über Frankreich mit Gottes Hilfe seinem Besitz zu entreißen.*[154] Dem neuen Papst war es mit seinem Anspruch ernst, wie schon bald darauf der deutsche König Heinrich IV. erfahren musste. Heinrich hatte Gregors Geduld durch eine unglückliche Besetzung des Erzbischofsstuhls von Mailand auf die Probe gestellt. Der König beharrte trotz päpstlicher Ermahnungen auf seinem Einsetzungsrecht, und zu Beginn des Jahres 1076 traf ihn der Bannstrahl päpstlicher Empörung. Dabei zeigt die Einbettung der dramatischen Maßnahme in ein Gebet, dass sich die Kräfte verschoben.

> *Heiliger Petrus, Fürst der Apostel, neige, wir bitten dich, gnädig dein Ohr und erhöre mich, deinen Knecht, den du von Kindheit an gerettet hast und bis auf den*

heutigen Tag aus der Hand der Sünder gerettet hast, die mich um Deiner Treue willen hassten und noch immer hassen.[155]

In diesem Gebet an Petrus belegt Papst Gregor VII. König Heinrich IV. mit der *Fessel des Fluchs*. Es war ein eigentümlicher Vorgang. Gregor schloss den König aus der Kirche aus, weil er der Kirche – und das bedeutete in diesem Fall: dem Papst – nicht gehorchte. Aber dieser Ausschluss hatte in der intensiven Hinwendung zu Petrus, als dessen Nachfolger und Stellvertreter Gregor sich sah, eine eigene Kraft, die über eine Exkommunikation hinausging. Die Exkommunikation eines Königs durch den Bischof von Rom hätte in der intakten christlichen Welt des frühen Mittelalters vielleicht Aufmerksamkeit erregt, vielleicht Überraschung hervorgerufen, aber sie hätte keine Erschütterungen verursacht. Der Bischof von Rom war Herr über eine bedeutende Diözese, in seiner Stadt lagen die berühmten Gräber der Apostel, auf die viele Pilger ihre Schritte ausrichteten, hier lagen nach der Überzeugung der Zeitgenossen Petrus und Paulus begraben. Die Kirche von Rom hatte eine besondere Aura. Aber der Arm des Bischofs von Rom reichte kaum bis an die Alpen. Und die anderen Bischöfe des Reiches behielten diese Zuständigkeiten im Blick, auch wenn der Kontakt nach Rom in den Jahrzehnten vor dem Amtsantritt Gregors zugenommen hatte. Nun aber beanspruchte der Bischof von Rom eine Zuständigkeit, die weit über seine eigentliche Diözese und das Erzbistum Rom hinausging.

Wie sich in diesen Jahren zeigte, sah sich Gregor VII. als Bischof der gesamten Christenheit. Es war ihm damit ernst. Die Briefe, die er in diesen Jahren verschickte, lassen einen Papst erkennen, der zutiefst davon überzeugt ist, im Auftrag Gottes zu handeln.

Und daher glaube ich, dass es Dir in deiner Gnade und nicht um meiner Werke willen gefallen hat und noch gefällt, dass das christliche Volk, das dir besonders anvertraut ist, mir gehorcht, weil es mir als deinem Stellvertreter ebenfalls ausdrücklich anvertraut ist, und dass mir um deinetwillen von Gott Gewalt gegeben ist, zu binden und zu lösen, im Himmel und auf Erden.[156]

So sah Gregor seine Aufgabe im Zwiegespräch mit seinem Vorgänger im Amt. Das hatte Folgen.

Im Jahr zwischen den Konflikten mit König Philipp und König Heinrich hat Gregor ein Zeugnis hinterlassen, dessen Bedeutung für das neue Papsttum, das Gregor verkörperte, kaum überschätzt werden kann. Dabei blieb es den Zeitgenossen unbekannt. Sie lernten es nur in Gregors Umsetzungen kennen. Das Dokument ist ein Eintrag in das Briefregister Gregors VII., den er selbst diktiert hat, wie die Überschrift festhielt: *Diktat des Papstes* (*Dictatus Papae*). Der Eintrag besteht aus 27 knappen Sätzen. Sie klingen wie ein Manifest. Programmatisch, ohne weitere Begründung, stellten sie fest:[157]

1. Dass die römische Kirche vom Herrn allein gegründet worden ist.

2. Dass allein der römische Bischof mit Recht allgemein (universalis) *genannt wird.* […]

4. Dass sein Legat den Vorrang vor allen Bischöfen hat auf einem Konzil/einer Synode, auch wenn er einen niedrigeren Weihegrad hat, und dass er gegen sie ein Absetzungsurteil fällen kann. […]

8. Dass er allein die kaiserlichen Herrschaftszeichen verwenden kann.

9. Dass alle Fürsten allein des Papstes Füße küssen. […]

12. Dass ihm erlaubt ist, Kaiser abzusetzen. […]

19. Dass er von niemandem gerichtet werden darf. […]

21. Dass die wichtigen Streitfragen jeder Kirche an ihn übertragen werden müssen.

22. Dass die römische Kirche niemals in Irrtum verfallen ist und nach dem Zeugnis der Schrift niemals irren wird. […]

26. Dass nicht für katholisch gilt, wer sich nicht in Übereinstimmung mit der römischen Kirche befindet.

Wir wissen nicht, zu welchem Zweck Gregor diese Sätze aufschreiben ließ. Aber er arbeitete mit Energie an ihrer Umsetzung. Sie zielten auf eine neue Ordnung der christlichen Welt.

Gregors Vertrautheit mit dem Apostel Petrus, den er immer als *Apostelfürsten* ansprach, war keine rhetorische Pose. Er war zutiefst überzeugt, sein Amt im Sinn Gottes auszuüben. Das ließ wenig Raum für Kompromisse. In seinem Gebet an Petrus lässt Gregor die Konsequenzen seiner Entschlossenheit deutlich anklingen, wenn er von den Sündern spricht, die ihn hassen. Gregor sah Kräfte des Lichts und er sah Kräfte der Finsternis am Werk. Anders als in den Jahrhunderten zuvor mussten die Könige sich kritisch befragen lassen:

Denn vom Anbeginn der Welt bis in unsere Zeit finden wir in der ganzen wahren Überlieferung keine sieben Kaiser oder Könige, deren Leben so sehr durch Frömmigkeit ausgezeichnet und mit dem Zeichen der Tugend geziert war […].[158]

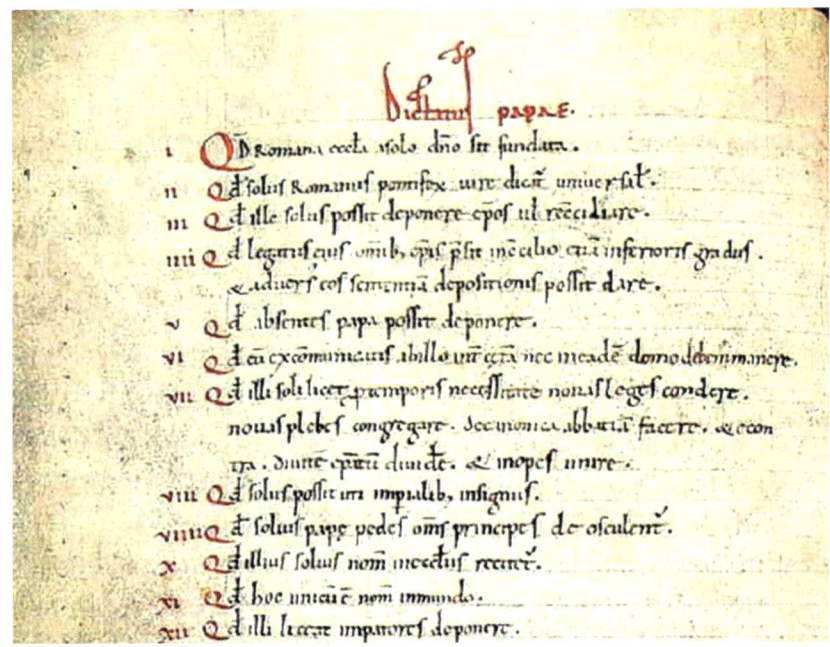

Abb. 7 Der *Dictatus Papae* im Briefregister Papst Gregors VII.

So schrieb Gregor VII. in einem von den Zeitgenossen vielzitierten Brief an Bischof Hermann von Metz. Gregor spitzte die Gegenüberstellung zu. In der langen Reihe der Könige vieler Länder hätte es *nur sehr wenige heilige Könige gegeben, […] während auf dem einen Stuhl der nacheinander folgenden Päpste […] seit der Zeit des heiligen Apostels Petrus fast hundert saßen, die zu den heiligsten gerechnet werden.*[159]

Das war ein direkter Angriff auf jene Ordnung, in der der König in direkter Verbindung mit Gott die Geschicke der Gläubigen in seinem Reich lenkte. An die Stelle der Weihe mit dem heiligen Öl, das den König in eine andere Sphäre entrückte, wo ihm die Hand Gottes die Krone aufsetzt, trat ein neuer Anspruch. Das Augenmerk richtete sich auf das Verhalten des Königs auf dem Thron. Handelte er, wie ein christlicher König zu handeln hatte? Entschied er, wie ein christlicher König zu entscheiden hatte? Lebte er, wie ein Christ leben sollte? Dies waren Fragen nach der Eignung des Königs. In der Sprache der Zeitgenossen war es die Frage nach der *Idoneität*. Und nicht nur der Papst stellte sie. Auch die deutschen Fürsten, die sich gegen Heinrich IV. stellten, dessen Herrschaftspraxis für starken Unmut gesorgt hatte, stellten nun hörbar die Frage nach der Eignung des Königs. Als sie mit Rudolf von Rheinfelden einen eigenen Kandidaten gegen den Salier Heinrich zum König erhoben, betonten sie, dass künftige Könige für das Amt geeignet sein müssten.

Dieser Anspruch setzte sich nicht durch, und es gelang Heinrich IV., die Revolte gegen seine Herrschaft niederzuschlagen. Aber die Frage nach der Eignung zeigte die Grenzen der Überhöhung des Königs auf. Diese hatte zuletzt eindrucksvolle Höhen erreicht.

Bei der Krönung Konrads II. im Jahr 1024 wählte der Mainzer Erzbischof feierliche Worte:

Zur höchsten Würde bist Du aufgestiegen, ein Stellvertreter Christi bist Du. Wer ihm nicht nachfolgt, ist kein wahrer Herrscher. Auf diesem Königsthrone musst Du an die unvergänglichen Ehren denken. Auf Erden zu herrschen, ist ein großes Glück, im Himmel zu triumphieren jedoch das höchste.[160]

In diesem Geist wurden die jungen Könige erzogen. Mit diesem Selbstverständnis hatte Heinrich III. 1046 auf einer Synode in Sutri die Absetzung dreier konkurrierender Päpste veranlasst, mit diesem Selbstverständnis war sein Sohn Heinrich IV. Papst Gregor VII. entgegengetreten. Doch diese Überhöhung barg ein wachsendes Risiko. Die Könige dieser Epoche gelangten auf den Thron, weil ihr Vater König gewesen war. Ihre Abstammung legitimierte sie, nicht ihre Qualifikation für das Amt. Die dynastische Folge konnte für Kontinuität sorgen, aber nicht jeder Sohn eignete sich für ein hohes Amt. An der Eignung Heinrichs IV. bestanden erhebliche Zweifel. Tatsächlich lässt sich die Frage nach Heinrichs Eignung kaum noch klären, zu polarisiert sind die Berichte über seine Herrschaft. Es gibt keine objektiven Stimmen.

Eben darin bestand die Gefahr, die die Überhöhung des königlichen Amtes im 10. Jahrhundert heraufbeschworen hatte, wie sie jede Überhöhung zur Folge hat: Mit der Glorie stiegen auch die Ansprüche. Ein Stellvertreter Christi musste gewisse Standards wahren. Das gelang nicht immer.

Darauf verwies Gregor VII. So sahen es auch die deutschen Fürsten, aber Gregor VII. kritisierte nicht nur den deutschen Herrscher. Mit Vorwürfen gegen den französischen König hatte er begonnen. Die Standards blieben hoch, und in den Augen Gregors VII. und seiner Anhänger konnten Könige sie grundsätzlich nicht erfüllen. Die hohen Anforderungen an die führenden Köpfe der Christenheit wurden zu Maßstäben für den Klerus und für das neue Haupt der Christenheit, den Papst. *Dass der römische Bischof, falls er kanonisch eingesetzt ist, durch die Verdienste des heiligen Petrus unzweifelhaft heilig wird*, hatte Gregor dem Schreiber seines Briefregisters als 27. Punkt diktiert.[161] Das war ein Anspruch, an dem mancher Papst wachsen konnte. Wir sollten fragen, ob dieser Anspruch, der sich in abgeschwächter Form auch an die einfachere Geistlichkeit richtete, nicht ein ähnliches Schicksal erleiden musste wie der Anspruch der Könige.

Das Papsttum auf dem Höhepunkt seiner Macht

Es dauerte nach der ersten Niederschrift des neuen päpstlichen Selbstbewusstseins in den 1070er Jahren noch etwa 120 Jahre, bis die Päpste sich selbst als die alleinigen Stellvertreter Christi ansahen, ein Titel, den der Papst in Rom bis heute führt. Innozenz III. (1198–1216) war einer der bedeutendsten Päpste des Mittelalters. Sein Pontifikat gilt als Übergang zwischen dem hohen und dem späten Mittelalter. Seine Entscheidungen als Papst, allein oder gemeinsam mit seinen Kardinälen, wirkten stil- und rechtsbildend. Innozenz III. war ein brillanter Jurist, der kaum einem Konflikt aus dem Weg ging. Seine Bilanz als Politiker auf der europäischen Bühne kann indes mit seiner Sichtbarkeit in der Überlieferung nicht mithalten. Im Konflikt um den deutschen Thron, der um das Jahr 1200 nicht nur die mächtigen deutschen Dynastien der Staufer und Welfen beschäftigte, sondern auch die Könige von Frankreich und England, hatte er Mühe, mit den dramatischen Wendungen des Geschehens mitzuhalten. Auch wenn er dabei anders klang. Es war Innozenz III., der den Titel „Stellvertreter Christi" exklusiv für den Papst reklamierte. Die Welt war komplexer geworden, seitdem die Könige diesen Titel verloren hatten. Auch ein Papst mit einer hohen Auffassung seines Amtes musste den Königen und den Fürsten zugestehen, dass sie ihre eigenen Zuständigkeiten hatten. Aber *aufgrund der Sünde (ratione peccati)* konnte sich der Papst gezwungen sehen, auch in Fragen zu intervenieren, die in die Zuständigkeit der Könige fielen – und die Sünde schlief nicht.

Papst Innozenz III. wachte aufmerksam über das christliche Europa, und er zögerte nicht, wenn er Gefahren sah. So exkommunizierte er den französischen König Philipp II. wegen eines Eheskandals, Philipp von Schwaben wegen seines Kampfes um den deutschen Thron und den englischen König Johann Ohneland wegen einer Auseinandersetzung um die Nachfolge im Erzbistum Canterbury. Da Innozenz nicht alle Schauplätze seiner päpstlichen Bemühungen persönlich aufsuchen konnte, führte er eine ausgedehnte Korrespondenz mit der Folge, dass die späteren Bearbeiter die päpstliche Korrespondenz des Mittelalters in eine Zeit vor Innozenz III. und eine Zeit seit Innozenz III. einteilen. Noch einmal 100 Jahre später, kurz nach dem Anbruch des 14. Jahrhunderts, erreichte das päpstliche Selbstverständnis einen eigentümlichen Höhepunkt:

Daher aber erklären wir, bestimmen und verkünden wir, dass es für alle menschliche Kreatur gänzlich heilsnotwendig ist, dem römischen Papst untertan zu sein.[162]

In einem Konflikt mit dem französischen König hatte Papst Bonifatius VIII. (1294–1303) die Ansprüche Innozenz' III. noch einmal markant zugespitzt. Bonifatius lenkte den Anspruch des Papsttums auf die Führung der Christenheit an eine Grenze, an der er selbst scheiterte. Es war dies der Abschluss eines Jahrhunderts rhetorischer und juristischer Selbstertüchtigung des Papsttums, das mit Innozenz III. begann und mit Bonifatius VIII. endete.

Innozenz III., Gregor IX. (1227–1241), Innozenz IV. (1243–1254) und Bonifatius VIII. waren scharfsinnige Juristen, deren Entscheidungen Beachtung fanden. Ihr Jahrhundert war ein Jahrhundert der Kirchenrechtler. Wer die Geschichte als eine Geschichte von Texten liest, ist beeindruckt von der Stringenz, mit der diese Päpste den Führungsanspruch ihres Amtes formulierten. Ihr Leitbild war die Einheit der Kirche, die sie sich nur als eine hierarchische Einheit vorstellen konnten. Dies war der Bogen, den Bonifatius VIII. in seiner Bulle *Unam Sanctam (Ecclesiam)* spannte: *An die eine heilige katholische Kirche zu glauben*, so begann der Text, und er endete – wie wir gesehen haben – mit der berüchtigten Feststellung der Unterordnung aller Kreatur unter die Führungsgewalt des Papstes.

Innozenz IV. hatte in der Mitte des 13. Jahrhunderts Kaiser Friedrich II. für abgesetzt erklärt und später dazu erklärt, dass er als Stellvertreter Christi dazu berechtigt sei.[163] Denn Christus hätte als natürlicher Herr und Schöpfer der Menschen jedes Urteil gegen seine Geschöpfe fällen können.

Und sein Stellvertreter hatte dieselben Rechte. Anders war es nicht vorstellbar. Innozenz IV. formuliert diesen Anspruch in eindrucksvoller Weise:
> *Er wäre nicht als ein besonnener Herr erschienen, um mit Ehrfurcht vor ihm zu reden, hätte er nicht einen solch einzigartigen Stellvertreter zurückgelassen, der dies alles könnte.*[164]

Innozenz spricht hier von Gott, dessen Besonnenheit er daran bemisst, dass er zu denselben Schlussfolgerungen gelangt wie der Papst in eigener Sache. Dies waren Positionen, die die Päpste in ihrer direkten Konfrontation mit dem Kaiser und dem französischen König formulierten. Dabei fand ihr Anspruch auf die Führung der Christenheit durchaus Unterstützung außerhalb der päpstlichen Kurie, wenn etwa der Franziskanertheologe Bonaventura danach fragte, ob es der christliche Glaube erfordere, dass alle Einem gehorchten, um die Einheit zu wahren. Bonaventura hatte daran keinen Zweifel.[165]

Das Ideal der Einheit verlangte eine Instanz, die eine klare Richtung vorgeben konnte und deren Entscheidung sich die anderen anschlossen. Es war letztlich eine formale Konsequenz, die das Papsttum auf diese hierarchische Höhe führte. Solange der Papst in den Fragen des Glaubens verbindlich entschied und die Christen ihm folgten, so lange blieb die Einheit der Christenheit in Glaubensfragen gewahrt. Es ist eine Konsequenz, die von vielen Katholiken bis heute vertreten wird. Dabei zeigten sich ihre Probleme schon in den Jahren zwischen Innozenz IV. und Bonifatius VIII. Es schienen Jahre des Triumphs über das Kaisertum zu sein und doch waren es auch Jahre des Zögerns; Jahre, in denen die päpstliche Kurie sich neu verorten musste.

Bonifatius VIII. war dem französischen König entschieden und fordernd gegenübergetreten. Damit schien sich die Linie von Papst Innozenz IV. direkt fortzusetzen. Innozenz hatte den von ihm abgesetzten Stauferkaiser Friedrich überlebt. Friedrich hatte die Absetzung nie anerkannt, und Innozenz hatte den Staufer auch nicht vom Thron verdrängen können. Aber dann starb Friedrich II. und bald darauf endete die Linie der Staufer. Innozenz triumphierte unverhohlen. Tatsächlich gab es nun für über 60 Jahre keinen Kaiser mehr. Als Heinrich VII., Ludwig der Bayer und Karl IV. die Kaisertradition im 14. Jahrhundert wieder aufnahmen, führten sie noch den Titel, aber als Kaiser waren sie in Italien keine Ordnungsmacht mehr.

Die Päpste blieben bis zu Bonifatius VIII. in Italien. Aber die Kardinäle hatten Mühe, geeignete Kandidaten für den Stuhl Petri zu finden, die der ihnen zugedachten Amtsgewalt gewachsen waren. Bonifatius VIII. wurde erst nach langem Zögern zum Papst gewählt. Die Kardinäle hatten zunächst versucht, seine Wahl zu verhindern. Benedetto Gaetani, wie er vor seinem Amtsantritt hieß, war ein ambitionierter Mann, aber sein Ehrgeiz war zu offensichtlich. Der Widerstand gegen Gaetani hatte dazu geführt, dass der Papstthron über zwei Jahre unbesetzt blieb. Dann einigten sich die Kardinäle auf einen Mann, der in eine ganz andere Richtung zu weisen schien. Coelestin V. hatte als Petrus Angelari ein Leben als Eremit in den Abruzzen auf dem Monte Morrone geführt. Er stand im Ruf der Heiligkeit, und der König von Neapel, der Petrus kannte und schätzte, setzte sich für seine Wahl ein. Der Eremit war ein alter Mann. Seine Wahl bedeutete keine Neuausrichtung der Kurie. Und schon bald zeigte sich, dass die Kurie am Ende des 13. Jahrhunderts ein Ort für einen versierten Spezialisten war. Zu vielfältig waren die Amtsgeschäfte. Sie überforderten den alten Eremiten. Er trat von seinem Amt zurück und wählte damit einen Weg, den in jüngster Zeit Benedikt XVI. 2013 wieder aufgegriffen hat. Innerhalb weniger Tage wählten die Kardinäle damals Benedetto Gaetani im zweiten Anlauf zum Papst. Seine Wahl zeigte die hohen Organisationsansprüche und die Fertigkeiten im komplexen Spiel der Mächte, die das päpstliche Amt um das Jahr 1300 den Inhabern abverlangte. Bonifatius VIII., der die Widerstände überwunden hatte und nun als Mann der Stunde gelten konnte, scheiterte dennoch an den Herausforderungen des Amtes. Sein Anspruch auf die Führung der Christenheit, bei dem er sich wiederholt und mit starken Worten auf die Tradition berief, erfuhr seine Grenzen in der Entschlossenheit und den Mitteln des französischen Königs. Den Festtag der Geburt Mariens des Jahres 1303 wollte Papst Bonifatius VIII. zwei Tagesritte von Rom entfernt in seinem Heimatort Anagni verbringen. Es sollte ein Tag der Stärke und Entschlossenheit werden. Der französische König hatte ihn herausgefordert und nun sollte er die Macht der päpstlichen Amtsgewalt spüren. Bonifatius schloss König Philipp IV. aus der Kirche aus – als Mahnung und Ruf zur Umkehr. Der Text trägt das Datum des 8. September. Doch zu seiner Bekanntgabe kam es nicht mehr.

Teil II   Neue Fragen – radikale Antworten

Am Tag zuvor drang ein bewaffneter Trupp unter der Führung Wilhelms von Nogaret in die Stadt ein. Wilhelm von Nogaret war die rechte Hand König Philipps IV. von Frankreich. Feinde des Papstes und seiner Familie hatten sich ihm angeschlossen. Die Angreifer fanden die Tore der Stadt geöffnet. Der Überfall war vorbereitet. Die Männer überraschten Bonifatius VIII. in seinem Stadtpalast. Eine Zeitlang war das Schicksal des Papstes unklar. Es war unsicher, ob er getötet oder nach Frankreich verbracht werden sollte. Doch die Sorge der Stadtbewohner um den Ruf Anagnis ließ sie zu den Waffen greifen. Sie befreiten den ungeliebten Papst, der so der Schmach der Gefangenschaft entging. Mit einer bewaffneten Eskorte kehrte Bonifatius VIII. nach Rom zurück. Aber er fand nun keine Worte mehr. Wenige Wochen später starb er.

Das dramatische Schicksal Papst Bonifatius' VIII. war Ausdruck einer Überforderung. Bonifatius scheiterte an einem französischen König, der der Räson des Staates, wie man dies später nennen sollte, unbedingten Vorrang einräumte. Auch die französischen Juden und die Tempelritter im Königreich erfuhren dies auf bittere Weise. Der französische König führte den Titel eines *Allerchristlichen Königs*, aber in seinem Königreich galt seine Autorität in allen Fragen, die ein König zu entscheiden hatte. Dies war der sensible Bereich, den der Auftritt Bonifatius' VIII. zu einer Zone gemacht hatte, in der auf jeden Schritt geachtet wurde. Seit dem Ausgang des Investiturstreits im Reich, der in England und Frankreich einen etwas milderen Verlauf genommen hatte, weil die Bischöfe dort nicht so eng in die Königsherrschaft eingebunden gewesen waren, hatten die Theoretiker um die richtige Ordnung der christlichen Welt gestritten. Seit dem 12. Jahrhundert zog die Theorie klare Grenzen. Der Papst und der Klerus waren für die geistlichen Belange zuständig, die Könige und die Fürsten regierten die weltliche Sphäre. Beide taten dies im Auftrag Gottes. Die großen Rechtssammlungen des 13. Jahrhunderts haben diesem Ordnungsverständnis eindrucksvolle Texte gewidmet.

Was in den Rechtsordnungen der Welt nun scharfsinnig getrennt wurde, stritt in der realen Welt mitunter in der Brust einzelner Akteure. Denn ein König wie Philipp IV. von Frankreich war ein Christ. Daran ließ er keine Zweifel. Wenn er also als Christ dem Papst untertan sein sollte – wo be-

Kapitel 7   Der Aufstieg des Papsttums in unruhigen Zeiten

Abb. 8 Die Darstellung aus der Chronik des Giovanni Villani (14. Jahrhundert) zeigt die Gefangennahme Papst Bonifatius' VIII. in Anagni am 7. September 1303 im Auftrag des französischen Königs Philipp IV.

gann sein Christsein und wo endete es, wenn er als christlicher König gefragt war?

Die Frage der Zuständigkeit bei Problemen, bei denen sich geistliche und weltliche Aspekte überlagerten, war und ist schwer lösbar. Was mancher religiöse Mensch als seine unbedingte Pflicht empfindet, sieht ein anderer als einen Übergriff. Philipp IV. von Frankreich war entschlossen, keine päpstlichen Übergriffe in seine königliche Zuständigkeit zu dulden, wobei er selbst bereit war, bis an die Grenzen seiner königlichen Gewalt zu gehen. So geriet das universale Papsttum aus dem Tritt. Es war allerdings nicht nur die erstarkte Königsgewalt, an der dieses Papsttum seine Grenzen erfuhr.

Die Geschichte des universalen Papsttums hatte mit Gregor VII. begonnen, dessen Pontifikat zumeist als erfolgreich angesehen wird. Dabei hatte Gregor seinen Kampf mit Heinrich IV. zu seinen Lebzeiten nicht gewinnen können. Er hat sein späteres Schicksal in dem Bannbrief gegen Heinrich IV. selbst benannt. Er rief seinen Vorgänger Petrus zum Zeugen an, *dass ich vielmehr mein Leben lieber in der Fremde beschließen wollte, als deinen Platz um weltlichen Ruhmes willen durch weltliche Machenschaften mir anzueignen.* Als Heinrich IV. schließlich im erneuten Konflikt mit Gregor nach Rom kam, um sich dort zum Kaiser krönen zu lassen, musste Gregor vor dessen militärischer Macht nach Salerno fliehen, wo er im Exil starb.[166] Gregors Worte klangen lange nach; vielleicht wählte sie Gregor auch mit dem Blick auf die Geschichte. Der Kampf, den er begonnen hatte, war nicht zu Ende und Gregor VII. war auch auf den Totenbett nicht bereit, Heinrich IV. zu verzeihen. Nach den Standards, die die Geschichte für den Konflikt des Staufers Friedrich II. mit Papst Innozenz IV. heranzieht – dass der Papst den Staufer überdauerte –, würde der Salier Heinrich IV. als Überwinder Gregors VII. gelten. Er überlebte Gregor um fast 20 Jahre. Aber Gregor VII. schien die richtige Seite der Geschichte gewählt zu haben, wenn uns die Überlieferung nicht täuscht. Denn das müssen wir festhalten: Gregor VII. starb zwar in der Verbannung, Innozenz III. präsidierte dagegen der größten Versammlung der Christenheit, die das Mittelalter bis dahin erlebt hatte.

Das Vierte Laterankonzil 1215 zeigte ein Papsttum auf dem Höhepunkt seiner Geltung. Etwa 400 Bischöfe und 800 Äbte folgten der Einladung Innozenz' III. nach Rom.[167] Er hatte sie zwei Jahre zuvor zu diesem Konzil geladen, wobei ihn besonders zwei Ziele umtrieben: die Rückgewinnung des Heiligen Landes, das ein Vierteljahrhundert zuvor durch Saladins Eroberungen weitgehend in die Hände der Muslime zurückgefallen war, und die Reform der Kirche, das klassische Anliegen aller großen Konzilien.[168] Innozenz hatte die Bischöfe und Prälaten aufgefordert, den Reformbedarf in ihren Diözesen, Klöstern und Einrichtungen sorgfältig zu prüfen und aufzuschreiben. Das Konzil sollte keine aufwendige Inszenierung sein, sondern die Teilnehmer sollten sich

> *durch ihre Handlung und durch ihre Haltung als wahre Sachwalter Christi erweisen, da in dieser Angelegenheit nicht der weltliche Beifall, sondern der geistliche Fortschritt zu suchen sei.*[169]

Kapitel 8

Die Grenzen der päpstlichen Macht

Widerstände gegen Gregor VII.

Um wirksam zu regieren, um überhaupt wirksam zu agieren, mussten die Mächtigen des Mittelalters sich Gehör bei ihren Untergebenen verschaffen. Denn die einfachste Form des Widerstandes gegen unliebsame Befehle bestand darin, sie einfach zu überhören. Die Art und Weise der Kommunikation dieser Zeit ließ das bei vielen Gelegenheiten zu. Wege waren weit, Verbindungen schlecht, Boten langsam. Ein Papst, dessen Aufruf viele Bischöfe, Äbte und Prälaten folgten, konnte ein mächtiger Papst werden – oder auch nicht; Gregor VII. hatte das erfahren müssen. Er war ein fordernder, aber kein mächtiger Papst. Sein Versuch etwa, den Bischof von Konstanz zur Verkündung und zur Durchsetzung seiner Zölibatsvorschriften zu bewegen, offenbarte deutlich die Schwierigkeiten der neuen päpstlichen Ansprüche, zumal wenn es um die Durchsetzung unpopulärer Anliegen ging.

Der Kampf gegen die Simonie und die Durchsetzung des strengen Zölibats der Priester waren zwei Kernanliegen Gregors VII. und der Reformer in seiner Umgebung. Die deutschen Begriffe „Ämterkauf" bzw. „Priesterehe" fassen diese Feindbilder der Reformer nur unzureichend. Gregor VII. ging es nicht um institutionelle Fragen. Es ging ihm um die Reinheit der christlichen Lebensführung. Für das Verständnis Gregors VII. und seiner Motivation ist es notwendig, diese anstrengenden Ideale fest in den Blick zu nehmen. Gregor VII. war ein Mann mit Fokus.

Weil wir nämlich, angetrieben durch die apostolische Autorität und die wahren Urteile der heiligen Väter, darauf brennen, die simonistische Häresie aus-

zulöschen, und für die Enthaltsamkeit der Kleriker zu sorgen, wie es unser Amt erfordert [...].

Gregor VII. brannte für seine Anliegen. Es ging ihm nicht um die Kunst des Möglichen, Gregor sah die Dinge aus der Perspektive der Ewigkeit.

Die gesamte Gemeinde der katholischen Kirche besteht entweder aus Jungfrauen, aus Enthaltsamen oder aus Verheirateten. Wer immer sich außerhalb dieser drei Ordnungen befindet, zählt nicht zu den Söhnen der Kirche und befindet sich nicht innerhalb der Grenzen des christlichen Glaubens.[170]

Man ahnt, dass ein solch rigoroser Anspruch nicht nur auf Zustimmung stieß. Die Priester kannten die strengen Vorschriften der Synoden zum Zölibat, aber die wenigsten Bischöfe hatten die Einhaltung dieser Vorschriften verlangt. Gregor VII. verlangte einen Kurswechsel. Damit begannen die praktischen Probleme. Ende Februar oder Anfang März 1075 schrieb Gregor VII. an den Bischof von Konstanz einen Brief. Er verlieh dem geliebten Bruder Otto gegenüber seiner Verwunderung Ausdruck, dass die Konstanzer Gesandten Rom so schnell verlassen mussten, dass sie die Beschlüsse der Synode gegen die Simonie und die verheirateten Priester nicht mehr hatten mitnehmen können.[171] Diese Beschlüsse waren sehr deutlich ausgefallen. Kleriker, die ihr Amt durch Geldzahlungen erlangt hatten oder die nicht enthaltsam lebten, durften keinen Dienst am Altar mehr ausüben. Damit Otto in dieser Frage klar sehe und sich kooperativ zeige, teile ihm Gregor diese Beschlüsse nun mit. Gregor schrieb eine höfliche Ermahnung. Den Erzbischof von Hamburg-Bremen hatte die Synode in Rom wegen Ungehorsams und stolzer Überheblichkeit seines Amtes enthoben.

Liemar von Hamburg-Bremen war ein Hirte in einer großen Tradition. Das Erzbistum von Hamburg-Bremen zeichnete für die Mission des skandinavischen Nordens verantwortlich. Liemars Vorgänger Adalbert hatte als Kirchenfürst einen großen Hof mit vielen Gästen geführt. Er hatte das Papstamt abgelehnt, das ihm Heinrich III. 1046 angetragen hatte. Der Bischofsstuhl von Rom bot keine attraktive Aussicht für einen Erzbischof von Hamburg-Bremen. Adalbert oder Liemar verfügten vielleicht nicht über die Schlagkraft eines Gunther von Bamberg, dafür war ihr Erzbistum deutlich größer, älter und ehrwürdiger. Gunthers Vorstellungen von der Ehre des bischöflichen Amtes und der Würde seines Standes teilten sie allemal. Bestimmte Grenzen durfte man nicht überschreiten. Auch dann nicht, wenn man als Nachfolger des Petrus auftrat. So klagte Erzbischof Liemar über Papst Gregor VII.:

> *Dieser gefährliche Mensch will den Bischöfen, was immer er will, befehlen, so als wären sie seine Gutsverwalter, und wenn sie nicht alles erfüllt haben, sollen sie nach Rom kommen oder werden ohne gerichtliches Urteil des Amtes enthoben.*[172]

Gregor VII. arbeitete an einer universalen Hierarchie für die katholische Christenheit mit dem Zentrum in Rom. Das war eine neue Erfahrung für die standesbewussten Prälaten nördlich der Alpen. Bislang war man römisch nach nordalpinen Maßstäben gewesen. Das sollte sich ändern. Durch die besondere Bindung des Kaisers an Rom und Italien und die besondere Verbindung der Bischöfe des Reiches mit dem König und Kaiser erwuchs daraus in Deutschland ein langer und erbitterter Streit auf höchster Ebene. Rom war nicht nur ein Ort, es war der Name für einen programmatischen Anspruch auf die Führung der Christenheit. Der Streit um die Besetzung kirchlicher Ämter durch Laien, die „Laieninvestitur", der nun einsetzte, war nicht nur eine deutsche Erscheinung. Er war auch in England und Frankreich spürbar, ließ sich aber leichter überwinden. Der französische König war noch längere Zeit mit seinen mächtigen Vasallen beschäftigt und als seine Königsmacht dann an Stärke und Durchsetzungsfähigkeit gewann, baute er zunehmend auf ein eigenes Personal, nicht auf kirchliches. Der englische König stützte sich nach der Eroberung der Insel ab 1066 auch auf einen loyalen Klerus und profitierte dabei von der Entfernung nach Rom. Der Stuhl des Erzbischofs von Canterbury wurde auch nach den Reformen des 11. Jahrhunderts selbstverständlich mit Vertrauten des Königs besetzt, dafür war das Amt für den König zu wichtig. Thomas Becket, der im Streit mit dem König schließlich als Märtyrer starb (1170), wurde als Mann des Königs Erzbischof.

Der Papst in Rom reklamierte die alte römische Führungsrolle, wenn auch in neuem Geist. Die päpstliche Forderung nach Unterordnung der Bischöfe in den Kirchen nördlich der Alpen schuf allein noch keine Hierarchie. Ein solche Hierarchie musste durchgesetzt werden. In diesem spannungsvollen Vorgang zeigten sich die Grenzen der päpstlichen Möglichkeiten. Es waren Grenzen, die in den Texten selten benannt werden, die aber durch jede Verzögerung eines routinierten Ablaufs, durch jede fehlende Bestätigung einer päpstlichen Anfrage und auch durch offenen Widerstand in den Quellen erkennbar werden. Tatsächlich war die zähe, zögernde und hinhaltende Reaktion auf römische Forderungen in vielen Fällen Normalität. Wer das römische Verlangen nach Unterordnung nicht mittragen mochte, der musste nicht offen widerstehen. Es reichte oft, so weiterzumachen wie bisher. Rom wollte den Wandel, aber Rom war weit entfernt. Der gelegentliche Besuch päpstlicher Gesandter konnte nur selten nachhaltig wirken. Das war die Situation, die das ganze Mittelalter hindurch galt.

Allerdings gab es Ausnahmen. Die Dynamik, die in der zweiten Hälfte des 11. Jahrhunderts einsetzte, veränderte die Atmosphäre für einige Jahrzehnte. Ein Geist der Unerbittlichkeit, der Prüderie und auch des gewalttätigen Fanatismus zog auf. Er verschwand schließlich wieder. Aber als er verschwand, war die Christenheit eine andere geworden. Der Streit um den Zölibat setzte verschiedene Kräfte frei.

Das Beispiel Konstanz

Bischof Otto von Konstanz hatte seine Gesandten im Frühjahr 1075 zur Fastensynode nach Rom geschickt; so viel ist aus dem päpstlichen Schreiben zu erkennen. Die Gesandten hatten wahrscheinlich die Beschlüsse der Synode vernommen, vielleicht hatten sie sie sogar mitbeschlossen. Aber dann hatten sie Rom so schnell verlassen, dass sie die schriftliche Ausfertigung der Dekrete gegen die Simonie und für die Enthaltsamkeit nicht mehr hatten mitnehmen können. Vor diesem Hintergrund ist das eingangs zu diesem Kapitel erwähnte Schreiben des Papstes an den Konstanzer Bischof zu verstehen, das Gregors Grenzen deutlich erkennen lässt. Denn um eingefahrene Gewohnheiten zu ändern, bedurfte es einer starken Unterstützung. Zu diesem Zweck versammelten die geistlichen und weltlichen Herren ihre Gefolgsleute. Im Rat wurde mancher Wunsch des Mächtigen an die Möglichkeiten angepasst. Vor allem aber wurde er den Anwesenden bekannt gemacht. Dadurch dass sie an der Beratung und an der Entscheidung teilnahmen, wurden die Großen oder ihre Gesandten auf den gemeinsamen Beschluss verpflichtet. Die Konstanzer Gesandten aber wollten sich offenbar nicht verpflichten lassen. Die Autorität des Papstes reichte nicht aus, um die Reisenden aufzuhalten. So muss man Gregors schmallippige

Feststellung über die *Hast der Gesandten, die schnell zurückkehren wollten*, verstehen. Er konnte sie nicht aufhalten. Das ist ein wichtiger Befund.

Der Papst, der in seinem *Dictatus* desselben Jahres festhalten lässt, dass der Legat des Papstes auf allen Synoden den Heimatbischöfen jeden Standes übergeordnet sei, war nicht in der Lage, die Gesandten des Bischofs von Konstanz noch einige Tage in Rom zu halten. Gregor VII. setzte den Erzbischof von Hamburg-Bremen ab. Aber der Erzbischof von Hamburg-Bremen war weit entfernt. Er kam auch nicht nach Rom, um sich dort vor Gregor zu rechtfertigen. Erzbischof Liemar begleitete schließlich Heinrich IV. nach Canossa, wo er wie der Salier aus der Exkommunikation gelöst wurde. In direkter Konfrontation mit seinen Gegnern lenkte Gregor ein. Es sind die schriftlichen Belege seiner Autorität, die das Bild eines entschlossenen Reformers zeigen. Die Briefe trugen seinen Kampf gegen die Simonie und die Priester, die weiterhin mit Frauen zusammenlebten, über die Alpen.

Der Wortlaut von Gregors Mitteilung über die Beschlüsse der Fastensynode an Bischof Otto von Konstanz findet sich in der Chronik Bertholds von Reichenau, der knapp, aber mit großer Anteilnahme von der Fastensynode in Rom und ihren Beschlüssen berichtet.[173] Für Berthold war dies ein Kampf gegen Skandale und Missbrauch. Er wählte starke Worte. Aber die starken Worte der Reformer waren noch keine Taten, vielmehr waren die Widerstände real. Der erste Brief Gregors schien Otto von Konstanz nicht überzeugt zu haben, denn in einem weiteren Schreiben klagt der Papst bitter über die Haltung des Bischofs von Konstanz, der die päpstlichen Erlasse nicht bekannt gemacht habe und ihre Einhaltung von seinen Priestern nicht verlange. *O Schamlosigkeit, o einzigartige Vermessenheit, dass ein Bischof die Erlasse des apostolischen Stuhles missachtet [...].*[174] Der Bischof habe die eigenen Priester ermutigt, bei ihren Frauen zu bleiben, und sie bestärkt, die Verbote des Papstes zu missachten. Gregor sah die Schwierigkeiten in Deutschland und wies den Erzbischof von Mainz an, eine allgemeine Synode in Mainz abzuhalten. Denn der Bischof von Konstanz war nicht der Einzige, der sich der neuen Linie widersetzte. Tatsächlich *begegneten ihm* [dem Papst] *fast alle mit Widerstand*.[175] Der Widerstand hielt an und bediente sich des klassischen Mittels. Etliche Bischöfe ignorierten die Einladung zu der Synode. Mit den Mitteln der Hierarchie allein konnte Gregor gegen diese Verweigerung nicht durchdringen. Die Bischöfe und Priester, die einer Verpflichtung zum Zölibat weiterhin ausweichen wollten, konnten vielleicht hoffen, dass der Eifer Gregors ein persönliches Anliegen dieses Papstes sei, das mit Gregor verschwinden würde. Stürme gingen vorüber. Man musste nur die Ruhe bewahren. Trotz der intensiveren Kommunikation über die Alpen war Rom weit entfernt. Der Papst selbst würde nicht kommen. Vielleicht kam ein Legat, aber er würde wieder abreisen. Briefe würden kommen. Man musste sie nicht lesen.

An dieser Stelle zeigte sich, dass der Kampf, den Gregor VII. begonnen hatte und mit heiligem Eifer betrieb, nicht nur ein persönliches Anliegen dieses Papstes war. Er selbst hatte es bereits in seinem ersten Brief an Bischof Otto von Konstanz angedeutet: Wer seine Erlasse missachte, dessen (Gottes-)Dienst solle das Volk in keiner Weise annehmen, den sollten die Scham des Zeitalters und die Vorwürfe des Volkes zur Besinnung bringen.

Die Scham des Zeitalters und die Empörung und Zurückweisung des Volkes, das war nicht mehr die vornehme Sphäre höfischer Liturgie in königlicher Umgebung. Das elitäre Christentum des frühen Mittelalters geriet unter Druck: durch die Drohung mit der öffentlichen Meinung, die Gregor auf seiner Seite glaubte.[176]

Auch nach zwei vergeblichen Schreiben an den Bischof von Konstanz gab Gregor nicht auf. Ein drittes Schreiben ging noch im selben Jahr an den Klerus und die Laien in der Diözese Konstanz.[177] Es waren nicht nur die vornehmen Laien, die mächtigen Herren, sondern der Brief ging an die Mächtigen und an die Geringen. Er warnte sie vor Bischof Otto, der in offener Rebellion gegen ihn, Gregor, und vor allem gegen den Apostel Petrus seinem Klerus den Verstoß gegen den Zölibat erlaube. Ein Mann, der sich gegen seine Obrigkeit erhebe, dürfe keine Gefolgschaft von seinen Untergebenen erwarten. Da Bischof Otto sich offen gegen die apostolischen Vorschriften stelle, löse Gregor den Klerus und die Laien des Bistums Konstanz von jeder Bindung an diesen Bischof. Gregor stellte nicht fest, dass die Sakramente des Bischofs und die Priesterweihen, die er in der Zeit seines Ungehorsams gegen Rom vorgenommen hatte, ungültig seien, aber diese Folge drängte sich auf. Dies war keine Zeit der Zwischentöne. Nicht nur Gregor sah in dem Verhalten des widerstrebenden Klerus eine *anmaßende skandalöse* Überheblichkeit.[178] Die bereits zitierte Klage des Augsburger Domherren über den Druck der Laien auf die Kleriker, sich von ihren Frauen zu trennen, zeigt, dass die religiöse Frage weite Kreise zog: [...] *bei dieser Gelegenheit erhoben sich die Laien gegen die heiligen Ordnungen und sie entzogen sich aller kirchlichen Unterordnung.*[179]

Das Unbehagen des Sigebert von Gembloux

Sigebert, ein Mönch im lothringischen Kloster Gembloux, berichtete über die 1070er Jahre:

Laien schändeten die heiligen Mysterien und setzten sich darüber auseinander. Häufig trampelten sie mit den Füßen auf den Leib des Herrn, der von verheirateten Priestern konsekriert worden war, und sie verschütteten das Blut des Herrn.[180]

Sigebert, ein Vertreter der traditionellen Weltordnung, in der die Könige die Stützen des Glaubens waren, verwendete fast dieselben Worte wie der Augsburger Domherr. Dies war ein Verstoß gegen das göttliche Gesetz (*fas*). Für diese Männer war die Welt in Unordnung geraten. Sie waren andere Umgangsformen gewohnt. Christen, die auf Hostien herumtrampelten, weil sie von verheirateten Priestern konsekriert worden waren – das waren die Gespenster einer neuen Zeit. Mehr als zwei Jahrhunderte hatten die Bischöfe, Priester, Könige und Herzöge höchsten Wert auf den korrekten Gottesdienst gelegt. Sie hatten die Gelehrten veranlasst, den Wortlaut der Gebete und Gesänge in der Liturgie zu prüfen und zu verbessern. Sie legten Wert auf die Qualität der Musik zur Ehre Gottes. Die Mönche von Cluny waren stolz auf die ununterbrochene Feier des Gottesdienstes an den Altären ihrer Kirche. Der Gottesdienst war ein Herrendienst, seine Form war Ausdruck der Verehrung Gottes durch eine Schicht, die wusste, wie man Respekt bekundete. Sie forderte ihn ihrerseits von ihren Untertanen ein. Es war eine Welt von Männern, die sich kannten. Sie kannten ihre Schwächen und wenn sie nicht zu dramatisch waren, sah man darüber hinweg. Man gehörte schließlich zusammen. In dieser Welt war es nicht üblich, zu genau auf das Verhalten des Einzelnen zu schauen. Und in diese Herrenwelt, in der man menschliche Schwächen mit dem Anspruch einer Teilhabe an der Sphäre Gottes verbinden konnte, brach nun ein Mob ein, der sich anmaßte, über die Zelebranten zu richten und das Heiligste in den Dreck zu treten. Das traf die Männer der alten Ordnung ins Herz.

Teil II   Neue Fragen – radikale Antworten

Man könnte nun vermuten, dass die Reformer in Rom mit ihren radikalen Forderungen diese aggressiven Auftritte provoziert hätten. Aber das wäre zu einfach und würde das Wesen des Wandels, der hier anbrach, verkennen. Der Arm des Papstes reichte in manchen Fällen über die Alpen. Aber Wirkung konnte er nur entfalten, weil die Laien vor Ort sich gegen die Priesterehe und die Simonie stellten.

Der entscheidende Druck, die Reformdekrete aus Rom schließlich umzusetzen, wurde vor Ort entfaltet. Er kam von Adligen, aber auch von Stadt- und Dorfbewohnern. Sie fürchteten um ihr Seelenheil. Wenn die Priester die Anforderungen Gottes, der Apostel und der langen Tradition, auf die sich Gregor VII. berief, nicht befolgten, dann wurden ihre Sakramente ungültig. Das war die Sorge, die viele Menschen veranlasste, die Priester zur Einhaltung des Zölibats zu drängen. Es war eine religiöse Sorge, die eine unverkennbare Aggression freisetzte.

Soziale und religiöse Unruhe

In Mailand kam es in diesen Jahren zu einem städtischen Konflikt, bei dem sich soziale Unruhe mit religiöser verband und das patrizische Stadtregiment herausforderte: *Als aber Arialdus mit schändlichsten Worten die Priester gegenüber dem Volk in schlimmer und verbrecherischer Weise verunglimpfte* – das Volk sei gleichsam wie wilde Tiere gegen die Priester aufgehetzt worden, so diese Quelle.[181] Die Chronisten, die dem stolzen Mailänder Klerus entstammten, der auf seine Eigenständigkeit pochte, sahen diese Bewegung der *Pataria* mit offener Geringschätzung. Die Herkunft des Namens *Pataria* für die Unruhestifter ist nicht sicher geklärt. Man hat den Namen auf die Berufsbezeichnung für Schuhmacher zurückgeführt – Menschen einfachen Stands, die den Mailänder Klerus mit Forderungen konfrontierten, die nahe bei Gregors Reformforderungen waren. Verheiratete Priester sollten nicht mehr geduldet werden. Mailand war eine bedeutende Stadt mit einer stolzen christlichen Tradition. Der heilige Ambrosius war hier einst Erzbischof gewesen. Der hohe Mailänder Klerus, der aus gebildeten Männern bestand, die sich ihrer Kenntnis der lateinischen und der griechischen Tradition rühmten, sah sich mit Befremden in die Ecke gedrängt und wegen mangelnder Enthaltsamkeit beschimpft. Die soziale Bewegung mit religiösen Anliegen, die in Mailand erkennbar wurde und sowohl die städtische Bevölkerung als auch jene des ländlichen Umlands (*contado*) erfasste, war eine Erscheinung, die auch in anderen italienischen Städten des 11. Jahrhunderts hervortrat. Hagen Keller hat darauf verwiesen, dass dabei eine soziale Mobilisierung über die verschiedenen Schichten hinweg zu erkennen ist, die für das Mittelalter neu war. Darum geht es.

In Mailand wie auch bei Konflikten im Reich ging der religiöse Streit um die Eignung der Kleriker für ihr Amt und um den Zölibat mit der persönlichen Diffamierung der Gegner einher. Der Ton wurde grundsätzlich und feindselig, denn es ging um viel. Die Mobilisierung vollzog sich andernorts nicht immer im Zeichen bitterer Konfrontation. In Schwaben waren die Frommen friedlicher, wie Bernold von Konstanz in seiner Chronik berichtet. In ganz Deutschland hätten sich Laien zum gemeinsamen geistlichen Leben (*vita communis*) hingezogen gefühlt. Zwar wurden sie dafür kritisiert, aber Papst Urban II. habe ihre Entscheidung für ein Leben nach dem Vorbild der Urgemeinde ausdrücklich befürwortet.

> *Sogar in den Dörfern strebten zahllose Bauerntöchter danach, der Ehe und der Welt zu entsagen und in Gehorsam gegenüber irgendeinem Priester zu leben [...]. Ein besonderer Eifer glühte aber besonders schicklich überall in Schwaben, einem Land, in welchem sich sogar viele Dörfer vollständig dem geistlichen Leben hingaben und sich bemühten, einander gegenseitig durch die Heiligkeit der Sitte unaufhörlich zu übertreffen.*[182]

Der religiöse Eifer wurde zu einem Zeichen dieser Zeit. Verlässliche Zahlen besitzen wir nicht. Wir können nicht näher sagen, wie groß Bernolds *unzählbare Menge von Männern und Frauen* war oder wie viele *zahllose Bauerntöchter* es waren.[183] Aber wir können die Unruhe feststellen: Ein religiöser Aufbruch fand statt und er hatte verschiedene Gesichter. In Schwaben war eines davon sichtbar.

Wenige Jahre später, auf einer Synode in Clermont 1095, rief derselbe Urban II., der die *vita communis* verteidigte, zur Befreiung Jerusalems und damit zum ersten Kreuzzug auf, und sehr viele Menschen folgten seinem Ruf. Der Aufruf war, strenggenommen, ein Aufruf zu einer bewaffneten Pilgerfahrt zur Befreiung der heiligen Stätten. Von einem „Kreuzzug" sprach man damals noch nicht. Als Lohn für diese Pilgerfahrt versprach der Papst den Nachlass der Sündenstrafen, den viele in ihrem Eifer als Vergebung der Sünden verstanden. Es kamen nicht nur kampferprobte Krieger zu Pferd, auf die der Papst gezielt hatte. Die Verbindung von Glaube und Gewalt mit der Aussicht auf einen Sündenerlass mobilisierte einfache Menschen ebenso, wie es das fromme Leben unter geistlicher Leitung tat. Der Glaube, der bislang vor allem in Klöstern ein Lebensprogramm gewesen war, während die Mehrheit der Gläubigen bei einem guten Gedächtnis vor allem das Glaubensbekenntnis und das Vaterunser kannte, wurde im ausgehenden 11. Jahrhundert zu einer Kraft mit vielen Facetten.

So vielfältig die Formen waren, in denen sich die neue Glaubensunruhe äußerte – in einem Spektrum von frommem Verzicht auf die Güter der Welt bis zum entfesselten Wüten der Gewalt gegen Juden und Muslime im Namen desselben Gottes, auf den sich alle beriefen –, so war ihnen doch ein Antrieb gemein, der als historische Kraft nun eine Wirkung entfaltete, die man aus früheren Epochen nicht kannte. Auch zu Zeiten Columbans waren junge Männer aus vornehmer Familie bisweilen mit Schlägen dafür sensibilisiert worden, ihren Weg im Kloster im Bewusstsein der eigenen Sündenschuld zu gehen, sich dieser Schuld bewusst zu sein und jede Übertretung streng zu büßen. Aber dieses Sündenbewusstsein tritt uns im frühen Mittelalter nur in Bußbüchern und in Regelwerken entgegen. Als eine historische Kraft, die den Lauf der Geschichte änderte, trat es nicht in Erscheinung. Das änderte sich im Lauf des 11. Jahrhunderts. Die Sorge um das eigene Seelenheil erfasste viele Menschen aus unterschiedlichen sozialen Milieus mit den bereits genannten Folgen.

Anselm von Canterbury: *Cur Deus Homo*

Als das Jahrhundert zu Ende ging, brachte einer der scharfsinnigsten Denker seiner Zeit seine Gedanken zur Frage der menschlichen Sündenschuld in einem Traktat auf den Punkt, dessen Wirkungsmacht für die Geschichte der lateinischen Kirche kaum überschätzt werden kann: Anselms von Canterbury *Cur Deus Homo* – Warum Gott Mensch geworden (ist). Geboren im Piemont bzw. Aostatal, führte Anselms Weg in das normannische Kloster Bec und von dort nach Canterbury, das das wichtigste Bistum des eine Generation zuvor (1066) von den Normannen eroberten England war. Hier wurde er als Erzbischof zu Anselm von Canterbury, wobei die konsequente Berufung auf die Vernunft in seinen Schriften seinen Ruhm als Theologe begründete. Der knappe Traktat über die Frage, warum Gott Mensch geworden ist, ist sein Hauptwerk. Obgleich der Text in klarer, einfacher Sprache stringent argumentiert, sollten wir nicht erwarten, dass viele der Menschen, die die Sorge um ihre Sündenlast in diesen Jahren umtrieb, Anselms Argumente verstanden hätten. Das ist auch nicht erforderlich, um in Anselms Text und seiner schon bald einsetzenden, folgenreichen Rezeption einen authentischen Ausdruck jener Unruhe zu sehen, die viele Menschen damals umtrieb. Anselms Text zeichnete das aus, was einem Text historische Wirkung beschert. Er griff ein Thema auf, das in der Luft lag, und er fand in der Sprache der Zeit klare Antworten. Klarheit und Folgerichtigkeit sind Kennzeichen dieses Textes. Wir werden dieser Folgerichtigkeit in den Jahrhunderten nach Anselm wiederholt begegnen und wir werden in diesem Buch an anderer Stelle noch darauf zurückkommen müssen. Hier begann etwas Neues. Die Regeln, die Anselm für diese neue Zeit formulierte, galten nicht nur für die Menschen, sie galten auch für Gott: Warum Gott Mensch geworden ist – *Cur Deus Homo*. Anselm formuliert keine Frage in Hinblick auf die vielleicht wichtigste Frage des christlichen Glaubens. Er gab eine Antwort, eine Antwort nicht nur für die Menschen, sondern auch für Gott. Weitere Klarstellungen dieser Art sollten in den nächsten zwei Jahrhunderten folgen.

Die große Neuausrichtung, die Anselms Traktat vornimmt, ist die Deutung der Passion Jesu als ein Sühneopfer, das die Menschen aufgrund ihrer Sündhaftigkeit Gott schulden. Jesus ist als ein Mensch geboren worden, um für die Sünden der Menschen Genugtuung zu leisten. Anselm war in seiner Stringenz unerbittlich. Die Ehre Gottes verlangte nach Satisfaktion für die menschliche Sünde; und Sünde, so stellt Anselm klar, ist jede Abweichung vom Willen Gottes:

Aller Wille der vernunftbegabten Schöpfung muss dem Willen Gottes unterworfen sein [...]. Wer diese schuldige Ehre Gott nicht erweist, nimmt Gott, was ihm gebührt, und entehrt Gott; und das heißt sündigen.[184]

Anselm steht in der Tradition des Augustinus, für den aus dem Ungehorsam Adams und Evas im Paradies die Erbsünde in die Welt gekommen war. Hier ergab sich für die Sünde ein weites Feld. Wer etwa Anselms Abwei-

Teil II Neue Fragen – radikale Antworten

chung vom göttlichen Willen mit der rigiden Sexualmoral von Gregor VII. zusammenbrachte, dem bot sich manche Gelegenheit zur fälligen Buße.

Denn die freiwillige Genugtuung für die Verkehrtheit oder zum wenigsten die Eintreibung der Strafe von dem, der nicht Genugtuung leistet, haben [...] in diesem All ihren Platz und der Ordnung Schönheit. Wenn die göttliche Weisheit sie, wo die Verkehrtheit die rechte Ordnung zu stören trachtet, nicht einfügte, entstünde in diesem All, das Gott ordnen muss, eine gewisse Verunstaltung, die aus der verletzten Schönheit der Ordnung käme, und es schiene, als ob Gott in seiner Leitung versage. Da beides ebenso unmöglich wie ungeziemend ist, ist es notwendig, dass jeder Sünde Genugtuung oder Strafe folge.[185]

Mit dieser messerscharfen Schlussfolgerung beendet Anselm eine Sequenz von fünf knappen Kapiteln zur Frage von Sünde und notwendiger Buße. Anselm schloss darin die Möglichkeit, dass Gott dem Sünder ohne Bedingungen verzeihe, mit solcher Entschiedenheit aus, dass seine spätere Darlegung, für Gott gäbe es keine Notwendigkeit, nicht ganz überzeugend klingt.[186] Anselms Gott unterlag zumindest den Zwängen der Ehre, die viele historische Arbeiten nicht ganz ohne Grund für ein mittelalterliches Koordinatensystem als höchst verbindlich betrachten: *Nichts wahrt also Gott gerechter als die Ehre seiner Würde.*[187] Das war ein Satz voller Wohlklang für die höfische Welt um das Jahr 1100. Was er genau sagt, bleibt etwas unklar, wie so vieles, was mit der Ehre zu tun hatte. Es war indes nicht unklar, welche Folgen solche Sätze für die Gläubigen zeitigten. Die Sündenschuld musste abgezahlt werden. Es gab viel abzuzahlen und jeder Tag brachte neue Verpflichtungen.

Es muss im Rückblick nicht überraschen, dass die unerbittliche Stringenz, mit der ein solches Denken – entsprechend der Schwere der Schuld – nach angemessener Satisfaktion bzw. Genugtuung für jede Abweichung vom göttlichen Willen verlangte, schließlich zu ausgefeilten und differenzierten Regeln für das menschliche Verhalten und für seine Bestrafung bei Verfehlungen führte. Das hohe und das späte Mittelalter erlebten einen Siegeszug des Kirchenrechts, in dessen Vorschriften seine Spezialisten einen getreuen Spiegel des Himmelreiches sahen.

Anselms Klarheit ist bestechend. Sie folgte aus der Gewissheit, mit der er seine Schlussfolgerungen vortrug. Die Rationalität von Theologen,

Philosophen und zunehmend von Juristen hat dem Erscheinungsbild der Christenheit im hohen und späten Mittelalter markante Züge verliehen. Dabei sollten wir die Folgen dieser Entwicklung klar in den Blick nehmen. Die zwingende Forderung nach Genugtuung für jede menschliche Abweichung vom göttlichen Willen stärkte die Position des Klerus in nachhaltiger Weise. Die Priester konnten, nach eingehender Prüfung der jeweiligen Sündenschuld und nach einer geeigneten Buße, den Sünder von seiner Last befreien.

Die Sorge um das Seelenheil

Das erwachte Sündenbewusstsein dieser Umbruchzeit, das nun viele Menschen erfasste und dessen Auslöser oder Ursachen wir kaum genauer fassen können, leitete das Jahrtausend des Klerus in der lateinischen Kirche ein. Die Trennung von der griechischsprachigen Kirche im Osten fiel in diese Zeit und damit trat die abendländische katholische Christenheit in eine neue Phase ihrer Geschichte ein: Sie wurde zunehmend zu einer vom Klerus dominierten Kirche. Es gab viele Kräfte, die die Position des Klerus in dieser Kirchenordnung stärkten, aber die Sorge der Menschen um ihr Seelenheil war die stärkste dieser Kräfte. Diese Sorge stützte die Rolle der Priester und die wachsende Bedeutung der römischen Kurie. Von den Sakramenten, die die Priester spenden konnten, erhofften die Verunsicherten die Lossprechung, zumindest eine Minderung ihrer Sündenschuld. Es war in vielen Fällen eine einfache Rechnung. Aber die Klarheit, mit der Anselm die Notwendigkeit zur Buße vorführte, ließ sich auch mit brutaler Einfachheit erklären. Das Feld der Ehre, auf dem Anselm hier seine Schlüsse zog, war ein Umfeld, in dem manche schlichte Schlussfolgerung gezogen wurde. So konnte es dazu kommen, dass Priester, die die einfache Bedingung der Ehelosigkeit und Enthaltsamkeit nicht erfüllten, aber Personen von Bildung waren, als Männer angefeindet wurden, die ihrer wichtigen Aufgabe nicht nachkamen und die niemanden von ihrer Sündenschuld lossprechen konnten.

Die Übergriffe auf das Altarsakrament, von denen Sigebert von Gembloux entsetzt berichtet, der Schrei *Gott will es*, mit dem die Zuhörer Urbans II. auf dessen Aufruf zum bewaffneten Zug nach Jerusalem reagierten, und die blutige Einnahme der Heiligen Stadt waren damit auch eine Folge dieser aufgeheizten Stimmung, in der sich die Verunsicherung in Gewissheit umzuwandeln suchte. Es ist nicht die Aufgabe historischer Arbeit, Urteile über die Zeiten zu fällen, die sie behandelt. Historikerinnen und Historiker sind keine Beisitzer beim Jüngsten Gericht. Aber der aggressive Eifer, der viele Menschen in dieser Umbruchphase im Namen Gottes erfasste und antrieb, hatte etwas Beunruhigendes. Hier setzte ein historischer Wandel ein, der die europäische Kultur zutiefst prägen sollte – allerdings nicht in eindeutiger Weise. Die enorme religiöse Dynamik setzte vielmehr sehr verschiedene Kräfte frei.

Die Lehre von der Schuld der Menschen vor Gott prägt das Bild der Kirche in den Augen vieler Menschen bis heute. Die Rolle des Klerus als einziger Instanz, die die Sündenlast der Menschen erleichtern konnte, beförderte die Priester seit der Umbruchzeit des 11. Jahrhunderts in eine besondere Stellung. Als geweihte Männer vermochten sie die Sünder von ihrer Schuld loszusprechen. In Europa erleben wir in der Gegenwart das Ende dieser fast tausendjährigen Tradition, weil die Sorge um das Seelenheil immer weniger Menschen umtreibt. Mit der besonderen Würde und dem herausgehobenen Status war indes auch ein besonderer Anspruch verbunden, dem die Priester im wirklichen Leben nicht immer zu entsprechen vermochten. Angesichts dieses hohen Anspruchs an das geweihte Amt, angesichts der Privilegien, die sich daraus ergaben, und angesichts der Vehemenz, mit der beides mitunter eingefordert wurde, rissen auch die Klagen über Verfehlungen des Klerus fortan nicht mehr ab, auch wenn die rigide Moral, die im 11. Jahrhundert Einzug hielt, nach einigen Jahrzehnten wieder abklang und man sich den Realitäten des Lebens annäherte.

Die Formierung einer Klerikerkirche war nur die eine Seite des Wandels der Christenheit im hohen Mittelalter. Die Aufwertung und Abgrenzung des Klerikerstandes war kein Angebot für Menschen, die es zu einem religiösen Leben drängte, ohne dass sie Priester werden wollten oder hätten werden können – ein Amt, das zudem der weiblichen Hälfte der Christenheit gar nicht zugänglich war. Diese Menschen zog eine religiöse Lebensform zunehmend in den Bann, deren Anziehungskraft aus ihrer authentischen Praxis entsprang. Es war eine Praxis, die nicht auf einer adligen

Theorie von Ehre oder ausreichender Genugtuung basierte, sondern die schlicht nach einem glaubwürdigen Leben aus dem Glauben fragte. Es war ja durchaus bemerkenswert, dass Anselm von Canterbury seinen scharfsinnig argumentierenden Traktat auf die Frage hin zuspitzte, *warum* Gott Mensch geworden sei, dass ihn darin aber die Frage, wie Gott in Jesus von Nazaret als Mensch lebte, nicht weiter interessierte.

Viele Menschen stellten in dieser Zeit Fragen, die das Vaterunser und das Glaubensbekenntnis allein nicht beantworten konnten. Der religiöse Aufbruch am Beginn des hohen Mittelalters führte schließlich zu einem umfassenden theologischen Nachdenken. Das war unvermeidlich. Die Religion drang nun in Lebensbereiche vor, mit denen die Theologen des frühen Mittelalters kaum Berührung gehabt hatten.

Der religiöse Aufbruch war ein Phänomen, das alle Stände erfasste, und hierin liegt ein großer Unterschied zu den elitären Reformbemühungen, wie wir sie etwa in der Karolingerzeit gesehen haben. Die Bewegung der Gläubigen veränderte die Christenheit tiefgehender als das rigorose Reformpapsttum. Die neuen Gläubigen teilten die Lebens- und Glaubenserfahrung der Königshöfe nur in sehr begrenztem Maß. Die Welt des Alten Testaments trat im Bewusstsein der Gläubigen allmählich zurück. Das Neue Testament entfaltete zumal bei den einfachen Gläubigen seine mobilisierende Kraft. Die Radikalität des religiösen Aufbruchs im späteren 11. Jahrhundert nutzte der römischen Kurie, um ihre Ansprüche gegen Machthaber und Autoritäten vor Ort durchzusetzen. Aber die Päpste hatten den Umbruch nicht verursacht. Das neue Bedürfnis nach religiösen Antworten war eine historische Kraft, die ihrerseits auch die Reformen in Rom vorantrieb, ohne dass diese Entwicklungen immer zusammenkamen. Dafür wurden die Kurie und an ihrer Spitze die Päpste bald zu Vordenkern eines spezialisierten kirchlichen Apparats mit hohen Ansprüchen an die Disziplin seines Klerus. Diese Ansprüche wurden in einer juristischen Sprache formuliert und die Päpste wurden schon im Lauf des hohen Mittelalters immer mehr zu Spezialisten des wachsenden Kirchenrechts. Anders war ihre Aufgabe nicht zu bewältigen. So entfernten sie sich bald wieder von der Mehrzahl der Gläubigen. Die Welt der Kurie, der die Päpste vorstanden, wurde kompliziert.

Teil II Neue Fragen – radikale Antworten

Viele Menschen fragten sich in dieser Zeit des Umbruchs konkret, was der Glaube für ihr Leben bedeutete. Manche nahmen die Antworten, die ihnen das Evangelium bot, ernst und versuchten, sie umzusetzen: Sie änderten ihr Leben. Aber es gab eine dunkle Seite des Wandels. Wer sich zur Gewalt hingezogen fühlte, der kleidete diese Gewalt nun in ein religiöses Gewand. Wer auf Hostien herumtrampelte, der war wahrscheinlich auch bereit, mit einem Messer oder einem Knüppel in der Hand die Tür seines jüdischen Nachbarn einzutreten. Die Bereitschaft zur Gewalt gegen Priester, deren Haltung man missbilligte, blieb bis in das späte Mittelalter hinein eng mit der Bereitschaft zur Gewalt gegen Juden verbunden. Die religiös motivierte Gewalt wurde seit dem 11. Jahrhundert zu einer europäischen Krankheit.

Der Unmut vieler Glaubenden gegen ihre Priester nährte sich aus einer neuen Meinungsbildung in religiösen Fragen, einer Meinungsbildung, die nicht auf theologischer Bildung basierte. Sigebert von Gembloux hörte die Aufforderung Gregors VII. an die Laien, Sakramente von verheirateten Priestern abzulehnen, mit Beunruhigung.[188] Das widerspreche den Lehren der Kirchenväter. Die Kirchenväter hatten gelehrt, dass die Sakramente ihre Wirkung durch das Zutun des Heiligen Geistes entfalteten. Das Wirken des Heiligen Geistes belebe die Sakramente: die Taufe, die Weihe, die Eucharistie. Dieser Wirkung könne die Person des Priesters weder etwas hinzufügen, noch könne sie sie mindern. Sigeberts Position war eine gelehrte Position, die der späteren theologischen Lösung des Problems, das die Wirksamkeit des Sakraments vom Spender und vom richtigen Vollzug abhängig macht, nahe war. Aber es war eine Position, die viele Gläubige in dieser aufgeregten Phase nicht akzeptierten. Sie akzeptierten sie nicht, weil sie in dieser Phase nach einem konkreten christlichen Lebensmodell suchten, nicht nach theologischer Rechtfertigung.

Kapitel 9

Aufbruch in Armut

Am Ende des 11. Jahrhunderts, gleichsam als sichtbares Zeichen des europäischen Aufbruchs in all seiner Dynamik und in all seiner Problematik, rief Papst Urban II., wie bereits erwähnt, zur Befreiung Jerusalems aus den Händen der Ungläubigen sowie zur Hilfe für die Christen des Ostens auf. Die byzantinische Kirche geriet durch das Vordringen türkischer Stämme zunehmend unter Druck. Daraus entstand der erste Kreuzzug. Wir kommen darauf zurück. Hier sei betont, dass das ganze Umfeld des ersten Kreuzzuges von seinem Initiator, einem Papst in der Reformtradition Gregors VII., über den konkreten Anlass, die Reformsynode von Clermont in Frankreich, bis hin zu den Beteiligten in das Milieu der Kirchenreform eingebettet war. Als Zeichen ihrer bewaffneten Pilgerfahrt nach Jerusalem hefteten sich die Zuhörer Urbans in Clermont und später auch die Kreuzfahrer ein Stoffkreuz auf die Schulter, nicht auf die Brust oder den Rücken, wie dies die späteren Bilder dieser Züge zeigen. Dieses Kreuz war ein Zeichen, aber es war in erster Linie noch nicht das weithin sichtbare Zeichen für Feinde und Freunde im Kampf. Es war das Zeichen für eine Pilgerschaft im Namen Jesu. Die Kreuzfahrer luden sich das Kreuz Christi als Ausdruck konkreter Nachfolge symbolisch auf die Schulter. Das Stoffkreuz von Clermont war für viele Teilnehmer am Kreuzzug nicht das Triumphkreuz der frühmittelalterlichen Könige. Es war das Kreuz der Passion, das Jesus nach Golgatha getragen hatte. Jesus hatte allerdings zuvor das Schwert zurückgewiesen (Mt 26,52), das viele Kreuzfahrer nun trugen.

Die Kreuzzüge wurden zu einem dunklen Kapitel der Geschichte, zu einem Kapitel voller Gewalt, die mit dem Anspruch auf die Nachfolge Christi nicht leicht zu verbinden war. Aber ihre Anfänge zeigen doch den eigentümlichen Geist der Zeit, der die Gewissheit, im Geist Gottes zu handeln, mit der Entschlossenheit im Handeln verband. Diese Entschlossenheit ließ im Lauf der über 200 Jahre andauernden Kreuzzugsbewegung nach. Aber es wurde noch etwas anderes sichtbar: eine aggressive Haltung gegen die, die das eigene Tun in Frage stellten, und die Bereitschaft zur Gewalt gegen Andersgläubige. Juden, Muslime und auch byzantinische Christen bekamen sie in der Folge zu spüren. Gewalt war ein gängiges Mittel der Auseinandersetzung dieser Zeit, dagegen gab es keine grundsätzlichen Bedenken; sie wurde ausgeübt oder erduldet. Gewalt war in der Auseinandersetzung mit Gegnern, zumal Andersgläubigen in der Ferne, durchaus üblich. Aber im Umgang mit Andersgläubigen im eigenen Königreich oder in der eigenen Stadt war sie neu, besonders wenn man sich auf denselben Gott und dieselbe biblische Tradition berief.

Leben wie die Apostel

Eine Generation nach dem ersten Kreuzzug traten in Köln Gläubige auf, die in aller Entschiedenheit erklärten, dass nur sie die wahre Kirche seien und dass nur sie in den Fußstapfen Christi wandelten.[189] Sie wollten Christus nachfolgen wie die Apostel und verwiesen dabei auf ihr besitzloses und unstetes Leben als Arme Christi. Wir erfahren erstmals von ihnen, weil der Erzbischof von Köln sie verhören ließ, wobei sie sich mehrere Tage lang mit den Worten des Neuen Testaments gegen den Vorwurf der Irrlehre zur Wehr setzten. Dann sei die Bevölkerung unruhig geworden. Man habe zwei der Anführer den Händen des Klerus entrissen und sie dem Feuer übergeben. Der Berichterstatter, ein gebildeter Mönch, erzählt nur unwillig von diesem Tod auf dem Scheiterhaufen und er zeigte sich beeindruckt von der Glaubensstärke der Getöteten, die die Qualen des Feuers *nicht nur mit Geduld, sondern mit Freude* ertragen hätten. Wie konnte es sein, so fragte er sich, dass diese Menschen in ihrer Häresie eine Entschlossenheit zeigten, die man bei sehr gläubigen Menschen kaum finde?[190]

Hier zeigte sich die enorme Dynamik der religiösen Unruhe dieser Zeit in brutalen Gegensätzen in demselben sozialen Milieu. Denn in Köln waren es Menschen aus der städtischen Bevölkerung (*populus*), die die vermeintlichen Häretiker grausam hinrichteten. Es war nicht der Klerus des Bischofs, der das Verhör geführt hatte. Die Anhänger der unterschiedlichen

Kapitel 9   Aufbruch in Armut

Abb. 9 Die Darstellung der Koelhoffschen Chronik zeigt ein idealisiertes Bild der Stadt Köln am Ende des Mittelalters.

Glaubensrichtungen ließen sich nicht einfach sozialen Gruppen zuordnen. Glaubensgewissheiten und -überzeugungen konnten Handwerker gegen Handwerker oder Kaufleute gegen Kaufleute aufbringen. Angetrieben wurden sie von einem Glauben, der die einen zu den extremen Mitteln der Verfolgung greifen ließ und der die Verfolgten stark genug machte, die Gewalt zu ertragen. Die kirchlichen Autoritäten traten als Obrigkeit auf, sie straften nicht selber und sie waren keine treibenden Kräfte in dem Geschehen. Dass Erzbischöfe und Bischöfe bei solchen Exzessen keine entscheidende Rolle spielten, setzte sich auch eine Generation später fort. Seit der Zeit Gregors VII. waren inzwischen etwa 100 Jahre vergangen. Die Zahl der Laien, die sich mit der Frage eines Lebens nach dem Evangelium auseinandersetzte, nahm weiter zu.

Der Kaufmann Petrus Waldes aus Lyon sah sich nach einer religiösen Erfahrung zu einem Leben als Wanderprediger berufen. Er gab bei einem Priester die Übersetzung von für ihn wichtigen biblischen Texten in Auftrag, stattete seine Frau mit Mitteln aus und versorgte seine Töchter im Kloster Fontrevauld. Predigend zog er anschließend umher, was im Klerus der Umgebung für eine gewisse Unruhe sorgte. Ein Laie, der ohne kirchliche Erlaubnis predigte, war eine Herausforderung. Daher sah Waldes in dem 1179 in Rom zusammentretenden Laterankonzil eine Möglichkeit, seine neue Lebensweise amtlich bestätigen zu lassen. Er begab sich mit einigen Anhängern nach Rom, um dort die Zustimmung des Konzils zu seiner Bibelübersetzung zu erlangen und die Erlaubnis zur Predigt zu erhalten. Das Konzil unterzog ihn einer Prüfung. Der kurze, aber klare Bericht des prüfenden Klerikers hat sich erhalten. Der Engländer Walter Map, der die Anhörung leitete, hat ihn in seiner Chronik bewahrt.

Walter Map war ein gebildeter Mann, der Wert auf Bildung und Unterscheidungsvermögen legte. Der am Hof König Heinrichs II. von England Tätige zeigte sich nicht sonderlich beeindruckt von Waldes und seinen Gefolgsleuten. Für ihn waren sie *ungebildete Menschen*[191] – und das ließ er sie spüren. Er führte sie mit der Frage vor, ob sie an die Mutter Gottes glaubten. Glauben aber konnte man nur an Gott; seine Mutter war ein Mensch, man konnte sie somit lediglich verehren. Die umstehenden Geistlichen brachen daher in Gelächter aus und Walter Map schrieb geringschätzig:

Diese Leute haben keine festen Wohnungen, zu Zwei und Zwei gehen sie barfuß umher, gekleidet in Wolle, sie haben nichts, wie die Apostel haben sie alles gemeinsam, dem nackten Christus nackt folgend.[192]

Aber Walter Map sah hier keine Gefolgsleute Christi vor sich, die ihm Respekt abnötigten. Er erkannte in diesen armen Wanderpredigern eine Gefahr.

Jetzt beginnen sie mit einem demütigen Auftritt, weil sie ihren Fuß nicht in [die Tür] bekommen, aber wenn wir sie zulassen, werden sie uns hinauswerfen.[193]

Hier scheiterte die Kommunikation mit weitreichenden Folgen. Die sogenannten Waldenser erhielten keine Predigterlaubnis. Aber sie waren nicht bereit, auf ihre Wanderpredigt zu verzichten. So wurden sie zu Häretikern.

Es war die gescheiterte Kommunikation, auch verschuldet durch unterschiedliche Lebenswelten, die in dieser Situation und in den nächsten Jahren die Parteien nicht zueinander finden ließ. Der Wunsch nach authentisch-apostolischem Leben fand indes weitere Verbreitung, und hätte Petrus Waldes eine Generation später gelebt, so wäre die Geschichte seiner Bewegung möglicherweise anders verlaufen. Denn 40 Jahre nach Petrus Waldes kam ein Mann mit seinen Gefährten nach Rom, dessen Leben in mancher Hinsicht ähnlich verlaufen war wie das des Kaufmanns aus Lyon. Allerdings war er jünger und hatte noch keine Familie.

Franziskus

Franziskus, 1181 geboren, war der Sohn eines Tuchhändlers aus Assisi und hatte dort eine sorgenfreie Jugend verbracht. Ein religiöses Erlebnis brachte dieses Leben durcheinander. Franziskus verwarf seine bisherigen Pläne und entschloss sich zu einem Leben in Armut und zur Predigt. Die Entscheidung führte zum Bruch mit seinem Vater. Der junge Mann zog in das Umland seiner Heimatstadt, baute mit eigenen Händen eine kleine verfallene Kapelle wieder auf (die sogenannte *Portiuncula*) und zog predigend umher. Er rief die Menschen zur Buße auf und bald schlossen sich ihm erste Anhänger an. Wie die Waldenser nach dem Vorbild der Aussendungsrede Jesu (vgl. Mt 10, Mk 6 und Lk 9) zu zweit loszogen, so sandte auch Franziskus seine Gefolgsleute zu zweit in die Umgebung zur Predigt.

Und dann, als der Herr mir Brüder gab, zeigte mir keiner, was ich tun müsse, sondern der Höchste selbst offenbarte mir, dass ich nach dem Maß des heiligen Evangeliums leben solle. Und ich ließ es mit einfachen Worten aufschreiben, und der Herr Papst bestätigte mir's. Und die da kamen, dies Leben anzunehmen, gaben alles, was sie haben mochten, den Armen und waren zufrieden mit einem Rock, innen und außen geflickt, samt Gürtel und Hosen, und mehr wollten wir nicht haben [...]. Und wir waren ungebildet und allen untertan [...]. Und ich arbeitete mit meinen Händen und will arbeiten. Auch alle anderen Brüder, ich will es fest, sollen arbeiten, eine Arbeit, die ehrbar ist.[194]

So schrieb Franziskus am Ende seines Lebens in seinem Testament, in dem er noch einmal versuchte, das Wichtigste seines Lebens für seinen Nachfolger festzuhalten.

Franziskus war kein einfacher Zeitgenosse, und wer seine Leidenschaft für das apostolische Leben nicht teilte, empfand ihn sicher als anstrengend. Sein Freund und Vertrauter, der spätere Papst Gregor IX., erklärte das programmatische Testament des Heiligen schließlich zu einer Privatmeinung, die die Brüder des Ordens nicht binde. Franziskus war ein Mann der Praxis, kein Gelehrter und kein Mann der Theorie. Seine Weise, ein apostolisches Leben zu führen, war geradlinig und radikal. Die Tradition hat diese Züge abgemildert und aus Franziskus von Assisi ein menschen- und tierliebes Blumenkind gemacht, das mit den Vögeln sprach. Das Bild täuscht, aber es zeigt die Wirkung dieses charismatischen Heiligen, der vielen die Möglichkeit gab und gibt, ihre eigenen Visionen auf ihn zu projizieren. Er verdient indes einen genaueren Blick.

Franziskus war ein Kind seiner Zeit. Wir haben gesehen, dass das Vorbild des apostolischen Lebens viele Menschen des 12. und 13. Jahrhunderts faszinierte. Diese Menschen waren mehrheitlich Bewohner der Städte, die in dieser Phase einen Aufschwung erlebten. Franziskus zog am Beginn des 13. Jahrhunderts nach Rom, begleitet von elf Anhängern, die sich ihm in Assisi angeschlossen hatten. In seinem Testament schrieb er 1226 am Ende seines Lebens rückblickend: *Wir waren ungebildet und allen untertan.*[195] Der Franziskus, der uns in den frühen Lebensbeschreibungen begegnet, die einige Jahre nach seinem Tod entstanden sind und noch so etwas wie Kanten der Authentizität besitzen, war ein anspruchsvoller Mensch, der keine Kompromisse machte. Auch seinen Anhängern war seine Kompromisslosigkeit und Härte in der Sache mitunter zu viel, sie wählten einen anderen Weg. Das konnten sie tun, weil sich Franziskus in den letzten Jahren seines Lebens, als er – wahrscheinlich wegen der Rücksichtslosigkeit gegen sich selbst – schon schwer erkrankt war, von der Leitung des Ordens zurückgezogen hatte. Mancher seiner treuen Gefolgsleute mag über den Tod des Ordensgründers erleichtert gewesen sein. Nun konnte man ihn verklären und seine asketische Schärfe mildern, die im sozialen Leben einige Reibungen erzeugt hatte.

Zur strikten Armutspraxis von Franziskus sollten wir ein erklärendes Wort sagen. Das heutige Armutsverständnis – etwa ein Einkommen unterhalb des Durchschnitts – hat mit der Armut, die Franziskus anstrebte, wenig Gemeinsamkeiten. Die Hilfe zum Lebensunterhalt, die man heute beanspruchen kann, wenn man arm ist, ist nach unserem modernen Verständnis ein Recht. Das hätte Franziskus nicht beeindruckt. Er hätte unsere Sozialhilfe sehr wahrscheinlich als Reichtum gebrandmarkt. Denn ihm ging es um das Ausgeliefertsein infolge der Armut. Das war gemeint, wenn er sagte: *wir waren allen untertan.* Daher stammte ja auch die Selbstbezeichnung des Ordens: *Ordo fratrum minorum* / Orden der minderen Brüder (OFM). Die Armut nahm den Menschen die Sicherheit, die Planbarkeit ihres Lebens nach eigenen Wünschen. Das machte die Armut so bedrückend. In der Zeit des Franziskus und auch für Franziskus waren die Armen ihrer Situation ganz aus-

Kapitel 9 Aufbruch in Armut

Abb. 10 Franziskus auf dem Fresko in der Kapelle Gregors des Großen in Subiaco. Die Darstellung, die Franziskus noch als „Bruder Franziskus" ohne Heiligenschein zeigt, ist möglicherweise noch zu Lebzeiten von Franziskus entstanden, der bald nach seinem Tod heiliggesprochen wurde. Die Kapelle des heiligen Gregor befindet sich nahe der Heiligen Grotte, wo Benedikt nach dem Bericht Gregors eine Zeitlang in einer Einsiedelei gelebt haben soll.

geliefert. Das bedeutete nicht, dass Franziskus bettelte. Er hielt in seinem Testament fest, dass er mit seinen Händen gearbeitet habe und wolle, dass die Brüder ebenfalls mit ihren Händen arbeiteten. Aber wenn es auf den Feldern nichts zu tun gab, dann aßen die Armen nicht. Ihr Schicksal lag nicht in ihren Händen. Das war es, worum es Franziskus ging: sein Schicksal und das Schicksal seiner Brüder in die Hände Gottes zu legen. So sah er es. Allerdings war eine solche Haltung auf lange Sicht schwer durchzuhalten. Diese radikale Lebensweise war keine moralische Frage. Es ist nicht sinnvoll, die weitere Entwicklung des Ordens als Niedergang zu interpretieren, wie dies häufiger geschieht. Wer Verantwortung für andere übernimmt, braucht eine gewisse Planungssicherheit. Das mussten die frühen Franziskaner sehr bald erfahren, denn sie erlebten einen enormen Zulauf. Viele Menschen waren von der Radikalität, mit der die Franziskaner ihr apostolisches Ideal verfolgten, beeindruckt. Sie stifteten ihnen Häuser, um die Brüder zum Bleiben in ihrer Stadt zu bewegen. Sie hörten ihre Predigten, sobald die Brüder gelernt hatten, ihre Sprache zu sprechen. Sie erbaten ihre Fürbitten und dafür bedachten sie sie in ihren Testamenten.

Wer die frühen Berichte von den Anfängen der franziskanischen Bewegung liest, ist beeindruckt. Hier begegnen einem Menschen mit Glaubensüberzeugung, Entschlossenheit und Humor.[196] Man versteht, dass diese Brüder die Menschen beeindruckten. Franziskus' Kompromisslosigkeit war schon für seine Zeitgenossen mitunter schwer zu ertragen, selbst dann, wenn sie sich ihm ausdrücklich angeschlossen hatten. Franziskus war kein Freund größerer Bauwerke, auch kleinere Häuser duldete er nicht im Besitz der Brüder, wenn sie aus Stein waren. Thomas von Celano, einer seiner Gefährten und ein früher Chronist, berichtet, dass Franziskus auf der Rückreise von Verona nach Bologna kam und hörte, dass für die Brüder dort ein Haus gebaut worden sei. Daraufhin weigerte er sich, nach Bologna hineinzugehen, und befahl den Brüdern, das Haus zu räumen. Auch die Kranken mussten herausgebracht werden.[197] Wenn man bedenkt, dass man in dieser Zeit für viele Kranke keine Medikamente hatte und dass man kaum mehr tun konnte, als ihnen zumindest Ruhe zu gönnen, dann konnte so eine Maßnahme durchaus lebensbedrohlich werden. Aber Franziskus blieb hart.

Angesichts dieser Herausforderung berichtet Thomas von Celano erstmals von einer Lösung, die in dem folgenden Jahrhundert für den Umgang mit maßvollen Schenkungen gefunden wurde. Es war eine nüchterne, kluge und gemäßigte Lösung, erdacht von einem Kirchenjuristen, der es noch weit bringen sollte. Aber es war eine Lösung, die für die entschiedenen Nachfolger des Franziskus im Orden immer eine Provokation bedeutete, der sie sich leidenschaftlich widersetzten. Thomas von Celano schildert die Maßnahme in knappen Worten in direktem Anschluss an die Räumung des Hauses:

> *Und die Erlaubnis zur Rückkehr wurde nicht eher erteilt, bis Herr Hugo, damals Bischof von Ostia und Legat in der Lombardei, das genannte Haus öffentlich in einer Predigt als sein Eigentum erklärte.*[198]

Herr Hugo, auch bekannt als Kardinal von Ostia und auf persönliche Bitte des Franziskus Protektor des neuen Ordens, löste die Nutzungsfrage, indem er sie von der Eigentumsfrage löste. Nicht die Franziskaner, die das Haus bewohnten, waren die Eigentümer, sondern Hugo von Ostia. Er lud die Franziskaner ein, in seinem Haus Quartier zu nehmen. Bei anderer Gelegenheit, von der Thomas berichtet, hatte die Ärmlichkeit der franziskanischen Nachtlager Hugo von Ostia die Tränen in die Augen getrieben. Und wenn der Protektor des Ordens die armen Brüder in sein Haus lud, wer sollte sie daraus vertreiben? Franziskus nicht. Tatsächlich wurde Franziskus von der Geschichtsschreibung auch zu einem Rebellen gegen die Amtskirche verklärt. Das ist irreführend. Die Frage, was Franziskus eigentlich gewollt hat, und ob seine Bewegung nicht von der Kirche vereinnahmt und domestiziert wurde, hat die Forschung als *questione francescana* lange beschäftigt.[199] Franziskus war kein Rebell gegen die Amtskirche, im Gegenteil, noch sein Testament ist vom tiefsten Respekt vor den geweihten Priestern geprägt und das Gastrecht, das der Kardinal von Ostia nun seinen Mitbrüdern einräumte, wollte er nicht in Frage stellen. Hugo von Ostia wurde einige Jahre später als Gregor IX. zum Papst gewählt. Es war dieser Gregor, der das Testament des Franziskus, diese letzte Intervention des kranken Ordensgründers zugunsten eines radikalen Armutsverständnisses, einige Jahre nach dem Tod des Franziskus zu dessen Privatmeinung erklärte, die für die Ordensmitglieder keine Verbindlichkeit habe. Sie konnte freilich der Orientierung dienen.

Künftig wurden alle Stiftungen und Schenkungen an den Orden von den Franziskanern an den Papst weitergegeben. Die Kurie wurde zum Eigentümer. Sie besaß das *dominium*. Das ist der entscheidende Begriff. Noch heute unterscheiden wir Eigentum und Besitz, auch wenn die Alltagssprache das häufig verwischt. Ein Mieter ist der Besitzer der gemieteten Wohnung, mit entsprechenden Rechten. Eigentümer ist er nicht. Daher darf er eine Reihe von Entscheidungen auch nicht treffen. Wenn der Eigentümer nun auf die Miete verzichtet, weil der Mieter arm ist, so kann der arme Mieter durchaus komfortabel leben, aber arm bleiben. Die Nachfolger des Franziskus sahen sich als arme Prediger auf Wanderschaft. Und das waren sie auch. Sie hatten nichts, sie besaßen keinerlei Eigentum, weder als Individuen noch als Orden. Aber schon bald lebten sie nicht mehr von der Hand in den Mund. Das war die schwierige Konsequenz eines authentischen Lebens in Armut.

Wenn man einen Fürsprecher sucht, dann sollte man jemanden wählen, auf dessen Fürsprache gehört wird. Die Heiligkeit des Franziskus war der direkte Beleg dafür, dass seine Fürsprache und die Fürsprache seiner Brüder dem Ohr Gottes nahe waren. Viele Zeitgenossen waren davon überzeugt, dass die Heiligen einen direkten Zugang zu Gott besaßen. Franziskus war ein besonderer Heiliger, seine Verehrung setzte früh ein und breitete sich rasch aus. So bedachten viele Menschen die Franziskaner in ihren Testamenten, hinterließen Gelder oder Immobilien oder bauten eine Kapelle für die Brüder. Das waren reale Werte. Eigentumstechnisch nahm sich, wie wir gesehen haben, die päpstliche Kurie dieser Geschenke an. Aber der Papst konnte nicht alle diese Häuser bewohnen und im Lauf der Zeit tauchte die Frage auf, ob man wirklich arm war, wenn man ein reiches Haus bewohnte, auch wenn es einem nicht gehörte. Man könnte solche Überlegungen für subtil halten – und es gab etliche Franziskanerbrüder, die solche Spitzfindigkeiten nicht mochten. Es ist kein Wunder, das in dem Jahrhundert nach dem Tod des Franziskus verschiedene Armutsstreitigkeiten aufbrachen. Tatsächlich hinterließ Franziskus ein schwieriges Erbe, wie es Roberto Lambertini und Andrea Tabbaroni in ihrer einschlägigen Untersuchung genannt haben.[200] Und es gab viele Erben, die einen Erbtitel beanspruchten.

Die Franziskaner nach Franziskus

Hatte Franziskus 1209 gerade einmal elf Gefährten gehabt, die ihn nach der Überlieferung auf der Reise zu Papst Innozenz III. nach Rom begleitet hatten, um sich ihre Lebensregel bestätigen zu lassen, so gab es 1263 bereits 651 Franziskanerkonvente und weitere 20 Jahre später fast doppelt so viele. Die meisten dieser Brüder hatten den Ordensgründer niemals persönlich erlebt. Im Orden kursierten eine Reihe von Berichten mit einem unterschiedlichen Anspruch auf Authentizität. Über diese Berichte wurde alsbald erbittert gestritten. Die Quellenlage der Frühgeschichte des Ordens ist ein eigenes Kapitel, kompliziert und kontrovers schon in der Sache. Weil die Erinnerung nicht übereinstimmend war, ist sie durch eine besonders radikale Maßnahme für uns noch schwieriger zu durchdringen. Der Streit um das richtige Verständnis der franziskanischen Lebensregel führte in den Jahrzehnten nach dem Tod des Franziskus zur Absetzung verschiedener Ordensleiter, der sogenannten Generalminister.

1257 wurde der Pariser Theologe Bonaventura zum neuen Generalminister ernannt. Bonaventura wählte radikale Schritte, um den unruhig gewordenen Orden wieder auf eine Linie zu bringen. Er setzte eine radikale Zensurmaßnahme durch, indem er anordnete, alle alten Lebensbeschreibungen des Franziskus, die für den Orden erreichbar waren, zu vernichten. Es sollte allein seine neue Lebensbeschreibung des Franziskus, die *Legenda Maior*, verbreitet werden. Der Kampf um die Deutungshoheit über das Leben des Franziskus war 40 Jahre nach dem Tod des Heiligen in vollem Gang. Bonaventura setzte sich durch. Die Zerstörung der Handschriften in Hunderten von Konventen und ihren Bibliotheken wurde so gründlich durchgeführt, dass man die Spuren der älteren Überlieferung erst im 19. Jahrhundert in einzelnen Klöstern der Zisterzienser fand, die dem Zugriff der franziskanischen Zensoren in den 1260er Jahren entzogen waren. Bonaventura setzte noch eine andere Maßnahme durch: Alle Mitglieder des Ordens mussten Priester werden oder sein. Franziskus war es nicht gewesen, aber in den Jahren nach seinem Tod waren erhebliche disziplinarische Probleme mit den Laienbrüdern entstanden. Der Orden wurde nun klerikalisiert. Das bedeutete auch, dass sein Bildungsniveau stieg.

Franziskus hatte den Besitz von Büchern abgelehnt. Wer Bücher besitze, brauche auch ein Lesepult. Wer ein Lesepult habe, müsse es irgendwo unterstellen, und so weiter und so fort: Sachzwänge des Besitzes eben. Aber nach seinem Tod wurde der Orden zunehmend für die Gelehrten und Professoren an den ebenfalls im Aufstieg befindlichen Universitäten attraktiv. Ähnlich erging es dem Dominikanerorden, dessen Geschichte als Orden armer Wanderprediger aus der Begegnung mit den Katharern im Süden Frankreichs hervorgegangen war und parallel zum Aufstieg Franziskaner ähnlich erfolgreich verlief. Die Dominikaner hatten die Theologen Albertus Magnus und Thomas von Aquin in ihren Reihen. Tatsächlich wurden die Bettelorden, und damit auch die Franziskaner, attraktiv für Angehörige der städtischen Eliten. Die Veränderung des Personals rückte die Franziskaner fast notwendig vom Rand der Gesellschaft näher an deren Mitte. Franziskus war der abtrünnige Sohn eines erfolgreichen Kaufmanns gewesen, der für seinen eigentümlichen Lebensstil die Billigung des Papstes gefunden hatte. Er hielt sich bevorzugt bei Aussätzigen auf, lebte mit allen Konsequenzen in absoluter Armut. Aber der historische Franziskus gab einem besonderen Zug der Zeit und einem echten Bedürfnis vieler Zeitgenossen einen gültigen Ausdruck. Es ging um nicht weniger als das richtige Leben. Seine Einfachheit, seine Naturverbundenheit, seine Hinwendung zum konkreten Leben wirken bis heute nach. Sein *Sonnengesang* wird noch immer gelesen und gedruckt, die Geburtskrippe Jesu im Stall von Betlehem, die er erstmals in Greccio nachgebaut hat, ist bis heute Teil unseres Weihnachtsbrauchtums. Schon zu Lebzeiten stand Franz von Assisi im Ruch der Heiligkeit. Als er dann nur zwei Jahre nach seinem Tod heiliggesprochen wurde, war er damit gewissermaßen in eine andere Sphäre entrückt und viele Angehörige seines Ordens sahen die Weisungen des historischen Franziskus als nicht mehr ganz so verbindlich an. Damit änderte sich auch der Charakter des Ordens. Eine Aufnahme in die Reihen der Franziskaner bedeutete etwa für junge Adlige noch immer einen erheblichen sozialen Abstieg, aber es war keine Aufnahme in einen Außenseiterklub am Rand der Gesellschaft. Es war noch immer eine Entscheidung mit Konsequenzen, aber es war kein größeres Risiko mehr. Franziskus nachzufolgen, wurde zu einer akzeptierten Lebensform.

Es ist kaum verwunderlich, dass diese Entwicklung nicht jedem gefiel. Walter Map hatte angesichts der Waldenser prophezeit, dass die armen Apostel dem Klerus Schwierigkeiten machen würden, wenn sie erst Erfolg hätten. In dem Maß, in dem die Franziskaner zu einem festen Bestandteil des städtischen Lebens wurden, arm, aber im Prinzip gut versorgt – denn sie wurden ja auch gebraucht –, entwickelten sich heftige Widerstände. Denn der einfache Klerus in den großen und kleinen Städten spürte den Erfolg der Franziskaner unmittelbar am eigenen Leib. Wir tendieren dazu, uns die Kirche des Mittelalters als eine machtvolle Institution vorzustellen. Das ist eine Folge der Wirkung der römischen Kurie in jüngerer Zeit. Aber in der Realität der mittelalterlichen Städte lebte der einfache Pfarrklerus ein sehr bescheidenes Leben. Ein Geistlicher besaß in der Regel eine kleine Pfründe, einen Garten oder ein Grundstück. Das war nicht viel und Kleriker erhielten geldwerte Zuwendungen ihrer Pfarrgemeinde für besondere sakramentale Dienste wie Taufen, Eheschließungen oder Beerdigungen. Wenn sie Sterbende begleiteten, ihnen die letzte Beichte abnahmen, die Sterbesakramente spendeten, dann erhielten die Geistlichen mitunter einen Teil des Erbes, besonders dann, wenn Sterbende keine Erben hatten. Viele dieser Kleriker waren einfache Leute. Ihre Bildung trug nicht sehr weit. Sie waren keine berufenen Seelsorger wie heute, sie versahen ihren Dienst und feierten die Liturgie. Seit den Reformen Ludwigs des Frommen waren die Priester auch zur Seelsorge berufen, aber dies waren theoretische Erwartungen – so wie die Einhaltung des Zölibats, die immer wieder angemahnt wurde, was man aber nach dem Abklingen des prüden Reformgeistes nicht mehr so streng sah.

Dann erschienen die Franziskaner auf der Bildfläche, die auftraten, als seien sie am See Gennesaret dabei gewesen. Sie lebten so, wie sie sprachen, nämlich auf eine volkstümliche Art, sie predigten voller Leben, Witz und mahnendem Ernst, sie gingen zu den Armen und entwickelten dabei das, was es bis dahin kaum gegeben hatte, nämlich tatsächliche Seelsorge. Die Menschen in der Stadt waren ihr Projekt, auf das sie ihre Intelligenz und ihre Entschlossenheit richteten. In Texten wie der Chronik Jordans von Giano, ebenfalls Zeitgenosse des Franziskus, über die franziskanischen Anfänge in Deutschland wird spürbar, warum die Menschen diesen Männern zuhörten, warum die franziskanischen und die dominikanischen Prediger mitunter Massen zu mobilisieren imstande waren.

Aus alldem entstanden reale Probleme für den weltlichen Klerus, mithin für die ortsansässigen Pfarrer. Denn wenn die Brüder, die ja später immer auch Priester waren, sich in einer Stadt niederließen, dann konnte man bei ihnen beichten, man konnte ihre Fürbitte erbitten, zu ihnen gehen, wenn das Ende des Lebens nahte. Das war aus der Sicht der Menschen durchaus sinnvoll, denn wenn man nur etwa einen Acker für eine jährliche Fürbitte nach dem Tod einbringen konnte, dann bot es sich an, Fürsprecher zu wählen, auf die Gott hörte, nicht einen, der durch seinen Lebenswandel möglicherweise diskreditiert war. Hier ging es in gewissem Sinn um „Marktanteile". Die neuen Gemeinschaften der Dominikaner und Franziskaner, später auch die der Augustinereremiten und Karmeliter waren als

Konvente eher in der Lage, die Disziplin aufrechtzuerhalten, die das Klerikerideal von einem Priester verlangte, die aber viele Priester, die allein lebten, überforderte.

Die einfachen Priester beklagten sich bitter, es kam auch immer wieder zu Zusammenstößen, nicht nur mit Worten. Die Folge dieses wachsenden Konflikts war eine besondere Allianz. Denn die Franziskaner wandten sich zum Schutz gegen solche Verfolgungen und Ausgrenzungen an Rom, an die päpstliche Kurie. Von dort kamen das ganze 13. Jahrhundert hindurch in einem fast kontinuierlichen Fluss Predigtprivilegien für die Brüder. Verschiedene Päpste bemühten sich um eine gerechte Verteilung der Zuwendungen an den Klerus, bis schließlich Bonifatius VIII. im Heiligen Jahr 1300 eine vernünftige Lösung fand: Bonifatius sprach von einer *schweren und gefährlichen Zwietracht* zwischen Pfarrklerus und Bettelmönchen.[201] Er erlaubte den Bettelmönchen, auf öffentlichen Plätzen ungehindert zu predigen, allerdings nicht zu den Zeiten der Pfarrgottesdienste. In den Kirchen durften sie ohne die Erlaubnis der Pfarrer dagegen nicht sprechen. Es blieb nicht das letzte Wort eines Papstes in dieser Sache. Der ganze Konflikt beförderte die Allianz von volkstümlichen Bettelmönchen und päpstlicher Kurie in besonderer Weise; sie ergab sich auch aus der Notwendigkeit einer Instanz, die wichtigen Fragen verbindlich entscheiden konnte.[202] Tatsächlich wurde im Zuge des langen Streits um den Status der Bettelmönche auch die Frage der Hierarchie von Papst und Bischöfen weitgehend entschieden. Zwar bestanden viele Bischöfe und die Theologen an der Universität Paris, die das Kirchenbild der Bischöfe teilten, auf einer Amtsgewalt der Bischöfe, die sich direkt von Christus ableitet; die Bischöfe sahen sich als Nachfolger der Apostel, die Jesus berufen hatte. Aber die Päpste und die Theologen, die die päpstliche Position vertraten, setzten in dem Streit ein hierarchisch strukturiertes Kirchenbild durch. Danach leitet sich die bischöfliche Amtsgewalt nicht mehr von Christus direkt, sondern von der päpstlichen Weihe ab. Damit wurde der Papst, den die anderen Ortsbischöfe als Bischof von Rom ansahen, in gewisser Weise zum Bischof der gesamten lateinischen Kirche mit einer Amtsbefugnis in der gesamten katholischen Christenheit. Zum Erfolg dieser Position trug bei, dass sie in Paris von Autoritäten wie Thomas von Aquin und Bonaventura vertreten wurde, die zugleich Professoren und

Bettelmönche waren. Diese Weichenstellung ist als sogenannter Armutsstreit in die Kirchengeschichte eingegangen.

Die Franziskaner entwickelten in der Zeit nach dem Tod des Franziskus ein autoritäres Führungsmodell, das Abweichungen vom Kurs des Ordens hart sanktionierte. In der Armutsfrage wählte die Ordensleitung einen mittleren Weg, der den Gebrauch weltlicher Güter in Maßen ermöglichte. Es gab jedoch ordensinterne Widerstände gegen diesen mittleren Weg. Die franziskanischen Abweichler, die auf einem radikalen Armutsverständnis bestanden und für die Namen wie der von Petrus Johannes Olivi stehen, wurden als Spiritualen bezeichnet. Ihre abweichende Position wurde mit Härte verfolgt und die Männer, die in ihrem kompromisslosen Armutsverständnis wahrscheinlich authentische Nachfolger des Franziskus waren, landeten in Kerkern des Ordens, wenn man ihrer habhaft wurde.

Grundzüge des Aufbruchs in Armut

Was sagt das über den Zustand der Christenheit zu dieser Zeit? Die Armutsbewegung hatte im Lauf eines sehr langen 13. Jahrhunderts viele Menschen bewegt. Manche hatten sich ihr angeschlossen, ihr Hab und Gut hinter sich gelassen und ein apostolisches Leben ergriffen. Ihre Zahl war überschaubar. Größer war indes die Zahl derjenigen, die diese Bewegung mit Sympathie verfolgten, die die Bettelmönche auf unterschiedliche Art unterstützen, die ihre Predigten hörten, ihre Sakramente empfingen. Besonders wichtig war wohl ein neues Verständnis des priesterlichen Amtes, das die Bettelorden beförderten. Wahrscheinlich wurde die Seelsorge erst in dieser Phase zu einer selbstverständlicheren Aufgabe des Klerus. Die Bettelmönche entwickelten gezielte Programme für die Christianisierung der städtischen Bevölkerung. Das war durchaus auch eine Marktstrategie. Aber es war noch mehr.

In diesem langen 13. Jahrhundert, das eine Zeit städtischer Entwicklung nördlich der Alpen war – eine Zeit großer Städte wie Paris und London, aber eben auch sehr vieler kleiner Städte –, wurde Europa erst zu einem tatsächlich christlichen Kontinent. Das Christentum war nun eine präsente Lebensform, über deren richtige Praxis auf allen Ebenen der Bevölkerung gestritten wurde. Franziskanische Brüder waren für die königliche Verwaltung in England und Frankreich tätig, um eine gerechtere Regierungspolitik zu erreichen, und sie führten Missionsreisen bis weit nach Asien durch. Bei ihrem weit gespannten Wirken stießen sie auf viele Widerstände. Wenn es sich um Widerstände innerhalb der Christenheit handelte, wandten sich die Bettelmönche oft an die Päpste, um sie um Unterstützung zu bitten. Die Päpste erteilten zumeist bereitwillig Predigt- und Gottesdienstprivilegien; im Gegenzug verklärten die Theologen der Bettelorden die Rolle des Papstes in der Führung der Christenheit. Diese Entwicklung ist in der Forschung klar herausgearbeitet worden. Ohne Zweifel hat die Bettelordenstheologie die Rolle des Papsttums als Haupt der Christenheit deutlich gestärkt. Und doch ist dies nur der eine Teil der Geschichte. Denn der andere Teil bzw. die vielen anderen Teile folgten aus der Radikalität des Lebensentwurfes christlicher Armut als direktem Weg zu Gott. Wenn sich die Menschen auf den Weg machten, *dem nackten Christus nackt zu folgen*, dann sahen sie diesen Weg als einen Weg der Erlösung, der sie Gott nahebringen musste.

Franziskus hatte in seinem Testament geschrieben, dass er die Anweisung zum Leben für die Brüder von Gott selbst erhalten habe. Seine Vita, die Geschichte seines Lebens, aufgeschrieben von Thomas von Celano anlässlich seiner Heiligsprechung, berichtet, Franziskus habe zwei Jahre vor seinem Tod eine Vision gehabt. In einer Einsiedelei, in die er sich zurückgezogen hatte, sah er über sich einen gekreuzigten Seraphim schweben. Noch während er über die beunruhigende Vision nachdachte,

begannen an seinen Händen und Füßen die Male der Nägel sichtbar zu werden in derselben Weise, wie er es kurz zuvor an dem gekreuzigten Mann, der über ihm in der Luft schwebte, gesehen hatte. Seine Hände und Füße schienen in der Mitte mit Nägeln durchbohrt, wobei die Köpfe der Nägel an den Händen auf der inneren und an den Füßen auf der oberen Fläche erschienen, während ihre Spitzen sich an der Gegenseite zeigten. Die Köpfe der Nägel waren an den Händen und Füßen rund und schwarz, ihre Spitzen aber länglich und umgebogen, hoben sich ab vom Fleisch und ragten über das andere Fleisch hinaus. Ferner war die rechte Seite wie mit einer Lanze durchbohrt und zeigte eine rote vernarbte Wunde.[203]

Die Wundmale, die Franziskus fortan trug, zeigten die Kreuzigungswunden Christi, aber sie waren nicht nur ein Symbol, für die Zeitgenossen waren sie real. Der Bericht legt darauf größten Wert.

Wir, die das aussagen, haben es gesehen, mit den Händen haben wir betastet, was wir mit unseren Händen aufzeichnen.[204]

Die Vita verzeichnet die Namen der Brüder, die den Leichnam des verstorbenen Ordensgründers nach seinem Tod untersuchten und bei dieser Totenschau die Stigmata entdeckten, die Franziskus zu Lebzeiten verborgen hatte. Sie waren Zeugen mit Namen, die ihre Glaubwürdigkeit unterstreichen sollten, so wie die Zeuginnen und Zeugen der Auferstehung Jesu, die die Evangelien anführen.

Wir müssen uns klarmachen, was das bedeutet. Hier vollzog sich in den Augen der Zeitgenossen gewissermaßen die Vergegenwärtigung der sichtbaren Folgen der Kreuzigung Christi, die nicht mehr nur eine Erzählung war, sondern die Gott selbst nun einem Menschen als schmerzhafte Gnade angedeihen ließ, der durch sein Leben dem Leben Jesu sehr nahegekommen war. Dies war eine ganz andere Gottesnähe als jene der gekrönten Könige um das Jahr 1000, die in den liturgischen Handschriften dargestellt ist. Die neue Gottesnähe war für alle erreichbar, sie war nicht Folge privilegierter Geburt, sie war Folge eines apostolischen Lebens.

Franziskus hatte sich noch in seinem Testament als ein Mann gezeigt, der dem Klerus gegenüber folgsam war. Aber Franziskus war eine Ausnahmeerscheinung. Es gab andere, die den Weg apostolischer Armut mit weniger Demut gegenüber der kirchlichen Obrigkeit gingen, und es ist wohl kein Zufall, dass manche Gefolgsleute der radikalen Armut zu den schärfsten Kritikern des Klerus wurden und auch die Rechtmäßigkeit des Papstes in Frage stellten. Das war bei grundsätzlichen Konflikten um die richtige christliche Lebensweise kaum zu vermeiden, wenn man der festen Überzeugung war, auf dem Weg zu wandeln, den Gott selbst gewiesen und den er durch die Stigmatisierung von Franziskus nachdrücklich bestätigt hatte.

Dabei war die Schilderung des Empfangs der Wundmale sehr präzise. Wir befinden uns hier in einem Milieu verstärkter Aufmerksamkeit für die Passion Christi, die bis zum Ende des Mittelalters anhalten wird. Die Menschen wandten sich dem konkreten Leben Jesu zu, von dem die Evangelisten berichten. Die Krippe in Greccio symbolisierte den Anfang. Aber das Ende des Lebens Jesu war nicht versöhnlich. Wenn man sich das Leid Jesu am Kreuz so nah vor Augen führte, ohne dass man selbst der Verfolgung ausgesetzt war, man also nur bedingt die Opferperspektive einnehmen konnte, dann war die Frage kaum zu vermeiden, wer denn für dieses Leid verantwortlich war. Hier kam es nun zu einer folgenschweren Geschichtsdeutung, die mit den Kreuzzügen begann und die über das Mittelalter hinaus anhielt. Man sah Jesus, seine Jünger und sein Umfeld als frühe Christen an, ungeachtet ihres Judentums, wogegen man die Pharisäer, Schriftgelehrten und auch die Bevölkerung von Jerusalem in der Zeit Jesu zu Juden und zu Verfolgern erklärte. Die Hinwendung zur Passion Christi machte von nun an die Räume für die Juden in der mittelalterlichen Christenheit bedrohlich eng.

Die Geschichte der Armutsbewegung und des apostolischen Lebens sowie die Geschichte des Franziskus markieren die historische Phase, in der das Christentum von den Palästen auf die Marktplätze gelangte und viele Menschen tatsächlich ergriff; zumindest für eine Zeit. Wenn es eine entschlossene Änderung war, beanspruchten diese Gläubigen, auf den Spuren Gottes zu wandeln, so zu leben, wie Jesus selbst gelebt hatte. Es war keine Zeit der Toleranz, daher sollten wir die Wirkung dieser tatsächlichen Christianisierung nicht verklären. Die neuen Konflikte um das richtige Leben waren häufig bitter.

Kapitel 10

Gewalt und Verfolgung

Kreuzzüge und Judenpogrome

Das Vordringen des Glaubens in breitere soziale Milieus, etwa den niederen Adel, die Lebenswelten der Städtebewohner, der Händler und der Handwerker, aber auch in dörfliche Milieus auf dem Land, verstärkte einen Zug, der das Auftreten der europäischen Christen fortan bis in die Neuzeit begleiten sollte: die religiöse Gewalt. Zwar waren die fränkischen Krieger, die die Sachsen unterworfen hatten und ihre Bekehrung vorbereiteten, keine Männer des Friedens. Gewalt war auch im frühen Mittelalter alltäglich und in der Auseinandersetzung bewaffneter Herren war sie selbstverständlich. Die Schwerter und Lanzen dieser Krieger waren keine symbolischen Zeichen. Dennoch warf die Gewalt ab dem 11. Jahrhundert einen Schatten auf die Christenheit. Sie nahm zu und richtete sich vor allem gegen Andersgläubige, gegen Juden und Muslime. Am Ende des 11. Jahrhunderts, als Folge der religiösen Unruhe und des Eifers, griffen viele Christen im Westen Europas zu den Waffen.

> *Als sie nun auf ihrem Zug durch die Städte kamen, in denen Juden wohnten, sprachen sie in ihrem Herzen: Sehet, wir ziehen dahin, um unseren Heiland aufzusuchen und Rache für ihn an den Ismailiten zu üben; und hier sind die Juden, die ihn umgebracht und gekreuzigt haben. So lasset zuerst an ihnen uns Rache nehmen […].*[205]

So beginnt der beklemmende Bericht über die Pogrome gegen die jüdischen Gemeinden am Rhein im Umfeld der Mobilisierung zum ersten Kreuzzug.

Die Morde begannen in Speyer, danach zog die Gewalt den Rhein hinab, wo in Städten bedeutende jüdische Gemeinden gewachsen waren.

Kommet, Töchter Israels, um große Wehklage anzustimmen, über die Frommen Cölns, über die heilige, brave und geachtete Gemeinde, deren Taten alle Redlichkeit waren, erhebet schrecklichen Jammer, Trauertöne wie junge Strauße.[206]

Die Berichte über diese Gewalt liegen in verschiedenen hebräischen Handschriften vor, und es spricht einiges dafür, dass der Verfasser dieses Berichts, Elieser bar Natan, die Pogrome am Rhein als junger Mann miterlebte. Die Täter sind in dieser Totenklage nicht so klar erkennbar: *eine grimmige, ungestüme Schar von Franzosen und Deutschen aus allen Ecken und Enden.*[207] In Mainz hatten sich die Juden der Stadt in den Schutz des Bischofs geflüchtet, wie Elieser schreibt: *Alle waren sie im Hofe des Bischofs, als die Feinde über sie kamen und frevelhaft Kinder und Frauen, Jung und Alt an einem Tag umbrachten.*[208] Der Bischof in Mainz vermochte ebenso wenig Schutz zu bieten wie der Bischof in Köln. Es zeigt sich, dass hier nicht alle Christen gegen Juden standen, aber die Bereitschaft und auch die Möglichkeit der traditionellen christlichen Autorität, wie sie der Bischof verkörperte, reichte nicht aus, um dem entfesselten Hass Einhalt zu gebieten. Die Haltung der Täter kommt etwa in den *Taten der Trierer* zum Vorschein, die den Beginn der Kreuzzugseuphorie mit der Verfolgung der Juden in einem Satz verbinden.[209]

Viel Volk beiderlei Geschlechts, angetrieben von der Liebe zu Gott und dem Glauben, in dem Wunsch, nach Jerusalem zu ziehen, um dort zu sterben oder die Nacken der Ungläubigen unter das Joch des Glaubens zu beugen, hätte beschlossen, als erstes die Juden in Städten und Burgen zu verfolgen. Sie sollten zur Taufe gezwungen werden oder sterben.[210]

Hier kommt der bedrohliche Aufbruch zu Wort, in dem die Aggression sich Bahn brach, die mit der religiösen Unruhe einherging. Die Morde, von denen die jüdischen Zeugen berichten, waren Taten eines christlichen Mobs, den der Aufruf zur Gewalt im Namen des Kreuzes mobilisiert hatte.

Die Täter sind vor allem im Umfeld der Teilnehmerinnen und Teilnehmer des sogenannten Volkskreuzzuges und einer gemischten Gefolgschaft Graf Emichos von Speyer zu suchen, aber es schlossen sich ihnen auch Einwohnerinnen und Einwohner der rheinischen Städte an. Darin zeigte sich der historische Wandel, der die Christenheit im Lauf des 11. Jahrhunderts so verändert hatte. Nur eine Generation vor diesen Pogromen hatte Heinrich IV. den Wormsern aus Dank für ihre Unterstützung im Kampf um seine Herrschaft großzügige Handelsprivilegien verliehen und dabei die jüdischen Kaufleute ausdrücklich einbezogen. König Heinrich IV. soll angesichts der drohenden Gefahr für die Juden zu ihrem Schutz aufgerufen haben. Es half nichts. Nun erlebten diese Kaufleute im Alter oder ihre Kinder den Untergang einer Welt, in der die Juden, die an denselben Gott glaubten wie die Christen, nicht unbedingt geschätzt, aber geduldet waren. Der Aufruf des Papstes zum bewaffneten Zug in das Heilige Land hatte die Gewalt nicht erzeugt, aber die blutigen Reaktionen, die er hervorrief, zeigten die finsteren Kräfte, die der neue Glaubenseifer freisetzte.

Auch einzelne Christen konnten einen Glauben haben, der sich von jenem der christlichen Mehrheit unterschied. So wie die schon genannten Männer, die in Köln von dabeistehendem Volk, das *von übermäßigem Hass bewegt* war, auf den Scheiterhaufen gezerrt wurden, nachdem sie ihr Leben als Wanderprediger gegen Priester des Erzbischofs verteidigt hatten.[211] Der Vorgang ist durch einen Augenzeugen überliefert, der die Tötung mit Unwillen verfolgte. Er teilte sie Bernhard von Clairvaux mit, einem der markantesten geistlichen Köpfe seiner Zeit. Der verunsicherte Augenzeuge wünschte Bernhards Meinung zu der Standfestigkeit der Getöteten zu hören.

Nur wenige Jahre nach dem geschilderten Autodafé engagierte sich Bernhard von Clairvaux dann als Prediger für einen Kreuzzug nach Edessa und für einen Kreuzzug gegen die Wenden im Norden des Reiches. Er kannte bei dieser Werbung wenig Skrupel und erklärte die Grafschaft Edessa, die nordöstlich des syrischen Aleppo lag, wo Jesus nach allen bekannten Berichten niemals gewesen war, zu *Jesu Land, das er durch seine Wunder erleuchtet habe.*[212] Der Brief, mit dem er zum Kreuzzug in die heidnischen Gebiete jenseits der Elbe aufruft, beginnt mit den Worten:

Ich zweifle nicht, dass in Eurem Land vernommen wurde und sich die Kunde durch eifrige Erzählung überall verbreitet hat, wie Gott den Geist der Könige und Fürsten überall entflammt hat, die Heidenvölker zu bestrafen und die Feinde des christlichen Namens von der Welt auszurotten. Welch großer Segen, welch reiche Fülle des göttlichen Erbarmens![213]

Bernhard rief dazu auf, das Zeichen des Heils (das Kreuz) auf sich zu nehmen, um jene Stämme völlig zu vernichten. Die Verbindung von Heil und

Vernichtung der Nichtgläubigen, falls sie sich nicht bekehren, durchzieht diesen Aufruf zum Kreuzzug, der ausdrücklich überall verbreitet werden sollte.

Bernhard wandte sich an anderer Stelle entschieden gegen die Verfolgung der Juden, die im Zuge der Kreuzzüge in Frankreich und Deutschland wütete, aber dennoch machte sich hier einer der bekanntesten Prediger seiner Zeit zu einer Stimme der Gewalt als Ausdruck des Glaubens. Man wird diesen Befund nicht ignorieren können. Mit dem religiösen Aufbruch im 11. Jahrhundert wurden gewalttätige Geister gerufen, die die Geschichte der Christenheit bis in die neuere Zeit nicht mehr loswurde.

Die Geschichte der Kriegszüge im Namen des Kreuzes, die seit dem späteren Mittelalter *Kreuzzüge* genannt wurden, setzte, wie wir bereits gesehen haben, im Jahr 1095 ein, als Papst Urban II. in Clermont zu einer bewaffneten Unterstützung der Christen im Osten aufrief. Die Christen im Osten, das waren die griechisch sprechenden und schreibenden Christen mit ihrem Zentrum in Konstantinopel, die von türkischen Stämmen bedrängt wurden, die siedelnd und erobernd nach Anatolien vordrangen. Urban schilderte die Bedrängnis in finsteren Farben und versprach seinen Zuhörern einen Erlass ihrer Sünden, falls sie sich auf den Weg in den Osten machten.

Über diesen Aufruf und über den Aufbruch zum ersten Kreuzzug ist viel geschrieben worden, etwa ob der Papst das Ziel Jerusalem schon in Clermont ausdrücklich nannte und ob er einen Erlass der Sünden oder nur einen Erlass der zeitlichen Sündenstrafen versprochen habe. Das sind indes Fragen einer historischen Wissenschaft, die die Zeit und die Möglichkeit hat, theologische Positionen in Ruhe abzuwägen. Clermont liegt im französischen Zentralmassiv, Urban sprach im November auf offenem Feld nicht nur vor Theologen, sondern vor jungen Männern, die ein Leben voller Gewalt führten. Dies war keine Situation für differenzierte Erörterungen. Es war Agitation und die Zuhörer antworteten entsprechend mit dem Ruf: *Gott will es.*

Die Heftigkeit der Reaktion wird den Papst überrascht haben, der eigentlich junge Männer ansprechen wollte, deren gewalttätige Auftritte in Frankreich für Unruhe sorgten. Die französischen Könige dieser Zeit sahen sich nicht in der Lage, die vielen bewaffneten Banden zu befrieden, die sich in zahlreichen Burgen angesiedelt hatten, die in diesen Jahren entstanden. Nach dem Bericht des Erzbischofs von Dol hatte Urban diese Unruhestifter im Blick, wenn er seinen Zuhörern zurief, es sei weniger verwerflich, einen Sarazenen zu töten, als die Hand gegen einen Christen zu erheben. Hier verbanden sich reale Gewaltbereitschaft, neuer Glaubenseifer und eine diffuse Sehnsucht nach Pilgerschaft ins Heilige Land zu einer historischen Kraft, die zugleich beunruhigend und faszinierend war. Die Kreuzzüge beschäftigen unsere Imagination bis heute; dabei ist ihre Geschichte überwiegend eine Abfolge von Gewalt und Enttäuschungen, die mit blutigen Eroberungen begann und im Kern kein Jahrhundert währte. Denn keine 90 Jahre nach der Eroberung Jerusalems durch die Kreuzfahrer kapitulierte die Stadt vor dem Heer Saladins, der auf eine historische Rache verzichtete. Im Juli 1099 hatten die Kreuzfahrer die Heilige Stadt eingenommen. Über das Ausmaß der Gewalt bei dieser Eroberung herrscht Unklarheit. Es ist nicht sicher, ob die Berichterstatter die christliche Rache an den nicht-christlichen Einwohnern in drastischen Bildern beschrieben, weil sie in ihrer Darstellung biblischen Vorbildern folgten (der Eroberung Jerichos im Alten Testament und der Apokalypse), oder ob die Eroberer nach ihrem Eindringen in die Stadt in ihren drastischen Gewalttaten den biblischen Vorbildern folgten.

Die blutige Eroberung Jerusalems

Der Bericht eines beteiligten Kreuzfahrers über die Einnahme Jerusalems am Nachmittag des 15. Juli 1099 beginnt folgendermaßen:

> *Dann, als die Stunde nahte, in der unser Herr Jesus Christus seinem Leiden am Kreuz zustimmte, und alle Verteidiger der Stadt flohen von den Mauern in die Stadt, und unsere Männer verfolgten und jagten sie, sie tötend und (mit dem Schwert) niederschlagend bis hinunter zum Tempel von Salomon, wo so viel Totschlag war, dass unsere Männer bis zu den Füßen in Blut standen.*[214]

Nicht nur die bewaffneten Verteidiger wurden getötet, sondern die Berichte schildern auch die Tötung der zivilen Bevölkerung der Stadt. Die Sieger verfuhren nach einer finsteren Willkür der Macht.

> *Als die Heiden besiegt waren, brachten unsere Männer die gefangenen Männer und Frauen in den Tempel, und sie töteten die, die sie töten wollten, und sie ließen die am Leben, die sie aussuchten.*[215]

Teil II Neue Fragen – radikale Antworten

Bei der Benennung dieser Bluttaten kannten die Berichterstatter keine Scheu. Im Gegenteil, denn dieser Umgang mit den Gottlosen bewies, dass Gott nun auf ihrer Seite war. Tatsächlich zeigte auch die weitere Kreuzzugsgeschichte diese selbstverständliche, tödliche Gewalt gegen alle Menschen, ohne dass die Täter und die, die sich darüber austauschten, besonders grausame Züge getragen hätten.

Ein Jahrhundert, nachdem die Christen Jerusalem erobert hatten, war der englische König Richard Löwenherz mit dem französischen König und auch mit Kaiser Friedrich Barbarossa ins Heilige Land aufgebrochen, um die Erfolge Saladins rückgängig zu machen. Saladin hatte nach einem vollständigen Sieg über ein Kreuzfahrerheer nahe des Sees Gennesaret die Städte und Befestigungen der Christen im Heiligen Land weitgehend erobert. Der englische und der französische König konnten nach einer längeren Belagerung Akko einnehmen. Dabei nahmen sie viele Einwohner gefangen, die Richard Löwenherz in Verhandlungen mit Saladin als Geiseln nutzte. Nachdem die Verhandlungen nicht den gewünschten Verlauf nahmen, schrieb der englische König dem Abt von Clairvaux, einem Nachfolger Bernhards, einen nüchternen Brief und teilte ihm Folgendes mit:

Als das Ultimatum ausgelaufen war und die Vereinbarung, die wir getroffen hatten, hinfällig wurde, haben wir in angemessener Weise veranlasst, dass die Sarazenen, die wir in Gewahrsam hatten, etwa 2600 von ihnen, getötet wurden.[216]

Die Tötung der Geiseln wurde außerhalb der Stadt in Sichtweite von Saladins Heer vollzogen, wie Roger von Hoveden berichtet, der den König auf dem Kreuzzug begleitete. Die Geiseln waren nach der Eroberung zu gleichen Teilen mit der anderen Beute auf die Sieger verteilt worden. So war die andere Hälfte der Gefangenen in der Hand der französischen Kreuzfahrer. Der Herzog von Burgund gab denselben Befehl wie Richard Löwenherz. *Die Zahl der Getöteten betrug aber 5000 Heiden*, hielt Roger fest.[217] Der weitere Umgang mit den Getöteten soll nicht weiter ausgeführt werden, aber wir sollten hier doch festhalten, dass die christlichen Kreuzfahrer in eben der Weise mit ihren unbewaffneten Gefangenen verfuhren, die Papst Urban in seinem Aufruf zum ersten Kreuzzug als Gräueltat der Heiden benannt hatte.

Dies waren grausame Taten im Namen des christlichen Glaubens, es waren keine Exzesse in dunklen Verstecken. Die Tötungen wurden auf offener Bühne von den höchsten Vertretern der Christen besprochen, begangen und, soweit erkennbar, auch gebilligt. Dabei war Richard Löwenherz kein grausamer Herrscher. Er war ein mutiger Kämpfer, der großmütig sein konnte und sein eigenes Leben nicht schonte, wenn die Situation es erforderte, und er war ein Christ. Er hatte seine Reise ins Heilige Land für einen längeren Aufenthalt auf Sizilien unterbrochen. Dort hatte er, einer tiefen Zerknirschung folgend, in einer Kapelle in Messina vor Erzbischöfen und Bischöfen ein Bußritual vollzogen. Er hatte sich nicht geschämt, nackt vor ihnen die Scheußlichkeit seines Lebens einzugestehen. *Und von dieser Stunde an,* so bezeugte es Roger von Hoveden, *war er ein Mann, der Gott fürchtete, das Böse mied und das Gute tat.*[218] Nach dieser Buße habe sich Richard nicht mehr schuldig gemacht. Das war vor der Tötung der Gefangenen von Akko geschehen.

Beim Blick auf diese Taten und auf die dafür verantwortlichen Menschen sollten wir nicht der Versuchung erliegen, den dramatischen Widerspruch, der sich für einen modernen Betrachter aus diesen Handlungen und dem christlichen Glauben ergibt, auf den sich die Handelnden beriefen, zugunsten einer vermeintlich gängigen zeitgenössischen Praxis aufzulösen: dass es in dieser Epoche üblich gewesen wäre, die Gefangenen nach einer längeren Belagerung zu töten, und dass die Eroberer von Jerusalem oder Richard Löwenherz oder auch der Herzog von Burgund so gehandelt hätten, wie die Zeitgenossen in solchen Situationen handelten. Für diese Grausamkeit nach einer Belagerung gibt es tatsächlich nicht sehr viele Belege. Diese Erklärungen folgen eher dem Wunsch nach einem eindeutigen Bild, wonach Richard entweder ein guter König war, der handelte, wie die Zeitgenossen üblicherweise handelten; oder aber er war ein Mörder und wurde von der Nachwelt verklärt. In gleicher Weise kann man die Taten der Kreuzritter, die Jerusalem und zuvor Antiochia so blutig eroberten, beurteilen. Das mag für Eindeutigkeiten sorgen, aber das Geschehen wird dadurch ebenso wenig erhellt wie der Zusammenhang von Glaube und Gewalt.

Es führt kein Weg an der Feststellung vorbei, dass der nun weit in die Gesellschaft hinein vorgedrungene Glaube stärker von den Überzeugungen der Menschen geprägt wurde, die er erreichte, als dass er diese Überzeugungen veränderte. Der christliche Glaube konnte einen jungen Krieger, für den die Gewalt selbstverständlich war, so erschüttern, wie er den jungen Franziskus erschütterte. Das war jedoch eine Ausnahme. Im Normalfall gab dieser Glaube einem jungen Krieger nun ein Ziel vor, das ihm gottgewollt erschien. Der Glaube mochte seiner Gewalt Grenzen setzen, er konnte gewisse Regeln für den ritterlichen Kampf etablieren, aber der junge Mann blieb ein Krieger. Selbst wenn er so vom Glauben erfasst wurde, dass er seine Waffen ablegte und in ein Kloster eintrat, so würde er gemeinsam mit seinen Mitbrüdern für den Erfolg der christlichen Waffen gegen die Feinde des Glaubens oder seines Klosters beten.

So hatte jener anonyme Teilnehmer am ersten Kreuzzug, dem wir den Bericht von der Einnahme Jerusalems verdanken, keine Schwierigkeiten, seinen dringenden Wunsch, das Heilige Grab zu besuchen, einzukleiden in das Wüten der Schwerter, die den Weg zur Grabeskirche mit Blut tränkten. Dabei handelte es sich immerhin um das Grab dessen, der vor seiner Passion in Jerusalem seinen Begleitern den Gebrauch des Schwertes ausdrücklich untersagt hatte. Aber diese Passagen des Evangeliums traten in der Wahrnehmung ebenso zurück wie der Geist des Textes, wie wir ihn heute lesen. Worte, die von Kriegern zitiert wurden, deren Leben aus Kampf bestand, hatten einen anderen Klang und bekamen einen anderen Sinn; das waren die Eigenheiten der Rezeption.

Der so sichtbare Zusammenhang von Glaube und Gewalt in jener Zeit ergibt aus moderner Perspektive ein Bild voller Spannungen. Ohne Zweifel eröffnet die Kriegerrezeption einen Strang des christlichen Glaubens, der überaus problematisch ist und der die europäische Geschichte bis in die Moderne, zumindest bis an ihren Beginn begleitet hat. Das Töten im Namen des Glaubens hat in der europäischen Geschichte eine lange und finstere Tradition, deren Dunkelheit man nur dann übersehen kann, wenn man die jeweiligen Gegner zu Feinden des Glaubens erklärt, auch wenn sie sich auf denselben Gott beriefen. Auch die Aufklärung hat diese europäischen Glaubenskriege nicht beendet. Man wird sagen können, dass die Entscheidung für den Glauben als eine Entscheidung für den Gott, der den Sieg gewährt, den christlichen Glauben zu einer Religion der Sieger macht. Ein Verständnis, das sehr weit weg führt von den Worten der Bergpredigt, vom Bild des Gekreuzigten und von den Worten des Franziskus in seinem Testament: *Wir waren allen untertan.* Aus dieser Perspektive erscheint der Glaube als eine gefährliche Verstärkung, gar eine Begründung für viele Formen der Gewalt.

Es gibt dennoch einen weiteren Blickwinkel, der ebenso wie der zuvor geschilderte keine allgemeine Gültigkeit beanspruchen kann, weil die tatsächliche Wirkung des Glaubens auf Menschen, für die Gewalt eine Selbstverständlichkeit war, auch im Mittelalter von der Persönlichkeit des Einzelnen abhing. In dieser Perspektive wirkte der christliche Glaube letztlich auf eine eigene Art zivilisierend. Er führte Regeln ein, die die Krieger nicht immer beachteten, die aber präsent waren und deren Beachtung schließlich eingefordert werden konnte. Dieser Glaube schaffte das Kriegshandwerk nicht ab, das überstieg seine Möglichkeiten bei Weitem, aber er entwarf schließlich ein Leitbild für christliche Krieger: Das Bild des Ritters, der für einen höheren Zweck kämpft, fasziniert die europäische Imagination bis heute. Für Verklärungen besteht kein Anlass, wie das Beispiel von Richard Löwenherz zeigt. Die Regeln, die für Ritter galten, waren Regeln mit begrenzter Reichweite, ungeachtet der Goldenen Regel oder anderer ethischer Maximen, die über das eigene Lager hinauswiesen. So unzureichend das erscheint, so muss man doch bedenken, dass die Gewalt dieser jungen Männer zu Beginn der Geschichte im 11. Jahrhundert auch Christen nicht geschont hatte. Die neuen Regeln halfen den Schutzlosen auch künftig nur begrenzt. Insofern war die Wirkung des christlichen Glaubens auf eine insgesamt gewalttätige Gesellschaft verhalten. Sie führte zu einem Leitbild, das Regeln für den Gebrauch der Gewalt formulierte. Legitim war diese christliche Gewalt nur zur Verteidigung. Dieses Leitbild eröffnete der Gewalt noch immer Freiräume, und seine Verbindlichkeit schwankte stark. Dennoch bot es eine attraktive Orientierung.

Die kriegerische Gewalt im Namen des Glaubens verweist auf die dunkle Seite der Geschichte des Christentums. Im Grunde war sie eine fast notwendige Erscheinung im Bündnis des Glaubens mit der Macht. Wenn Stämme oder Königreiche, die in bewaffneter Konkurrenz standen, christlich wurden, waren die Gläubigen als loyale Untertanen auch im Kriegsdienst gefordert. Diese Entwicklung hatte bereits im frühen Mittelalter eingesetzt. Anders verlief ein weiterer dunkler Strang der christlichen Geschichte des Mittelalters, der in der öffentlichen Wahrnehmung indes als besonders "mittelalterlich" gilt, obwohl er seine eigentliche Wirkung erst nach dem Ende des Mittelalters entfaltete: die Ketzerverfolgung in der Inquisition.

Die Verfolgung von Häretikern

Mit der Verfolgung von innerchristlichen Glaubensabweichlern (Häretiker, Ketzer) begegnen wir einem Phänomen, das erst in den letzten drei Jahrhunderten des Mittelalters seine Wirkung nach und nach entfaltete. Die Inquisition wirkte dabei entgegen ihrem Ruf in den meisten Fällen vergleichsweise zurückhaltend oder scheiterte in der Realität auch an Widerständen. Das später voll ausgebildete Inquisitionsverfahren war zunächst noch keine feste Einrichtung der Kirche, vielmehr zeigte sich die Inquisition regional seit dem 13. Jahrhundert sehr unterschiedlich. Die systematische Verfolgung der Katharer im Süden Frankreichs war eher eine Ausnahme als ein Beispielfall. In den bekannten Prozessen gegen Jan Hus oder Jeanne d'Arc im 15. Jahrhundert entfaltete die Inquisition schließlich ihre gefährliche Wirkung durch eine Mischung aus Glaubenseifer, Machtinteressen und dem Wunsch, sich an den Gütern der Verfolgten zu bereichern.

Die koordinierte Verfolgung von Glaubensabweichlern setzte erst im Übergang vom hohen zum späten Mittelalter voll ein, also im 13. Jahrhundert. Bis dahin hatte es lokale und regionale Verfolgungen gegeben, wie wir es im schon berichteten Kölner Beispiel gesehen haben. Diese Verfolgungen von Vertretern echter oder vermeintlich häretischer Positionen wurden von dem neuen Glaubenseifer befeuert und lagen zunächst in der Hand der Bischöfe. Die Prüfung der Rechtmäßigkeit des Glaubens in den Bistümern war eine Folge der bischöflichen Visitationspflicht und wurde so unterschiedlich gehandhabt wie die Visitationen auch. Die Aufbrüche im Namen des Glaubens, von denen wir gesprochen haben, führten die Menschen seit dem hohen Mittelalter auf verschiedene Wege. Manche führten sie auch auf Wege, die einer Mehrheit als Abwege erschienen, wobei sich die Abweichler als gute, oft auch als die besseren Christen sahen. Sie sahen sich nicht als Häretiker oder als Feinde der Kirche, dazu wurden sie erst gemacht.

Kritische Gläubige wurden nicht zu Ketzern, sie wurden zu Ketzern erklärt. Das ist ein wichtiger Unterschied. Er bedeutet, dass es ohne eine Ausgrenzung aus der Gemeinschaft der Christen keine Ketzer gab. Jemand musste die Linie zwischen Rechtgläubigkeit, Glaubensirrtum oder Häresie ziehen. Problematisch wurde es dann, wenn der oder die Irrende an ihrem Irrtum festhielt, ihn vielleicht sogar anderen als Lehre verkündete. Tatsächlich fanden christliche Autoren im Mittelalter lange keine klare Definition der Häresie.[219] Zu der Zeit, als die Inquisition die historische Bühne betrat, verstand man unter einem Ketzer jemanden, der hartnäckig in seinem Glaubensirrtum verharrte.

Es brauchte eine Instanz, die verbindlich feststellte, was der richtige Glaube und was ein Glaubensirrtum war. Ohne diese Instanz waren Ketzer einfach Menschen, die fest zu ihrer Glaubensüberzeugung standen und auch in Bedrängnis bei ihrer Überzeugung blieben. Im Kölner Fall hatte diese Standfestigkeit dem geistlichen Beobachter Respekt abgenötigt. Standfestigkeit und Starrsinn lagen nahe beieinander. Wie wir gesehen haben, gab es im frühen und hohen Mittelalter eine große Vielfalt von Glaubensüberzeugungen – von der tiefgehenden Gotteserfahrung, die ein einzelnes Leben völlig verändern konnte, bis zu einer sehr pragmatischen Abwägung, die deswegen getroffen wurde, um das bisherige Leben unangefochten weiterführen zu können.

Diese Vielfalt ging bis ins hohe Mittelalter einher mit einem Erscheinungsbild der Christenheit als einem lockeren Zusammenschluss von königlich geführten Christenheiten, die in vielem konkurrierten, wobei die Konkurrenz, etwa in der Mission an den Rändern im Norden und Osten Europas, auch dazu führen konnte, dass man sich gegenseitig das Christsein absprach. In einer solchen Welt gab es Streit über Glaubensfragen. Der Streit mochte in manchen Fällen zum Ausschluss der Unterlegenen führen, in sehr seltenen Fällen auch zu ihrer Verfolgung oder Bestrafung. Aber das waren Ausnahmen. Wer einen anderen Glauben hatte als seine Umgebung und wer mit diesem Unterschied nicht leben konnte, der oder die konnte weiterziehen. Wer blieb und die Gemeinschaft zu sehr störte, wurde vertrieben. An anderen Orten gab es noch Raum für ein anderes Verständnis des Glaubens. Man musste diese Menschen nicht verfolgen, einsperren oder gar töten. Es gab Platz und die Abweichler konnten sich ihren Platz suchen.

Das änderte sich allmählich, als die religiöse Unruhe des 11. Jahrhunderts die römischen Päpste in eine Position brachte, in der sie sich als das Oberhaupt der Kirche sahen, das die Einheit des Glaubens in der (lateinischen) Christenheit sichern und garantieren sollte. Damit wurden die Räume enger. Gegenüber diesem Anspruch gab es in der päpstlichen Theorie keine Rückzugsräume mehr. Die römische Auslegung des Glaubens und die römische Antwort auf Glaubensfragen sollten überall in der lateinischen Christenheit gelten. Damit gab es für Andersdenkende keine Zuflucht. Sie mussten ihre Überzeugung ändern und sich an Rom orientieren. Das war die Theorie. Sie ließ sich allerdings unter den Bedingungen des gesamten Mittelalters kaum durchsetzen – was auch den Akteuren bewusst war. Aber diese Entwicklung erklärt, warum die Inquisition erst mit dem Erstarken des Papsttums im Lauf des 12. Jahrhunderts zu einer erkennbaren Größe wurde und warum sie erst mit dem Erfolg des Papsttums im 13. Jahrhundert an manchen Orten zu einer wirkungsvollen Einrichtung wurde. Sie konnte nur dort Wirkung entfalten, wo die päpstlichen Glaubensvorgaben durchgesetzt werden konnten – sei es, weil die Glaubensstreitigkeiten zu einem offenkundigen Problem geworden waren, sei es, weil die Vorgaben aus Rom Akteuren vor Ort nutzten, sei es, weil sich besonders Überzeugte berufen fühlten, Abweichler zu verfolgen. Die Inquisition entfaltete als tatsächliche Verfolgungsmacht nur eine begrenzte räumliche und zeitliche Wirkung. Eifrige Inquisitoren, wie Konrad von Marburg im frühen 13. Jahrhundert in Deutschland, oder die Aussicht auf Eroberungen wie im Süden Frankreichs konnten Hotspots der Verfolgung erzeugen.

Die Inquisition

Sah man sich in diesen Verfolgungsmilieus einem unbarmherzigen Inquisitor ausgesetzt, konnte das fatale Folgen zeitigen. Die Berichte über das Wirken Konrads von Marburg in Deutschland zu Beginn der 1230er Jahre beunruhigten auch die frommen Zeitgenossen:

> *Der Eifer aller war so groß, dass sie von keinem, der öffentlich angeklagt war, einen Entschuldigungsgrund, einen Einspruch, eine Ausnahme oder eine Zeugnisaussage zuließen: es gab keine Möglichkeit der Verteidigung oder eine Bedenkzeit, sondern sofort musste einer sich entweder schuldig bekennen und sich zur Buße kahlscheren lassen, oder er wurde verbrannt. Wer so geschoren worden war, musste zudem seine Mittäter verraten, sonst wurde er genauso verbrannt.*[220]

Der Erzbischof von Mainz wandte sich entsetzt an den Papst, um ihm mitzuteilen, dass die Beschuldigten in Konrads Furor nur die Möglichkeiten hätten, sich sofort schuldig zu bekennen, um weiterzuleben, oder ihre Unschuld zu beschwören – und verbrannt zu werden.[221] Konrads Inquisitionsregime währte zwei Jahre. Dann geriet er mit dem Grafen von Sayn an einen Widersacher, der sich zu wehren wusste – nicht nur vor Gericht, aber auch dort. Konrad wurde erschlagen. Wer seinen Tod verantwortete, konnte nicht eindeutig geklärt werden. Aber mit seinem Ableben endete der Albtraum der Verfolgung und damit endete auch die Geschichte der Inquisition im mittelalterlichen Deutschland weitgehend. Es gab Grenzen der Willkür.[222]

Die neuere Forschung hat ältere Zahlen zum Furor der Verfolgung durch eine sorgfältige Auswertung der überlieferten Dokumente relativiert. Tatsächlich führte die Verfolgung zu einer genaueren Archivierung der Befragung, auch um den Inquisitoren eine Verknüpfung von Aussagen zu ermöglichen, mit denen sie häretische Netzwerke offenlegen wollten. Für mittelalterliche Verhältnisse ist die Quellenlage vergleichsweise dicht. Mit Blick auf die ganze christliche Welt des 13. und 14. Jahrhunderts ist sie aber überschaubar. Ihr Schwerpunkt liegt dort, wo die Inquisition mit der Verfolgung der Katharer einsetzt, im Languedoc im Süden Frankreichs. Nach der Eroberung der letzten Festung der Katharer auf dem Montségur verhörten die Inquisitoren etwa 5.600 Verdächtige. Es wurden etwa 200 Urteile gefällt, in der großen Mehrheit einfache Bußleistungen, in 23 Fällen Haftstrafen, Todesurteile gab es keine.

Als zwei Generationen später der Inquisitor Bernard Gui (der durch eine spätere Rolle in Umberto Ecos Roman „Der Namen der Rose" eine gewisse Bekanntheit erlangte) in der Gegend nach Ketzern fahndete, führte er Buch über seine Urteile. In den 15 Jahren nach 1308 verhängte der Inquisitor Strafen gegen mehr als 500 lebende Angeklagte. Er verurteilte zudem fast 90 Verstorbene, was Folgen für die Erben haben konnte, da eine Verurteilung als Ketzer das Eigentum entzog. Bernhard verhängte immerhin 41 Todesurteile.

Mit Blick auf die Überlieferung kommt die neuere Forschung zu einer Hinrichtungsquote von etwa fünf Prozent, vorsichtigere Schätzungen liegen bei einem Prozent.[223] Das relativiert nicht die inquisitorischen Exzesse, die in besonderen Situationen bis zu 200 Scheiterhaufen entflammten – direkt nach der Eroberung der Katharer-Festung etwa – oder die aus politischem Kalkül Menschen verbrannten – wie beim Untergang der Templer 1312 oder der Verurteilung Jeanne d'Arcs als Folge ihres ersten Inquisitionsprozesses 1431 (ein zweiter Inquisitionsprozess 1455/56 rehabilitierte sie) – oder die aus entfesseltem Eifer wissentlich Unschuldige hinrichteten – wie im Falle Konrads von Marburg; aber es korrigiert das Bild einer organisierten Verfolgung von Häretikern im Namen der Kirche. Von einer zentral organisierten Ketzerverfolgung, die mit tödlicher Effizienz Glaubensabweichler bestrafte, war die Inquisition des Mittelalters weit entfernt. Dennoch hat sie dieses Image und dafür gibt es durchaus Gründe.

In den Kontext der Verfolgung der Katharer gehört die Weisung der Synode von Toulouse, mit der 1229 die Geschichte der Inquisition als gezielter Fahndung nach Häretikern begann. Danach wurden Erzbischöfe und Bischöfe dazu angehalten, in den einzelnen Pfarreien ihrer Sprengel durch jeweils einen Pfarrer und zwei bis drei Laien häufig und eifrig in den einzelnen Häusern, unterirdischen Kammern und kleineren Gebäuden nach Häretikern zu suchen, diese Gebäude zu zerstören und die Häretiker keinesfalls entkommen zu lassen. Den heutigen Leser überkommen bei der Lektüre beklemmende Assoziationen. Die Synode verbot zudem den Laien ausdrücklich und entschieden, Bücher des Alten oder des Neuen Testaments zu besitzen.[224] Wenn nach Weisung der Synode Jungen im Alter von 14 Jahren bzw. Mädchen im Alter von 12 Jahren namentlich erfasst werden sollten und sie nicht nur jeder Häresie abschwören, sondern auch beeiden mussten, Häretiker nach Kräften zu verfolgen und sie künftig nach bestem Wissen bekannt zu machen, wobei ein Unterlassen dieses Schwurs die Jugendlichen selbst unter Häresieverdacht stellte, dann war dies wohl eine Aufforderung an Jugendliche, ihre Eltern zu denunzieren.[225] Die Synode von Toulouse mag eine Ausnahmesituation kennzeichnen, aber ihre Beschlüsse lesen sich wie der kalte, klare Blick eines Administrators der Unterdrückung, der das Maßnahmenarsenal künftiger Jahrhunderte zusammenstellt. Es ließe sich entgegnen, dass die häretische Bedrohung den damaligen geistlichen Verantwortlichen so dringlich erschien wie der modernen Gegenwart die Gewalt des Terrorismus. Das ist kaum zu bestreiten. Entsprechend hatten sich bei dieser Verfolgung der Häretiker die Gewichte

Kapitel 10 Gewalt und Verfolgung

Abb. 11 Die Darstellung aus den französischen *Grandes Chroniques de Saint Denis* zeigt die Hinrichtung von Katharern auf dem Scheiterhaufen.

erkennbar verschoben. Immerhin befand sich Toulouse im Languedoc, in jenem Süden Frankreichs, der tief durch seine römische Tradition geprägt war. 700 Jahre zuvor, als die römische Ordnung verblasste, hatte Bischof Caesarius von Arles von seinen Diakonen verlangt, die Bücher des Alten und des Neuen Testaments jeweils viermal gelesen zu haben. Eine solche Lektüre nahm einige Zeit in Anspruch. Mancher spätere Diakon hatte wahrscheinlich schon vor seiner Weihe mit einer ersten Lektüre begonnen. Der hohe Klerus des Languedoc im 13. Jahrhundert schätzte diese Bildung bei den Laien nicht. Er erkannte in ihr eine Gefahr. Die Erzbischöfe und Bischöfe des Languedoc um 1229 waren die Vertreter einer Kirche, die die Katharer niedergeworfen hatte. Die Laien, die sich diese Männer wünschten, kannten das Vaterunser und das Glaubensbekenntnis, vielleicht einige Psalmen. Dieses Ideal eines unmündigen Laien sollte allerdings ein Problem in sich bergen. Es war das Leitbild der Missionare des frühen Mittelalters gewesen. Aber diese Zeit war vergangen. Das Jahr 1229 war das Jahr nach der Heiligsprechung des Franziskus, dessen Orden und dessen Bewegung nach dem Tod dieses armen Nachfolgers Jesu keineswegs an Dynamik verlor. Die vielen Menschen, die vom apostolischen Ideal in irgendeiner Weise fasziniert waren, ohne dem Klerus anzugehören, wollten wissen, wie ihre Vorbilder gelebt hatten. Dazu brauchten sie die Texte – und sie lasen sie. Da halfen auch keine Verbote.

Kapitel 11

Die Heilige Schrift und die Wirkung christlicher Texte

Eine Religion des Buches

Das Christentum gilt als eine Buchreligion, und die Bedeutung der Bibel als Heiliger Schrift steht außer Frage. Aber ein Kapitel über den heiligen Text, seine Wirkungsgeschichte und den Umgang der Zeitgenossen damit im Mittelalter muss berücksichtigen, dass dies eine Zeit war, in der sehr viele Menschen nicht lesen konnten. Die Mehrheit der Gläubigen dieser Buchreligion im Mittelalter waren Analphabeten. Wir sollten daher festhalten, dass die Schrift in dieser Epoche für lange Zeit eine Wirkung nicht entfalten konnte, die für moderne Leser selbstverständlich ist. Die Schrift vermochte in den weitgehend schriftlosen Zeiten des frühen und hohen Mittelalters die Verbreitung von Informationen nicht in größerem Stil zu garantieren. Auf den Glauben der meisten Menschen konnten schriftliche Anweisungen somit nicht vereinheitlichend oder normierend wirken, zumindest nicht ohne mündliche Vermittlung. In einer Zeit, in der die meisten Menschen nicht lesen konnten, wirkte ein Text nur in solchen Milieus disziplinierend, in denen das Lesen und Schreiben eine Selbstverständlichkeit war, etwa in den Klöstern. Außerhalb der Klostermauern gab es solche Lebenswelten kaum. An den Höfen der Bischöfe durfte man Lesefähigkeit in der Regel erwarten. Aber auch da gab es Ausnahmen, zumindest was die Lateinkenntnisse anging. Sobald man diese kleinen Inseln schriftlicher Tradition verließ, mussten die Mitteilungen von Bischöfen oder die seltenen Wortmeldungen von Päpsten den meisten Menschen mündlich vermittelt werden. Es gab keine Medien, mit denen ein einheitlicher Text in der ganzen Christenheit oder auch nur der Christenheit eines Königreichs wirksam verbreitet werden konnte. Im späteren Mittelalter änderte sich das allmählich. Die Zunahme der schriftlichen Überlieferung seit dem 14. Jahrhundert war eine Entwicklung, die in verschiedenen Lebensbereichen festzustellen ist. Das Schreiben wurde erst in den letzten Jahrhunderten des Mittelalters zu einer Selbstverständlichkeit im Alltag der Menschen. Dabei war es die entscheidende Kulturtechnik zur Bewahrung der christlichen Botschaft, zur Pflege ihrer Tradition und zur Auseinandersetzung über ihre Inhalte. Aber sobald man den kleinen Kreis von Schreibenden und Lesenden verließ, und das tat man, wenn man den Glauben verbreiten wollte, musste man Wege finden, die Menschen anders zu erreichen als durch das geschriebene Wort. Wir müssen uns vor Augen halten, wie lange die großen Unterschiede in der Kenntnis der Bibel in den verschiedenen Milieus der mittelalterlichen Welt bestehen blieben.

Wir haben im Einleitungskapitel dieses Buches die Empfehlung des englischen Kirchenvaters Beda zitiert, der dem Erzbischof von York im Jahr 734 nahelegt, den ungebildeten Klerikern das Vaterunser und das Glaubensbekenntnis in die angelsächsische Sprache zu übersetzen, damit sie eine Grundlage für ihre Verkündigung hätten. Die beiden kurzen Texte bildeten die Grundlage für Lehrer des Glaubens. Dieser schlichte Kanon von Credo und Vaterunser hielt sich lange. Im 12. Jahrhundert untersagten die Statuten der Zisterzienser den Konversen ihres Ordens, also den Laienbrüdern, die keine Mönche waren, aber sich für ein Leben als Arbeitskräfte des Klosters entschieden hatten und so einer geistlichen Ordnung unterstanden, den Besitz von Büchern und schrieben die Kenntnis des Vaterunsers, des Glaubensbekenntnisses und des Anfangs des 51. Psalms (*Erbarme dich meiner, o Herr*) vor. Diese Texte sollten die Laienbrüder auswendig lernen.[226] Die Prediger lehrten die einfachen Gläubigen auch im 13. Jahrhundert das Vaterunser und das Credo noch in der Volkssprache. So schien sich im Verlauf eines halben Jahrtausends wenig verändert zu haben. Die Menschen, denen diese kurzen Texte als Grundlage ihres Glaubens nahegelegt wurden, hatten oft keine Möglichkeit einer eigenständigen Lektüre. Sie konnten diese Texte nicht selbst nachlesen, weil sie in vielen Fällen nicht lesen konnten. Sie lebten in einer Welt ohne (Religions-)Unterricht, ohne Medien, die ihnen eine ungefähre Vorstellung davon hätten vermitteln können, wovon diese Texte sprachen. Sie konnten den Gottesdienst besuchen und dort die Lesungen hören, wenn der Priester gut genug Latein konnte, um die Texte zu übersetzen. Religiöses Hintergrundwissen konnten sie selber lange Zeit nicht erlangen. Wenn wir dies berücksichtigen, dann drängt sich leicht das Bild einer unmündigen Christenheit auf, deren Glaube von der Autorität des Klerus geprägt wurde. Doch ist dies ein irreführendes Bild.

Die Kenntnis des Vaterunsers und des Glaubensbekenntnisses vermittelte den Gläubigen im Grunde keine näheren Auskünfte über das Leben Jesu, das im Vaterunser gar nicht, im Glaubensbekenntnis nur in wenigen dürren Worten in seinen Eckpunkten benannt wird:

[…] *empfangen vom Heiligen Geist,*
geboren von der Jungfrau Maria,
gelitten unter Pontius Pilatus,
gekreuzigt, gestorben und begraben […],
am dritten Tage auferstanden von den Toten […].

Daraus ließ sich kein Vorbild gewinnen, dem man nachfolgen konnte. Nur mit dem Verweis auf das Glaubensbekenntnis lässt sich nicht erklären, woraus sich der breite, dynamische Aufbruch speiste, der seit dem späten 12. Jahrhundert so viele Menschen dazu drängte, *dem nackten Christus nackt zu folgen*. Wir müssen also genauer hinsehen. Schon ein zweiter Blick auf die Überlieferung zeigt ein deutlich vielfältigeres Bild, in dem etwa Papst Innozenz III. kurz vor dem Jahr 1200 erstaunt von geheimen Zusammenkünften in der Diözese und der Stadt Metz erfuhr, bei denen eine größere Zahl von Männern und Frauen zusammenkam, um die Evangelien, die Briefe des Paulus, den Psalter, die *Moralia in Hiob*, also die Predigten Gregors des Großen zum Buch Ijob, und andere Texte zu lesen und zu hören. Die Texte seien für sie in die französische Sprache übersetzt worden. Sie sprachen darüber und predigten in ihrer Runde. Den Pfarrklerus, der ihnen diese Treffen untersagen wollte, wiesen die Gläubigen entschieden zurück und beriefen sich bei ihrem Tun auf die Schrift.[227]

Als Buchreligion unterschied sich das Christentum von den heidnischen Naturkulten oder den Welten der griechischen und römischen Götter mit ihren menschlichen und allzu menschlichen Zügen. Dadurch unterschied es sich auch von der Welt der nordischen Götter, von der wir kein klares Bild mehr gewinnen können, weil hier eben kaum eine eigene

Schrifttradition gepflegt wurde und sie daher vor allem in den Spiegelungen späterer Schreiber auftaucht, die schon stark vom Christentum beeinflusst waren. Das Christentum lebt aus den Geschichten und Weisungen der Bibel, ihren Auslegungen und Deutungen im Licht neuer Fragestellungen aus dem Leben der Menschen. Heutigen Leserinnen und Lesern erscheint die Bibel trotz abweichender Text- und Übersetzungstraditionen als ein feststehender Text. Man mag über seine Auslegung streiten, aber über den Bestand, über dessen Deutung man streitet, herrscht weitgehende Einigkeit. Die Kenntnis der biblischen Geschichten geht aktuell in der Öffentlichkeit erkennbar zurück, aber viele Schulkinder haben eine ungefähre Vorstellung davon, wer Jesus war, und einige vielleicht auch davon, wie er gelebt hat – auch dann, wenn sie sich für ihn nur noch wenig interessieren.

Christliches Personal für eine Welt der Helden

Das Leben Jesu, aber auch die Gestalten des Alten Testaments von Moses über David bis zu den Propheten haben in unserer Kultur tiefe sichtbare, hörbare und lesbare Spuren hinterlassen. Bei Unklarheiten können Fragen zum biblischen Geschehen noch immer vergleichsweise einfach geklärt werden, wobei diese Wissensgrundlage allmählich schmaler wird. Doch diesen Bezugsrahmen von Glaubensgeschichte und Glaubensgeschichten gab es im frühen und hohen Mittelalter noch nicht. Für eine lange Zeit des Übergangs, die an manchen Orten Jahrhunderte gedauert haben mag, gewannen die Akteure der christlichen Geschichte erst langsam ein Profil in einer Welt, die noch immer von zahlreichen heidnischen Göttern, Dämonen und Naturkräften geprägt wurde. Diese heidnische Vielfalt bildete das Grundmuster, in dem die frühen Missionare agierten, und sie verschwand keineswegs einfach dadurch, dass Patrick oder Bonifatius heidnische Heiligtümer ungestraft entweihten oder dass die Truppen Karls des Großen die Irminsul zerstörten und ihre Schätze plünderten.

Helgi der Magere, der zu den Norwegern gehörte, die Island in den Jahrzehnten um 900 besiedelten, hatte nach dem Bericht des Isländerbuchs *einen sehr seltsamen Glauben. Er glaubte an Christus, aber bei Seefahrten und schwierigen Unternehmungen rief er Thor an.*[228]

Die Phantasie der Menschen wurde auch dann noch länger von heidnischen Figuren belebt, wenn sie den christlichen Zentren nördlich der Alpen näher waren und wenn die Frage, an welchen Gott sie glaubten, schon zugunsten des christlichen Gottes entschieden war.

Als der Mönch Otfried in der Generation nach dem Tod Karls des Großen im elsässischen Weißenburg eine volkssprachliche Erzählung des Lebens Jesu nach den vier Evangelien verfasste, sah er sich dazu von der Kaiserin Judith gedrängt.[229] Die Frau Kaiser Ludwigs des Frommen beklagte, dass die Phantasie vieler Zeitgenossen durch Lieder *nichtsnutzigen Inhalts* beschäftigt werde. Mit Sorge sah man,

> *dass die Dichter der Heiden, etwa ein Vergil, Ovid, Lukan und sehr viele andere die Taten der Ihren in ihrer Muttersprache gestaltet hätten; von diesen Werken ist – wie bekannt, heute die Welt überschwemmt.*[230]

Darauf wollte Otfried eine Antwort geben. Die Welt der Phantasie sollte mit biblischem Personal bevölkert werden. An den Bildern, die Otfried bemühte, lässt sich erkennen, dass die Leser oder die Hörer seiner Evangelienerzählung in einer anderen Welt lebten als die Zeitgenossen, die Jesus am See Gennesaret oder in der Wüste von Judäa begegnete waren. Johannes der Täufer, der im Evangelium mit den Worten Jesajas als die *Stimme des Rufenden in der Wüste* vorgestellt wird, passt seinen Auftritt bei Otfried an eine Welt an, in der Wüsten ein anderes Gesicht hatten: *die Stimme des Rufenden in der Waldwildnis.*[231]

Die Waldwildnis erschwerte die Kommunikation in mancher Weise, sie hemmte die Tragweite der Stimme, und Wege gab es wenige. Unter diesen veränderten Bedingungen war es sinnvoll, auch die Bilder so zu wählen, dass die Menschen sie verstanden. Die Bußpredigt, in der Johannes seinen Zuhörerinnen und Zuhörern verkündet, dass Jesus die Spreu vom Weizen mit seiner Schaufel trennen wird (Mt 3,1–12), erweiterte Otfried um technische Details, die zeigen, dass er ein Publikum vor Augen hatte, das sich mit der Handhabung von Getreide auskannte.[232] Allerdings warnen uns die Spezialisten davor, die Wirkung von Otfrieds Evangelienerzählung zu überschätzen. Sein Text ist nur in wenigen Handschriften überliefert. Sein Publikum wird eher jene kleine Welt der Höfe gewesen sein, zu der ja die Kaiserin gehörte, die ihn zu seinem Werk angeregt hatte. Aber Otfrieds Werk war nur ein Text aus einer ganzen Reihe volkssprachlicher

Bibeldichtungen, die in jener Zeit in den verschiedenen Sprachen entstanden und deren Verbreitung wir auch deshalb nicht genauer verfolgen können, weil sie in einer vorwiegend mündlichen Kultur nur wenige Spuren in der schriftlichen Überlieferung hinterließen. Wirken konnten sie dennoch, denn sie kamen dem Bedürfnis von Menschen nach Geschichten entgegen – Geschichten, die jede Botschaft braucht, die den kleinen Kreis der Gelehrten verlassen soll.

Das Vaterunser und das Glaubensbekenntnis waren keine Texte, die die Phantasie der Menschen anregten, dazu brauchte es Namen, Taten und Schicksale. Das machte die von Kaiserin Judith und dem Mönch Otfried beklagte Wirkung der heidnischen Dichter aus. In ähnlicher Weise, und bisweilen auch in ähnlichem Ton, verfuhren Dichtungen wie der altsächsische *Heliand*. Dieser Heldengesang vom Leben und von den Taten Jesu für ein Publikum, in dessen Traditionen das Christentum noch nicht sicher Fuß gefasst hatte, gab dem Geschehen der Bergpredigt eine eigene Atmosphäre:

Die Helden standen / Die guten um den Gottessohn, begierig hörend / nach Wunsch und Willen; sein Wort war ihre Lust. / Sie schwiegen und horchten; hörten der Völker Herrn / das Gesetz Gottes sagen den Söhnen der Menschen.[233]

Der Mönch, der diese Verse wahrscheinlich verfasste, verlegte das biblische Geschehen in den Kreis kundiger Männer. In dieser Bibeldichtung des frühen Mittelalters, die noch durch heidnische Traditionen geprägt war, treten die Frauen, die im biblischen Geschehen eine zentrale Rolle spielten, erkennbar zurück. Das schloss nicht aus, dass Frauen wie die Kaiserin sie dennoch gerne hörten.

Der Text der Heiligen Schrift

Die Spuren, die die biblischen Texte in dieser archaischen Welt des frühen Mittelalters hinterließen, ergeben kein klares Bild. Das können sie auch nicht, dazu sind es zu wenige. Aber diese Spuren lassen uns die enorme Spannbreite ahnen, in der die biblischen Geschichten ihre Wirkung entfalteten. Die Situation des Beda Venerabilis im nordenglischen Kloster Jarrow war ja ein lebendiges Beispiel dieser Lebenswelt.[234] Beda, der dem einfachen Klerus und denen, die den christlichen Glauben im Norden Englands verbreiten wollten, das Vaterunser und das Glaubensbekenntnis übersetzte, war selbst einer der gelehrtesten Köpfe seiner Zeit. Er studierte die Texte und Traditionen in einer der besten Bibliotheken der Insel. Die älteste erhaltene mittelalterliche Handschrift mit dem gesamten Text einer lateinischen Bibel stammt aus Bedas Kloster. Dieser Codex führt uns direkt hinein in Bedas kleine Welt mit ihren weiten Bezügen und Horizonten. Unter den vielen wertvollen Büchern, die in der Gründungszeit des Klosters von Rom in den Norden Englands gebracht worden waren, war eine Handschrift der Bibelübersetzung von Hieronymus, der Version, die später als *Vulgata* zu einem Standard wurde. Diese römische Bibel nahm Ceolfrid, der nach dem Tod von Benedikt Biscop Abt der Klöster Wearmouth und Jarrow wurde, zum Vorbild und ließ drei Kopien davon anfertigen. Mit einer dieser drei Kopien machte er sich am Ende seines Lebens auf den Weg, um sie dem Papst in Rom als Geschenk zu überbringen. Ceolfrid starb auf dem Weg dahin und die Bibelhandschrift verblieb in der Toskana, wo man erst im 19. Jahrhundert ihre Geschichte entschlüsselte.

Der Weg von Ceolfrids Bibeltext, der aus Rom an die nördlichen Ausläufer des alten römischen Weltreiches gebracht wurde, Jahrhunderte nachdem die römische Macht dort untergegangen war, um am Rand des alten Weltreiches abgeschrieben zu werden und als wertvolles Geschenk wieder den Weg zurück nach Rom zu nehmen, zeigt noch einmal, wie sich die alte Ordnung im Lauf der Geschichte veränderte. Die Impulse kamen nun von den alten Peripherien und stießen dabei auf manche Widerstände. Diese Geschichte eines Bibeltextes war eine Geschichte mit einer sehr realen materiellen Dimension. Ceolfrids Bibel, der *Codex Amiatinus*, ist ein stattliches Werk. Es wiegt etwa 35 Kilogramm, der Text steht auf über 1.000 Pergamentseiten mit den Maßen von 50 cm x 30 cm. Geschlossen ist der Band etwa 20 cm stark. Die Spezialisten haben berechnet, dass in diesem Band mehr als 500 Schafhäute verarbeitet worden sind. Es war ein kunstvoll geschriebener und illustrierter Text, und es war ein gewichtiger Text. Ein solcher Text ließ sich nicht einfach herumreichen. Das Gewicht des Codex war nicht das einzige Problem, das die Verbreitung eines solchen Bibeltextes erschwerte. Es ließ sich reduzieren, wenn man das Layout weniger anspruchsvoll gestaltete und auf Illustrationen verzichtete. Aber auf Pergament konnte man nicht verzichten, der Gebrauch von Papier wurde erst am

Ende des Mittelalters üblich. Die Kopie eines Buches von über 1.000 Seiten war ein mühsamer Vorgang und hatte seinen Preis.

Während des gesamten Mittelalters waren Bücher ein wertvoller Besitz. Das galt auch dann, wenn sie einfacher angelegt waren als Ceolfrids Prachtbibel. Der materielle Wert solcher Bücher schränkte ihre Verbreitung ein, auch den von Bibeltexten. Kostbarkeiten waren selten. Dazu kam eine Schwierigkeit, die im Vorgang der Kopie begründet war und sich bis zum Ende des Mittelalters nicht abstellen ließ: Das Abschreiben dieser langen Texte war eine anstrengende Arbeit. Sie erforderte Konzentration. Manche Passagen wurden von den Schreibern mit müder Hand und müden Augen bei schwachem Licht kopiert. Wenn zu den schwächer werdenden Augen auch noch schwache Lateinkenntnisse hinzukamen, dann resultierten daraus erhebliche Fehler beim Kopieren.

Karl der Große mahnte in seiner „Allgemeinen Ermahnung" (*Admonitio Generalis*) die sorgfältige Korrektur (*correctio*) der Schriften an, die die Grundlage des Glaubens waren:

Weil manche, während sie Gott gut bitten wollen, aus unberichtigten Büchern oft schlecht bitten [...]. Und gestattet euren Jungen nicht, die Bücher beim Vorlesen oder Abschreiben zu verderben. Und wenn die Aufgabe ansteht, ein Evangelienbuch, einen Psalter und ein Messbuch zu schreiben, so sollen Männer vollendeten Alters schreiben mit aller Sorgfalt.[235]

Dieses Bemühen um die heiligen Texte war den frühen karolingischen Herrschern ein ernstes Anliegen, und Karls Sohn Ludwig der Fromme hielt diesen Anspruch aufrecht. Die karolingische Renaissance erreichte viel und legte eine Grundlage für spätere Generationen, aber der menschliche Faktor setzte ihrer Wirkung Grenzen. Entsprechend finden sich auch im späten Mittelalter zahlreiche Klagen über die schlechte sprachliche Qualität der verbreiteten biblischen Texte.

Der Franziskaner Nikolaus von Lyra, der in Frankreich wirkte und zwischenzeitlich als Theologe in Paris lehrte, verfasste im frühen 14. Jahrhundert einen fortlaufenden Kommentar zur ganzen Bibel (*Postillae perpetuae*), der sehr weite Verbreitung fand. Nikolaus konzentrierte sich dabei auf das Verständnis der Texte, nicht auf eine hochfliegende Interpretation. Um den Sinn der vielen Geschichten und Riten im Alten Testament zu verstehen, studierte Nikolaus intensiv die Schriften jüdischer Gelehrter. Er gehörte zu den wenigen christlichen Exegeten, die Hebräisch beherrschten. Nikolaus' Aufmerksamkeit galt in besonderer Weise dem literalen Schriftsinn, der Klärung der Frage, was nach dem Bericht des Alten und des Neuen Testaments eigentlich geschehen war. Dazu brauchte es einen verlässlichen lateinischen Text – und da gab es viele Schwierigkeiten. In einer Vorrede zu seinen *Postillen* bemerkt Nikolaus, dass der Sinn der Worte in diesen modernen Zeiten auf vielfache Weise verdunkelt sei. Die Schreiber verwechselten beim Abschreiben die Buchstaben, die sich ähnlich sähen, sie änderten den Sinn der Sätze, indem sie Punkte setzten, wo in der Vorlage keine Punkte waren. Sie begännen neue Sätze, wo die alten Sätze eigentlich weitergingen, und auch die Übersetzungen aus dem Hebräischen ließen vielfach zu wünschen übrig.[236] Anders als in der jüdischen Tradition, in der der Text der Tora nur von gebildeten Experten nach strengen Regeln abgeschrieben werden durfte, wurde der Text der christlichen Bibel durch viele Hände verbreitet. So brachte die christliche Bibeltradition des Mittelalters manche Lesart hervor, die den Text den Menschen näherbrachte, aber auch Lesarten, die den Text entstellten oder unverständlich machten.

Hieronymus (347–420), der die Bibel ins Lateinische übersetzte, klagte über *die schwatzhafte Alte, den schwachsinnigen Greis, den wortreichen Sophisten*, deren Umgang mit der Bibel den Text verfälschte.[237] Auch jene Kleriker, deren Predigten den Zuhörern zu gefallen suchten, statt sich um ein Verständnis des Textes zu bemühen, wurden zum Ziel seines Unmuts. Hieronymus legte die Grundlage für die mittelalterliche Beschäftigung mit der Bibel. Seine Übersetzung der Bibel in die lateinische Sprache setzte sich nach einem zögerlichen Beginn im Verlauf des frühen Mittelalters als der maßgebliche Text (*Vulgata*) durch; wir kommen weiter unten darauf zurück. Aber auch dieser Text war im Lauf der Jahrhunderte vielen Verfremdungen ausgesetzt, wie wir oben dargestellt haben, deren Liste noch beträchtlich erweitert werden könnte.

Teil II   Neue Fragen – radikale Antworten

Übersetzungen

Es besteht ein grundsätzlicher Unterschied zwischen einem modernen Bibeltext, der durch eine Kombination aus philologischen Fähigkeiten und Erfahrungen, kirchlichen Autoritäten und technischen Verbreitungsmöglichkeiten in der jeweiligen Konfession zu einem einheitlichen Standard geworden ist, und der Situation vor dem Buchdruck mit ihrer unüberschaubaren Vielfalt an Fassungen – und Fehlerquellen. Der digitale Umgang mit Texten in der Gegenwart hat viele Vorteile; er eröffnet Zugänge zu seltenen Texten, die zuvor nur wenigen Gelehrten bekannt waren, die die Zeit und Möglichkeit zu Bibliotheksreisen hatten, und er senkt die Schwelle für den Zugang zu diesen Texten. Das ist ein enormer Gewinn. Aber er lässt die Geschichte dieser Texte auch zurücktreten, die die handgeschriebenen und auch die gedruckten Versionen immer mit sich trugen. Heilige Texte wurden verbessert, aber sie wurden nicht vernichtet. So entstand im Lauf der Jahrhunderte eine kaum überschaubare Fülle verschiedener Versionen des biblischen Textes. Wir sollten uns beim Lesen digitaler Texte daran erinnern, wie sehr das Erscheinungsbild dieser Texte sich von dem Textbild unterscheidet, das die Zeitgenossen des Mittelalters vor Augen hatten. *Habent sua fata libelli (Bücher haben ihre Schicksale).* Dieses lateinische Sprichwort galt in besonderer Weise für das Buch der Bücher, dessen Inhalt sich im Lauf der Jahrhunderte so viele Menschen mit unterschiedlichen Interessen näherten.

Das Alte Testament – die jüdische Tora und die Geschichtsbücher (Josua, Richter, Rut, 1/2 Samuel, 1/2 Könige, 1/2 Chronik, die Erzählung von der Rückkehr aus dem babylonischen Exil und dem Wiederaufbau des Tempels, das Diasporabuch Tobit, die Bücher von Judit und Ester, die jüngeren Bücher der Makkabäer), die Bücher der Lehrweisheit und Psalmen (Ijob, Hohelied u. a.) sowie die Prophetenbücher – war unter bewegten Umständen über viele Jahrhunderte hinweg in vorchristlicher Zeit entstanden und wurde in verschiedenen Traditionen überliefert. Die meisten seiner Texte waren in hebräischer Sprache verfasst, was bedeutete, dass in hebräischer Konsonantenschrift geschrieben wurde. Nach der Zerstörung des Jerusalemer Tempels durch die Römer (70 n. Chr.) verlor das Judentum seinen zentralen Kultort. So wurden die heiligen Schriften zu der entscheidenden

Größe für eine gemeinsame jüdische Identität. In dieser Phase begann die lange Arbeit jüdischer Gelehrter an den Texten.

Die Gelehrten (Masoreten) prüften die Tradition und verschiedene Fassungen und begannen, den Text der hebräischen Bibel zu vereinheitlichen. Es war ein langer Prozess, in dem immer wieder vorläufige Versionen entstanden, von denen viele heute nicht mehr erhalten sind. Die Formierung der jüdischen, hebräischen Bibel war ein Vorgang, in dem die Texte vielfach überarbeitet, verglichen, auch verworfen wurden. Neben dem hebräischen Textbestand der jüdischen Bibel gab es in geringem Ausmaß auch aramäische Textteile. Es gab auch eine griechische Übersetzung der hebräischen Bibel aus dem 3. vorchristlichen Jahrhundert, die sogenannte *Septuaginta*, für jene Juden, die die hebräischen oder aramäischen Texte nicht sicher lesen konnten. Diese Tradition steht für die lange, intensive Arbeit mit und an der Heiligen Schrift. So abgeschlossen das Ergebnis dieser Arbeit schließlich in der Neuzeit erscheinen mag, so bewegt war diese Geschichte noch im Mittelalter. Mit der christlichen Bibel verhielt es sich ebenso.

Wie die Septuaginta eine Vermittlungsleistung des frühen Judentums war, so wurden die Texte des Neuen Testaments für die Christen, die die griechischen Originaltexte nicht lesen konnten, in eine gängige Sprache übersetzt. In der ausgehenden Antike und im Mittelalter war dies die lateinische Sprache. Zu einer Zeit, als das römische Reich begann, seine Truppen aus England abzuziehen, um die wichtigeren Provinzen um das Mittelmeer herum noch schützen zu können, verließ Hieronymus Rom, um in Betlehem die Bibel ins Lateinische zu übersetzen. In der Zeit Karls des Großen wurde die Bibelübersetzung des Hieronymus zum vorherrschenden Text. Hieronymus beanspruchte, die Bücher des Alten Testaments weitgehend aus dem Hebräischen übersetzt zu haben. Die Forschung ist sich unsicher, wie gut Hieronymus das biblische Hebräisch beherrscht hat. Aber Hieronymus arbeitete in Betlehem eng am hebräischen Text, auch wenn er griechische Übersetzungen und ältere lateinische Versionen zugrunde legte, die er dann verbesserte. Es war die mühevolle, vergleichende Arbeit der Vermittlung komplexer Inhalte in eine moderne Sprache. Sie erstreckte sich auch auf die griechischen Texte des Neuen Testaments (Evangelien, Apostelgeschichte, Apostelbriefe, Apokalypse). Nach dem Ende des Mittelalters wurde der lateinische Text des Hieronymus unter dem Namen „volkstümliche" Bibel bekannt (*Vulgata*). Im Mittelalter war dieser Name aber noch nicht gebräuchlich.

Diese Übersetzung des Hieronymus aus den Jahrzehnten vor und nach dem Jahr 400 – entstanden in der Geburtsstadt Jesu, vermischt mit Fragmenten älterer lateinischer Bibelübersetzungen (der sogenannten *Vetus latina*), mitunter verändert (nicht immer zum Besseren), belastet mit den Schreibfehlern müder Schreiber – wurde also zu dem Bibeltext, den die mittelalterlichen Christen kannten. Das ist nicht nur heute ein wenig unübersichtlich, das war es schon für die Zeitgenossen, wobei der moderne Eindruck der Unübersichtlichkeit dadurch verstärkt wird, dass wir heute verschiedene mittelalterliche Textversionen vergleichen können; das konnten die Zeitgenossen damals nur in Ausnahmen. Bücher waren kostbar. In vielen Fällen erschien den Menschen der Text, den sie kannten, als der richtige Text. Die Christenheit des frühen Mittelalters bestand eher aus kleinen Christenheiten mit bisweilen konkurrierenden Traditionen. Allerdings sollten wir diese Abweichungen der Bibeltexte in ihren Folgen auch nicht überschätzen. Die Wirkung des Textes hing nicht nur vom Wortlaut ab. Sie hing in hohem Maß davon ab, mit welchen Erfahrungen, welchen Interessen, welchen Haltungen die Menschen diese Texte lasen oder hörten. Die Wirkungen des Bibeltextes waren ebenso sehr eine Frage der Rezeption wie des Wortlautes. Die Erfahrungen vieler Menschen dieser Zeit waren bei vergleichbaren Lebensumständen ähnlich. So hatten einfache Abweichungen im Text selten größere Folgen.

Der Sitz im Leben

Es ist eine Stärke religiöser Lehren, wenn sie auf die Fragen der Menschen eingehen können, wenn sie Bezüge zu ihrer Lebenswelt herstellen und wenn sie die Phantasie der Glaubenden beflügeln. Die biblische Lebenswelt des Vorderen Orients war von den Erfahrungen der Menschen nördlich der Alpen weit entfernt. In Irland etwa gab es keinen Weinanbau, der in den biblischen Geschichten eine wichtige Rolle spielte. Aber es gab auch zahlreiche Gemeinsamkeiten zwischen den Erstadressaten der biblischen Texte und den mittelalterlichen Rezipienten; zu denken wäre hier etwa an die agrarische Grundstruktur der Gesellschaft hier wie dort, wenn beispielsweise von der Bestellung von Feldern oder von Viehzucht die Rede ist. So fragten sich die Bauern zu Bedas Zeit, die selbst regelmäßig ihre Ställe ausmisteten, was wohl mit all dem Mist geschah, den die zahlreichen Tiere auf der Arche hinterließen. Beda Venerabilis vermochte hier zu antworten: Er verwies auf das Wirken Gottes, das den Stoffwechsel der Tiere reduzierte.[238] Aber warum gab es bei so wenigen Menschen überhaupt so viele Tiere auf der Arche? Wer hatte sie zusammengebracht? Derlei Fragen stellte ein Jahrhundert später das „Bibelwerk", eine umfangreiche Zusammenstellung frühmittelalterlicher exegetischer Texte.[239] Hirten hatten ihre Erfahrungen damit, wie schwer es sein konnte, viele Tiere zusammenzuhalten, besonders dann, wenn sie so unterschiedlicher Art waren. Auch hier war eine Antwort bei der Hand: Nicht die Menschen hatten die vielen Tieren zusammenbringen können, das war das Werk Gottes. Doch die Fragen gingen über die Tierwelt hinaus und das „Bibelwerk" fragte sich, warum Noah und seine Söhne getrennt von ihren Frauen an Bord der Arche gingen, die Arche aber als Paare wieder verließen.[240] Das bringe zum Ausdruck, wusste der Exeget, dass die ehelichen Pflichten auf der Arche ausgesetzt gewesen seien. Aber schließlich war die Reise auch irgendwann vorbei und so kamen die Paare bei der Landung wieder zusammen.

Der Umgang mit der Geschichte der Sintflut zeigt, wie die Zeitgenossen des frühen Mittelalters mit den Erzählungen der Bibel umgingen. Ihre Neugier endete nicht dort, wo die Erzählung endete. Die biblische Geschichte, so stellte das „Bibelwerk" fest, gab zum Bau der Arche nur das Nötigste an.[241] Die Fragen der Zeitgenossen aber gingen über das Nötigste hinaus. Geschichten wie der Bau der Arche beschäftigen die Phantasie der Menschen. Das war ein wichtiger Schritt. Tierischer Mist und der eheliche Umgang an Bord eines engen Schiffs, das waren Fragen von begrenzter theologischer Finesse. Aber sie zeigen, dass die biblischen Geschichten in der Welt des frühen Mittelalters Wirkung zeitigten, wenn sie verbreitet wurden.

Aber da sagt einer: Ich bin ein Bauer, und ich bin immer mit der Arbeit auf den Feldern beschäftigt. Die göttlichen Schriften kann ich nicht lesen oder hören. Caesarius von Arles kannte die Einwände gegen die Beschäftigung mit der Bibel, aber sie überzeugten ihn nicht. *Wenn Du willst, kannst Du es,* entgegnete er.[242] So viel könne man in den länger werdenden Nächten gar nicht schlafen, dass man nicht drei Stunden mit den heiligen Texten zubringen könne, entweder selbst lesend oder zuhörend,²⁴³ wobei die Texte der Bibel zu Caesarius' Zeit noch in griechischer und lateinischer Sprache gelesen wurden und der Bauer (*rusticus*), von dem Caesarius spricht, kein einfacher Landarbeiter war. Für die Gläubigen, die nicht lesen konnten, hatte Benedikt Biscop eigens Heiligenbilder aus Rom mitgebracht, als er im Norden Englands sein Doppelkloster errichtete, damit die Gläubigen die Jungfrau Maria, die zwölf Apostel, einzelne Gestalten der Offenbarung des Johannes oder der Kirchengeschichte vor Augen hatten, wenn sie die Kirche betraten. Die Gestalten der Heilsgeschichte sollten ihre Phantasie bevölkern, nicht jene teuflischen, verführerischen und schimpflichen Gesänge, die die Männer und Frauen auf dem Land auswendig kannten und sangen, wie Caesarius klagte.²⁴⁴ Caesarius hatte ganz auf die biblischen Texte gesetzt; Benedikt Biscop, der eine ganze Bibliothek nach England verbrachte, wusste, dass er mit Texten nicht alle Menschen erreichte, die er erreichen wollte. Aber auch die Bilder, die Benedikt in seiner Peterskirche in Wearmouth aufhängen ließ, zeigten Personen aus biblischen Texten.

Die biblische Bibliothek

Die Fränkin Dhuoda hatte ihren Sohn angehalten, *die Buchrollen der Schriften des Alten und Neuen Testamentes Abschnitt für Abschnitt* zu studieren.²⁴⁵ Dieser Sohn war nicht in ein ehrwürdiges Kloster eingetreten, wo er Zugang zu einer Bibliothek gehabt hätte. Er war zu seinem Vater gezogen, der für Kaiser Ludwig den Frommen kämpfte. In diesem hochadligen Milieu der Karolingerzeit waren die Schriften der Bibel Teil des Lebens. Das bedeutete nicht, dass Dhuodas Sohn oder sein Vater diese Schriften eifrig lasen, aber sie hatten Zugang zu ihnen. Das Alte Testament lieferte nicht nur im Buch der Könige manchen Lesestoff für Leserinnen und Leser, die Geschichten von Kämpfen mochten. Dhuoda mochte sie, zumindest las sie sie eifrig. Sie verfasste ein Handbuch für den jungen Wilhelm, der ihr Haus verließ, um seinem Vater zu folgen. Es ist reich an Zitaten, vor allem aus dem Alten Testament. Frauen wie Dhuoda, deren Herkunft und Familie ihnen den Umgang mit dem exklusiven Kreis der christlichen Könige und ihrer Entourage ermöglichte, waren in dieser Phase karolingischer Herrschaft bedeutende Trägerinnen biblischen Wissens. Die Angelsächsin Lioba wurde zur Äbtissin des süddeutschen Klosters Bischofsheim, als die Karolinger nach dem Königtum im Frankenreich griffen. Sie starb, als Karl der Große zum mächtigsten Mann Europas aufstieg, und ihr Leben wurde zu Zeiten von Karls Sohn Ludwig im Kloster Fulda niedergeschrieben, wo Hrabanus Maurus Abt war, für den die Kenntnis der Heiligen Schrift die Grundlage aller Wissenschaft bildete. In Hrabanus' Kloster hatte man keine Vorbehalte gegen lesende Frauen, im Gegenteil, der Verfasser der Lebensbeschreibung Liobas betonte die Schriftkenntnis der Heiligen. So habe sich Lioba während ihres Mittagschlafs und auch, wenn sie nachts schlief, von den jüngeren Schwestern aus der Bibel vorlesen lassen. So gut habe sie den Wortlaut der Texte gekannt, dass sie die jungen Schwestern sogleich verbessert habe, wenn ihnen bei diesem Vorlesen während des Schlafes ein Fehler unterlief.[246]

Dies waren Geschichten aus einer privilegierten Welt. In dieser Welt, deren Angehörige die Könige, ihre Berater oder die Bischöfe des Reiches persönlich kannten, hatten Frauen ebenso Zugang zu den heiligen Texten wie die Männer ihrer Familien, wahrscheinlich nutzten sie sie sogar häufiger. Lioba gehörte wie die angelsächsische Äbtissin Hild – auf sie werden wir noch zurückkommen – zu den Persönlichkeiten, die dem christlichen Glauben persönliche Konturen verliehen und deren Wirkung deutlich über ihr Kloster hinausreichte.

Von den vielen Möglichkeiten, dieselben Texte in einem abweichenden Wortlaut weiterzuerzählen, haben wir schon gesprochen. Die Zahl abweichender Wortlaute war durch die Art der Weitergabe der biblischen Texte in dieser Zeit hoch. Lioba, Dhuoda und auch die anderen lesenden Gläubigen hatten nicht denselben Text vor Augen, wenn sie „die Bibel" aufschlugen. Tatsächlich war ihnen das in der Regel gar nicht möglich. Ganze Bibeln waren seltene und wertvolle Exemplare.

Die „Bibel" jener Phase hatte ein anderes Erscheinungsbild. Die Bibel war kein Buch, sie war eine Bibliothek. Ein Bibliothekskatalog der Abtei von St. Riquier (Centula) nahe der französischen Kanalküste aus diesen Jahren verzeichnet eine *unversehrte* (d. h. vollständige) *Bibliothek, wo 72 Bücher in einem Band enthalten sind*, und eine *Bibliothek auf vierzehn Bände zerstreut*.[247] Die *Bibliothek* enthielt den Text der Bibel. Die 72 Bücher der christlichen Bibel des Alten und Neuen Testaments entsprachen der Aufteilung, die Augustinus und Cassiodor vorgenommen hatten, wobei es kleine Abweichungen gab; eine feste Unterteilung gab es noch nicht. Es konnte auch abweichende Entscheidungen in der Frage geben, welche Bücher in den biblischen Kanon aufgenommen wurden. Die Herausbildung eines verbindlichen biblischen Kanons war ein über Jahrhunderte andauernder Prozess und hier noch nicht abgeschlossen.

Bibeln, wie das gewaltige Werk von Ceolfrid im Wearmouth oder der Band in der Bibliothek von St. Riquier, die den gesamten biblischen Text zwischen zwei Buchdeckeln enthielten, nannte man *Pandekten*. Sie waren seltene, wertvolle Exemplare, das Ergebnis langer und mühevoller Arbeit. So durfte es nicht verwundern, wenn ihre innere Ordnung voneinander abwich, wie der Schreiber des *Codex Amiatinus* im Prolog notierte: *Die Vielfalt der Wege führt in dieselbe Unterweisung der heiligen Kirche.*[248]

Die Vielfalt der Wege führte auch dazu, dass in der Bibliothek von Wearmouth nach der Erstellung der drei neuen Pandekten die alte Übersetzung, die Benedikt Biscop aus Rom mitgebracht hatte, weiterhin verfügbar war. Benedikts Nachfolger Ceolfrid, der die neuen Übersetzungen in Auftrag gegeben hatte, ließ sie so aufstellen, dass sie für alle zugänglich waren, die den Text studieren wollten. So gab es in einer der besten Bibliotheken Englands dieser Zeit nicht nur für Gelehrte den Zugang zu verschiedenen Versionen der Bibel, ohne dass dies jemanden beunruhigt hätte. Zumeist enthielten diese Bibliotheken den biblischen Text jedoch in der Form, die der Bibliothekskatalog von St. Riquier festhielt: *auf vierzehn Bände verteilt*. Die Zahl der Bände, in die die Texte des Alten und des Neuen Testaments aufgeteilt waren, hing von ganz verschiedenen Umständen ab. Sie waren auch nicht einheitlich gebunden, sie bildeten eine Bibliothek. Es war eine kleine Bibliothek, wobei auch die größeren Bibliotheken dieser Zeit nach heutigen Maßstäben klein waren. Sie verfügten selten über mehr als einige hundert Bände. Die biblische Bibliothek fand sich ja auch in den Beständen des Klosters Staffelsee in jenen Jahren, wie wir gesehen haben.[249] Diese Aufteilung des biblischen Textes in mehrere Bände kam in dem Maß außer Übung, in dem der Gebrauch der Schrift selbstverständlicher und die Herstellung von Büchern weniger aufwendig und kostspielig wurde. Die Erinnerung an die Aufteilung des Textes blieb erhalten, wie das erste Vorwort des Nikolaus von Lyra zu seinen Bibelpostillen ein halbes Jahrtausend später erkennen lässt, wobei Nikolaus nicht mehr von einer Bibliothek, sondern von einem Buch spricht:

> Aber das Buch, das die Heilige Schrift enthält (die wenn auch in viele Teilbücher aufgeteilt ist, in einem Buch enthalten ist), die mit dem allgemeinen Namen Bibel bezeichnet wird, wird doch eigentlich Buch des Lebens genannt.[250]

Die Spezialisten für die Geschichte der Bibel im frühen Mittelalter betonen die prägende Rolle dieser Texte für die europäische Kultur, und der Blick auf die Überlieferung zeigt diese Einflüsse jenseits der Gottesdienste in der Kunst, der Architektur, der herrschaftlichen Ordnung, dem Selbstverständnis des sozialen Zusammenhalts.[251]

Skriptorien und die Verbreitung der Texte

Allerdings ist dies ein Blick auf einen exklusiven Strang der Überlieferung, denn die meisten Menschen dieser Zeit konnten nicht lesen. Für die Mehrheit der Menschen wurde ihr Leben nicht durch schriftliche Zeugnisse bestimmt. Ein Blick auf einige Zahlen bestärkt diesen Vorbehalt. Wir haben gesehen, dass in der Bibliothek des Klosters Wearmouth im 8. Jahrhundert zwischenzeitlich vier komplette Bibeltexte vorhanden waren. Erhalten ist davon nur noch der *Codex Amiatinus*, der in der Toskana die Stürme der Zeit überstand. Die anderen Texte gingen verloren, wurden geraubt oder zerstört. Gelegenheiten gab es genug. So sorgten allein die um 800 einsetzenden Überfälle der Wikinger aus Dänemark und Norwegen für große Zerstörungen in den Klöstern, denen auch die Bibliothek von St. Riquier zum Opfer fiel. Aber für die Zeit bis 900 sind in England insgesamt nur neun Bibelhandschriften bekannt. Man hat für diese Zeit in England acht Handschriften mit den Psalmen (Psalter), 40 Evangelienbücher und zwei Bände mit Apostelbriefen identifiziert. Wenn wir den Beginn der Christianisierung Englands in der Zeit Gregors des Großen um das Jahr 600 ansetzen, blicken wir hier auf die Buchbilanz von 300 Jahren. Viel wird zerstört worden sein, so wie die Bibliothek und das Kloster von Benedikt Biscop. Aber diese Zerstörungen waren ein Teil der erlebten Geschichte der Christenheit jener Epoche und sie erschwerten den Menschen den Zugang zu den biblischen Texten so lange, bis diese mühsam wieder kopiert worden waren.

Das Frankenreich verlieh der Christianisierung mit den Eroberungen Karls des Großen ein machtvolles und gewalttätiges Momentum, das durch eine organisierte Bibelproduktion unterstützt wurde. Dies ist der Eindruck, wenn man auf die Stätten der karolingischen Initiative der Jahrzehnte um 800 schaut. Die Eroberer unterwarfen die Sachsen an der nordöstlichen Grenze des Reiches und zwangen die Bayern im Südosten unter karolingische Herrschaft. Die Bibelproduktion hatte ihre Standorte im Westen, in Tours und Orléans. In Tours unterhielt Alkuin, Karls geistlicher Berater angelsächsischer Herkunft, ein gut organisiertes Skriptorium, in dem während eines halben Jahrhunderts etwa zwei Bibeln pro Jahr vom Format des *Codex Amiatinus* abgeschrieben wurden. Anders als dieser Codex waren diese Bibeln nicht illustriert und daher etwas schlanker als der englische Prachtband. Auch in Orléans entstanden unter der Zuständigkeit von Bischof Theodulf in der Zeit um 800 etwa zehn ganze Bibeln. Aber es wurden ja nicht nur ganze Bibeln abgeschrieben. Der Blick auf die englische Überlieferung zeigte bereits, dass Evangelienbücher die häufigste Form biblischer Texte waren, und auch im Karolingerreich waren Evangelienbücher die am häufigsten überlieferten Bücher der biblischen Bibliothek. Etwa 250 Exemplare mit unterschiedlichen Evangelientexten haben die Fachleute bislang identifiziert.[252]

Ohne Zweifel sind dies Zeugnisse eines konzentrierten und organisierten Bemühens. Theodulf und Alkuin bemühten sich um einen fehlerfreien Text. Dazu zogen sie unterschiedliche Vorlagen zu Rate. Dieses Bemühen fügt sich in die Vorgaben Karls des Großen, korrekte Texte der Heiligen Schrift zu verbreiten, aber es gibt keine Hinweise auf eine „offizielle" Mission. Die Texte, die in Tours erstellt wurden, sollten sicher der Verbreitung verlässlicher Bibeltexte im Frankenreich dienen. Die Bibeln aus Orléans fanden dagegen keine weiträumigere Verbreitung. Die Produktion von 100 Pandekten in Alkuins Skriptorium war eine eindrucksvolle Leistung unter den Bedingungen der Zeit. Aber die Bedingungen der Zeit setzten der Wirkung dieser Texte auch deutliche Grenzen. Karls Reich umfasste in dieser Zeit ungefähr eine Million Quadratkilometer. Selbst wenn man Alkuins Bibelproduktion auf den Westen des Frankenreichs, also im Wesentlichen auf das heutige Frankreich, begrenzen würde, wäre dies etwa die Hälfte dieser Fläche. Es ist nicht sehr sinnvoll, eine gleichmäßige Verteilung der Alku-

Kapitel 11 Die Heilige Schrift und die Wirkung christlicher Texte

Abb. 12 Skriptorium. Die Illustration aus dem Evangelistar Heinrichs III. (1039–1056) stellt die Verfertigung von Handschriften in der Schreibstube der Abtei Echternach dar. In der Zeit Heinrichs III. erlebte die Echternacher Buchkunst eine Blütephase. Die Illustration ist mit einer ausdrücklichen Echternacher Widmung an den König überschrieben, in der das Kloster seiner Hoffnung auf die königliche Gnade Ausdruck verleiht. Die Kleidung lässt den linken Schreiber als einen Laien, den Rechten als einen Mönch erkennen.

in-Bibeln auf diese Fläche anzunehmen, aber dieses Gedankenexperiment vermittelt doch einen Eindruck von der Größe der Aufgabe. Die Verteilung aller Bibeln aus dem Skriptorium von Tours würde etwa eine Bibel für ein Areal von ca. 5.000 Quadratkilometern ergeben. Das entspräche einem Quadrat mit einer Seitenlänge von gut 70 Kilometern. Damit ließe sich eine Idealverteilung konstruieren, die es zumindest vielen Zeitgenossen ermöglichen haben würde, innerhalb von ein bis zwei Tagesreisen in Berührung mit einer solchen Bibel zu kommen.

In dieser Form ist das kein sinnvolles Gedankenexperiment, denn solche wertvollen Handschriften wurden dort gelagert, wo es bereits kirchliche Strukturen gab und sie sicher verwahrt werden konnten: an Bischofssitzen, in Klöstern, in königlichen Pfalzen. Solche Handschriften waren auch in ihrer etwas leichteren Form ohne viele Illustrationen gewichtige Schätze, die sich für häufigere Transporte nicht eigneten. Wichtig ist ein anderer Aspekt dieser Überlegung. Die Alkuin-Bibeln sollten einen verbesserten Text bieten. Ihre Verbreitung ergänzte den Bestand an alten Bibeln. Die alten Bibeln blieben in der Regel zugänglich. So lag die Zahl der zugänglichen Bibeln im Frankenreich in dieser Phase sicher deutlich über den genannten 100 Exemplaren. Man muss allerdings berücksichtigen, dass bereits die spätere Phase der Herrschaft von Karls Sohn Ludwig von heftigen inneren Kämpfen um den Thron und auch von Wikingerüberfällen beeinträchtigt wurde, in deren Verlauf manches Kloster in Flammen aufging. Dennoch ermöglichte die Zahl dieser Bibeln eine Verbreitung biblischer Texte in solcher Dichte, dass es den meisten Gläubigen möglich war, in Kontakt mit Priestern oder Mönchen zu kommen, die Zugang zu einer Bibel und zumindest Kenntnisse von ihrem Inhalt hatten.

Wir sollten die Form der Vermittlung im Auge behalten. Sie erfolgte in den meisten Fällen durch mündliche Erzählung oder Lesung, im Gottesdienst oder in den herrschaftlichen Milieus durch den Klerus am Hof. Die biblischen Inhalte wurden in dieser frühen Phase nicht durch die eigene Lektüre eines einheitlichen Textes verbreitet, sondern durch die mündliche Wiedergabe von Texten, deren Gestalt, Aufteilung und Inhalt nicht wenig variieren konnte. Das Gehörte verband sich in der Erinnerung der Hörer mit den Weiterungen ihrer Phantasie wie im Fall von Noahs Arche oder Johannes' des Täufers in der Waldwildnis. Die Theologie dieser frühen

Phase war zurückhaltend mit eigenen Entwürfen. Sie orientierte sich eher an den großen Autoren der Vergangenheit, als eigene Entwürfen zu entwickeln, die sie der intensiven Arbeit mit den biblischen Texten abgerungen hätte. Eine Synode in Tours, wo man die Arbeit mit dem biblischen Text in erster Linie als eine Sicherung und Vervielfältigung der eigentlichen Schrift verstand, nicht als seine Auslegung, hielt in diesen Jahren fest, wie die Prediger die Gläubigen im Glauben unterrichten sollten.[253]

Alle Bischöfe sollten Predigtsammlungen haben, deren Texte vom ewigen Leben für die Guten und von der ewigen Verdammnis für die Bösen sprachen, von der Auferstehung der Toten, vom Jüngsten Gericht, mit welchen Taten man das ewige Leben gewinnen könne und wodurch man von ihm ausgeschlossen würde. Die Bischöfe sollten diese Predigten in die romanische oder die deutsche Sprache übersetzen, so dass sie von allen verstanden werden könnten.

Die Versammlung in Tours war eine Zusammenkunft aus den verschiedenen Teilen des Frankenreiches, wie die Nennung der deutschen und der romanischen Sprache zeigt. Diese Unterscheidung benannte die Umgangssprachen (mit vielen Dialekten) im Frankenreich, entlang deren Abgrenzung sich in der Zukunft das Reich Karls und seines Sohnes aufteilen sollte. Überliefert wurden diese Vorschriften in einer Handschrift, die im Umfeld des Augsburger Doms entstand. Sie zeigen, dass sich auch die Predigt für die einfachen Gläubigen, *soweit sie sie erfassen können*, an den Vorlagen der Tradition ausrichtete. Es waren lateinische Vorlagen, wie etwa die Predigten Gregors des Großen, von denen eine Sammlung in diesen Jahren auch in dem kleinen Buchbestand am Staffelsee zu finden war. Die Übersetzung und Übertragung in die Welt der Gläubigen mussten die Prediger leisten. Hier begann die Vielfalt, die Dynamik und hier begannen auch die Missverständnisse, die die Christenheit des frühen Mittelalters prägten, sobald man die Kreise der Klöster, Bischofssitze und Königshöfe verließ, ohne dass wir davon ein klares Bild erhalten könnten. Die Berichte aus dieser Zeit stammen fast ausschließlich von Mönchen oder Männern der Kirche. Für sie waren die biblischen Texte erreichbar, sie dienten ihnen oftmals als literarische Vorlage für ihre Schilderungen. Selten reichte ihr Blick über ihre privilegierte Welt hinaus.

Teil II Neue Fragen – radikale Antworten

Neue Leserschichten

Eine größere Verbreitung biblischer Texte in der Welt der Laien zeigte sich erst seit etwa 1200. Aber die zwei Jahrhunderte nach der Jahrtausendwende waren eine Zeit des intensiven Studiums der Bibel in den Klöstern. Mönche wie Stephen Harding, der dritte Abt des neu entstandenen Klosters Cîteaux, der den Orden der Zisterzienser in seiner mehr als 20-jährigen Amtszeit zu Beginn des 12. Jahrhunderts auf einen erfolgreichen Weg brachte, arbeiteten an der weiteren Verbesserung der biblischen Texte, die sie in ihrem Umfeld vorfanden. Beunruhigt durch die Abweichungen und Widersprüche in den lateinischen Büchern der Bibel, die er aus verschiedenen Kirchen zusammentrug, suchte Stephen Unterstützung bei jüdischen Gelehrten, die ihm manche Textstelle erschlossen.[254] Stephen verstand die Komplexität der Tradition, wonach einige Bücher des Alten Testaments nicht aus dem Hebräischen, sondern aus dem Chaldäischen übersetzt werden mussten, das eigene Kenntnisse erforderte. Für Bernhard von Clairvaux, den unruhigen und unerbittlichen Zisterzienserabt, der sich in die Feinheiten der biblischen Texte mit derselben Energie vertiefte, mit der er diejenigen verfolgte, die seinen Glauben nicht teilten, mussten diese Texte Wort für Wort, wieder und wieder gelesen werden. Sie waren nicht Gegenstand inhaltlicher Spekulationen oder exegetischer Streitgespräche, sie erschlossen sich in geduldiger Betrachtung:

> *Wie die Speise im Mund, so schmeckt Psalmengesang im Herzen. Die gläubige und kluge Seele darf nur nicht unterlassen, ihn gewissermaßen mit den Zähnen ihrer Einsicht zu zermahlen, sonst könnte er, wenn sie ihn etwa unzerkaut und unzerkleinert herunterschlingt, den Gaumen um den wünschenswerten Wohlgeschmack bringen, der süßer ist als Honig und Honigwaben [...]*.[255]

In der klösterlichen Tradition nannte man diesen Umgang mit dem heiligen Text, bei dem Mönche und Nonnen die Worte beständig für sich selber wiederholten und dabei wirken ließen, *ruminatio* – das *Wiederkäuen* des Textes.

Die hohen Ansprüche, die die Reformbewegung seit dem späten 11. Jahrhundert an das priesterliche Amt stellte, und die Ernsthaftigkeit, mit der in vielen Klöstern die Liturgie gefeiert wurde, förderten eine verstärkte Beschäftigung vieler Priester mit dem biblischen Geschehen, die über die von ihnen in den Gottesdiensten verwendeten Texte hinausging. Diese

Kapitel 11 Die Heilige Schrift und die Wirkung christlicher Texte

Geistlichen lasen die biblischen Bücher, um die liturgischen Texte besser zu verstehen und ihren Stellenwert in der göttlichen Ordnung, die sie als Priester vertraten, ermessen zu können. Nicht alle taten das, und der Wunsch der Laien nach eigenen Zugängen zum Geschehen, von dem die Bibel berichtet, wurde lauter. Um das Jahr 1200 war er nicht mehr zu überhören.

Die gemeinsame Lektüre übersetzter Bibeltexte, bei der sich Männer und Frauen *gegenseitig predigten*, war Ausdruck der Emanzipation von der exklusiven Vermittlung des lateinischen Textes durch das Mönchtum oder den Klerus. Öffentlich waren diese hochmittelalterlichen Bibelkreise nicht. Nach den Worten des Papstes tagten sie im Geheimen, aber die selbstbewusste Reaktion auf die Kritik der Priester und das größere Bild, in das sie hineingehören, zeigen, dass die biblischen Texte um 1200 in der Bevölkerung angekommen waren. Was diese Bibelleserinnen und -leser um 1200 in Metz ohne priesterliche Zustimmung taten, hatte Petrus Waldes ja eine Generation zuvor in Lyon veranlasst: die Beschäftigung mit dem übersetzten Bibeltext und auch das öffentliche Sprechen über dessen Inhalte. Die gebildeten Kleriker auf dem Dritten Laterankonzil (1179) hatten ihn dafür, wie wir gesehen haben, mit Geringschätzung abgewiesen. Der Brief des Papstes über die Bibelleser im Bistum Metz belegt, dass diese Zurückweisung durch den gebildeteren Klerus die Menschen nicht von der eigenen Auseinandersetzung mit der Bibel abhalten konnte. Metz war sicher kein Einzelfall, der Vorgang ist uns nur überliefert, weil er eine Reaktion des Papstes provozierte. Wir können davon ausgehen, dass die Beschäftigung von Frauen und Männern aus der Bevölkerung mit den Bibeltexten im späten 12. Jahrhundert zu einer breiten, selbstbewussten Bewegung wurde, die ihre Kraft daraus gewann, dass viele ihrer Anhänger versuchten, das zu leben, was sie lasen. Die Armutsbewegung, die in dieser Phase verstärkt einsetzte, konnte ihr Leitbild, *dem nackten Christus nackt zu folgen*, ja nur umsetzen, wenn ihre Anhänger ein eigenes Bild vom Leben Jesu gewonnen hatten. Viele Priester sahen dieses Programm kritisch. Es war nicht damit zu rechnen, dass ein Klerus, dessen Lebensstil durch diese Laien in Frage gestellt wurde, bereitwillig über die praktizierte Armut Jesu Auskunft gab, wenn sich daraus womöglich kritische Vergleiche mit ihrer eigenen Praxis ergaben, wobei manche Vorbehalte gegenüber einer allzu unbefangenen Lektüre eines nicht immer eindeutigen Evangelientextes durchaus berechtigt waren. Die Bemühungen von Franziskanern wie Nikolaus von Lyra im späten Mittelalter um das richtige Verständnis des Wortlautes der Bibeltexte waren nicht nur eine philologische Vorliebe. Ihr enormer Erfolg belegt den Bedarf an solchen Hilfen, die Auswirkungen auf ein Leben haben konnten, das die praktische Nachfolge des Evangeliums zum Programm erhob. Franziskus betont in seinem Testament, wie sehr er und seine frühen Gefährten die Priester respektierten, als sie die ersten Schritte auf ihrem Weg gingen. Sein Testament war nicht nur ein persönlicher Lebensbericht. Es war eine Ermahnung an seinen Orden, den begonnenen Weg beizubehalten. Seine Hinweise auf die Wertschätzung, die die Priester aufgrund ihrer Weihe verdienten, sollten auch jene Brüder ermahnen, die aufgrund eigener Lektüre der Evangelien von den Klerikern in ihrer Umgebung einen anderen Lebensstil erwarteten.

Um 1200 begann also ein neues Kapitel in der Wirkungsgeschichte der mittelalterlichen Bibel. Eine Veränderung wurde spürbar, die sich in ganz unterschiedlichen Formen äußerte: in dem Aufkommen eines neuen Buchformats für die Bibel, in der Art des Umgangs mit dem Text durch Gelehrte und Geistliche, in der Verbreitung des Textes, in seinem Vordringen in den Alltag und auch in den Bedenken und Verboten gegen seinen Gebrauch durch die Laien. Neue Fragen wurden an den Bibeltext gestellt, und da das Verständnis eines Textes nie eine eindeutige oder identische Erfahrung war, sondern in seinen Wirkungen immer von den Erfahrungen und dem Vorverständnis der Leserinnen und Leser abhing, entfaltete der Bibeltext nun ein Spektrum neuer Wirkungen. Viele waren eindrucksvoll, manche waren beunruhigend.

Neue Formate

Es war in der historischen Forschung lange umstritten, welche Rolle Bibelübersetzungen ins Deutsche vor der maßgeblichen Bibelübersetzung Martin Luthers im frühen 16. Jahrhundert spielten. Nachdem die konfessionellen Gegensätze in dieser Diskussion etwas abgeklungen sind, sieht man klarer: Es gab bereits vor Luther deutsche Bibelübersetzungen, was vor dem Hintergrund des bisher Gesagten kaum anders zu erwarten war. In der Zeit der religiös-spirituellen Aufbrüche des späten Mittelalters sah sich keine Autorität in der Lage, wirkungsvolle Verbote gegen die Nutzung von Übersetzungen zu erlassen. Wie die bereits mehrfach erwähnte Reaktion Papst Innozenz' III. auf die freimütigen Leserinnen und Leser einer Bibelübersetzung in Metz zeigt, waren die Päpste an solchen Verboten auch nicht grundsätzlich interessiert.

Wir haben oben gesehen, wie begrenzt die Maßnahmen der Inquisition zur Durchsetzung der Verbote und als Strafinstanz bei Übertretungen in ihrer praktischen Wirkung letztlich waren. Verbote der privaten Bibellektüre gab es an Orten, an denen sich der Klerus durch lesende Laien herausgefordert fühlte. Viele Belege gibt es für solche Verbote nicht. Die mittelalterliche Kirche war vielmehr weit davon entfernt, Bibelübersetzungen grundsätzlich zu verbieten. So überrascht der Befund nicht weiter, dass die Forschung die Verbreitung von vielen Tausend Handschriften und (nach der Mitte des 15. Jahrhunderts) auch Drucken volkssprachlicher Bibeln in Deutsch, Französisch, Englisch und Italienisch vor der Reformation nachgewiesen hat.[256] Seit dem 10. Jahrhundert gab es volkssprachliche Versionen der biblischen Texte, aber die Verbreitung nahm in den Jahrzehnten um 1200 ebenso zu wie die Verbreitung eines neuen Typs der lateinischen Bibel.

Um 1230 begannen Buchhändler in Paris mit dem Verkauf von Bibeln in einem handlichen Format. Auf weniger als 1.000 Seiten, mit einem zweispaltigen Layout mit je 50 Zeilen und knapp 20 cm hoch, enthielten diese Pariser Taschenbibeln den gesamten Text. Die Verwendung von extrem dünnem Pergament ermöglichte dieses Format. Die Schreiber arbeiteten mit zahlreichen Abkürzungen und ließen es mitunter wohl ein wenig an Sorgfalt mangeln. Der franziskanische Gelehrte Roger Bacon, der in Hinblick auf den Umgang mit der Bibel strenge Maßstäbe anlegte, äußerte sich 1266 kritisch über die Bibeln, die 40 Jahre zuvor in Paris im Umlauf waren. Nachlässige Theologen und Buchhändler hätten sie angeboten, denen die vielen Fehler nicht aufgefallen seien, *da sie ungebildet waren und verheiratet*.[257] Man wird Roger Bacons Datierung nicht auf die Goldwaage legen müssen – im von ihm genannten Jahr war er höchstens 10 Jahre alt –, aber man kann in seinem Hinweis auf die Bibel als eine Ware in Paris einen Beleg dafür sehen, dass die Bibel als Buch weite Verbreitung gefunden hatte. Das Paris des frühen 13. Jahrhunderts war dafür der geeignete Ort. Um das Jahr

1200 war hier eine der ersten Universitäten Europas gegründet worden und im Lauf des 13. Jahrhunderts wurde die französische Hauptstadt zu einem Zentrum der Theologie der lateinischen Christenheit. Hier lehrten Thomas von Aquin und Bonaventura, hier stritten Weltgeistliche und Bettelmönche über die Ordnung der Welt und die richtige Seelsorge. Die Bibel wurde dabei zu einem Grundlagentext dieses theologischen Aufbruchs. Über 1.000 Exemplare der handlichen Pariser Bibeln finden sich noch heute in den verschiedensten Bibliotheken. Sie wurden damals von vielen gekauft und gelesen: von Studenten der Theologie, die sie später an ihre Wirkungsstätten mitnahmen, von Klerikern, die ihre Predigten sorgfältig vorbereiten wollten, und von den studierten Wanderpredigern der Dominikaner und Franziskaner, die sie unterwegs mit sich trugen.

Natürlich hat die Metropolitankirche trotzdem einen Theologen, der die Priester und andere in der Heiligen Schrift unterweist und sie besonders mit dem vertraut macht, was allgemein zur Seelsorge gehört.[258]

So verfügte es 1215 die bis dahin größte Kirchenversammlung des Mittelalters, das Vierte Laterankonzil. Das Konzil sollte ein ambitioniertes Reformprogramm auf den Weg bringen. Auch wenn die Durchsetzung seiner Beschlüsse in vielen Diözesen der Christenheit Jahrzehnte dauern konnte, so war hier doch ein Geist zu erkennen, der sich in vielen Erscheinungen dieser Zeit niederschlug. In der zweiten Hälfte des 12. Jahrhunderts intensivierten sich die Predigtaktivitäten des Klerus erkennbar. Die Zahl der Predigtmanuskripte wuchs stark an. Das Verständnis der priesterlichen Aufgaben änderte sich – auch unter dem Eindruck und durch die Konkurrenz der erfolgreichen Bettelmönche. Die Verkündigung in der Predigt wurde wichtiger. Um richtig zu predigen, sollten die Prediger wissen, worüber sie sprachen, wenn sie den Gläubigen das Evangelium auslegten und dabei Worte benutzten, die die liturgischen Vorlagen nicht enthielten, es sei denn, sie verwendeten bei ihren Erklärungen weiter die alten Vorlagen Gregors des Großen.

Mit den neuen handlichen Bibelexemplaren, in der Zunahme der Predigten, im Erfolg der Bettelmönche, die dem Vorbild der Apostel folgen wollten, in alldem drangen christliche Glaubensinhalte, biblische Geschichten und ein christliches Ethos tiefer in den Alltag vor. Dies war zunächst eine Entwicklung in den Städten und im städtischen Umfeld, auf die sich die Bettelmönche konzentrierten und wo sie häufig mit dem ortsansässigen Klerus aneinandergerieten. Die an Intensität zunehmende Christianisierung vollzog sich auf verschiedenen Ebenen: durch die selbständige Lektüre der Gläubigen von Bibeltexten und Heiligengeschichten, aber auch durch die zunehmende gelehrte Auseinandersetzung mit dieser Überlieferung. Die Bibeltexte wurden nun von den Gelehrten in einem Umfang kommentiert, den die früheren Jahrhunderte nicht gekannt hatten. Anders als in der klösterlichen Welt, in der einzelne Gelehrte mit bisweilen ehrfurchtgebietender Kenntnis der biblischen Tradition über die Texte meditierten, wurde die Auseinandersetzung mit der biblischen Tradition in der städtischen Welt seit dem späten 12. Jahrhundert kontroverser. Die Auslegung der Bibel wurde zu einem Tätigkeitsfeld, auf dem sich scharfsinnige Gelehrte, aber auch Selbstdarsteller profilieren konnten. Die Bibel bot der intellektuellen Welt eine nahezu unbegrenzte Fülle an Themen.

Hilfsmittel für das Verständnis der Bibel

In dieser Geschichte der zunehmenden Verbreitung und Aneignung biblischen Wissens gewann ein Kernbestand allmählich eine feste Form, die den Erklärungen eine einheitliche Grundlage verschaffte. In dem Jahrhundert, bevor die Bibeln von Paris in handlichem Format erschienen und weite Verbreitung fanden, entstand ebenfalls in Paris eine umfangreiche Sammlung von Erläuterungen bzw. Kommentaren zu den einzelnen Büchern der Bibel. Schon früh hatten die Schriftgelehrten bei der Lektüre der einzelnen Bücher der Bibel am Rand oder zwischen den Zeilen Notizen hinzugefügt, die einzelne Worte oder Begriffe des Textes erläuterten, Hinweise zur Übersetzung gaben oder auch Querverweise auf andere Textstellen enthielten. Diese Ergänzungen zum besseren Verständnis des Textes wurden, soweit möglich, nahe an den Worten oder Sätzen platziert, zumindest auf derselben Seite, ganz so, wie auch in modernen Textausgaben ein wissenschaftlicher Apparat den Text ergänzt. Anders als in modernen wissenschaftlichen Werken waren diese Ergänzungen jedoch nicht nummeriert, sondern konnten in der Regel durch kleine Verweiszeichen, etwa skizzierte Hände oder kleine Symbole, der Textstelle zugeordnet werden, an der sich ebenfalls ein solches Zeichen befand, oder die Anmerkung wurde durch die Nennung des Wortes eingeleitet, auf die sie sich bezog. Die Ränder um den biblischen Text wurden dadurch im Lauf der Zeit immer mehr zu Zeugnissen der lebhaften Arbeit der Gelehrten am Text. Im Austausch über Interpretationen und Textverständnis, der nicht frei von Eitelkeiten und Konkurrenzen war, bildete sich im Norden Frankreichs während des 12. Jahrhunderts allmählich ein Art Standardkommentierung zu biblischen Texten heraus. Diese einzelnen Ergänzungen des biblischen Textes am Rand der Seite oder zwischen den Zeilen nannte man Glossen (*glossae*) und die Gesamtheit derjenigen Glossen, die allmählich zu einem Standard-Apparat zusammenwuchsen, nannte man entsprechend die *Glossa ordinaria*. Die Pariser Taschenbibel fand im 13. Jahrhundert eine schnelle und weite Verbreitung, aber das eigentliche Erscheinungsbild der hoch- und spätmittelalterlichen Bibel war die Bibel mit Glossen. Sie zeigt das charakteristische Layout, das wir auf Bibeldarstellungen mittelalterlicher Gemälde sehen können: Ein Textblock in der Mitte der Seite, der von einem breiten Rand aus wissenschaftlichem Ergänzungstext voller Abkürzungen umgeben ist. Auch in dieser Form blieb die Bibel eine umfangreiche Bibliothek. Der vollständige Text der Bibel mit allen Ergänzungen der *Glossa ordinaria* umfasste etwa 20 einzelne Bände. Die Theologen des späteren Mittelalters lasen den biblischen Text also gemeinsam mit den Glossen (*una cum glossis*). Ihre Lektüre erhielt dadurch eine gewisse Führung für das Verständnis des Textes, wobei eigenständige Köpfe sich nicht unbedingt mit den angebotenen Worterklärungen zufriedengeben mussten.

Die *Glossa ordinaria* zur Bibel fasste den Stand des Wissens zusammen, mit dem die Theologen seit dem ausgehenden 12. Jahrhundert die Bücher der Bibel lasen. Seit dieser Zeit wurde die *Glossa ordinaria* in der nun standardisierten Form zusammen mit dem Bibeltext zahllose Male abgeschrieben, verbreitet und erscheint als Ausdruck und als Instrument eines zunehmend standardisierten Umgangs mit der biblischen Überlieferung. Begleitet wurde dieser von einer Standardisierung der Inhalte und Prüfungen der theologischen Studien an der neuen Universität Paris sowie von einer wachsenden Zentralisierung der kirchlichen Organisation, die sich mehr und mehr auf die römische Kurie ausrichtete; tatsächlich war eine solche Standardisierung ja das Ziel all dieser Bemühungen. Sie sollten gemeinsame Min-

Kapitel 11   Die Heilige Schrift und die Wirkung christlicher Texte

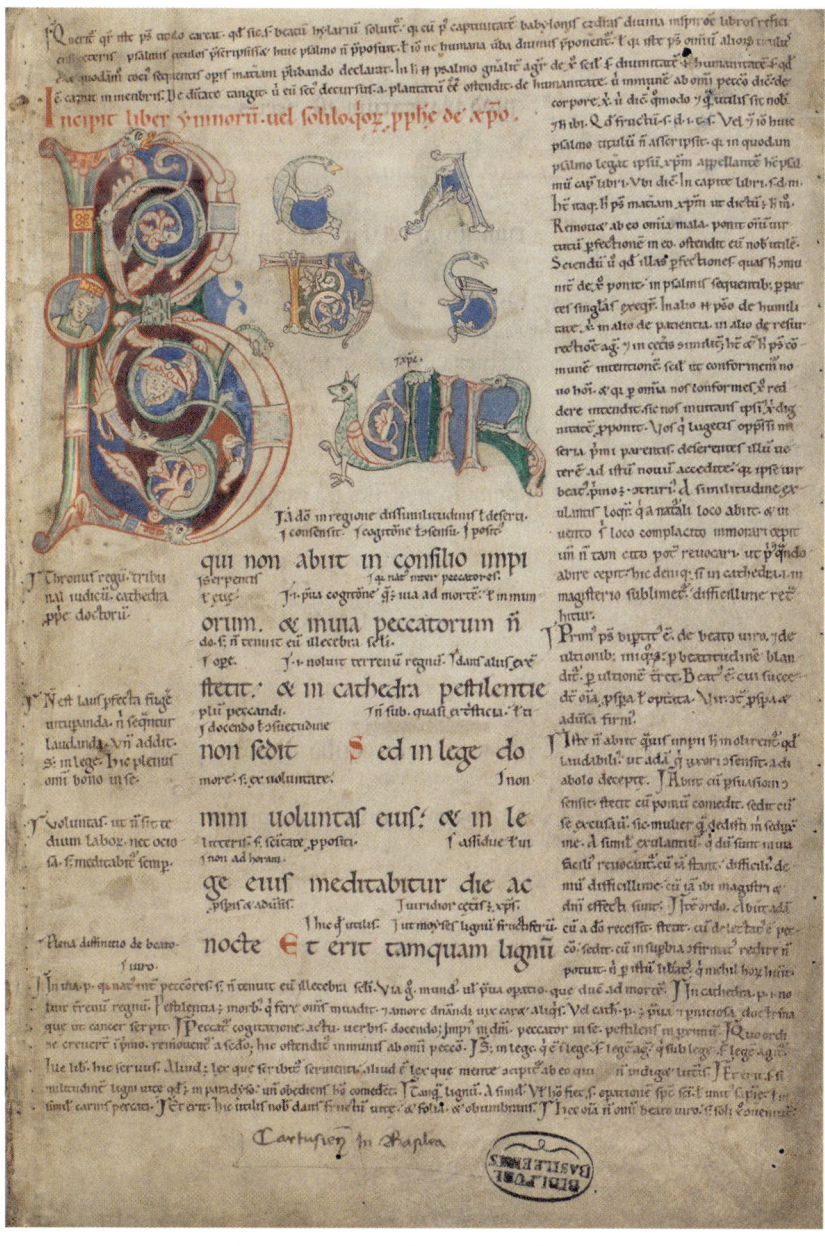

Abb. 13 Der Psalter aus dem späten 12. Jahrhundert zeigt das typische Erscheinungsbild hoch- und spätmittelalterlicher Bibelhandschriften: Der Anfang des ersten Psalms ist umrahmt von den Erläuterungen des Standardkommentars, der *Glossa ordinaria*.

deststandards der Kenntnisse von Klerikern garantieren, die mit ihrem Abschluss an einer Universität eine höhere kirchliche Laufbahn anstrebten. Die Bemühungen waren in gewissem Sinn eine Fortsetzung jener „Korrekturen", die Karl der Große einst auf den Weg gebracht hatte.[259] Die Sorge um die richtigen Texte und um das richtige Textverständnis der Priester, die die Gottesdienste feierten, fand nun jedoch ein günstigeres Umfeld als zur Zeit der Karolinger. Die Kirche hatte mehr Personal, leistungsfähigere Strukturen, Schulen und Bücher waren für mehr Menschen erreichbar. Aber noch immer waren die Rahmenbedingungen aus moderner Perspektive schwach entwickelt. Es gab nur wenige Universitäten mit einem geregelten Lehrbetrieb. Viele Studierende, die sie besuchten und danach wichtige Stellungen in der Kirche erlangten, wurden nicht Bischöfe, weil sie studiert hatten, sondern weil sie aus einflussreichen Familien kamen. Sie verließen die Universität in der Regel ohne Prüfungen und Abschluss. Die meisten Priester bekamen keine Gelegenheit zu einem Theologiestudium in Paris oder Oxford. Es entstanden Zentren lebendiger, auch schärfer theologischer Diskussionen, die weit ausstrahlten. Aber die Kommunikationsbedingungen dieser Epoche sorgten weiter dafür, dass die Unterschiede beträchtlich blieben; auch die Auseinandersetzung mit den biblischen Stoffen folgte einer Dynamik mit sehr unterschiedlichen Geschwindigkeiten. Die Entstehung der *Glossa ordinaria* kann in manchem als Modellfall für den Prozess der Christianisierung betrachtet werden, der die europäische Kultur in dieser Phase weit über die elitären Kreise hinaus erfasste.

Diese „gewöhnliche Glosse" sammelte ein enormes Wissen über den biblischen Text: Worterklärungen, historische Hintergründe, Verweise auf die Tradition, auf andere Textstellen zu ähnlichen Themen oder auf rituelle Regeln, die der biblische Text an dieser Stelle selbst nicht anführte, die zum Verständnis des Geschehens oder des Sachverhalts aber hilfreich waren. All das wurde hier zusammengetragen und durch die Verbreitung der Glosse Teil einer standardisierten biblischen Kultur. Allerdings konnten die Inhalte der Glosse nur dort wirken, wo ein Kleriker Mittel und Zeit besaß, diese 20 Bände regelmäßig zu studieren. Die Glosse war nicht als einheitliches Werk entstanden und wurde auch nicht als einheitliches Werk so lange überarbeitet, bis sie ein Stadium erreichte, das den Bedürfnissen der Leser entsprach. Sie hatte sehr unterschiedliche Ausgangspunkte. Verschiedene Gelehrte hatten sich allein oder in Gruppen mit einzelnen Fragen oder Texten befasst und ihre Antworten notiert. Spätere Leser hatten diese Antworten zum Teil überarbeitet, viele aber gar nicht zur Kenntnis nehmen können, weil ihnen die Handschriften nicht zugänglich waren. So wurden unabhängig voneinander jeweils eigene Antworten gefunden, die von anderen gelesen und erörtert wurden. Manche Fragen fanden auf diese Weise eine intensive Bearbeitung, andere hingegen nur ein geringes Interesse, weil ihnen die Aufmerksamkeit der Zeit nicht galt.

In diesen Jahrzehnten des hohen Mittelalters, in denen einzelne Gelehrte die Universalität der Kirche in ihren Werken theoretisch erfassten, wurden darin gleichzeitig Widersprüche sichtbar. Wenn etwa Petrus Abaelard in Paris oder der Mönch Gratian in Bologna die tatsächliche Vielfalt der christlichen Tradition erkannten, zeigte sich, dass die Bibel, dass die Kirchenväter, dass kirchliche Synoden auf vergleichbare Fragen unterschiedliche Antworten gegeben hatten. Abaelard trug diese Antworten in seinem Werk *Sic et Non* („Ja und Nein") zusammen und stellte die Antworten verschiedener Autoritäten gegeneinander, ohne die Widersprüche aufzulösen. Der Jurist Gratian in Bologna nannte seine epochemachende Zusammenstellung juristischer Beispielfälle und ihrer Lösungen für das geistliche und kirchliche Leben „Harmonisierung einander widersprechender Rechtsregeln" (*Concordia discordantium canonum*). Die Autoritäten hatten in der Vergangenheit bei wichtigen und weniger wichtigen Fragen unterschiedliche Wege beschritten, und das taten sie auch in Zukunft.

Die Erschließung neuer Zugänge zum biblischen Text veränderte die Art der Argumentation und erweiterte den Kreis derjenigen, die sich an ihrer Deutung beteiligten. Das geschah dadurch, dass Textstellen nun einfacher auffindbar wurden. Die wenigen frühmittelalterlichen Bibeln und die unterschiedliche Einteilung des biblischen Textes hatte eine gründliche Kenntnis des Aufbaus der einzelnen Bücher erfordert, um bestimmte Passagen aufzufinden. Diese Kenntnis brauchte man, um am biblischen Diskurs des frühen Mittelalters teilnehmen zu können.

Es gab verschiedene Bücher der Bibel, die ja auch häufig jedes für sich gebunden wurden. Aber es gab noch keine Unterteilung dieser Bücher in eine (einheitliche) Kapitelzählung oder gar eine Nummerierung der Verse, die das Auffinden von Bibelstellen in modernen Ausgaben rasch ermöglicht. Wenn Gregor der Große in seinen Predigten (Homilien) zum Buch Ezechiel über die Gottesvision sprach, in der Ezechiel zu Beginn des Buches seine Berufung zum Propheten in eindringlichen Bildern von geflügelten himmlischen Wesen schildert, dann bemühte er zahlreiche Vergleiche, um etwa den Vers *Und wenn sie stillstanden, senkten sie ihre Flügel* (Ez 1,24) zu deuten;[260] wenn er in diesem Zusammenhang dann auf Mose verwies, dann mussten seine Leser wissen, auf welches der fünf Bücher Mose er sich bezog:

> *So ließ Moses die Flügel sinken, der, obzwar in allen Wissenschaften Ägyptens bewandert, sobald er die Stimme des Herrn vernahm, nicht wusste, was er sagen sollte.*

Wer nun die Belegstelle „Flügel des Mose" prüfen wollte, ob der Wortlaut dieser Stelle oder die Übersetzung in der Bibel der Klosterbibliothek, die man selber nutzte, Gregors Deutung zuließ oder stützte, der musste die fünf Bücher Mose entweder genau kennen oder sie nun daraufhin einzeln Vers für Vers durchsehen. In einer modernen Bibelausgabe lässt sich durch die Verweise am und im Text leicht herausfinden, dass Mose vor Gott bekannte, nicht gut reden zu können (Ex 4,10), dass von Flügeln hier aber nicht die Rede ist. Ohne solche präzisen Textverweise war es schwieriger und die Teilnahme an einer Diskussion war so im Grunde nur Experten möglich. Dieser Expertenaustausch erweiterte sich nun mit dem Aufkommen von Kapiteleinteilungen der biblischen Texte. Mit ihrer Verbreitung wurde es nun möglich, eine Textstelle durch die Nennung des Buches und des Kapitels rascher auffinden zu können. Die bis heute benutzte Kapiteleinteilung des Bibeltextes, die sich gegen andere schließlich durchsetzen konnte, wird in der Regel dem Pariser Theologen Stephen Langton zugeschrieben (die Einteilung der Kapitel in Verse erfolgte erst im 16. Jahrhundert). Stephen Langton hatte in Paris Theologie studiert und lehrte sie anschließend dort fast ein Vierteljahrhundert lang, bevor er zum Erzbischof von Canterbury berufen wurde und ein wichtiger Akteur in den turbulenten Geschehnissen wurde, die zur englischen *Magna Carta* führten, an deren Abfassung er beteiligt war. Als Theologe genoss Langton hohes Ansehen, und im Kreis von gelehrten Magistern und Doktoren, die ihn umgaben, war seine Kapiteleinteilung wohl entstanden. Dass sie sich durchsetzen konnte, hängt wohl damit zusammen, dass man ihr Qualität attestierte. Anwendung fand sie dann bald in der theologischen oder kirchenrechtlichen Diskussion, in der Lehre oder bei der Vorbereitung der Predigten.

Texte wie die genannte Sammlung des Kirchenrechts von Gratian oder die Einteilung der biblischen Kapitel erlangten in den folgenden Jahrhunderten eine enorme Autorität. Diese Autorität war über lange Zeit keine verordnete, sondern eine erworbene Autorität. Das war unter den Kommunikationsbedingungen des späteren Mittelalters gar nicht anders möglich. Die Spezialisten verweisen darauf, dass der Bibeltext, der sich aus verschiedenen Quellen speist und der durch die Überlieferung auch verfremdet wurde, in seiner Form schließlich ein *textus receptus*, ein „überlieferter Text", war, der seine jeweils aktuelle Fassung durch das viele Lesen, das Bemühen um sein richtiges Verständnis sowie durch ständiges Abschreiben und Korrigieren erhielt. Die mittelalterlichen Leittexte, die weitere Verbreitung erlangten, waren auf diese Weise immer „rezipierte" und damit lebendige Texte, die nicht nur einen bestimmten Inhalt wiedergaben, sondern auch das Verständnis spiegelten, mit dem die Menschen diesen Inhalten begegneten.

Die Bücher der Bibel waren für die mittelalterlichen Leserinnen und Leser mehr als nur Texte, da sie die Absichten Gottes enthüllen konnten, wenn man sie richtig las. Nikolaus von Lyra stellte seiner Bibelpostille die Feststellung voran, dass den Propheten die Wahrheit der göttlichen Pläne durch das Lesen im Buch der Vorhersehung Gottes, durch Offenbarung, vermittelt werde:

> Wir aber, die diese Kenntnis nicht haben, die nicht vom Licht der Prophezeiung erleuchtet sind, können in diesem Buch nicht lesen, sondern lesen im Buch der Heiligen Schriften, das uns von den Propheten überliefert worden ist.[261]

Es schwang in der Lektüre biblischer Texte meist ein Grundverständnis von den göttlichen Plänen mit. Dieses Grundverständnis wurde von den tragenden Bestandteilen der göttlichen Weltordnung, wie die Lesenden sie verstanden, geprägt. Geistlichen, die mit einem hierarchischen Weltbild an diese Texte herangingen, stellte sich die Frage nach der Deutungshoheit nicht. Im Umgang mit der jüdischen Tradition ist das erkennbar.

Exegese

Bei der Auslegung der biblischen Texte wendeten die meisten Theologen eine besondere Methode an, die auch die jüdischen Toragelehrten in etwas anderer Form praktizierten. Sie lasen und interpretierten die Texte auf vier verschiedenen Bedeutungsebenen. Der dänische Dominikanerbruder Aage oder Haakon (Augustinus de Dacia) fasste diesen vierfachen Schriftsinn im späteren 13. Jahrhundert in lateinischen Merkversen zusammen:

> *Littera gesta docet*
> *quod credas allegoria*
> *moralia quid agas*
> *quid speres anagogia.*[262]

Der Buchstabe lehrt, was geschehen ist; die Allegorie, was du glauben sollst: der moralische Sinn, was du tun sollst; was du erhoffen kannst, der anagogische. Im Kern war dies eine Unterscheidung zwischen dem Geschehen und den verschiedenen Möglichkeiten seiner Deutung, zwischen dem historischen und dem geistlichen Sinn. Um die Methode zu illustrieren, verwendeten die mittelalterlichen Exegeten gern das Beispiel Jerusalems. Danach war Jerusalem in der historisch-buchstäblichen Lektüre die Hauptstadt des ehemaligen Königreichs Judäa, im moralischen Verständnis bedeutete es die Seele, den Geist der Gläubigen, im allegorischen Sinn stand es für die streitende Kirche (also die Kirche in der Welt), im anagogischen Verständnis stand Jerusalem für die triumphierende Kirche, also für das Himmelreich.[263]

Der geistliche Sinn, das ist nicht überraschend, bot dabei im Grunde ein ganzes Spektrum an Differenzierungen, die für moderne Leserinnen und Leser nicht immer einfach nachzuvollziehen sind. Manche Deutungen des biblischen Geschehens, die für die mittelalterlichen Autoren auf der Hand lagen, erscheinen bei kritischer Lektüre weniger zwingend. Bei den verschiedenen Bedeutungsebenen, die im Text selbst angelegt waren oder die durch eine gebildete Lektüre freigelegt werden konnten, wurde die Auslegung der Bibel zu einem weiten Feld. Mancher Zeitgenosse fühlte sich daher gedrängt, zunächst zum Verständnis des einfachen Geschehens zurückzukehren. Der schon zitierte Nikolaus von Lyra stellte im frühen 14. Jahrhundert fest, dass das biblische Geschehen, das in der Erzählung wiedergegeben werde, durch die vielen Auslegungen verdunkelt werde. Die zahlreichen mystischen Deutungen überdeckten das Geschehen, und die vielen Konkordanzen, die die Bezüge unter diesen Textstellen herstellen sollten, überforderten den Geist und das Erinnerungsvermögen.[264]

Die präzise Untersuchung dessen, was der Text über das biblische Geschehen aussagt, was die verwendeten Begriffe im hebräischen Text des Alten Testaments in ihrer Zeit bedeuteten, welchen Sinn die in der christlichen Tradition zum Teil nicht mehr bekannten jüdischen Riten hatten – all dies war eine frühe Schule der Geschichtsschreibung und des kritischen Umgangs mit historischen Berichten. Die Entdeckung des geistlichen Sinns der biblischen Texte, die Frage, was sie über die göttliche Ordnung der Welt aussagten, war stärker auf ein assoziatives Denken ausgerichtet und konnte sich umso produktiver entfalten, je weiter der biblische Horizont der Interpreten war. Dabei blickten die mittelalterlichen Theologen in einer Weise auf die Bücher der Bibel, die die christlichen Autoren seit der ausgehenden Antike praktizierten. Je nach Standpunkt war dies eine überaus fruchtbare Perspektive, die ein vertieftes Verständnis des Alten Testaments erlaubte, oder es war die Aneignung einer jüdischen Tradition, die aus diesem Blickwinkel auf eine Vorgeschichte reduziert wurde, die der Aufhellung bedurfte.

In der Generation nach Karl dem Großen schrieb der Mönch Haimo eine Reihe von Predigten nieder. Haimo war Abt des Klosters St. Germain in Auxerre und er verfasste zahlreiche Kommentare zu biblischen Texten, die in späterer Zeit vielfach anderen Autoren zugeschrieben wurden. Er war ein Gelehrter, der sich der Deutung der Erzählungen des Alten Testaments aus der Perspektive der christlichen Evangelien mit produktiver Phantasie widmete. Ein Beispiel aus seiner 18. Predigt lässt erkennen, wie er dabei vorging.[265] Haimo spricht darin von Noah, der einen Raben von seiner Arche aussendet, um herauszufinden, ob das Wasser zurückgegangen sei. Als der Rabe nicht zurückkehrt, sendet er eine Taube aus. Sie kehrt am Abend mit einem Olivenzweig im Schnabel zurück. Das ist die etwas gekürzte Erzählung von der Sintflut im Buch Genesis (Gen 8,6ff.). Haimo fährt fort:

Wer immer dieses hört, wer gewählt hat, mit den wenigen Auserwählten gerettet zu werden, nach dem Beispiel von Noah, statt mit den vielen Verworfenen unterzugehen, findet im zweiten Zeitalter den Krug voll Wasser. Wenn er gelernt hat, diese Geschichte geistlich zu deuten, so dass er Noah, den Erbauer der Arche, als den Herrn Jesus Christus versteht, den Erbauer und Leiter der Kirche; in der Sintflut, die die sündigen Menschen auslöscht, die Taufe sieht, in der die Sünden ausgelöscht werden, im Raben, der ausgeflogen ist und nicht zurückkehrte, die Häretiker, die uns verlassen haben, aber nicht zu uns gehörten, in der Taube, die den Olivenzweig mit grünenden Blättern brachte, die Salbung des Heiligen Geistes, die den Gläubigen in der Taufe zuteil wird; so wird ihm der Krug voll Wasser, den er hatte, verwandelt in Wein.

Haimo liefert in seinen Predigten noch viele andere Beispiele seiner Kunst. Er vermochte es, die Texte des Alten und Neuen Testaments in vielfältige Beziehungen zu setzen, so dass die Ereignisse der jüdischen Tradition zu Ankündigungen des christlichen Heilsgeschehens wurden. Er stand damit keineswegs allein, sondern war ein schöpferischer Vertreter der christlichen Bibelinterpretation. Tatsächlich verweisen ja bereits die Evangelien selbst und die Apostelgeschichte darauf, dass entscheidende Stationen im Leben Jesu bereits in den Schriften des Alten Testaments angekündigt wurden, beispielsweise: *Es musste sich das Schriftwort erfüllen, das der Heilige Geist durch den Mund Davids im Voraus über Judas gesprochen hat [...]* (Apg 1,16). Mit dem Hinweis auf David war ein Verweis auf die Psalmen gemeint. Dass sich in den Psalmen zahlreiche Anspielungen auf Jesus fänden, hielten die mittelalterlichen Autoren wie bereits altchristliche Autoren für gesichert. Die Psalmen erfreuten sich im Mittelalter einer großen Beliebtheit: Kinder lernten mit ihnen lesen und die Gebildeten lasen sie auch als Gesänge zur Ehre Christi. Der Hinweis der Apostelgeschichte auf David, der offenbar Psalm 41 galt, zielt auf eine eher allgemeine Klage über einen untreuen Freund (Ps 41,10: *Auch mein Freund, dem ich vertraute, der mein Brot aß, hat die Ferse gegen mich erhoben*). Aber für die gläubigen Zeitgenossen war klar, dass die Klage über den Freund den Verrat des Judas vorwegnahm.

Am Text Haimos wird auch klar, dass das geistliche Verständnis den Wert des Textes erhöhte. Durch die geistliche Lesart wurde der Wasserkrug des jüdischen Textes für den christlichen Leser zu einem Krug voll Wein. Haimo kannte die Wüste nur aus Büchern. Es gab das ganze Mittelalter hindurch Beispiele fruchtbarer Zusammenarbeit und respektvollen Austausches zwischen einzelnen jüdischen und christlichen Gelehrten. Aber der Hauptstrom der christlichen Theologie des Mittelalters beanspruchte, die Texte der jüdischen Bibel besser zu verstehen, als die jüdische Tradition selbst das tat – auch dann, wenn die christlichen Autoren die jüdische Bibel nur in Übersetzungen lesen konnten.

Die biblischen Bücher wurden und werden mit einem Vorverständnis gelesen, das die Einsichten aus der Lektüre bisweilen maßgeblich prägt. Das gilt im Grunde für alle Texte, in denen die Lesenden zumeist wiederfinden, was sie bereits wissen. So kamen auch da keine Zweifel auf, wo eine distanziertere Lektüre manche Frage gestellt hätte. Warum stand der Rabe der Sintflut-Erzählung Haimos für die Häretiker, die die Schar der Gläubigen verließen, zu der sie nie gehört hatten? Weil er nicht zurückkehre, wie Haimo in seiner Kurzfassung schrieb? Wer die Geschichte in ihrer längeren Version im 8. Kapitel der Genesis nachliest, stellt fest, dass der Rabe *aus und ein flog, bis das Wasser auf der Erde vertrocknet war* (Gen 8,7). Dagegen kehrte die Taube, die für ihre Rückkehr mit dem Olivenzweig von ihrem zweiten Ausflug zum Sinnbild für den Heiligen Geist wurde, von ihrem dritten Ausflug nicht mehr zurück. Manche mittelalterliche Bibellektüre lässt Fragen offen, manche lässt einen aber auch erschaudern. Der Verfasser der *Gesta Francorum*, der „Taten der Franken", der als Teilnehmer am ersten Kreuzzug Augenzeuge und eventuell Mittäter bei der blutigen Eroberung Jerusalems war, spricht von seiner Freude bei der Ankunft vor Jerusalem: *wir aber kamen jubelnd und triumphierend am Dienstag, den 6. Juni, zur Stadt Jerusalem und eröffneten eine vollendete Belagerung.*[266] Aber der Verfasser dieser Zeilen und seine Gefährten zogen nicht auf Eseln in die Stadt ein, um dort einen qualvollen Tod zu erleiden, sondern um an der unbewaffneten Bevölkerung ein Blutbad anzurichten. Seine Lektüre der Bibel hinderte ihn nicht daran. Den vielen Menschen, die seit dem 12. Jahrhundert ein Leben in Armut nach dem Vorbild der Apostel wählten, waren die Erzählungen vom Leben Jesu und seiner Jünger dagegen eine direkte Inspiration für einen radikalen und konsequenten Neuanfang, für den sie wie Petrus Waldes vielfach eine gesicherte Existenz hinter sich ließen.

Das Spektrum des Umgangs mit den biblischen Texten reichte von der unbedenklichen Rechtfertigung blutiger Mordtaten, für die das Alte Testament manche Vorbilder lieferte, bis hin zur konsequenten Neuausrichtung des eigenen Lebens. Lange Zeit boten die einfachen Lebensumstände der meisten Menschen, schwach entwickelte Herrschaftsstrukturen und primitive Kommunikationsbedingungen ausreichend Raum für konkurrierende Lesarten und voneinander abweichende Deutungen des biblischen Textes. Erst gegen Ende des Mittelalters, als die biblischen Texte den Alltag mehr und mehr durchdrangen und die hierarchischen Strukturen von Kirche und Welt die Räume enger werden ließen, verlangten die konkurrierenden Lesarten im Zeitalter der Reformation grundsätzliche Entscheidungen.

Kapitel 12

Weibliche Spiritualität

Maria von Oignies – eine frühe Begine

Es wird Zeit, dass wir die Perspektive ausweiten. Bislang haben wir vor allem von Männern gesprochen, weil die Ämter der Kirche, aber auch die Königsthrone der Christenheit von Männern besetzt waren. Aber schon in der Zeit der frühen Könige des Mittelalters spielten Frauen eine entscheidende Rolle bei der Durchsetzung der neuen Religion. Diese tragende Rolle hatten sie das ganze Mittelalter hindurch inne, ohne dass ihr Wirken dabei immer die Aufmerksamkeit der Geschichtsschreiber gefunden hätte.

Diese mittelalterlichen Geschichtsschreiber waren in fast allen Fällen männlich. Die Frauen, denen wir in ihren Werken begegnen, tragen seltener ausdifferenzierte oder widersprüchliche Charakterzüge, die eine Persönlichkeit ausmachen und die ihre Wirkung auf die Menschen um sie herum erklären könnten. Die geistlichen Autoren dieser Lebensgeschichten kleideten die Faszination dieser Frauen in ein Schema, das häufiger etwas holzschnittartige Züge trägt. Das weibliche Charisma verband sich dabei mit strenger Askese, die einer sinnlichen Wahrnehmung keinen Raum ließ. Wenige Jahre nachdem Franziskus in Rom die Anerkennung seiner neuen Gemeinschaft durch Papst Innozenz III. erreicht hatte, zog ein Augustinerchorherr aus Brabant nach Rom, um dem Papst von einer Frau zu berichten, die er als Beichtvater in den zwei Jahrzehnten zuvor kennengelernt hatte. Der spätere Kardinal Jakob von Vitry hatte die Lebensgeschichte dieser Frau, die im Alter von 36 Jahren hoch verehrt in Flandern gestorben war, niedergeschrieben, und er wollte mit diesem Leben der Maria von Oignies für die religiöse Lebensform der Beginen eintreten.[267] Unter Beginen verstand man Frauen, die sich einem geregelten religiösen Leben verschrieben, ohne dass sie einem Orden beitraten. Maria von Oignies gehörte zu den ersten Frauen in dieser Bewegung. Sie hatte schon als Kind starke religiöse Interessen gezeigt. Nach ihrer für die Zeit nicht untypischen Verheiratung mit 14 Jahren hatte sie ihre entschiedene Askese noch gesteigert und auch auf die Bewahrung ihrer Jungfräulichkeit ausgeweitet. Dieses Thema beschäftigte geistliche Biographen häufiger in besonderer Weise, auch Jakob von Vitry legte darauf großen Wert. Gelingen konnte das nur, weil Maria ihren jungen Ehemann von ihrer Entscheidung überzeugen konnte, so dass er es ihr gleichtat. Maria widmete sich der Fürsorge für Arme und Kranke und einem Leben des Gebets und der Gewissenserforschung. Ihren eigenen Schwächen gegenüber zeigte sie sich unerbittlich. Sie aß nur dreimal in der Woche und schlief möglichst selten. Stattdessen saß sie nachts in der Kirche, den müden Kopf in ihren seltenen Pausen an die Mauer gelehnt. In Wintern, die so kalt waren, dass der Messwein während des Gottesdienstes gefror, saß sie barfuß in der Kirche und lehnte jeden Schutz vor der Kälte ab. Jakob von Vitry flocht ihr in seinem Text Kränze. Er konnte als ihr Beichtvater keinerlei Fehler bei ihr ausmachen, es gab keine Koketterien, es gab keinen Blick in Abgründe, nur ein Leben voller Entbehrung, das jenem Motto folgte, das die Anhänger der Armutsbewegung so eingängig formuliert hatten: dem nackten Christus (teilweise) unbekleidet zu folgen, wie man es im Fall von Maria wohl dezenter übersetzen sollte.[268] Jakob schildert Marias jährliche Wallfahrt zu einer Marienkirche der Umgebung. Der Weg war mit gut zwei Meilen zu bewältigen, aber Maria legte ihn im frostigen Winter zurück, wobei sie barfuß durch den Schnee lief. Sie folgte einer Dienerin, die mit einer Lampe durch den dunklen Wald auf schlecht erkennbaren Pfaden voranging. Nach einer Nachtwache in der kalten Kirche kehrte sie am nächsten Tag wieder in derselben Weise zurück, unterstützt und geleitet, wie Jakob schrieb, von einem Engel zur Rechten und einem Engel zur Linken, ohne jemals fehlzugehen.

Das Bild dieser Frauen, barfuß im Schnee im Licht einer kleinen Lampe auf dem Weg zu einer frommen Nachtwache, sicher geleitet von Engeln zur Rechten und zur Linken, war ein Bild weiblicher Spiritualität, das Männer wie Jakob von Vitry inspirierte. Immer wieder schwingt sich sein Text zu einem Lobgesang auf Marias Leben empor. Mit solchen Frauen konnten sich die gestrengen Männer der Kirche treffen, von ihnen konnten sie träumen, ohne auf Abwege zu geraten.

Aber so wenig sich Jakob von Vitry vor Maria in Acht nehmen musste, so wenig ist dieser Blick auf Marias Leben der strikten Askese und des rastlosen Gottesdienstes nur ein harmloses, etwas trockenes Geschehen in einer Welt, die so ganz vom Wunsch nach Buße ausgefüllt erscheint. Denn die Erzählung dieses Lebens diente einem Zweck, der weit über die anspruchslose Frömmigkeit hinausreichte, als deren Ideal Maria ihrer Umwelt erschien. Jakob von Vitry stellte seiner Erzählung einen Widmungsbrief an den Bischof von Toulouse voran. Das Leben von Maria von Oignies sollte den Bischof von Toulouse bei seinen Predigten gegen die Katharer inspirieren und ihm Material für seine Predigten liefern. Jakob von Vitry trat nun selbst als Prediger für einen Kreuzzug gegen die Häretiker im Süden Frankreichs in Erscheinung. Damit wurde die Lebensgeschichte der Maria von Oignies zu einem Mittel in einem blutigen Kreuzzug, der nicht nur die Andersgläubigen in der Provence rigoros unterdrückte, sondern der auch der Unterwerfung der Grafschaft Toulouse unter die Herrschaft der französischen Ritter des Nordens und des Königtums diente. Wenige Jahre bevor Maria starb und Jakob von Vitry nach Rom zog, um dort von ihrem Leben Zeugnis zu geben, hatten die Kreuzfahrer die Bevölkerung von Béziers bei der Eroberung der Stadt getötet, wobei der Legat, der den Kreuzzug anführte, auf die Frage der Ritter, wie man Katholiken und Häretiker in der Stadt unterscheiden solle, die berüchtigte Antwort gegeben hatte: *Tötet sie. Der Herr kennt die Seinen.*[269] Auch Maria hatte Visionen von einem Kreuz über dem Schauplatz im Süden Frankreichs und sah die Männer, die als Opfer der Häretiker zu Märtyrern wurden, um somit ohne eine Zeit im Fegefeuer direkt in die Ewigkeit einzugehen. So wurde die Geschichte der frühen Begine Maria von Oignies in den Dienst einer blutigen Repression genommen. Es gab indes auch andere Lebensgeschichten.

Die tägliche Arbeit des Glaubens

Die Christianisierung Europas erscheint bislang als ein vorwiegend männliches Unternehmen. Bischöfe, Missionare und siegreiche Häuptlinge oder Könige überzeugten, überwanden oder gewannen die heidnischen Stämme vom Mittelmeer bis zum Nordmeer für den neuen Glauben. Dieser neue Glaube musste sich dabei häufig noch nach den Regeln der alten Welt mit ihren eigentümlichen Göttern bewähren. Der christliche Gott musste sich als mächtiger Gott der Sieger erweisen, weil die Welt, die seine Priester gewinnen wollten, eine Welt der Krieger war. Aber die fortschreitende Christianisierung Europas kann nicht nur mit streitenden männlichen Akteuren und charismatischen Ordensgründern erklärt werden. Der historische Blick auf die handelnden, streitenden und bisweilen leidenden Akteure der Missions- und Bekehrungsgeschichte von Chlodwig über Karl den Großen bis hin zu Franziskus vermittelt ein verzerrtes Bild, weil er den Aktionen dieser Männer zu viel Gewicht einräumt. Im historischen Rückblick sehen wir ihre Taten als Wegzeichen der Christianisierung Europas. Je nach Perspektive treten dabei der Ire Columban, der Römer Benedikt oder der Franke Karl stärker in den Vordergrund. In einer dichten Darstellung entsteht das Bild einer bewegten Geschichte, in der einzelne Männer die spätere Kultur Europas maßgeblich prägen. Dieses Bild gibt es nur im Rückblick, der die Jahrhunderte und die weiten Entfernungen zwischen den Schauplätzen dieses Geschehens zu Szenarien zusammenschrumpfen lässt, von denen wir mit einem verwunderten, bisweilen überraschten Schauder lesen. In der Realität des frühen Mittelalters, in der der Franke Karl der Große, der der Christianisierung Europas in der Tat wichtige Impulse verlieh, Kaiser eines Reiches von einer Million Quadratkilometern war, erlebten Karls Untertanen seine Taten nur selten. Der Eindruck beständiger Aktion im Umfeld der Könige und der Missionare entsteht dadurch, dass die Berichterstatter so nah bei ihren berühmten Protagonisten waren. In dieser Perspektive treten der Raum und die Zeit zurück, die vergehen und durchquert werden mussten, um dem Auftritt eines Missionars durch Wiederholung die Regelmäßigkeit zu verleihen, die ihm erst dauerhafte Wirkung ermöglichte, anstatt zu einer interessanten Erinnerung zu verblassen.

Hätte man in dieser Zeit an den verschiedenen Orten christlichen Geschehens, von denen die Chroniken berichten, Webcams aufstellen können – was kein ganz zulässiger historischer Versuchsaufbau ist –, dann würde man vor allem eines sehen: Bäume oder Heide oder vergleichbare Szenarien, viel Natur. In dieser Welt der dichten Natur benötigte man Geduld, viel Geduld. Ein Missionar wie Patrick zeigte sich auf der Ebene des irischen Tara nur einmal im Leben der Gefolgsleute des besiegten Königs. Dann zogen er und seine Gefährten weiter zu neuen Herausforderungen und Kampfplätzen; ganz so, wie es Amandus getan hatte, als er von Flandern an die Donau gewechselt war, oder später Ansgar auf seinen Reisen in den Norden. Die wenigen Missionare, von denen wir namentlich hören, aber auch die fränkischen oder angelsächsischen Krieger, die sich als Reaktion auf ihren Sieg zu dem siegstiftenden Gott der Christen bekehrten, einte eine Erfahrung: Der Glaubenswandel, den sie durch ihren Auftritt oder ihren Sieg herbeiführten, basierte auf einem punktuellen Ereignis. Es war ein dramatisches Ereignis, aber seine Nachhaltigkeit gewann es weniger aus seiner eigenen Wirkung als vielmehr daraus, dass der Berichterstatter die Szene danach mit dem Missionar wieder verließ. So konnte er nicht davon berichten, wie sich die Menschen bald fragten, wozu sie sich eigentlich bekehrt hatten, wie man den neuen Gott anrief, wenn die Kinder krank wurden oder die Ernte schlecht war, weil der Regen ausblieb, und die Familie hungerte. Man wusste, welche Opfer die alten Götter erwartet hatten, aber der mächtige Vertreter des neuen Gottes, der die Feuerprobe bestanden oder der die Machtlosigkeit der alten Götter bewiesen hatte, hatte niemanden zurückgelassen, der diese Lücke füllen konnte oder wusste, was zu tun war und wie man es richtig tat. So wird man sich in vielen Fällen, in Irland nach dem Weggang von Patrick, in Hessen nach dem Weggang des Bonifatius, in Dänemark nach dem Abgang von Ansgar, in Notlagen an die alten Götter erinnert haben. Sie waren besiegt worden, aber sie waren ja vorher auch nicht machtlos gewesen; vielleicht konnten sie helfen, bis der christliche Gott wieder erreichbar war.

In einer Welt der Krieger, deren Leben durch den Kampf geprägt war, machten die Menschen meist die Erfahrung, dass es Tage gab, an denen man einen Kampf verlor, ohne dass damit schon die Sache verloren war, um die es bei dem Kampf gegangen war. Bessere Tage würden kommen. Der Missionar, der die alten Götter vor aller Augen gedemütigt hatte, um ihre Machtlosigkeit zu beweisen, verblasste langsam zu einer unangenehmen Erinnerung. Vielleicht konnten auch die alten Götter ihre Kräfte wiedergewinnen.

Ohne die beharrliche religiöse Praxis, die die Glaubensströmungen eines Stammes langsam in eine neue Richtung leitete, hatte die Bekehrung nach einem Sieg, wovon die Quellen des frühen Mittelalters wiederholt berichten, nur begrenzte Wirkung und Reichweite. Jede spätere Niederlage konnte alles wieder in Frage stellen. Die nachhaltige Praxis, die die religiöse Ausrichtung der Gemeinschaft langsam veränderte, beruhte auf beharrlicher Alltagsarbeit. Es war eine unspektakuläre Praxis, deren mangelndes Drama ihr den Eingang in die Chronistenberichte verwehrte. Sie wirkte eher durch das gelebte Vorbild als durch Worte. Geleistet wurde sie in den meisten Fällen von Frauen. Das wird man sagen können, ohne zu sehr in Geschlechterklischees zu verfallen. Gelegentlich erlauben die Quellen einen männlichen Blick auf ihre Bemühungen, wie im Fall Chrodechildes, der Ehefrau des Frankenkönigs Chlodwig, den sie zur Bekehrung drängte, aber nicht überzeugen konnte.[270]

Es geht bei der Bewegung, die wir bislang verfolgt haben, um eine Christianisierung in die Tiefe der Gesellschaft, wenn wir es einmal unscharf, aber doch nicht unzutreffend formulieren. Es war eine Bewegung, die auch die Menschen erfasste, die keinen Kontakt mit Königen und Päpsten hatten, die auch einem Bischof nur sehr selten begegneten, die kaum eine Schule besuchten und die dennoch einem religiösen Leitbild folgen wollten. Die Empfänglichkeit für ein apostolisches Leitbild, die im 12. Jahrhundert erkennbar und im 13. Jahrhundert vielfach fassbar wird, musste in irgendeiner Weise grundgelegt werden. Die Religionsgeschichte kennt berühmte Konvertiten oder Spätberufene wie Augustinus oder Franziskus, deren geschichtemachende Radikalität wahrscheinlich auch auf diese späte Berufung zurückzuführen ist. Aber die vielen Menschen, die ihnen Gehör schenkten, sie unterstützten, mit ihnen sympathisierten oder ihnen auf unterschiedliche Weise folgten, waren durch ihre Erziehung vorbereitet worden, die ihnen Werte oder eine Haltung vermittelt hatte, die sie für die Lehre von einem Gott aufnahmebereit machte, der seinen Sohn in die Welt gesandt hatte, wo er für das Heil der Menschen starb. Diese Geschichte besaß eine Familiendimension.

Christliche Mütter

Von der Mutter Jesu, an die ein glaubensfester Christ nicht glauben konnte, wie es Walter Map beim Verhör der Waldenser auf dem Dritten Laterankonzil etwas überheblich formuliert hatte, war ja schon die Rede.[271] Ein großer Teil der mittelalterlichen Christen hätte damals diese dogmatische Differenzierung nicht verstanden – so wie sie heute zumindest ein großer Teil der romanischen Christenheit nur schwer verstehen würde. Maria ist noch heute fester Teil des christlichen Heiligenkosmos, auch wenn sie eine rein menschliche Natur besaß, weswegen man nicht an sie glauben, sie aber sehr wohl verehren konnte und kann. Es war und ist ja gerade ihre menschliche Natur, die sie zugänglich machte und macht. Die Zahl der mittelalterlichen Marienkirchen ist gewaltig. Diese Bedeutung der Mutter Jesu rührt auch daher, dass für die meisten mittelalterlichen Christen die eigene Mutter eine wichtige Rolle in ihrer religiösen Vita spielte. Damit tut sich eine gewisse Spannung auf. Denn diese Mütter waren Frauen, und Frauen wurden in der Kirche mit Skepsis betrachtet. Das Gelächter der Prälaten über die unbefangene Antwort der Waldenser auf dem Dritten Laterankonzil ist auch Ausdruck einer Geringschätzung von Frauen. Sie hatte eine lange Tradition. Augustinus, einer der im Mittelalter meistgelesenen und meistzitierten Kirchenväter, hatte diesem Vorbehalt in seinem monumentalen *Gottesstaat* deutlichen Ausdruck verliehen. Die Sünde Adams war durch seine Frau herbeigeführt worden: Adam, *der durch das Weib in Sünde fiel, das aus ihm geschaffen ward, ehe es Sünde gab.*[272] Eva hatte die Sünde nicht verursacht, aber sie hatte der Sünde durch ihre Leichtgläubigkeit die Tür zum Paradies geöffnet. *Schwachheit, Dein Name ist Weib*, lässt Shakespeare seinen Hamlet ausrufen. Augustinus hätte dasselbe sagen können; aber das Zitat Shakespeares, der mehrere Jahrhunderte nach Augustinus schrieb, zeigt auch, dass es nicht Augustinus allein war, dessen Frauenbild den sündenbehafteten Eva-Stereotyp in der christlichen Tradition nährte, wo er viel Unheil anrichtete. Shakespeare bezieht sich auf ein jahrhundertealtes Zerrbild, auch wenn es sich in diesem Fall etwas untypisch gegen die Mutter des Protagonisten richtete. Die Zahl der Texte über die vermeintliche Schwachheit, Wankelmütigkeit und sinnliche Motivation von Frauen füllt mehr als eine Handbibliothek.[273] Eva, die Adam im Paradies zur Ursünde verführte und damit die

Sünde, das Leid und den Tod in die Menschheitsgeschichte brachte, die mit ihrer Verführungskunst den Männern weiter das Leben schwer macht(e) und dabei die Sünde von Generation zu Generation weitervererbt(e), wurde zu einem vielbemühten Topos geistlicher oder moralisierender Literatur.

Allerdings wurden auch junge Frauen bei diesem Vererbungsvorgang notwendigerweise zu Müttern, und wenn die Söhne alt genug waren, um als Geistliche selbst über Verführbarkeit zu moralisieren, waren diese einstmals jungen Frauen respektable Erscheinungen geworden, über deren Verführbarkeit man nicht öffentlich klagte, wenn man nicht Hamlet war. Augustinus, dessen Geburt auf klassische Weise herbeigeführt wurde und der im *Gottesstaat* die Sexualität als eine unerfreuliche Neigung zur Sünde, einen unchristlichen Kontrollverlust, charakterisierte, wand seiner Mutter in seiner Autobiographie Kränze. Das neunte Buch seiner *Confessiones*, seiner „Bekenntnisse", ist in hohem Maß *ihr* – seiner Mutter Monika – gewidmet.

Als wir in Ostia am Tiber waren, starb die Mutter. Vieles übergehe ich, weil ich viel Eile habe. Nimm meine Bekenntnisse und meine Danksagungen entgegen, mein Gott, für Unzähliges, auch wenn ich so viel Dinge mit Stillschweigen übergehe. Aber nicht will ich mit Stillschweigen übergehen, was sich aus meiner Seele ringt über deine Dienerin, die mich geboren hat dem Fleische nach, damit ich zum irdischen Leben, und im Geiste, damit ich zum geistigen Leben geboren würde. Nicht ihre, sondern deine Gaben in ihr will ich preisen; denn sie hatte sich ja nicht selbst erschaffen oder erzogen; du hast sie geschaffen, und weder Vater noch Mutter wussten, was aus ihrem Kinde werden würde. Es unterwies sie in deiner Furcht die Zucht Jesu Christi, das Walten deines einzigen Sohnes in einem gläubigen Haus, das ein gutes Glied deiner Kirche war.[274]

Monika erzog Augustinus mit Strenge und Geduld, in der Hoffnung, ihn für ihren christlichen Glauben gewinnen zu können. Als er schließlich in Mailand, auch unter dem Einfluss des Ambrosius, zum Christen wurde, sah sie ihre Aufgabe und Hoffnungen erfüllt und starb wenige Tage nach einem vertrauten Gespräch mit ihrem Sohn. Die Mutter, obgleich sie eine Frau war, genoss auch bei Geistlichen einen gewissen Schutz. Ihr Urbild war Maria, die Mutter Jesu, die zudem dem Ideal entsexualisierter Weiblichkeit entsprach. Die Betonung ihrer Jungfräulichkeit nimmt in der gesamten Marienüberlieferung breiten Raum ein.

Die Jüdin Maria musste ihren Sohn nicht zum Glauben erziehen, aber viele Söhne und Töchter des frühen, hohen und späten Mittelalters wurden durch Mütter wie Monika, die die Launen ihrer Ehemänner und Söhne geduldig ertrugen, zum Glauben erzogen.

Dhuoda als Erzieherin

Es wäre für die Vollständigkeit des Bildes vom berühmten Kirchenvater hilfreich, wenn wir Aufzeichnungen von Monika, der Mutter des Augustinus, über ihre Erfahrungen bei der Erziehung ihres ältesten Sohnes besäßen. Das tun wir leider nicht. Wir haben das schlanke Handbuch der Jugenderziehung zum christlichen Glauben bereits zitiert, das die Fränkin Dhuoda in den 840er Jahren für ihren Sohn niederschrieb.[275] Über Dhuoda selbst wissen wir nicht viel. Sie war die Ehefrau Bernhards von Septimanien, eines fränkischen Hochadligen. Kaiser Ludwig der Fromme hatte Bernhard zum Herzog von Septimanien gemacht, dem Küstenstrich der Provence, nachdem Bernhard sich in Katalonien einige Sporen verdient hatte. Er gehörte ins Umfeld des karolingischen Kaiserhofes, erlebte Auf- und Abstiege und versuchte dabei, für sich das Beste herauszuholen, was nicht immer gelang. Sein Lebensstil hielt ihn von seiner Frau fern – und als sein Sohn Wilhelm etwa 16 Jahre alt war, holte er ihn zu sich. Für diesen Wilhelm ist Dhuodas Erziehungsbuch geschrieben. Man darf annehmen, dass sie den väterlichen Einfluss mit gewisser Sorge sah. Das Buch war wohl auch als ein Gegenprogramm gedacht. Aber es lässt auch die Haltung erkennen, mit der Dhuoda bis dahin ihren Sohn erzogen hatte, oder, wenn sie, wie manche Herrin ihrer Epoche, ihn nicht selbst erzog, auf welche Haltung sie bei seiner Erziehung Wert legte.

> *Das lege ich dir ans Herz, dass du deinen Geist stets auf die Tugenden richtest, auf die Temperamente und auf die Sinneskräfte, die Worte der heiligen Evangelien samt der Unterweisungen der anderen Kirchenväter.*[276]

Es gibt keine Briefe Wilhelms an seine Mutter, die eine Reaktion auf ihre Bemühungen erkennen lassen, aber eine gewisse Skepsis ist sicher erlaubt, ob Dhuodas *schöner und liebenswerter Sohn*, wie sie ihn nennt, diesen Ermahnungen die nötige Aufmerksamkeit zukommen ließ.[277] Es mangelt natürlich nicht an Ermahnungen zur Keuschheit. Interessanter ist schon, dass in

Dhuodas Mahnungen eine Buchkultur des hohen Adels sichtbar wird, die wir im Umfeld Karls des Großen bereits kennengelernt haben und die hier zumindest bei den Frauen des karolingischen Adels fassbar wird.

Ich lege dir ans Herz, [...] dir trotz der irdischen Sorgen dieser Welt unverdrossen eine große Sammlung von Büchern zuzulegen, worin du über Gott, deinen Schöpfer, durch die heiligsten Gelehrten, deine Lehrer, etwas erfahren und lernen sollst.[278]

Dass ihr Sohn lesen kann und Zugang zu Büchern hat, erscheint hier als eine Selbstverständlichkeit.

Wenn du Gott aus ganzem Herzen liebst und die Buchrollen der Schriften des Alten und Neuen Testamentes Abschnitt für Abschnitt studierst und das Gelesene durch eine entsprechende Tat vollbringst, wird auf dir der Geist der Weisheit ruhen.[279]

Die Weisheit und Lebenshaltung, die Dhuoda ihrem Sohn nahelegt, folgt einem klassischen Kanon.

Wenn du gut abwägst, angemessen sprichst, richtig handelst, sittsam und gerecht, keusch und gottselig in dieser Welt lebst und im rechten heiligen und fürstlichen Geist in der heiligen Einigkeit und ungeteilten Macht der höchsten Gottheit wandelst, beharrst und lebst, wirst du immer und überall ruhig schlafen können.

Und dieser Weg führt zudem *ins Himmelreich*.[280] Wie bei allen didaktischen Handreichungen sind diese Empfehlungen etwas mühsam und tatsächlich ist Dhuodas Handbuch ein theoretischer Text, dem es aus moderner Sicht ein wenig an Leben mangelt. Gern hätte man ein Beispiel aus der Lebenswelt karolingischer Höfe erhalten oder einen ausdrücklichen Bezug auf ein typisches Verhalten des kleinen Wilhelm aus den Erinnerungen seiner Mutter. Davon ist dieser Text ganz frei. Man hat bei der Lektüre den Eindruck einer etwas traurigen Lebensferne dieser Mutter, die sich selbst als *lau und träge, schwach und stets zur Haltlosigkeit geneigt* charakterisiert.[281] Aber die Lebensferne ist der Eindruck, den die Lektüre der meisten Erziehungsbücher älterer Zeiten hinterlässt. Damit sollte man sich nicht zufriedengeben. Auch eine Mutter, die die Lebenswelt ihrer Söhne nicht in farbigen Wendungen beschreiben konnte, hatte Einfluss auf ihre Söhne. Dieser Einfluss kam ja nicht allein aus ihren Worten. In jedem Fall ist Dhuoda eine Stimme ihrer Zeit, aus der wir sonst nicht viele vergleichbare Stimmen haben. Die Selbstbezeichnung als *schwach und haltlos* lässt erkennen, wie tief das Frauenbild auch bei vielen Frauen der Zeit selbst verankert war. Aber Dhuoda ließ auch individuelle Bekenntnisse einfließen, wenn sie anfügt, sie finde keinen Gefallen an Gebeten, *nicht an langen, aber auch nicht an kurzen*.[282] Als Frau ohne ein Standing als erfolgreiche Autorin, tatsächlich als einzelne Stimme in einem (noch verhaltenen) Chor männlicher Schreiber, stand Dhuoda ganz in der Tradition. Man muss den Erfolg ihrer Fernerziehung nicht überschätzen, um den Wert dieses schlanken Textes für unser Verständnis der Christenheit in der Zeit der Nachfolger Karls des Großen zu erkennen. Erziehung prägt durch praktische Vorbilder – und von der Lebenspraxis vermittelt uns dieser Text nur wenig. Dafür ist er der Tradition der christlichen Texte zu sehr verhaftet. Aber er lässt uns erkennen, welche Vorstellung vom Christentum eine Frau am Rand der hochadligen Welt hatte, die in der Generation lebte, die auf Karl den Großen folgte.

Dhuodas Stimme spricht für die Frauen, deren Schicksal oftmals von der Familienraison bestimmt war, nach der sie zum Nutzen dieser Familie verheiratet wurden, um möglichst Söhne zur Welt zu bringen, die die Chancen und das Ansehen der Familie mehren konnten. Solche Söhne wie Dhuodas Sohn Wilhelm mussten auch die Erwartungen ihrer Väter, Onkel und Großväter in einer männlich dominierten Welt im Blick behalten, aber die Wirkungsmöglichkeiten von überzeugungsstarken Frauen in diesem Milieu haben wir bei der Bekehrung von Chlodwig sehen können. Dhuodas Erziehungsversuche sind ein wenig trocken, aber als Maximen lassen sie eine Richtung erkennen. Es ist eine ernsthafte, textgestützte, aber der Welt zugewandte Spiritualität, die Dhuoda ihrem Sohn nahelegt. Wie die Benediktregel, die in dieser Epoche zu einem bedeutenden Text bei der Einübung junger Adliger im Christentum wurde und dabei eine hohe Praxisfähigkeit bewies, so war auch für Dhuoda der christliche Glaube ein Weg zu einem gelungenen Leben. Es ging nicht nur um den Gewinn des Himmelreiches:

> *Dort fehlt nichts und steht dem Vermögen im Weg, wo ständig ein sanftes Wort kämpferisch Dienst tut. Jeder, der darauf bedacht ist, zu diesen zu gehören, kann Gott und den Menschen wohlgefällig und bei seinem Herrn in allem redlich beliebt sein.*[283]

Der Erfolg einer Religion hängt in hohem Maß davon ab, dass sie den konkreten Bedürfnissen der Menschen Wege weisen kann und ihre Forderungen soziale Kraft entfalten können. Alle großen Religionen haben eine soziale Dimension, die für die jeweiligen Zeitgenossen lebbar erschien und ihnen ein erstrebenswertes Ideal vermittelte. Es ist kein Zufall, dass die ethischen Ansprüche der großen Religionen sich in vielem ähneln.

Hab alle gern, damit alle dich gern haben, liebe, damit du geliebt wirst – das war ein schlichtes Programm.[284] Für einen jungen Mann, dessen Vater von den Kampfplätzen seiner Zeit angezogen wurde, war es sicher eine Maxime von begrenztem Wert, aber sie wies über den eigenen Clan hinaus und eröffnete eine soziale Dimension. Die Benediktregel, die in denselben Jahren in den Klöstern zu einer Grundlage der Christianisierung wurde, formulierte in ihrem vierten Kapitel die *Werkzeuge der guten Werke*. Es ist ein hoher, klassischer Einstieg mit Gottes- und Nächstenliebe, wie sie das Evangelium lehrt. Darauf folgen die Gebote des Dekalogs, die über die Familie hinausgehen und auf das Leben in einer größeren Gemeinschaft oder Gesellschaft zielen: *Nicht töten / Nicht die Ehe brechen / Nicht stehlen / Nicht begehren / Nicht falsch aussagen.* Dann wird diese Ethik in einen weiten Horizont gestellt: *Alle Menschen ehren / Und keinem etwas antun / was man nicht selber erleiden möchte.* Das klingt wie die Ermahnung Dhuodas zu einem freundlichen Auftritt. Dhuoda mahnt zudem, wie Benedikt auch, zu einer Hinwendung zu den Armen und Niedrigen.

Es sind erzieherische Texte für junge Männer. Sie sollen ihnen die Grundzüge der christlichen Existenz nahebringen. Die jungen Adressaten kamen in dieser Zeit überwiegend aus adligen Familien, und ihr Sinn dürfte ihnen stärker nach bewaffneten Ritten als nach Gebeten gestanden haben. Man wird auch nüchtern nach dem Erfolg von Mahnungen fragen dürfen, die auf die Ehrung *aller Menschen* drangen. Zu leicht war man bereit, die Feinde, die man bekämpfte, nicht als Menschen anzusehen. Dennoch wurde hier ein erstes Fundament gelegt, das sich langsam in der Geschichte ausdehnte, als der Kreis derjenigen, die man als Menschen ansah, größer wurde. Erziehende Mütter und Ehefrauen spielten dabei eine bedeutende, wahrscheinlich entscheidende Rolle. Dabei hielten sie sich in der Realität wohl selten an die Vorgaben von Erziehungstexten, und ihre Bemühungen waren vielfach lebendiger und widersprüchlicher als Dhuodas Mahnungen. Aber Dhuodas Handbuch lässt die Richtung einer christlichen Praxis mit Bezug zur adligen Lebenswelt im 9. Jahrhundert erkennen.

Führende Frauen

Dhuodas Text ist einer der wenigen aus dem frühen und hohen Mittelalter, bei dem wir keine Hinweise auf eine männliche Mitwirkung bei seiner Ausgestaltung haben. Das ist selten. Denn häufiger mussten Frauen auf die Formulierungen von Klerikern vertrauen, wenn sie in dieser Phase der Geschichte ihre Vorstellungen niederschreiben wollten. Es sind dann die Hände männlicher Schreiber, die Briefe oder Überlegungen aufzeichneten, und nicht immer ist klar, wie viel eigene Stilisierung der Schreiber in den Text eingehen ließ. Georges Duby hat von der „Frau ohne Stimme" gesprochen. Das gilt indes nur für die Perspektive der Historiker. In ihrer Zeit und für ihre Familien waren diese Frauen zu hören, auch wenn nicht immer auf sie gehört wurde. Aus der frühen Zeit der Christianisierung in England, aus der wir nicht allzu viele Personen mit Namen und Profil kennen, berichtet Beda Venerabilis in seiner „Kirchengeschichte" von der Äbtissin Hild, die nicht auf die Worte männlicher Geistlicher angewiesen war, um sich auszudrücken und zu wirken, sondern die ihrerseits Bischöfe an ihre Aufgabe heranführte, und deren Autorität von den Zeitgenossen so hoch geschätzt wurde, dass die Bischöfe das entscheidende Treffen zur Klärung der Frage des strittigen Ostertermins in ihrem Kloster einberiefen.

> *Sie war von solcher Weisheit, dass nicht nur alle einfachen Leute in ihren Nöten, sondern manchmal auch Könige und Fürsten bei ihr Rat suchten. Sie ließ die ihr Untergebenen sich so sehr der Lektüre göttlicher Schriften widmen, so sehr in Werken der Gerechtigkeit üben, dass man dort offensichtlich ganz leicht sehr viele Männer finden konnte, die fähigerweise eine kirchliche Würde, nämlich das Altarsakrament übernehmen konnten.*[285]

Beda wusste von fünf eindrucksvollen Bischöfen zu berichten, die aus Hilds Kloster hervorgegangen waren. Hild habe bis zum Alter von 33 Jahren ein Leben in der Welt geführt. Sie entstammte der Königsfamilie von Northumbria, in der König Edwin sich unter dem Einfluss seiner Frau und ihres geistlichen Betreuers, des Bischofs Paulinus, zum Christentum bekehrt hatte. Diesen Schritt hatte damals auch Hild getan und war dann zunächst mit der Leitung kleinerer Gemeinschaften betraut worden, bevor sie den Bau und die Führung des neuen Klosters mit dem klangvollen Namen Streanaeshalch übernahm, das später nach einer Wiedergründung im 11. Jahrhundert in Whitby umbenannt wurde. Wie Bedas Bericht nahelegt, war Hild Äbtissin und Obere von Nonnen und Mönchen und an ihrer Eignung und Autorität bestand kein Zweifel:

> [Sie] *war nicht nur für die in ihrem Kloster Lebenden ein Lebensvorbild, sondern sie gab auch sehr vielen, die weiter entfernt wohnten, und zu denen der gute Ruf ihrer Tüchtigkeit und Tugend gelangte, eine Gelegenheit zur Rettung und Besserung.*[286]

Dass Beda Hild im Alter von 33 Jahren in ihr neues Leben als Nonne und vorbildliche Äbtissin wechseln lässt, was sich in der Mitte des 7. Jahrhunderts nicht aus den Quellen rekonstruieren lässt, unterstreicht die Wertschätzung, die sie genoss. Hier wurde eine Frau nach dem Vorbild Jesu charakterisiert, deren Wirken viele Menschen inspirierte und aus deren Schule charismatische Bischöfe hervorgingen.

Eine so starke Wirkung war charismatischen Frauen im frühen Mittelalter möglich, solange ihre Familie und ihre Herkunft wichtiger waren als abstrakte Normen, die die Möglichkeiten für weibliche Akteurinnen seit dem hohen Mittelalter einengten. Mathilde, Äbtissin des Servatiusstiftes in Quedlinburg und Tochter des Kaiserpaares Otto I. und Adelheid, wurde in der Inschrift auf ihrem Grab 999 als *metropolitana* bezeichnet.[287]

Heloïse

Nicht alle Frauen fühlten sich zu einer führenden Rolle in einem Kloster berufen. Heloïse (geb. um 1095, † um 1164) war keine gewöhnliche Äbtissin. Sie haderte mit ihrer Berufung. Sie tat das nicht, weil sie lieber mehr Zeit mit ihrem Sohn verbracht hätte, der den klingenden Namen Astrolabius trug und einen berühmten Vater hatte, der wiederum ein Star der aufstrebenden Pariser Gelehrtenszene im frühen 12. Jahrhundert war. Heloïse war eine junge Frau, als sie nach einer Affäre mit dem doppelt so alten Petrus Abaelard (1079–1142), einer Schwangerschaft und einer heimlichen Heirat von Abaelard getrennt wurde und in das Kloster Notre Dame in Argenteuil eintreten musste. Heloïse fühlte sich dort nicht wohl. Obgleich sie durch ihre Verbindung zur Priorin aufstieg, konnte sie die Unruhe um ihre Person nicht abwehren. Die Nonnen mussten das Kloster schließlich verlassen. Heloïse nahm Kontakt zu ihrem Ehemann auf, der zwischenzeitlich einer Einsiedelei vorgestanden hatte, wo er wieder Schüler um sich versammelte. Abaelard war ein unruhiger Geist; die Einsiedelei war nicht sehr abgelegen, sie lag nahe den Handelsstraßen zu den Messen bei Troyes. Auch dort hatten Anhänger und Gegner zu ihm gefunden und er war schließlich in die Bretagne weitergezogen, wo er für einige Zeit die Leitung eines Klosters übernahm. Seine ehemalige Einsiedelei überließ er Heloïse und ihren Nonnen. Für die beiden gab es indessen keine zweite Gelegenheit. Die Trennung von Heloïse und Abaelard war endgültig. Denn ihr Onkel, ein Domherr von Notre Dame in Paris, war über Abaelards Verhalten so empört – das nach heutigen Standards einem sexuellen Missbrauch gleichkäme –, dass er Abaelard überfallen und kastrieren ließ. Er hatte den berühmten Gelehrten als Hauslehrer seiner Nichte engagiert, und Abaelard hatte seine Position gezielt genutzt, um sich Heloïse zu nähern. *Es war auch ein zermürbendes Leben, bei Nacht für die Liebe, bei Tag für den Beruf.* Wir erfahren von der ganzen Geschichte durch die Aufzeichnungen Abaelards selbst und durch den Briefwechsel der beiden. Er ist nicht über jeden Zweifel erhaben. Es hat immer wieder Stimmen gegeben, die ihn für eine spätere Fälschung gehalten haben. Der Briefwechsel zeichnet das Milieu der konkurrierenden Pariser Gelehrten des frühen 12. Jahrhunderts indes so lebendig, dass es gute Gründe gibt, ihn für echt zu halten. In diesen Texten begegnen wir einer geistreichen und selbstbewussten jungen Frau, die eine klare Vorstellung von ihren Plänen hat und die, wie so viele Frauen, erleben muss, dass eine Schwangerschaft alles verändert, auch wenn sie diese Änderung entschieden hatte verhindern wollen.

Ihr sei es das Liebste und für mich das Anständigste, wenn sie „Geliebte" heiße statt „Gattin". Die freischenkende Liebe solle mich an sie binden und nicht die bedrückende Ehefessel.[288]

Heloïses leidenschaftliches Plädoyer gegen die Ehe ist berühmt, auch wenn nicht ganz klar wird, wie sie sich ihre Beziehung dann weiter vorstellte. Der gemeinsame Sohn spielte in jedem Fall keine zentrale Rolle. Er verschwindet weitgehend aus dem Blick, übergeben an die „treue Schwester".

Die Geschichtsschreibung und die populäre Tradition haben die Romanze von Heloïse und Abaelard verklärt. Tatsächlich ist nicht ganz eindeutig, wie viel von Heloïses Schwärmerei auf Abaelards Bedürfnis nach Selbstrechtfertigung zurückgeht. Die Geschichte seiner Leiden ist sein Text. Aber die Briefe, mit denen die nun älter gewordene Heloïse auf seinen Text reagiert, lassen ihre Leidenschaft deutlich erkennen. Die tatsächliche Affäre der beiden war heftig, aber kurz gewesen. Sie musste sich in einem längeren gemeinsamen Alltag nicht bewähren. Zu unserem Thema passt die bittere Erfahrung der jungen und begabten Heloïse, der ein Leben in sexueller Selbstbestimmung verwehrt blieb. Sie wurde eine Generation nach dem Diktum Gregors VII. geboren, dass *die gesamte Gemeinde der katholischen Kirche entweder aus Jungfrauen, aus Enthaltsamen oder aus Verheirateten bestehe*.[289] Heloïse wollte zu keiner dieser Gruppen zählen. Sie wurde zwangsverpflichtet. Erst zur Ehe, dann zur Enthaltsamkeit im Kloster. All das nagte an ihr, wie sie ihrem ehemaligen Geliebten schrieb:

> *Es war doch nicht fromme Ergebung in Gottes Willen, die mich junges Ding ins finstere Kloster führte: Nein. Dein Wille allein stieß mich ins Kloster.*[290]

Die Erinnerung an die gemeinsame Zeit ließ Heloïse nur wenig Ruhe. Sie spricht für viele Frauen, die aufgrund äußerer Zwänge ins Kloster eintreten mussten. Heloïse trat in das Kloster ein, weil Abaelard sie dazu gedrängt hatte. Andere junge Frauen (und Männer) wurden durch ihre Eltern gedrängt. Die Alternativen für junge Frauen waren begrenzt. In den meisten Fällen wurden sie durch ihre Eltern verheiratet. Eine respektable Alternative bot nur das Kloster, wobei nicht alle Frauen gezwungen werden mussten, dem Kloster beizutreten. Es gab junge Frauen, die verspürten früh eine Berufung, der sie entschlossen folgten.

Eine Ausnahmeerscheinung: Hildegard von Bingen

Eine solche Frau war wohl Hildegard von Bingen, die zur gleichen Zeit wie Heloïse lebte und die wie sie ihr Leben als bekannte Äbtissin beschloss. Aber Hildegard verbrachte ihr Leben ganz anders als die unfreiwillige Nonne Heloïse. Hildegard hätte als Äbtissin ihre Amtsschwester für deren erotische Tagträume sicher streng zurechtgewiesen; sie führte eine eindrucksvolle Korrespondenz mit vielen geistlichen und weltlichen Zeitgenossen, die bei ihr Rat suchten. Hildegard kannte dabei jedoch solche Heimsuchungen, ihre Schriften legen es nahe, wenn auch nicht aus eigener Erinnerung. Hildegards Weg ins Kloster war kurz und direkt. Sie war als achtjähriges Mädchen von ihren Eltern in die Obhut einer jungen adligen Frau mit starken geistlichen Neigungen gegeben worden. Hildegard blieb auch bei dieser

Abb. 14 Die Rupertsberger Scivias-(Wisse die Wege) Handschrift zeigt in ihrer ersten Miniatur ein Autorenbild von Hildegard von Bingen bei der Arbeit. Die Vision, von der sie in der Vorrede berichtet, ist hier bildlich dargestellt. Hildegard notiert etwas auf einer Wachstafel. Neben ihr, durch eine Wand getrennt, sitzt der Mönch Volmar, der in den kommenden Jahren als ihr Vertrauter ihre Texte in eine endgültige Form bringen wird.

Frau namens Jutta von Sponheim, als diese sich sechs Jahre später bei einem neu gegründeten Benediktinerkloster in eine eigene Klause einschließen ließ. Gemeinsam mit einer dritten Gefährtin verließen die jungen Frauen die Welt, um fortan in klösterlicher Disziplin zu leben. Hildegard war damals 14 Jahre alt. 35 Jahre blieb sie in dieser klösterlichen Welt auf dem Disibodenberg. *Wir wissen nämlich, wie ihr bei uns erzogen und unterrichtet wurdet und wie ihr das Ordensleben geführt habt. Ihr habt Euch keiner anderen Arbeit als Frauenarbeit gewidmet und wurdet mit keinen anderen Büchern als dem einfachen Psalterium vertraut gemacht.*[291] So erinnerte sich später der Prior des Klosters, als Hildegard bereits eine bekannte und gefragte Autorität in der Gegend am Mittelrhein war. Wir wissen nicht, was sie in den Jahren vor ihrem Klostereintritt bei Jutta von Sponheim gelernt hatte. Wie Jutta kam auch Hildegard aus einer vornehmen Familie. Aber auch Hildegard selbst charakterisiert ihre Bildung als sehr einfach – und spätere Leser ihrer Werke sprachen und sprechen sehr kritisch über Hildegards Latein. Hildegard, die keine weitergehende sprachliche Bildung erfahren hatte, die zeit ihres Lebens immer wieder über Jahre von schweren Krankheiten heimgesucht wurde, verfasste das umfangreichste theologische und naturkundliche Werk, das eine Frau im Mittelalter hinterlassen hat. Während mehrerer Jahrzehnte entstanden diese Texte mit der Hilfe eines Bruders aus dem Kloster Disibodenberg. Wir können nicht genau sagen, welchen Anteil dieser Bruder Volmar an ihrem Werk hatte, aber die Eigenheit ihres Werkes hat einen so starken persönlichen Charakter, dass Stilfragen keine große Bedeutung haben.

Hildegard von Bingen gehört in Deutschland sicher zu den bekanntesten mittelalterlichen Persönlichkeiten. Die meisten Menschen, die ihren Namen kennen, würden sie für eine Expertin für die Kräfte der Natur halten. Eine Frau mit esoterischem Zug, die es verstand, wie die Menschen sich auf natürliche Weise gesund erhalten konnten. Damit verkennt man ihre besondere Berufung in hohem Maße. Doch diese Verengung ihres Werkes ist im Umgang mit Hildegard nicht neu. Schon Hildegards direkte Nachwelt reduzierte ihren weitgefassten kosmischen Entwurf auf Vorhersagen und Deutungen der damaligen Zeitabläufe, die in ihrem Werk nur am Ende und sehr unklar auftauchten.

Das hat mit dem Charakter ihres Werkes zu tun, das sich wenig an die theologischen Themen ihrer Zeit und die Arbeitsweise der damaligen Theologen anschloss. Hildegards Werk hat einen ganz eigenen Charakter. Ihre Schriften zur Naturkunde sind zugänglich verfasst und haben einen erkennbaren praktischen Nutzen, etwa wenn sie über Getreidesorten und Heilkräuter schreibt. Nicht alles davon war im Kloster unmittelbar einsetzbar, wenn sie etwa über Arnika schrieb: *Wenn ein Mann oder eine Frau in Begierde brennt,* dann sei die Berührung der Haut mit frischer Arnika folgenreich, denn die Berührten werden *von der Liebe zu jener Person, durch die er* [oder sie] *entflammt wurde,* fast betört, so dass er [oder sie] *in der Folge einfältig wird*. Vielen anderen Wirkungen der Naturkräfte war sie selber nachgegangen, aber ihr eigentliches Werk war zu ihr gekommen – und sie hatte sich ihm nicht entziehen können.

> *Es geschah im Jahre 1141 der Menschwerdung des Sohnes Gottes Jesus Christus, als ich 42 Jahre und sieben Monate alt war; ein feuriges Licht mit stärkstem Leuchten, das aus dem offenen Himmel kam, durchströmte mein ganzes Gehirn und meine Brust und entflammte sie, ohne sie jedoch zu verbrennen [...] und plötzlich verstand ich die Bedeutung der Schriftauslegung, nämlich des Psalters, des Evangeliums und der andern katholischen Bände sowohl des Alten als auch des Neuen Testaments.*[292]

So beschrieb Hildegard ihren Schritt aus der Abgeschiedenheit einer kleinen Frauenklausur in die Öffentlichkeit ihrer Zeit. Sie hatte diese Öffentlichkeit nicht gesucht. Sie hatte jahrelang versucht, sich ihr zu entziehen. Darüber war sie schwer erkrankt. So sah sie schließlich nur den Weg, ihre Visionen aufzuschreiben, um sich von dem Druck zu befreien. So entstand das erste von drei großen visionären Werken, die eine sehr eigene Bildwelt entfalten, für die es in der Tradition in dieser Form keine Vorläufer und auch keine Nachfolger gab. In eigentümlichen Bildern von Engeln, Figuren, Räumen und Farben entwickelte sie eine kosmische Ordnung. Ihre Ordnung verband die Planeten mit den Abläufen im menschlichen Organismus und stellte Beziehungen zwischen der Beschaffenheit der Erde und den Proportionen des menschlichen Körpers mit den Kräften der Seele her. Auch in der Antike hatten Autoren Verbindungen von Mikrokosmos und Makrokosmos gesehen, aber Hildegards Bilder vom Wirken Gottes in der Geschichte und der Welt hatten ihre eigenen Gesetze. Vieles davon erschien bereits den Zeitgenossen dunkel, vieles davon ist noch für heutige Leserinnen und Leser schwer zugänglich. Hildegard besaß eine starke räumliche Vorstellungskraft und eine lebhafte visuelle Phantasie. Sie bestand darauf, dass sie diese Visionen in wachem Zustand, nicht in entrückter Ekstase gesehen habe. Ihre Deutung sei ihr von einer göttlichen Stimme diktiert worden, die sie ohne eigene Vermittlung weitergebe. Ein solcher Anspruch diente auch zur Abwehr von Kritikern, die es gab, zumal Hildegard nun fordernder auftrat. Ihre Visionen wurden dem Papst und dem umtriebigen Zisterzienserabt Bernhard von Clairvaux mitgeteilt, die sich im Rheinland befanden, um für den zweiten Kreuzzug zu werben. Hildegards Texte und ihr Auftritt bestanden die päpstliche Prüfung. So wurde ihr bis dahin kleines Frauenkloster zu einem Anziehungspunkt für adlige Töchter. Hildegard suchte unterdessen einen neuen Standort für ein eigenes Kloster. Die Widerstände ihres

Abtes Kuno auf dem Disibodenberg überwand sie schließlich. Dabei kam ihr auch ihre Krankheit zu Hilfe, die sich erst legte, als sie die Erlaubnis zur Klostergründung am Rhein erhielt, wo sie auf dem Rupertsberg bei Bingen nun in zentraler Lage angelangt war. Sie nutzte fortan diese günstige Lage am Rhein, der damals wichtigsten Verkehrsstraße des Reiches. Viele Menschen kamen zu ihr, mächtige und ratsuchende. Ihre weitgespannte Korrespondenz haben wir bereits genannt. Von hier aus unternahm Hildegard drei Predigtreisen. Es waren keine öffentlichen Predigten, aber die Auftritte vor dem Klerus einer rheinischen Metropole wie Köln oder in Trier waren ohne Beispiel für eine Frau. Was wir von diesen Auftritten wissen, ist nicht viel. Die später von ihr selbst aufgeschriebenen Texte haben kaum die kritische Qualität, die ihre Biographen ihnen zuschreiben möchten. Die Anklagen gegen die Sitten des Klerus klingen eher pauschal. Solche Kritik hörte der Klerus das ganze Mittelalter hindurch. Die Klagen über den Reichtum der Kirche und über die Verstöße gegen den Zölibat verursachten bei ihren Hörern kaum mehr als einen routinierten Schauder. Hildegard nannte keine Namen, zumal die Heilige, als die sie ihren Zeitgenossen galt, selber nicht frei von Widersprüchen war. Sie hatte hart für ihre Lösung aus der Autorität des Klosters Disibodenberg gestritten. Aber als ihre eigene Vertraute, die junge Adlige Richardis, den Wunsch äußerte, selbst ein Kloster im Norden zu übernehmen, reagierte Hildegard mit empörter Enttäuschung. Sie verweigerte der jungen Frau die Emanzipation, die sie selber so schwer erringen musste. Hildegard musste gezwungen werden, die junge Frau ziehen zu lassen. Hildegard von Bingen hielt nur Töchter aus adligem Hause für das geistliche Leben geeignet, auch wenn viele Zeitgenossinnen da bereits anderer Meinung waren. Aber ihr eigentlicher Beitrag wird dadurch nicht geschmälert: Anders als die Theologen ihrer Zeit, die das populäre Bild von Sonne und Mond dazu nutzten, das Verhältnis von Papst und Kaiser zu illustrieren, sah sie in den Seelenkräften mit dem Wunsch nach dem Guten die Sonne und in den Begierden sah sie den Mond. Er hing von der Sonne ab, aber er war ihr letztlich nachgeordnet; zumindest verschwand er nicht ganz. Hildegard sprach nicht die Sprache der kirchlichen Juristen, die zu ihren Lebzeiten immer populärer wurde. Diese Kirchenleute sprachen die Sprache der Macht. Hildegard ging es um das große Ganze und um die Rolle der Menschen in diesem großen Ganzen.

Wenn der Mensch mit den Sehnsüchten der Seele übereinstimmt, brennt er ganz in der Liebe Gottes, und so fliegt er von Tag zu Tag in der Heiterkeit der ewigen Freude.[293]

Hildegard von Bingen sah die Probleme der menschlichen Natur, aber anders als so viele geistliche Zeitgenossen überwand sie die ausführlichen Klagen über die Sündhaftigkeit und das Elend dieser Existenz und formulierte eine Theologie der beständigen Transformation der Menschen, die an sich arbeiteten. Die Kraft, die dabei in der Natur und den Menschen gleichermaßen wirkte, hatte bei ihr einen besonderen Namen: *viriditas*. Diese Kraft des beständigen Neubeginns hat in der deutschen Übersetzung einen etwas esoterischen Klang erhalten: Grünkraft. Das ist irreführend. Denn Hildegard meinte eine universale Antriebskraft, wie sie in einem langen Brief an den Prior von Eberbach schrieb: *Denn wenn die Erde zur Zeit des Grünens nicht unterlässt, Frucht zu bringen, und wie sie in der Dürrezeit gelb und trocken wird, und dann wieder zu ihrem Grün zurückkehrt, so bestimmt auch Gott den Menschen dazu, sich durch seine Werke innerlich zu erneuern.*[294]

Katharina von Siena und die Krise des Papsttums

In deutlich anderen Zeiten als die beiden zuletzt genannten Frauen lebte Katharina von Siena (1347–1380). Sie wurde in eine große Familie geboren. Die Rede ist davon, dass ihre Eltern 25 Kinder gehabt hätten. Katharina hatte eine Zwillingsschwester, die bald nach der Geburt starb – so wie viele ihrer Geschwister, denn im Jahr nach ihrer Geburt hielt die Pest in Siena Einzug, die in der Toskana sehr viele Menschen tötete. Katharina wird als ein fröhliches Kind beschrieben, das indes einen eigenen Kopf hatte und dabei eine besondere Aufnahmefähigkeit für religiöse Geschichten und auch für Visionen entwickelte. Schon als Siebenjährige habe sie eine Vorstellung von dem Leben der Wüstenväter gehabt, denen sie nacheifern wollte, weiß ihr Biograph Raimund von Capua zu berichten. Eine religiöse Berufung zeichnete sich ab, jedoch nicht zur Freude der Eltern. Als Katharina mit sieben Jahren gelobte, zeitlebens eine Jungfrau zu bleiben, sah die Mutter sich herausgefordert: Siebenjährige Mädchen hätten manche Pläne, deren Konsequenzen sie noch nicht überschauen könnten. Aber der Druck der Eltern half in diesem Fall wenig. Katharina blieb hart. Später hat sie ihre Zeitgenossen in vielen Briefen zur Geduld und zur Bereitschaft aufgerufen, für ihren Glauben Prüfungen zu ertragen. Sie hatte darin eine gewisse Übung, aber auch eine spezielle Begabung. Als sie zwölf Jahre alt wurde und die inneren Prüfungen ihren Charakter veränderten, wie der Biograph anmerkt – der allerdings auch die Notwendigkeit dieser Auseinandersetzungen betont –, da begannen ihre Eltern, sich nach einem geeigneten Bräutigam für die Tochter umzusehen. Die Suche wurde zu einer frustrierenden Erfahrung. Katharina verhielt sich nicht kooperativ. Schließlich sah der Vater ein, dass diese Tochter einem anderen Plan folgte. Katharina entfaltete schließlich Aktivitäten in ihrer städtischen Umgebung und darüber hinaus. Eine weitere Vision hatte sie aus der eher pubertären Frömmelei gerufen, mit der sie ihren Eltern zuhause das Leben schwer machte. Sie fand schließlich eine gewisse Anbindung an einen geistlichen Witwenorden, der sie zögernd akzeptierte, wobei ihre geistlichen Betreuer von den Dominikanern kamen. Katharina war indes nicht nur eine junge Frau von kompromissloser Entschlossenheit, ihrer Berufung zu folgen. Sie lebte in bewegten Zeiten, und ihr öffentlicher Auftritt zog weite Kreise.

Oh weh! Was muß man da sehen! Unsere Augen sehen, wie unser Glaube verunreinigt wird. Christen, die mit dem Zeichen Christi gezeichnet sind, verlieren das Blut Christi in der Dunkelheit der Häresie.[295]

Nach Jahrzehnten des Exils in Avignon (1309–1377) waren die Päpste kurz zuvor nach Rom zurückgekehrt. Diese Rückkehr war nur teilweise erfolgreich, zu stark waren die personellen Bindungen an Avignon; die Aufnahme in Rom und die autoritären Auftritte des dort neugewählten italienischen Papstes, Urbans VI. (1378–1389), taten ein Übriges. Die überwiegend französischen Kardinäle bedauerten ihre erste Wahl, erklärten sie für ungültig und wählten einen neuen Papst. Damit begann das Große Abendländische Schisma (1378–1417), das die Kirche über dreißig Jahre lang spaltete. Katharinas Wirken hatte im Vorfeld dieser Spaltung mit zur Rückkehr des Papstes nach Rom geführt. Sie war inzwischen eine respektierte Frau. Wenngleich erst um die 30 Jahre, wurde sie von den Zeitgenossen als eine Autorität in Glaubensfragen angesehen – und sie hielt sich nicht zurück.

Und was sehen wir heute? Diejenigen, die den Christus auf Erden, Papst Urban VI., ordnungsgemäß gewählt haben, sagen jetzt aufgrund ihrer Selbstsucht und ihres elenden Lebens, dass er nicht Papst ist. Gebt Acht, liebste Schwestern, dass ihr nicht in eine solche Unwissenheit und Blindheit verfallt, dass ihr diesen niederträchtigen Menschen glaubt, die es nicht wert sind, Menschen genannt zu werden. Sie sind eher fleischgewordene Teufel. Bleibt fest und standhaft! Folgt nicht der weibischen Natur, die herumflattert wie ein Blatt im Wind, sondern seid männlich und beharrlich in der Verkündigung der Wahrheit, dass Urban VI. der rechtmäßige Papst ist, der Stellvertreter Christi auf Erden [...].[296]

Es ist weniger bemerkenswert, dass hier eine selbstbewusste und durchaus selbstbestimmte Frau einen Ton anstimmt, der jedem Patriarchen zur Freude gereicht hätte. In diesem Schreiben an drei Witwen in Neapel zitiert Katharina den alten Topos weiblicher Wankelmütigkeit nicht als ererbtes Schicksal, sie zitiert ihn zur Diskreditierung ihrer männlichen Gegner – Kardinäle der Kirche. Die Autorität der Kardinäle beeindruckte sie nicht. Katharinas Drängen hatte bereits den Vorgänger Urbans VI., Gregor XI., unter Druck gesetzt, so dass er sich schließlich aus Avignon auf den Weg nach Rom gemacht hatte. Die päpstliche Kurie hatte jahrzehntelang in Avignon residiert, weil die politische und kirchenpolitische Lage so komplex und widersprüchlich war, dass die Männer der Kurie sich überfordert sahen. Die Bindungen an Avignon in einem zunehmend französisch besetzten Apparat waren stark und vielfältige Interessen mussten berücksichtigt werden.

Katharina zögerte nicht, die Herren mit deutlichen Worten auf den Weg des Herrn zurückzuführen. *Gebt Euch also nicht mit kleinen Dingen zufrieden, denn Gott erwartet Großes von Euch [...]*, schrieb sie an zwei Dominikanerbrüder.[297] Sie bedrängte Papst Gregor XI., Avignon zu verlassen und nach Rom zurückzukehren.

Aber bedenkt, mein lieber Vater, dass Ihr das schwerlich vollbringen könnt, wenn Ihr nicht auch die anderen beiden wesentlichen Dinge erfüllt: Eure Rückkehr nach Rom und das Erheben der Kreuzzugsfahne. [...] Im Namen des gekreuzigten Christus beschwöre ich Euch: Glaubt nicht den Helfershelfern des Teufels.[298]

Katharinas Briefe sind Dokumente der Entschiedenheit. Sie sind indes auch Ausdruck eines klaren Feindbildes. Die Zustände, die sie kritisiert, geißelt sie in scharfen Worten; sie galt es auszumerzen. Denn die Menschen, die sich an der Kirche bereicherten, die dem falschen Papst anhingen und dem wahren Papst nicht folgten, sie waren Feinde. Es ist kaum zu übersehen, dass die politischen und kirchlichen Zustände, die noch immer eng miteinander verwoben waren, im späten Mittelalter so komplex wurden, dass selbst mächtige Männer sich schwertaten, geeignete Rezepte für die vielen Probleme zu finden. Katharina war nicht die einzige Frau in diesem Umfeld, die das nur schwer mit ansehen konnte.

Birgitta von Schweden

Was die Rückkehr des Papstes und der päpstlichen Kurie nach Rom betrifft, so hatte sich die Gottesmutter selbst an den Papst gewandt; Gregor XI. musste sich bedrohliche Worte anhören:

Nun aber, damit er für die Folge sich nicht mit Unwissenheit entschuldigen möge, kündige ich ihm warnend in mütterlicher Liebe das an, was folgen wird, nämlich, dass, wenn er dem vorher Gesagten nicht folgt [d. h. wenn der Papst nicht aus Avignon nach Rom zurückkehrt], *er unzweifelhaft die Rute der Gerechtigkeit, das heißt den Zorn meines Sohnes fühlen wird, weil ihm dann sein Leben gekürzt und er vor das Gericht Gottes gerufen werden wird. Alsdann wird ihm keine Macht weltlicher Herren Beistand leisten.*[299]

Nun sprach hier nicht Maria selbst, sondern sie sprach mit den Worten einer schwedischen Witwe, die nach dem Tod ihres Mannes der Berufung zu einem geistlichen Leben gefolgt war und sich in Rom niedergelassen hatte. Dort hatte Birgitta von Schweden († 1373) eine kleine Gemeinschaft um sich versammelt. Regelmäßig empfing sie Offenbarungen. Damit war sie nicht allein. Es erging mancher Frau dieser Epoche mit einem religiösen Sinn ähnlich. Es ist nicht ganz klar, ob die Krise, die das gewaltige Sterben in der Großen Pest wenige Jahre zuvor (ca. 25 Millionen Opfer in der Zeit zwischen 1346 und 1353) an vielen Orten in Europa ausgelöst hatte, diesen Zug zum Jenseitigen verstärkt hatte. Auch in Süddeutschland gab es diese Bewegung mystischer Frauen, die nicht ganz frei von Hysterie war. In den Texten, die diese Frauen nach ihren visionären Erlebnissen niederschrieben, spiegeln sich bisweilen die dramatischen Ereignisse des 14. Jahrhunderts, wobei wir berücksichtigen müssen, dass diese Texte in der Regel eine männliche Redaktion durchliefen. Birgitta von Schweden drängte, ähnlich wie Katharina von Siena, die päpstliche Kurie in Avignon zur Rückkehr an den traditionellen Ort. Sie tat das aus einer dezidiert römischen Perspektive. Birgitta war zum Zeitpunkt ihrer Interventionen fast 70 Jahre alt. Sie hatte ein ganz anderes Leben geführt als Katharina von Siena. Ihr Ton war daher ein anderer, aber auch sie sah sich zu einem Wirken in der Öffentlichkeit gedrängt. Wer die Stationen von Birgittas geistlichem Leben in Italien verfolgt, findet sich an historischen Schauplätzen zwischen Mailand und Neapel.

Anmut in der Bedrängnis: Johanna von Orléans

Mit dem 14. Jahrhundert war die Zeit starker Frauen nicht vorbei. Es gab keine weibliche Stimme aus Avignon, die den Papst zum Bleiben am Ufer der Rhône gedrängt hätte – und nach 1417 kehrten die Päpste an den Tiber zurück, um dort eine kuriale Pracht zu entfalten, die Katharina oder Birgitta wahrscheinlich zu manchem Zwischenruf veranlasst hätte, hätten sie es noch erlebt. Nach der Rückkehr der Päpste nach Rom war die schwirige Lage in Frankreich allerdings noch nicht überwunden.

Es ist hier nicht der Ort, die Geschichte des Hundertjährigen Krieges zwischen den Königen von England und Frankreich darzustellen. Aber diese Auseinandersetzung, deren Anfänge noch in die Zeit vor dem Großen Abendländischen Schisma zurückgingen und die zu Beginn des 15. Jahrhunderts auf eine Entscheidung zuzusteuern schien, erhielt durch eine junge Frau einen entscheidenden Impuls, die durch zahlreiche Visionen dazu angehalten wurde, in das Kriegsgeschehen einzugreifen. Deshalb, und weil man ihr einen Ketzerprozess machte, in dem sie sich klar und mutig positionierte, gehört die Geschichte der Johanna von Orléans bzw. Jeanne d'Arc (1412–1431) in dieses Kapitel über die Frauen in der mittelalterlichen Christenheit. Denn im Prozess wurde Johanna auch wegen des Tragens männlicher Kleidung angeklagt, wie es die Gerichtsakten vermerken.

Johanna war in die Fänge der Inquisition geraten, weil sie in den Kampf um die französische Krone eingegriffen hatte. Diese Krone wurde seit fast 100 Jahren nicht ohne Grund von den englischen Königen beansprucht, die ein Erbrecht geltend machten. Die Engländer hatten wichtige Schlachten gewinnen können, waren aber durch Kämpfe um ihr eigenes Königtum zwischenzeitlich in Anspruch genommen. Dann war die englische Initiative militärisch, politisch und dynastisch so erfolgreich gewesen, dass die Krone Frankreichs tatsächlich in Gefahr war. Das Eingreifen Johannas bei

Orléans, wo sie die Truppen des französischen Thronfolgers Karl VII. zu einem Sieg über die englischen Belagerer führte, leitete eine Wende ein. Johanna stand neben Karl VII., als er in der Kathedrale von Reims 1429 zum König Frankreichs gekrönt wurde. Danach wurde ihre Radikalität dem politisch umsichtig operierenden Karl eher lästig. Für die Engländer war Johanna eine Provokation; unter Berufung auf einen göttlichen Auftrag stellte sie die Rechtmäßigkeit des englischen Kampfes in Frage, nachdem dieser fast gewonnen schien. Als sie den Engländern schließlich in die Hände fiel, eröffneten sie in Rouen einen Inquisitionsprozess gegen Johanna, der ihre Motivation und die Gründe ihres Erfolges untersuchen und letztlich verurteilen sollte.

Im Alter von 13 Jahren, so erzählte Johanna ihren Richtern, habe sie erstmals Stimmen gehört, die sie bald als die Stimme eines Engels identifiziert habe:

Besagte Stimme kam zur Mittagsstunde, im Sommer, als sie im Garten ihres Vaters war, an einem Fastentag, und sie sagte, dass die Stimme von der rechten Seite kam, von der Kirche her. Und dass die Stimme fast nie ohne Helligkeit war, die immer von derselben Seite kommt wie die Stimme. Außerdem sagte sie, dass sie wusste, als sie die Stimme zum dritten Mal hörte, dass es die Stimme eines Engels war. Und dass diese Stimme sie immer wohl beschützt hat.[300]

Die Stimme forderte sie auf, ein frommes Leben zu führen, aber schließlich auch zu den französischen Truppen zu gehen und die Belagerung von Orléans aufzuheben.

Johanna trat in der unübersichtlichen Lage, in der sich der französische Thronfolger befand, für eine Lösung ohne Kompromisse ein. Sie war sich sicher, Gott dabei auf ihrer Seite zu haben. An die englischen Soldaten vor Orléans richtete sie folgende Worte:

Und Ihr alle, Bogenschützen, Kriegsgesellen, Edelleute und wer Ihr sonst noch vor der Stadt Orléans liegt, geht im Namen Gottes zurück in Euer Land, […] König von England, wenn ihr das nicht tut, so wisst, ich bin Kriegsherr, und wo immer ich Eure Leute in Frankreich finde, werde ich gegen sie kämpfen und sie verjagen, ob sie wollen oder nicht. Und wenn sie nicht gehorchen, so werde ich sie alle töten lassen. Ich bin von Gott, dem König des Himmels, hierher gesandt, um sie [Mann für Mann] aus Frankreich zu schlagen.[301]

Auch dem Inquisitionsgericht gegenüber bestand sie darauf:

Ich unterwerfe mich Unserm Herrn, der mich geschickt hat, Unserer Lieben Frau und allen gebenedeiten Heiligen des Paradieses. Und sie meint, dass Unser Herr und die Kirche ein und dasselbe ist, und man soll keine Schwierigkeiten machen, wo es doch ein und dasselbe ist.[302]

Es waren die heilige Katharina von Alexandrien, der Erzengel Michael und die heilige Margareta von Antiochien, die ihr regelmäßig erschienen und sie auch während des Prozesses besuchten, um ihr Instruktionen für ihr Verhalten zu geben. Die Inquisitoren versuchten, ihr Fallen zu stellen, die sie jedoch intelligent und schlagfertig parierte. So etwa am 27. Februar 1431, als sich das Gericht der Frage der Bekleidung der Heiligen zuwendet:

Gefragt, wie der heilige Michael aussah, als er ihr erschien, antwortete sie, dass sie keine Krone bei ihm sah; und von seinen Gewändern weiß sie nichts […]. Gefragt, ob er nackt war, antwortete sie: „Meint Ihr, unser Herr hat nichts, ihn zu kleiden?"[303]

Es sind diese Passagen, die Johannas Auftritte so lebendig machen. Es ging nicht um abstrakte Fragen, es ging um Realitäten und die Wahrscheinlichkeit von glaubwürdigen Visionen. Darüber hinaus ging es auch um Männerkleider, denn das Tragen von Männerkleidern erschien dem Gericht als Anmaßung und als Verstoß gegen die göttliche Ordnung (dabei hatte auch die heilige Margareta, auf die sich Johanna berief, ihren Haushalt in Männerkleidern verlassen). Der Inquisitionsprozess gegen Johanna war kein Verfahren mit offenem Ausgang, er war ein politisches Verfahren, dessen Ergebnis schon im Vorhinein weitgehend feststand. Am 24. Mai 1431 wurde Johanna das Urteil verkündet, das sie zur Ketzerin erklärte. Eingeschüchtert unterschrieb sie einen Widerruf, wobei Augenzeugen später die Auffassung vertraten, dass Johanna den Wortlaut der Anklage und des Widerrufes nicht verstanden habe. Angesichts des Widerrufes zeigt das Gericht „Milde":

Damit Du nun heilsame Buße tust, verurteilen wir Dich durch endgültigen Spruch zu ewigem Kerker beim Brot der Schmerzen und beim Wasser der Traurigkeit, damit Du dort deine Sünden beweinst und fürder keine mehr begehst.[304]

Das war hart genug, doch die pädagogische Absicht wurde durchkreuzt, als man Johanna am folgenden Tag in ihrem Verließ erneut in Männerkleidern antraf. Der Rückfall hatte eine klare Konsequenz: Zwei Tage später wurde auf dem Altmarkt von Rouen das Urteil verlesen, das Johanna unwiderruflich zur Ketzerin machte. Daraufhin wurde sie auf dem Scheiterhaufen verbrannt. 25 Jahre später, als der Hundertjährige Krieg zugunsten des französischen Königs entschieden war und Karl VII. sicher auf dem Thron saß, hob ein zweiter kirchlicher Prozess das Urteil von 1431 auf – als einen *offenkundigen Tatsachen- und Rechtsirrtum*.[305]

Johanna war einer männlichen Justiz zum Opfer gefallen, und sie hatte dabei Mut und Entschlossenheit gezeigt. Anders als Birgitta von Schweden war sie nicht als Frau aufgetreten. Sie war eher, wie Katharina von Siena es den Witwen empfohlen hatte, *männlich und beharrlich* aufgetreten. Dabei scheute sie auch vor Gewalt nicht zurück, ebenso wie Katharina bei ihren Aufrufen zur Säuberung der Kirche eine Rhetorik bemühte, die im Ernstfall zur Gewalt führte. Die drei Frauen, von denen wir gehandelt haben, suchten die Öffentlichkeit und jede entfaltete auf ihre Weise Wirkung. Ihr Wirken beruhte auf einer religiösen Gewissheit, auf Charisma und auf persönlicher Durchsetzungsfähigkeit. Johanna war ein Bauernmädchen, Birgitta von Schweden eine Gutsbesitzerin, Katharina von Siena stammte aus dem verarmten Patriziat ihrer Heimatstadt. Diese Frauen deckten regional und sozial ein weites Spektrum ab und es spricht wenig dafür, dass ihre Haltungen Einzelfälle darstellten. Das 15. Jahrhundert wurde zu einem Jahrhundert religiöser Literatur, deren Leserinnen in hohem Maß Frauen waren. Die Inhalte waren weitgehend traditionell. Katharina, Birgitta und Johanna beriefen sich auf die Tradition. Das war nur dann ein rebellischer Standpunkt, wenn die Akteure der Gegenwart sich von diesen Traditionen entfernt hatten. Katharina, Birgitta und Johanna setzten politisch motivierten Kompromissen eine religiöse Radikalität entgegen, die in der Geschichte lange nachgewirkt hat.

Kapitel 13

Auf Augenhöhe mit guten und finsteren Mächten: Der religiöse Alltag

Dämonen

Die Menschen des Mittelalters waren selten allein. Sie waren von Dämonen und Geistern mit zweifelhaften Absichten umgeben. Die Gläubigen hofften auf die Hilfe von himmlischen Mächten. So beschwor Bernhardin von Siena (1380–1444) den Kampf um die Seele der Menschen in einer Predigt über die Engel vor den Augen der Anwesenden auf dem Marktplatz der Stadt herauf. Die Seele des Menschen war wie ein Raum mit verschiedenen Türen, und während der Teufel mit Versprechungen von Reichtum und Macht durch die eine Tür eindringen wollte, stand der Engel an der anderen Tür und verhinderte sein Eindringen mit guten Eingebungen:

> *Bleib draußen, du wirst hier nicht eintreten – der Seele helfend, und er gibt ihr gute Gedanken ein, den Dämon abweisend, und auf diese Weise hilft er der Seele.*[306]

Mit Verallgemeinerungen über das Mittelalter sollte man zurückhaltend sein. Das gilt umso mehr, wenn man die Vielfalt der Glaubensäußerungen und -erfahrungen zur Kenntnis nimmt. Aber die Allgegenwart der Dämonen ging noch über das Mittelalter hinaus. Dämonen gehörten ebenso zur Geschichte der Antike wie zu jener der frühen Neuzeit und in manchen Gefilden sorgen sie auch in der Moderne noch für Unruhe.[307] Man mag sich fragen, ob diese finsteren Geister überhaupt zu einem religiösen Kosmos gehörten oder ob sie nicht eher zur Welt der vormodernen Naturerfahrungen zählten. Aber es war ja eine Besonderheit der Vormoderne, dass sich Naturkräfte und religiöse Erfahrung und Überzeugung nicht so trennen ließen, wie das in unserer Gegenwart geschieht, die in Geisterfragen von der Aufklärung geprägt ist und deren Bild des Lebens in hohem Maß durch die Leistungen der Naturwissenschaften und der Medizin bestimmt ist.

Die Naturwissenschaften und die Medizin haben unserem modernen Leben eine Sicherheit verliehen, die für viele Menschen an anderen Orten der Welt unerreichbar und unvorstellbar ist. Dasselbe gilt für viele Menschen in unserer Geschichte. Die Vernunft der Aufklärung hat manches dazu getan, die Wirkungskreise von Dämonen und Geistern zu begrenzen. Die Ausgeburten der Hölle, die Goethes Zauberlehrling beschwor und die ihm entglitten, richteten Wasserschäden an, aber sie waren eher ärgerlich als den Menschen wirklich gefährlich. Es gab aber auch andere Dunkelheiten. Der Erlkönig, der den Knaben auf dem nächtlichen Ritt des Vaters bedrängt, tötet das Kind am Ende der finsteren Reise. Man konnte den Tod des Kindes auch auf andere Wirkungen oder auf eine Krankheit zurückführen – die Bitterkeit des Kindstodes blieb jedoch und sie erinnerte auch die Aufklärer schmerzlich daran, dass das menschliche Leben noch immer vielen Gefahren ausgesetzt war. So verblieben den Dämonen in der Phantasie und der Erfahrung der Menschen auch in Zeiten der Aufklärung noch Wirkungsräume. Tatsächlich wurden einige dieser Wesen aus der Finsternis im Angesicht der zunehmenden Vernunft nun größer und bedrohlicher, als sie es im Mittelalter je gewesen waren. Goethes Annäherungen an die von ihm als furchtbar und zugleich faszinierend erlebte Macht des Dämonischen sind im 20. Buch von „Dichtung und Wahrheit" eindrucksvoll niedergelegt:

Alle vereinten sittlichen Kräfte vermögen nichts gegen sie; vergebens, dass der hellere Teil der Menschen sie als Betrogene oder Betrüger verdächtig machen will, die Masse wird von ihnen angezogen. Selten oder nie finden sich Gleichzeitige ihresgleichen, und sie sind durch nichts zu überwinden, als durch das Universum selbst, mit dem sie den Kampf begonnen.[308]

Die Dämonen des Mittelalters waren weniger schrecklich. Sie begegnen uns figürlich in bizarren Körpern in den Buchmalereien und Bildern dieser Epoche, auf den Kapitellen von Kreuzgängen und in den Legenden der Heiligen. Sie waren nicht auf die Orte und Gelegenheiten beschränkt, an denen und bei denen der Glaube sich zeigte. Aber der Glaube half, wenn sie sich zeigten, wie es Bernhardins eingangs zitierte *no pasarán*-Predigt anschaulich schildert. Tatsächlich erzählen schon die Evangelien von zahlreichen Auftritten Jesu, bei denen er in privatem Kreis oder auch vor einem staunenden Publikum Dämonen austrieb und Kranke so von ihrem Leiden befreite.

Der Evangelist Markus lässt die Bewohner des Fischerdorfes Kafarnaum am Ufer des Sees Gennesaret gleich zu Beginn von Jesu Wirken vor dem Haus der Schwiegermutter des Petrus zusammenkommen (Mk 1,33–34):

Die ganze Stadt war vor der Haustür versammelt, und er heilte viele, die an allen möglichen Krankheiten litten, und trieb viele Dämonen aus.

Die Krankenheilungen steigerten Jesu Bekanntheit schnell und zogen viele Menschen an. Die Heilung von Kranken und die Austreibung von Dämonen standen in engem Zusammenhang, wie auch Matthäus bekräftigt: *Er trieb mit seinen Worten die Geister aus und heilte alle Kranken* (Mt 8,16). Die Fähigkeit zur Krankenheilung und seine Autorität über die Dämonen übertrug Jesus bei der Aussendung auf seine Jünger, worauf sich später Franziskus bezog, als er seine Gefährten auf ihre Predigtmissionen schickte: *Geht und verkündet: Das Himmelreich ist nahe! Heilt Kranke, weckt Tote auf, macht Aussätzige rein, treibt Dämonen aus!* (Mt 10,7–8) Dabei erfuhren die Jünger durchaus ihre Grenzen. Sie fragten Jesus später auch, warum die Austreibung mancher Dämonen ihm gelang, ihnen aber nicht. Die Antwort Jesu war klar und ist berühmt geworden: *Weil Euer Glaube so klein ist.* Wäre er stärker, *auch nur so groß wie ein Senfkorn,* dann würde er Berge versetzen (vgl. Mt 17,19–21). Hier geht es um Machtfragen, um Macht über die Welt der Geister. Seine Gegner warfen Jesus vor, mit dem Teufel im Bunde zu sein, nur so könne er in der Welt der unreinen Geister solches bewirken (vgl. Mt 12,20–32). Jesu Heilungen waren auch nicht überall willkommen, denn sie hatten ihren Preis. Jesu Wirken vermochte Dämonen auszutreiben und Besessene von ihrem Leid zu befreien, aber die Dämonen blieben und sie brauchten eine neue Heimstatt. Dort konnten sie unter Umständen größeren Schaden anrichten als an ihrer alten Wirkungsstätte. Es war eine Frage der Perspektive.

In Gerasa (wovon die Evangelisten in Hinblick auf Ort und Personal etwas unterschiedlich erzählen) traf Jesus auf einen Mann (nach Mt: zwei Männer), der von vielen Dämonen heimgesucht wurde. Jesus befahl den Dämonen, den Mann zu verlassen, aber die Dämonen verhandelten mit dem mächtigeren Jesus und erreichten immerhin, dass sie in eine Schweineherde ausweichen konnten (Mt 8,28–34; Mk 5,1–19; Lk 8,26–39). Die dämonisierten Schweine stürzten sich daraufhin in den Tod. Es war eine große Herde, und die Menschen der umliegenden Dörfer baten Jesus daraufhin, weiterzuziehen. Das Leiden eines Sonderlings in einer abgelegenen Höhle war für sie leichter zu ertragen als der Verlust so vieler Tiere.

Die Menschen der Antike und des Mittelalters (und auch der frühen Neuzeit) hatten ihre Erfahrung mit Quälgeistern. Sie wussten, dass sie wiederkamen, wenn ihr Bezwinger weiterziehen würde. Die Dämonen waren Teil ihrer Welt.

In gewissem Sinn war auch Antonius der Große († 356) ein Sonderling, der in einer abgelegenen Höhle in der nordafrikanischen Wüste hauste. Aber er hatte diese Höhle selbst aufgesucht, um mit Gott allein zu sein. Mit den Dämonen, die ihn in seiner Abgeschiedenheit aufsuchten und quälten, focht er Kämpfe aus, die die Phantasie seiner christlichen Nachwelt im Mittelalter noch lange beschäftigten.[309] Die Lebensbeschreibung, die Athanasius bald nach dem Tod des Antonius von dem nordafrikanischen Eremiten anfertigte, ließ den einsamen Streiter zu einem Vorbild für das christliche Mönchtum werden. Antonius hatte die Dämonen gekannt. Er wusste, dass sie nicht als böse Wesen geschaffen worden waren, weil Gott nichts Schlechtes schuf.[310] Sie mussten das Himmelreich verlassen, nachdem sie sich gegen Gott gestellt hatten, und trieben nun unter dem Menschen ihr Unwesen, um diese von einem gottgefälligen Leben abzuhalten. Da den Dämonen der Himmel verschlossen war, wollten sie auch die Menschen nicht dorthin gelangen lassen. Neid und Missgunst waren ihr Antrieb und sie bedienten sich vieler Listen. Der Fromme musste sich vorsehen, das wusste Antonius. Es gab unterschiedliche Dämonen. Sie verstellten sich auf vielfache Weise und wussten die Neugier und die Neigung der Menschen durch geschickte Täuschungen zu erwecken. Man musste wachsam bleiben; es bedurfte des richtigen Urteils zur Einschätzung der Dämonen und ihrer Gefahren. Die Fähigkeit zu einem solchen Urteil erlangten die Gläubigen durch Askese und Gebet. Für die so Gestärkten waren die Dämonen keine ernste Bedrohung mehr. Sie blieben aber eine beständige Prüfung: *Wir aber müssen uns aufgrund der Erfahrung mit ihren Versuchungen gegenseitig auf den rechten Weg bringen*, mahnt Antonius die anderen Eingeweihten.[311] Für ihn waren die Dämonen vergleichbaren Grenzen unterworfen wie die Menschen, auch wenn sie Fähigkeiten vorgaben, die nur Gott zukamen, wie den Blick in die Zukunft.[312]

Beim dämonischen Blick in die Zukunft sind wir ganz in der Welt vormoderner Nachrichtenübermittlung, in der die Zukunft andernorts bereits angebrochen ist, auch wenn man am eigenen Ort noch nichts davon wissen konnte: etwa wenn die ansteigenden Wasser des Nils als Folge der Regenfälle im Süden eine Zeit brauchten, um den Norden Ägyptens zu erreichen, oder die Kuriere mit einer wichtigen Nachricht aus dem Süden noch auf dem Weg waren. Die Dämonen konnten nicht in die Zukunft sehen, sie konnten sich die Nachrichten nur schneller überbringen. Daher entstand der Eindruck ihrer divinatorischen Fähigkeiten.

So irdisch die Dämonen als schnelle Boten letztlich wurden und so begrenzt ihre Wirkmacht war, auch Quälgeister mit irdischen Zügen konnten einem frommen Eremiten das Leben bisweilen schwer machen. Die Kämpfe des Antonius mit den Dämonen sind ein zentrales Motiv seiner Vita. Das 51. Kapitel berichtet anschaulich davon, wie die Brüder, die den schon alten Antonius in seiner Zurückgezogenheit versorgten, seine Auseinandersetzungen mit den Dämonen erlebten:

Welchen Kämpfen er sich unterzog, während er dort blieb – wie geschrieben steht: „nicht gegen Fleisch und Blut" [Eph 6,12], sondern gegen die widerstreitenden Dämonen –, haben wir von denen erfahren, die zu ihm kamen. Sie hörten dort nämlich auch Lärm, viele Stimmen und Waffengetöse und sahen, dass der Berg des Nachts voller Funken war. Sie sahen aber auch ihn selbst, wie er kämpfte, wie er gleichwie gegen sichtbare [Gegner] kämpfte und gegen sie betete.[313]

So wie Antonius sahen sich später viele Mönche des frühen Mittelalters als Kämpfer gegen die Geister, die ihre Familie, ihr Dorf, ihr Königreich bedrohten. Sie stammten aus Familien, in denen ihre Brüder ein Leben als bewaffnete Krieger führten. Sie selbst führten keine Waffen, aber ihre Kämpfe waren vergleichbar hart. Von ihren Siegen erzählte man mit der nötigen Demut, aber doch voller frommem Stolz.

Aber Ritter, von deren Taten man erzählte, und auch Heilige, vor denen Dämonen wichen, lebten nicht in jedem Dorf – und für die einfachen Gläubigen stellte sich die Frage, wie sie mit den Dämonen umgehen sollten. Der Wunsch nach Beistand war stark: Die Bittenden brachten diese Dämonenbezwinger bei ihren Auftritten oft in Bedrängnis, weil man die wertvollen Momente ihrer Anwesenheit nutzen musste.[314]

Natürliche Geister

Dazu kam das starke Bedürfnis, die Ungewissheiten der Zukunft durch Vorkenntnis etwas aufzuhellen. Vielleicht konnte man den kommenden Gefahren durch rechtzeitiges Handeln vorbeugen, vielleicht konnte man Veränderungen auch nutzen, wenn man beizeiten von ihnen wusste. Der Wunsch, die Zukunft vorauszusehen, blieb trotz der Bemühungen frommer Missionare hartnäckig bestehen. Seine Spur lässt sich aus der Wüste des Antonius über das galicische Braga im heutigen Portugal bis ins spätmittelalterliche Island verfolgen, wo er freier wirken konnte.

Bischof Martin von Braga († 579) machte sich in der Generation nach Caesarius von Arles über die Bekehrung der bäuerlichen Bevölkerung seines Sprengels im iberischen Galicien Gedanken.[315] Er war ein gebildeter und belesener Mann. Zwar ist nicht immer klar, welche Befunde in seinem Traktat *De correctione rusticorum*/„Über die Berichtigung der Bauern" eigener Erfahrung und welche der Überlieferung entspringen, aber Martin war ein leidenschaftlicher und engagierter Missionar. So hielt er fest, dass Gott die Menschen nicht dazu bestimmt habe, die Zukunft zu kennen, sondern in der Furcht Gottes und der Erwartung des ewigen Lebens gottgefällig zu leben. Dennoch suchten die Menschen die Hilfe von Dämonen, die sie aus Neid irreführten, damit die Menschen nicht ins Reich Gottes gelangten, aus dem die Dämonen verbannt waren.[316] Die Dämonen, die aus dem Himmel ausgestoßen worden waren, hielten sich nun im Meer oder in Flüssen, in Quellen oder in Wäldern auf, wo die Menschen, die Gott noch nicht kannten, sie wie Götter verehrten und ihnen Opfer darbrachten.[317] Die Verehrung von Naturphänomenen wie Quellen oder Bäume wurde in der Folge auch von Karl dem Großen bei der Sachsenmission verboten, doch wir finden auch im späten Mittelalter noch Zeugnisse von Menschen, die mit der Natur und auch mit der Zukunft in engerer Verbindung standen.[318]

Das isländische Landnahmebuch, dessen Geschichten von der Besiedlung der Insel erzählen, aber in der überlieferten Form aus dem 13. oder

14. Jahrhundert stammen, als Island schon seit Jahrhunderten christianisiert war, berichtet vom Siedler Thorsteinn Raudnef im Süden der Insel:
Thorsteinn Raudnef, das heißt Rotnase, war jemand, der häufig opferte. Er brachte dem Wasserfall Opfer dar; alle Speisereste sollten zu dem Wasserfall gebracht werden. Er konnte auch weit in die Zukunft sehen.[319]
Thorsteinn sah voraus, welche Tiere sterben würden, und er schlachtete sie beizeiten, um seine große Herde kräftig zu erhalten.

Die Menschen lebten in einem unruhigen Kosmos mit einer bewegten Geschichte. Selbst einem so klarsichtigen Geist wie Augustinus erschien die Frühgeschichte der Welt, aus der die Menschen und die verschiedenen Geister hervorgegangen waren, bisweilen unübersichtlich.[320] Wenn die Schöpfungsgeschichte über die Lebensformen vor der Sintflut von Gottessöhnen berichtet, die sich mit den Menschentöchtern verbanden, von Riesen, von den Helden der Vorzeit und von Geistern, die Gott zu seinen Engeln machte, dann war sich Augustinus nicht sicher, ob diese Engel auch intimen Umgang mit den Töchtern der Menschen gehabt hatten. Immerhin brauchte es für sinnliche Erlebnisse einen stofflichen Leib – mit einem Luftleib waren Frauen nicht zu gewinnen. Das war eine Frage, die nicht untypisch für Augustinus' Gedankenwelt war. Sie zeigte aber auch, wie schwierig die Unterscheidungen und wie fließend die Übergänge zwischen Menschen, Geistern, Engeln und auch Dämonen in manchen Situationen sein konnten – besonders dann, wenn das Urteilsvermögen abgelenkt war. Es zeigt sich dabei aber auch, welche Herausforderungen an die Standhaften gestellt wurden, wenn sie eine Unterscheidung der Geister vornehmen wollten, die eines frommen Mannes angemessen war.

Die Sintflut hatte das Spektrum dieser Populationen etwas reduziert, aber die Kraft der großen Schöpfungserzählung von den Wesen zwischen Gott und den Menschen wirkte weit über das Mittelalter hinaus nach, wie John Miltons *Paradise Lost* (1667) eindrucksvoll bezeugt. In diesen Geschichten erklärten sich die Menschen die Erfahrungen ihrer eigenen Gegenwart. Diese Gegenwart war das ganze Mittelalter hindurch eine Zeit, in der man sich gegen Dämonen wappnen musste.

Die Herleitung der verschiedenen Geisterwesen aus der Heilsgeschichte erlaubte Theologen und gebildeten Gläubigen, eine gewisse Ordnung in eine Welt zu bringen, die man nicht unbedingt fürchten musste, der man aber besser mit Vorsicht begegnete. Für die Gläubigen, die die Dämonen als Schädiger ihrer Ernte, als Verantwortliche für die Unfruchtbarkeit ihres Viehs oder gar als Urheber todbringender Krankheiten in der Familie erlebten, war und blieb aber die Frage dringlich, wie man sich konkret gegen diese Bedrohungen schützen konnte. Wie half man sich gegen Kräfte, die aus eigener Bosheit oder als Folge feindlicher Flüche oder Verwünschungen missgünstiger Nachbarn Unheil stifteten? Das war eine Grunderfahrung: Selbst die Heiligen konnten die Dämonen meist nur eine Zeitlang vertreiben. Das hatte schon Jesus, vor dem die Dämonen ängstlich zurückwichen, deutlich gesagt (Mt 12,43–45). Wenn die Aufmerksamkeit nachließ, kamen die Dämonen und unreinen Geister zurück. Man musste mit ihnen leben.

Engel

Wirksame Hilfe konnte von Engeln kommen: *Seinen Engeln befiehlt er um deinetwillen / sie werden dich auf ihren Händen tragen / damit dein Fuß nicht an einen Stein stößt* (Mt 4,6). In einer seiner temperamentvollen Predigten auf dem Campo der Stadt lenkte Bernhardin von Siena die Aufmerksamkeit seines Publikums auf die vielen Engel, die sie umgaben: *und dieser ganze Platz ist voll von Engeln*.[321] Die Engel halfen dem Publikum, ihrem Prediger aufmerksam zuzuhören. Bernhardin entwarf das Bild einer gestuften Welt. Über der körperlichen Welt aus Wasser, Feuer und Luft erhob sich die spirituelle Sphäre der Seelen, deren Verdienste sie über die Materie stellten. Über der Sphäre der Seelen schwebten die Engel und nahmen Anteil an dem, was die Menschen Gutes oder Böses taten. Sie stritten dafür, die Seelen zum Guten zu führen. Ein Engel als Helfer war ja bereits dem heiligen Patrick in den Anfängen der mittelalterlichen Mission regelmäßig erschienen, um ihn in Gesprächen *von Mann zu Mann* auf dem rechten Pfad zu leiten, wobei der Engel immerhin so körperlich auftrat, dass er einen Fußabdruck hinterließ. Solche Engel mochten auch in der Lage sein, Frauen zu verwirren, wie wir im vorangegangenen Abschnitt durch den Einblick in Augustinus' Gedankenwelt gesehen haben.

Im späten Mittelalter erbat man von den Engeln bisweilen besondere Hilfestellungen. Die *Ars notoria*, eine Praxisanleitung an der Grenze zur Magie, sollte Engel dazu bewegen, die wissenschaftlichen Kenntnisse der

Zeit, das Wissen der Theologen und Philosophen, auf die Praktizierenden zu übertragen, ohne dass diese die mitunter mühsame Lektüre der vielen Texte auf sich nehmen mussten, die es seit der Renaissance des 12. Jahrhunderts gab. Dieses Handbuch mit Gebeten und geheimnisvollen Diagrammen, die die Wege der Kontaktaufnahme illustrieren, entstand ebenfalls in dieser Zeit, als die Auseinandersetzung mit der Beschaffenheit der Welt die exklusiven Kreise der klösterlichen Gelehrsamkeit verließ. Dieser magische Zugang zu einer Welt unterschiedlicher Geister erschien den Rechtgläubigen sicher nicht unproblematisch, denn er barg die Gefahr, auf Abwege zu geraten. Aber die mehr als 50 erhaltenen Handschriften lassen erkennen, wie groß der Bedarf war.[322]

Verbreiteter als solche übernatürlichen Zugänge zum Wissen der Zeit, die für lesende und vornehmlich geistliche Adressaten gedacht waren, waren die Praktiken, mit denen viele Gläubige versuchten, die schädlichen Geister für eine Zeit aus ihrem Leben zu drängen. Eine besondere Rolle spielten dabei die zahlreichen Sakramentalien – die Segnungen und Weihehandlungen, mit denen die Priester das Wirken der göttlichen Gnade bis in den Alltag der Menschen hinein sichern sollten. War das Salz einmal geweiht, so konnten es die Bewohner des Hauses in den Zimmern und im Stall verstreuen, um die bösen Geister zu vertreiben. So enthielt die Weiheformel einer Salzweihe aus Bobbio folgende Worte:

Deswegen bitten wir inständig, dass du dieses Salz für würdig erachtest, aus der Kraft deiner Majestät gegen alle unreinen Geister Macht zu erlangen. Es vertreibe von allen Orten, wo es nach deiner Anrufung verstreut wurde, was auch immer schädlich sein könne, und erbringe die volle Wirkung des Heils. Es vertreibe alle feindlichen Truggestalten und lasse alle Arten unnatürlicher Kräfte (omnia genera monstrorum) weit fliehen.[323]

Sakramentalien waren rituelle Handlungen, die geistliche Wirkungen durch das Zusammenwirken priesterlicher Gebete mit dem Glauben der Gläubigen mobilisieren sollten. Wenn der Priester die richtigen Weiheworte über das Salz gesprochen hatte, konnte der Glaube der Hausbewohner dafür sorgen, dass das geweihte Salz die bösen Geister vom Haus fernhielt. Im Lauf der Zeit ließ die Wirkung nach und die Maßnahme musste wiederholt werden. Die Weihemöglichkeiten waren nicht auf Salz beschränkt. Auch die Weihe einer Kerze an Lichtmess verband sich mit der Erwartung, *dass an jedem Ort, an dem sie entzündet oder aufgestellt wird, der Teufel verschwindet und erzittert.*[324] Durch bestimmte Weiheformeln konnte man das Wasser auch für spezifische Zwecke gezielt weihen, um die Wirkung noch etwas zu verstärken. Bei diesen Spezialisierungen konnte eine gewisse Vertrautheit mit den unfrommen Seiten des Lebens hilfreich sein. So berichtete Petrus Damiani (um 1006–1072), selbst ein rigider Vertreter kirchlicher und zölibatärer Disziplin in der Zeit des Reformpapsttums, von einem Priester, dessen geweihtes Wasser Würmer, Raupen und Heuschrecken von den Feldern fernhielt, obwohl er mit einer Frau zusammenlebte.[325]

Waren die Priester dagegen fromme Männer mit einem untadeligen Lebenswandel, konnten sie Hilfe auch gegen größere Gefahren als gegen Schädlinge auf den Feldern herbeirufen. Schon Beda Venerabilis wusste bei seiner Erzählung von den Anfängen der englischen Christianisierung von zwei gallischen Bischöfen zu berichten, die mit einer besonderen Mission nach England gesandt worden waren, um dort stärker werdende Irrlehren zu bekämpfen.[326] Als Germanus von Auxerre und Lupus von Troyes nach England übersetzten, wühlten die Dämonen, die *es nicht sehen konnten, dass so große und ausgezeichnete Männer danach strebten, das Heil der Völker zurückzugewinnen,* das Meer auf und beschworen Stürme herauf. Aber Bischof Germanus beruhigte die Elemente durch *leichtes Wassersprühen im Namen der Dreieinigkeit* und die Mission konnte ihren Fortgang nehmen. Diese Beruhigung der gefährlichen Elemente war nicht nur eine Erscheinung in der Frühzeit der Christianisierung. Als ein bedrohliches Gewitter mit einem schweren Hagelsturm die Menschen in Aquileia im 14. Jahrhundert ängstigte, trat der Priester Florentius den Gewalten mit einer Hostie in der Hand entgegen und rief die höhere Macht gegen die Gewalt der Wetterdämonen zur Hilfe: *Sehet der Schöpfer aller Dinge ist hier […] und der Himmel wurde wieder blau.*[327]

Dies waren sehr direkte Folgen der Anrufung Gottes. Sie machten einen starken Eindruck, wenn sie so rechtzeitig eintraten, dass der blaue Himmel nicht erst über verwüsteten Feldern erstrahlte. Aber die Erwartung so unmittelbarer Hilfe barg auch eine Gefahr. Die Hilfe konnte zu spät eintreffen oder auch ganz ausbleiben. Wenn das Wirken Gottes auf der Erwartungsebene der Menschen spürbar wurde und wenn solche Wirkungen erhofft und erfleht wurden, dann wuchs die Gefahr von Enttäuschungen. Bei Krankenheilungen, bei Hungersnöten, bei Unwettern und bei den vielen Bedrohungen des Lebens konnten direkte Hilfen, die auf göttliches Eingreifen zurückgeführt wurden, den Bund mit Gott bestärken und festigen. Aber was geschah, wenn die erbetene Hilfe ausblieb?

Wenn die Bitten um Hilfe nicht erhört wurden, wenn Not und Bedrängnis durch Gebete und Gottesdienste nicht abzuwenden waren, dann konnte die Hoffnung in Enttäuschung und Wut umschlagen.

Die Bürger aber, die ihren Fuß gegen Gott erhoben, „wurden wie ein schlaffer Bogen" [Ps 78,37], *gleichsam hoffnungslos und an Gott zweifelnd, hängten sie in den Kirchen den Gekreuzigten an den Füßen auf und aßen Fleisch am Freitag und in der Fastenzeit, und viele in Italien versanken in denselben Abgrund der Verzweiflung, fluchten und lästerten und erfüllten ohne jede Scheu die Kirchen mit Schmutz, der gar nicht zu nennen ist; vor allem die Altäre besudelten sie und vertrieben die Geistlichen.*[328]

Die Ursache für die hier geschilderten Übergriffe war die Niederlage des lombardischen Städtebundes unter Führung von Mailand in einer blutigen Schlacht gegen Kaiser Friedrich II., in dem man eine Gefahr für die städtischen Freiheiten sah. Der Staufer verlor seinen Vorteil in der Folge durch die unbesonnene Forderung nach einer bedingungslosen Kapitulation, aber das Aufwallen der Emotionen zeigte, wie eng sich die Lombarden im Bündnis mit der höheren Gewalt sahen und welche Erwartungen daraus erwuchsen. Der Konflikt wurde dadurch nicht einfacher, dass auch der Kaiser sich als Vollstrecker der göttlichen Ordnung sah. Die Emotionen, die sich bei diesen Gelegenheiten Bahn brachen, wurden von Klerikern und Theologen des späteren Mittelalters gezielt hervorgerufen, um eine Nähe zum biblischen Geschehen zu erzeugen. Besonders die Passionsgeschichte mit dem leidenden Jesus fesselte die Menschen und wurde in den unterschiedlichsten Darstellungsformen aufgegriffen, die die religiöse, aber auch die menschliche Phantasie zum Ziel hatten. Darauf kommen wir noch zurück.

Dunkle Magie

Solange der Kosmos der Geister seine Heimat und Wirkungsstätte vorwiegend in bäuerlichen Dörfern oder kleinen Städten hatte, sahen die Männer der Kirche dies zwar mit Skepsis oder Missfallen, aber Geister und Dämonen waren nun einmal Teil einer Welt, in der die Abende im Herbst und

Winter lang und dunkel waren. Wenn der Umgang mit diesen Wesen ambitioniertere Züge annahm, wenn nicht nur Bauern, sondern auch reichere Bürger der Städte oder gar mächtigere Fürsten ein Interesse an numinosen Kräften zeigten, dann wurde die Aufmerksamkeit der kirchlichen Autoritäten geweckt.

Tatsächlich war die Abgrenzung frommer Rituale von magischem Missbrauch auch ein Ausdruck und eine Folge kirchlicher Zentralisierungsbemühungen. Die Forschung sieht bereits im frühen Mittelalter Hinweise auf eine wachsende Sorge kirchlicher Autoritäten in Bezug auf abergläubische Magie.[329] Aber die Zahl der Belege und wohl auch die Bandbreite magischer Praktiken nahm im späten Mittelalter mit der wachsenden Komplexität des Lebens und der Bedürfnisse noch einmal zu.[330] Es lag auch an der besseren Verfügbarkeit von Materialien und der zunehmenden Schreibfähigkeit, dass Amulette mit Gebetstexten Frauen bei der Geburt beistehen oder die Menschen, die sie bei sich trugen, vor der Pest bewahren sollten.

Vom Wachturm des päpstlichen Amtes aus beobachtete Papst Johannes XXII. manche dieser Entwicklungen mit solcher Sorge, dass er 1326 eigens ein Sendschreiben gegen jene Christen erließ, die nur noch dem Namen nach Christen seien, die aber aus dem Lichtschein der Wahrheit heraus in die Nebelschwaden des Irrtums geraten seien, wo sie ein Bündnis mit dem Tod und einen Pakt mit der Hölle geschlossen hätten.[331] Diese Menschen opferten Dämonen und verehrten sie, fertigten Ringe, Spiegel oder Schalen, um mit ihnen in magische Verbindung zu treten. Sie stünden im Austausch mit Dämonen, um Hilfe bei ihren abscheulichen Anliegen zu erhalten. Für ihre verworfenen Zwecke begäben sie sich in eine verworfene Sklaverei. Diese Krankheit drohe, die christliche Herde ernsthaft zu infizieren.

Der alarmierte Ton im Schreiben dieses alten und streitbaren Papstes rührte auch daher, dass er selbst Ziel magischer Angriffe geworden war. Johannes XXII. scheute keine Konfrontation. In seiner Amtszeit (1316–1334) führte er Auseinandersetzungen mit Königen, mit Mächtigen und mit Frommen – um die päpstliche Beteiligung an der Wahl des deutschen Königs, um die traditionelle Heiligenverehrung der Kirche und um das Armutsverständnis des Franziskanerordens.[332] Zudem wurde die päpstliche Kurie in Avignon in seiner Zeit zu einem Ort, an dem sich zahlreiche Theologen und Kirchenleute für vermeintliche Irrlehren oder wegen Amtsmissbrauchs verantworten mussten. Johannes XXII. erwarb sich schon zu Beginn seiner Amtszeit Gegner und Feinde. Manche seiner Feinde verfolgten finstere Pläne.[333]

Im Jahr 1317 wurde der Bischof von Cahors seines Amtes enthoben und zum Tod verurteilt. Hugues Guéraud wurde von Pferden durch die Stadt Avignon geschleift und dann vor der Stadt verbrannt. Er hatte gestanden, einen Anschlag auf den Papst eingeleitet zu haben, der neben der Vergiftung des Papstes und zweier Kardinäle auch magische Mittel vorgesehen hatte. Hugues habe Helfer angeworben, von denen einer drei kleine Figuren gefertigt habe; eine stellte den Papst dar, wie er in priesterlichen Gewändern eine Messe zelebrierte. Diese Figuren habe man mit Pergamentblättern versehen, auf denen die präzisen Verwünschungen formuliert waren: *Papst Johannes soll sterben und kein anderer.* Mit verschiedenen magischen Beigaben wurden die Figuren in Brotlaiben versteckt nach Avignon transportiert, wo sie in einer magischen Zeremonie zum Einsatz kommen sollten. Dazu kam es jedoch nicht. Die Verschwörung wurde aufgedeckt, die Verschwörer verhaftet und befragt. Die Rekonstruktion des Anschlags basiert auf der Befragung der Verschwörer und ihrer vermeintlichen Mitwisser. Da diese Befragungen zum Teil unter Einsatz der Folter durchgeführt wurden, sollten die Details dieser Geschichte mit einer gewissen Vorsicht behandelt werden.

In den Jahren vor diesem Anschlag auf den Papst in Avignon hatte man im benachbarten Königreich Frankreich verschiedene Verschwörungen gegen den König und die Kirche aufgedeckt, deren Hergang aus den Verhören von Beschuldigten rekonstruiert wurde, die alle der Folter unterzogen worden waren. Insbesondere die Ritter des Templerordens wurden Opfer einer brutalen Verfolgungswelle, in deren Verlauf sie zu Aussagen genötigt wurden, die eher die stereotype Phantasie der Verfolger als die verdeckten Absichten dunkler Kräfte offenlegen. Wenn die Verschwörer gegen den Papst gestanden, wie sie die Puppe eines der beiden Kardinäle mit einem spitzen Messer stachen, während sie Psalmen beteten, dann besteht die Möglichkeit, dass wir hier zu Zeugen der Suggestivfragen eines Inquisitors werden. In ähnlicher Weise hatten die Inquisitoren die Tempelritter unter der peinlichen Befragung zu Aussagen über schwarze Messen bewegt. Es bleibt indes Tatsache, dass die Figuren mit ihrer Beschriftung von den Männern des Papstes sichergestellt wurden, und es wurden auch nicht alle Verdächtigen der Folter unterzogen, zumal es sich dabei auch um Amtsträger der Kirche handelte.[334]

Die finstere Episode, die in der angelsächsischen Forschung die originelle Bezeichnung „Voodoo in the Vatican"[335] erhalten hat, zeigt indes, dass Magie, Schadenszauber und die Angst vor diesen Kräften im späteren Mittelalter nicht auf entlegene Bauerndörfer beschränkt waren. Das päpstliche Avignon und das königliche Paris waren Schauplätze, an denen über das Schicksal vieler Menschen entschieden wurde. Die Magie war an den Höfen der Mächtigen und auch in den Häusern der Gelehrten zuhause. Viele Hausbücher, in denen wohlhabende und gebildete Familien wichtige Elemente ihrer Familientradition bewahrten, verzeichneten magische Formeln gegen Schaden und Krankheit, wobei die Grenzen zu Gebetstexten nicht immer scharf gezogen waren. Entsprechend vorsichtig und auch misstrauisch waren die, die mit dieser Überlieferung nicht vertraut waren. Der gelehrte Benediktiner Johann aus der Abtei Morigny machte sich um 1300 an eine Überarbeitung der *Ars notoria*, um mithilfe der guten magischen Künste Männern und Frauen Wege zur Gotteserfahrung zu öffnen. Er selbst machte geltend, so eines Offenbarungserlebnisses teilhaftig geworden zu sein. Seine illustrierte Blütenlese verschiedener magischer Techniken erfuhr dabei ein typisches Schicksal geistlicher Texte in den ersten Jahrzehnten des 14. Jahrhunderts.[336] Für die einen enthielten sie wertvolle Wahrheiten, den anderen erschienen sie als gefährliche Irrlehren. So wurde Johanns Text zwar von der Universität Paris verdammt, aber gleichzeitig in vielen Handschriften kopiert, von denen noch immer etliche erhalten sind.

Johann war ein typischer Nutzer magischer Methoden zur Unterstützung seiner geistlichen Ziele. Viele Geistliche und Gelehrte experimentierten mit magischen Formeln, die sie auch von jüdischen und arabischen Gelehrten übernahmen, wenn dies hilfreich schien. Diese eigenartige Welt, in der Kräfte wirkten, die man auf natürliche Weise nicht ausreichend lenken konnte, war ein dynamischer Kosmos, in dem viele Akteure eigene Rollen beanspruchten. Es gab Spezialisten für zahlreiche Leiden, zur Abwehr von Gefahren aller Art, von Schäden, aber auch für magische Abkürzungen der ansonsten beschwerlichen Wege zum Wissen, zur Weisheit und auch zur Liebe. So entlegen diese Exkursionen auf übernatürlichen Wegen aus moderner Perspektive erscheinen, so müssen wir doch auch eine Veränderung der Haltung zu dieser magischen Welt feststellen. Die Grenzen wurden am Ausgang des Mittelalters schärfer gezogen und Übertritte wurden streng(er) verfolgt. Es lag eine lange Zeit zwischen dem harten Besatzungsstatut, das Karl der Große über die unterworfenen Sachsen verhängt hatte, um sie zur Annahme des christlichen Glaubens zu drängen, und dem Hexenhammer im späten 15. Jahrhundert, der eine Welle der Verfolgung von Frauen einleitete, die angeblich im Bund mit übernatürlichen Kräften stehen sollten.[337] Beide Texte zielten auf die scharfe Verfolgung von Irrlehren und heidnischen Handlungen, die sich gegen die christliche Ordnung richteten, deren Grundfeste doch außerhalb der Zeit stehen sollten. Aber die Drohung, die die karolingische Ordnung formuliert hatte (*Glaubt einer vom Teufel verführt nach Art der Heiden, ein bestimmter Mann oder eine bestimmte Frau sei eine Hexe, und er steckt sie deswegen in Brand, der sei des Todes*), hätte sich direkt gegen die Verfolger der Hexen gerichtet. Für Karl den Großen wären die Inquisitoren des Todes gewesen. Aus der Sicht der Inquisitoren des ausgehenden Mittelalters dagegen hätten die fränkischen Missionare, die die Grundlage für die Christianisierung Westeuropas legten, die Gefahren unterschätzt, die von den Verbindungen mancher Menschen mit übernatürlichen Kräften und Dämonen ausgingen. Am Ausgang des Mittelalters erklangen unerbittliche Stimmen in der bis dahin anarchisch anmutenden Welt übernatürlicher Kräfte und destruktiver Dämonen.

Figürliche Darstellungen

Die Magie war keine mittelalterliche Erfindung, und sie wurde auch nach dem Ende des Mittelalters noch lange Zeit praktiziert. Das hatte sie mit anderen Erscheinungen eines numinosen Kosmos der Vormoderne gemeinsam, der aus der modernen Betrachtung fremd erscheint. Nicht unsichtbar, vielmehr von konkreter materieller Erscheinung war dagegen eine typische Form mittelalterlicher Frömmigkeit, die in ländlichen katholischen Milieus das Mittelalter bisweilen länger überdauerte. Es waren bildliche und figürliche Darstellungen des biblischen Geschehens, die ihre Rolle in einer liturgischen oder rituellen Handlung buchstäblich verkörpern konnten. Schon vor der ersten Jahrtausendwende finden sich Belege dafür, wie sich die Menschen das biblische Geschehen in ihren sozialen Alltag holen. Über die Feier des Palmsonntags in Augsburg in der Zeit Bischof Ulrichs (922–973) berichtete sein Biograph:

> *An diesem Tag kam er früh im Morgengrauen nach St. Afra, wenn er nicht schon die vorangehende Nacht dort zugebracht hatte. Er sang die Messe von der Heiligen Dreifaltigkeit und segnete Palmzweige und verschiedene grünende Zweige. Dann zog er mit dem Evangelium, mit Kreuzen und Fahnen und mit einem Bildwerk des auf einem Esel sitzenden Herrn, mit Klerikern und einer Menge Volks, das Palmzweige in Händen hielt, unter Gesängen, die zur Feier dieses Tages gesetzt waren, in großem Schmuck bis zu dem Perlach genannten Hügel.*[338]

Die Beschreibung gilt hier dem Einzug der Palmsonntagsprozession in die mittelalterliche Stadt. Eine Handlung, die den Einzug Jesu in Jerusalem nachahmt, der die Passion einleitet. Die kunstgeschichtliche Forschung hat gezeigt, dass das Bildnis (*effigies*) Jesu auf dem Esel eine figürliche Nachbildung Jesu war.[339] Der Augsburger Prozessionszug führte eine wahrscheinlich lebensgroße Figur Jesu auf einem (Holz-)Esel mit sich, um das Geschehen in Jerusalem in die erlebbare Gegenwart der eigenen Lebenswelt hineinzuversetzen.

Das Leben Jesu nahm im frühen Mittelalter noch nicht den Raum ein, den das hohe und vor allem das späte Mittelalter ihm einräumen sollten. Aber hier begann eine Praxis, die in der sorgfältigen Nachbildung der Krippe und ihres Umfeldes durch Franziskus in Greccio und in den Passionsspielen des späten Mittelalters ihre Fortsetzung fand. Es ging um eine sinnliche und gefühlte Anteilnahme am biblischen Geschehen. Wenn im späten Mittelalter Nonnen in ihren Klosterzellen Wiegen stehen hatten, aus denen sie kleine Jesusfiguren aus Holz nahmen, um sie in Windeln zu wickeln, wenn die Gläubigen ab dem 13. Jahrhundert Holzfiguren des Leichnams Jesu mit beweglichen Gliedern in der Karfreitagsliturgie vom Kreuz abnahmen, sie in Leichentücher wickelten und in einem Grab beisetzten, wenn an Christi Himmelfahrt die Figur Jesu mithilfe eines Seils in das Kirchengewölbe hinaufgezogen wurde, um den Aufstieg in den Himmel vor der Gemeinde sichtbar aufzuführen, dann zielten diese Inszenierungen auf die unmittelbare Phantasie der zuschauenden Gläubigen. Kleriker und Theologen sahen die Aufgabe solcher Figuren und Bildnisse darin, die Leidenschaft des Glaubens zu wecken.[340] Die Mobilisierung der frommen Gefühle,

Kapitel 13   Auf Augenhöhe mit guten und mit dunklen Mächten

Abb. 15 Die hölzerne Palmesel-Skulptur aus Petersthal im Allgäu stammt aus der Zeit um 1300. Sie stellt Jesus auf einem Esel beim Einzug in Jerusalem nahezu in Lebensgröße dar und wurde im späten Mittelalter auf der Prozession am Palmsonntag mitgeführt.

wie des Mitleidens in der Passion, war ein erkennbares Ziel vieler geistlicher Kunstwerke des späten Mittelalters. Die ergreifende Darstellung des Gekreuzigten im Isenheimer Altar von Matthias Grünewald spricht auch moderne Betrachter noch sehr unmittelbar an. Die religiösen Unterweisungen des späten Mittelalters empfahlen den Gläubigen die Vertiefung in das Passionsgeschehen durch möglichst große (gefühlte) Nähe zu den Akteuren. Diese religiöse Didaktik zielte auf die Phantasie und auf die Emotionen der Gläubigen. Darauf kommen wir noch zu sprechen. Dadurch wurden manche Kräfte freigesetzt, aber mit den Emotionen beschwor man auch gefährliche Leidenschaften herauf. Wenn die Phantasie den Gläubigen das Geschehen der Passion lebendig vor Augen rief, wenn das Sterben Jesu am Kreuz sie zu Tränen des Mitleids rührte, dann war keineswegs sicher, dass diese Hinwendung zu der Leidensgeschichte eines Unschuldigen nur fromme Reaktionen hervorrief. Im katalonischen Girona gab ein Arzt im Zuge der Untersuchung eines Todesfalls zu Beginn des 14. Jahrhunderts zu Protokoll, dass nach seiner Erinnerung in den letzten 20 Jahren Studenten und Jugendliche in Girona, in Barcelona, in Valencia und in anderen Orten in Katalonien an Karfreitag Steine auf die Juden geworfen hätten, *und er denkt, dass es diese Sitte seit 30 Jahren und länger in Katalonien gibt*.[341] In Freiburg im

Breisgau stellten die Stadtoberen den Juden in der Stadt im Jahr 1338 einen Schutzbrief aus.³⁴² Damals hatte es am Oberrhein blutige Angriffe auf Juden gegeben. Die Freiburger versicherten den Juden in ihrer Stadt: *Wir sollen sie [die Juden] auch schützen und verhindern, dass jemand in Freiburg ein geistliches Spiel aufführt, das ihnen Laster vorwirft oder Schande bereitet.* Die Passion war kein harmonisches Geschehen, und die emotionale Erinnerung an die Hinrichtung Jesu barg Gefahren. Bei dieser Form der Erinnerung ging es ja gerade um die Überwindung der historischen Distanz, also um die Vergegenwärtigung des biblischen Geschehens. Es war ein blutiges Geschehen, und die Gefahr war real, dass bei solcher Erinnerungsarbeit wieder Blut floss.

Die Geschichte des Umgangs mit guten und bösen Mächten auf Augenhöhe und in erreichbarer Nähe hatte brutale Seiten und grausame Züge. Sie war eine menschliche Geschichte mit manchen dunklen Abgründen. Aus moderner Perspektive finden wir keinen Gefallen an Dämonen, die unsere Medizin meist wirkungsvoller vertreibt als ein mittelalterlicher Segensspruch. Welche Patientin mit einer Krankheit, die noch vor 100 Jahren tödlich verlaufen wäre, würde bedauern, dass die Zeiten vorbei sind, in denen die eigene Gesundheit oder das Leben der eigenen Kinder von den Launen schwer einzuschätzender Geisterwesen abhängen konnte?

Und doch ging mit diesem Fortschritt auch etwas verloren. Wenn Patrick von *Mann zu Mann* mit dem Engel sprach, wenn Mönche wie der heilige Antonius mit Dämonen kämpften wie mit einer Gruppe von Strauchdieben, dann konnte sich der Einzelne durchaus behaupten. Wenn er sich auf die Kämpfe mit Gestalten der Finsternis vorbereitete, konnte er obsiegen. Er konnte an Krankheiten sterben, die er nicht verstand, und das passierte nicht selten, aber die Bedrohungen, denen sich die Menschen gegenübersahen, überstiegen kaum das menschliche Maß. Eine solche Einschätzung der *conditio humana* ist sehr selten geworden. Die Menschen sehen sich heute vor Bedrohungen, die die Kräfte der Einzelnen weit übersteigen. Das hat Folgen für die Lebenseinstellung. Das mittelalterliche Leben war in einem Kosmos mit weniger Menschen, aber vielen Dämonen und Engeln vielfach bedroht. Aber die Bedrohungen hatten eine Größenordnung, die den Menschen die Möglichkeit ließ, sich zu behaupten. Modern gesprochen sahen sich die Gläubigen in der Hand Gottes, aber dort verfügten sie über eine gewisse Handlungsfähigkeit.

Kapitel 14

Die besonderen Christen: Ein neues Klerikerideal

Gratian

> *Es gibt zwei Arten / Klassen (genera) von Christen. Es ist nämlich eine Art, mit dem Gottesdienst beauftragt und der Kontemplation und dem Gebet hingegeben; ihr kommt es zu, sich vom Lärm der weltlichen Dinge zurückzuziehen, so dass sie Kleriker sind, und Gott ergeben, nämlich Bekehrte.*[343]

In der ersten Hälfte des 12. Jahrhunderts sammelte ein Lehrer des Kirchenrechts in Bologna Textpassagen von Konzilsbeschlüssen und Kirchenvätern für seinen eigenen Gebrauch. Wir wissen von diesem Gelehrten kaum mehr als seinen Namen. Er hieß Gratian. Die Kenntnis der Rechtstradition der Kirche beförderte seit dem 12. Jahrhundert kirchliche Karrieren. Gratians Sammlung von Rechtssätzen und Entscheidungen, das sogenannte *Decretum Gratiani*, auch *Concordia discordantium canonum*, die in einer zweiten Redaktion noch erweitert wurde, wurde zur Grundlage einer neuen kirchlichen Ordnung, die sich zunehmend der Sprache des Rechts bediente. Sie ging aus dem Aufbruch des 11. Jahrhunderts hervor, der die frühmittelalterliche Christenheit aus ihrer Bindung an die Welt der Höfe von Königen und Herren löste und in die beginnende Volkskirche des hohen und späten Mittelalters überleitete. Die Folge dieses Ausgreifens über einen Kreis von Menschen hinaus, in dem sich viele Akteure kannten oder sich aufgrund ihrer Herkunft einschätzen konnten, war die deutliche Trennung zwischen Klerus und Laien.

Auch in der Alten Kirche und in der Kirche des frühen Mittelalters waren Bischöfe und Priester in ihren Aufgaben von den normalen Gläubigen unterschieden. Aber der soziale Rang der mächtigen Gläubigen und ihr Selbstverständnis verhinderte eine scharfe Trennung der Sphären von Priestern und Laien. Dies änderte sich nachhaltig. Der Aufbruch der Christenheit im 11. Jahrhundert wies den Klerikern eine veränderte Rolle in der Christenheit zu. Diese herausgehobene Stellung des Klerus ist in der katholischen Welt Europas erst im Laufe des 20. Jahrhunderts so weit geschwächt worden, dass daraus wahrscheinlich ein neues Bild der europäischen Christenheit hervorgehen wird. Noch ist das nicht abzusehen. Damit ginge eine lange, stark vom Klerus geprägte Epoche in der Geschichte der lateinischen Christenheit zu Ende. Nach dem Selbstverständnis der Vordenker des Klerus seit dem 11. Jahrhundert waren die Priester die besseren Christen. Diese Entwicklung war hochdramatisch, sie vollzog sich nur unter heftigen Kämpfen und sie verlangt nach einer Erklärung.

Gratians Textsammlung sollte keine neue Ordnung begründen. Sie stand im Gegenteil auf dem Boden der kirchlichen Tradition. Sie enthielt alte Texte. Die eingangs zitierte Definition des Klerikerstands ging auf den Kirchenvater Hieronymus zurück. Aber die Christenheit hatte nicht nur eine Tradition. Sie hatte einen Gott, aber es gab viele Wege, die zu ihm führten. Das lag an den unterschiedlichen Lebenserfahrungen der Gläubigen zwischen Mittelmeer und Atlantik, es lag an ihrer unterschiedlichen sozialen Stellung und der Vielfalt ihrer Persönlichkeiten im Umgang mit dem Glauben. Die äußeren Umstände hatten auch dazu geführt, dass die Christentümer der einzelnen Regionen sich dieser Unterschiede bisweilen gar nicht bewusst waren, weil sie kaum Berührung miteinander hatten. Aber es konnte auch sein, dass die Verantwortlichen ihre je eigenen Glaubenswege getrennt hielten, weil sie sich der Unterschiede bewusst waren und sie ihre Tradition nicht für eine Einheit aufgeben wollten, die sie nicht überzeugte. Die autoritative Vereinheitlichung des Ostertermins im 7. Jahrhundert hatte den irischen Christen gezeigt, dass die Einheit ihren Preis hatte. Gratian war sich dieser inneren Widersprüche bewusst. Entsprechend trug sein Werk den Titel: *Concordia discordantium canonum* – „Vereinheitlichung der uneinheitlichen Rechtssätze".

Sanktionen

Anders muss man diejenigen ermahnen, die das Böse heimlich, das Gute aber öffentlich tun, und anders diejenigen, die ihre guten Werke geheim halten, aber doch durch gewisse Handlungen eine schlimme Meinung von sich zulassen.[344]

Papst Gregors des Großen Buch über die Seelsorge, sein *Liber regulae pastoralis*, fand das ganze Mittelalter hindurch viele aufmerksame Leser. Gregor schrieb von der Notwendigkeit, die Gläubigen nach ihren Bedürfnissen und Fähigkeiten differenziert zu behandeln. Das war ein hohes Ideal, und die kleinere Zahl der Christen in der Zeit Gregors erlaubte Priestern ein differenziertes Vorgehen. Auf der Grundlage persönlicher Bekanntschaft war ein Umgang möglich, der Unterschiede zuließ, ohne das hohe Ideal zu gefährden. An die Priester hatte Gregor hohe Erwartungen:

Ein Vorsteher muss das Volk in seinem Wandel um so viel überragen, als das Leben eines Hirten abweicht von dem seiner Herde.[345]

Viele der einfachen Priester des frühen Mittelalters gelangten ohne Ausbildung in ihr Amt. Gregor kannten sie nicht, seine Texte konnten sie nicht lesen und seine Worte blieben ihnen fremd. Aber es gab gewissenhafte Seelsorger, die in der Tradition Gregors zwischen dem Menschenmöglichen und dem kaum erreichbaren Ideal unterschieden. Geistliche, die die hohen Anforderungen an ihre Aufgabe ernst nahmen, die aber auch ihre Grenzen kannten. Ihre Welt geriet im Aufbruch des 11. Jahrhunderts in Unordnung.

Fassungslos erlebte Bischof Wido von Ferrara († nach 1099) die öffentliche Bestrafung eines Priesters, den man in Cremona mit einer Frau überrascht hatte. Die Ehebrecherin musste auf den Schultern des Priesters reitend und ihn mit Ruten schlagend durch alle Tore der Stadt ziehen, während die Menge das Schauspiel johlend verfolgte.[346] Wido fragte sich, ob es denn tatsächlich nötig war, die Laien, das ungebildete Volk, so gegen Priester aufzubringen, deren Lebensführung anstößig schien. Wir haben die Klagen von Sigebert von Gembloux in der Grafschaft Namur bereits zitiert, der mit ähnlichem Schrecken davon berichtete, wie die Gläubigen die Hostien vom Altar rissen und darauf herumtrampelten, wenn die zelebrierenden Geistlichen verheiratet waren.[347] Diese Männer waren Vertreter der alten Schule und in ihrem Schrecken mischte sich ein erkennbarer Standesdünkel, den auch die Berichte über ähnliche Vorfälle in Mailand zu dieser Zeit erkennen lassen. In einem größeren Rahmen waren diese Exzesse Folgen des Investiturstreites. Darüber ist schon häufig geschrieben worden, die politische Dimension des Konflikts (Kaiser, Könige und Päpste betreffend) kann daher hier etwas zurückstehen. Wir müssen verstehen, wie dieser Kampf auf der Ebene von Gläubigen und Priestern ausgetragen wurde. Dies waren die Niederungen des christlichen Alltags einer Reformzeit. Auf dieser Ebene setzte sich das neue Priesterideal durch, das das Erscheinungsbild des katholischen Klerus bis in die jüngste Geschichte prägen sollte.

Die Geschichtsforschung hat auf die wichtige Rolle der Reformpäpste in diesem Konflikt verwiesen. Tatsächlich ermunterte Gregor VII. gläubige Laien, gegen die Geistlichen vorzugehen, deren Lebensführung oder Amtsauffassung seinem rigiden Ideal nicht entsprachen. Er lobte die Gläubigen in Lodi, die vom Geist des göttlichen Gesetzes entflammt gegen die abscheuliche simonistische Häresie und die Hurerei der Priester aufgestanden seien.[348] Was der Papst hier als verabscheuungswürdige Häresie brandmarkte, war in vielen Fällen die Qualifikation für ein Bischofsamt aufgrund familiärer Verbindungen, eine Praxis, die seit sehr langer Zeit in vielen Bereichen des damaligen Lebens selbstverständlich war, ohne dass jemand Anstoß daran genommen hätte. Die als Huren verunglimpften Frauen der einfachen Priester waren in vielen Fällen die Ehefrauen dieser Geistlichen oder die Frauen, die seit vielen Jahren mit ihnen in einem eheähnlichen Verhältnis gelebt hatten, ohne dass sich jemand darüber beschwert hätte. Das „Aufstehen" (*insurgere*) gegen diese Geistlichen war wohl nicht nur ein Boykott ihrer Gottesdienste, sondern die übergriffige Störung der Gottesdienste dieser Priester, von der Sigebert von Gembloux so alarmiert berichtet hatte. Die Befürworter dieser Lebensweise waren keine finsteren Übeltäter, sondern ehrenwerte Bischöfe, Domkapitulare und andere Geistliche, die sich zunächst entschieden verteidigten. Die Aggression der Reformer überraschte und erschreckte sie.

Der Sturm, der im späten 11. Jahrhundert durch viele Diözesen, Kathedralen und Pfarrkirchen fegte und dessen Spur wir in den kurzen Berichten Betroffener von Lodi über Augsburg bis nach Namur verfolgen können, gehört in die Geschichte der dramatischen Kämpfe um das richtige Verständnis des Glaubens, die wie der Bildersturm in der Reformation Europa selten, aber heftig erschütterten.

Das Bild eines Anführers, der die Straße – im 11. Jahrhundert eher den unbefestigten Dorfweg – gegen ein Establishment mobilisiert, das sich mit seinen Privilegien eingerichtet hat, ist der modernen Betrachtung durchaus eingängig. Aber es ist auch irreführend. Der Papst als entschlossener Kämpfer gegen Kleriker, die auf weltlichen Wegen in ihr Amt gelangt waren oder eine zu große Nähe zu Frauen pflegten, hatte nur wenige Mittel, die Gläubigen zu mobilisieren. Er musste sich dabei auf Priester oder Mönche stützen, die seine Agenda mittrugen. Ihre Zahl war überschaubar, auch wenn manche mit lauter Stimme predigten und so durch die Lande zogen. Die Wucht der Reformbewegung von unten entsprang nicht einer päpstlichen Mobilisierung. Der Sturm erwuchs aus den veränderten Bedürfnissen vieler Gläubigen und aus ihrer größer werdenden Zahl. Der Papst musste diese Menschen nicht wecken. Sie schliefen unruhig, weil sie sich Sorgen um das Heil ihrer Seelen machten.

Neue Priester

Halte also für ganz gewiss, dass ohne Genugtuung, das ist ohne freiwillige Abzahlung der Schuld, weder Gott die Sünde ungestraft lassen noch der Sünder zur Seligkeit, selbst nicht zu der, die er besaß, bevor er sündigte, gelangen kann.[349]
So apodiktisch formuliert Anselm von Canterbury die Jenseitsaussichten des Menschen in dieser Umbruchzeit. Was er mit einer Logik entwickelte, die keine Spielräume ließ, und was das christliche Menschenbild auch über das Mittelalter hinaus prägte, wurde in diffuserer Weise von vielen Gläubigen so empfunden. Sie sahen ihr Seelenheil in Gefahr und verlangten nach Geistlichen, deren Absolution sie wirksam von ihrer Sündenlast befreite. Aus dieser Sorge speisten sich die Übergriffe gegen sich verfehlende Priester und deren liturgische Riten, die der rigiden Norm nicht entsprachen. Die Laien forderten Priester mit einem neuen Selbstverständnis. Nur aus dem Zusammentreffen der Ansprüche vieler Gläubigen mit der neuen Strenge aus Rom erklären sich letztlich die Auswirkungen der Reformideen auf das Leben des Klerus. Der Eifer der Umbruchzeit hielt nicht an, und die Durchsetzung des Zölibats und das Ausschalten simonistischer Praktiken bei der Besetzung geistlicher Ämter gelangen immer seltener. Aber das neue Leitbild für die Priester, das aus diesem Umbruch hervorging, blieb dennoch

über lange Zeit bestehen. In diesem Umbruch drückte sich die Vertiefung des Glaubens in den neuen sozialen Milieus aus.

Wie wir gesehen haben, betrachtete man in der Christenheit des frühen Mittelalters Könige, Bischöfe und Mönche als herausgehobene Größen; sie bewegten sich in der menschlichen und göttlichen Sphäre und hielten die Verbindung zwischen diesen Sphären aufrecht. Die Könige büßten ihren Status, der ihre Rolle in den christlichen Milieus des frühen Mittelalters auszeichnete, im Lauf der Zeit zunehmend ein; es waren Milieus von überschaubarer Größe gewesen. In wachsendem Maß wurde den Priestern eine besondere Rolle zugeschrieben. Sie erhielten die alleinige Vollmacht, die göttliche Gnade zu vermitteln. Neu war dabei nicht, dass nur Priester die Sakramente spenden konnten, neu war jedoch, dass diese Priesterschaft den Anspruch erhob, nur sie allein führe ein Leben, das ganz den göttlichen Erwartungen entspreche. Wenngleich es schwache Tage geben konnte, so hatte der Klerus doch die beste Standesentscheidung für ein christliches Leben getroffen. Seine Lebensweise sollte dieser besonderen Würde entsprechen. Das war die Erwartung der Reformer. Die Amtsvollmacht der Priester erwuchs aus ihrer Weihe, die richtige Lebensweise qualifizierte sie für ihr Amt.

Gott der Herr ist barmherziger und freigiebiger durch die Priester als in eigener Person [...]. Denn er teilt mehr Wohltaten durch Vermittlung der Priester als ohne diese. Denn ohne den Dienst der Priester würde er nur sehr wenige retten.

So charakterisierte ein Erfurter Seelsorger und Theologe am Ende des Mittelalters die herausgehobene Stellung der Priester, die sich seit dem hohen Mittelalter herausgebildet hatte.[350] Dieses Verständnis des Priesteramtes wurde durchaus nicht überall geteilt. Auf dem Land machte man mitunter andere Erfahrungen. Aber dort, wo solche lobenden Stimmen zu hören waren, in einem städtischen Milieu, wo die Menschen von Handel und Handwerk lebten, festigte sich dieses Priesterbild. Die Abgrenzungen in den Jahrhunderten nach der Reformation in der Konfessionalisierung und der katholischen Reaktion auf die einsetzende Moderne sollten solche Überhöhungen eher befördern. Die Weihe und ihre Lebensweise, die die Priester über die einfachen Gläubigen erhoben, machten die Kleriker zu besonderen Christen, die sich für ein Leben entschieden, dessen Regeln den meisten Menschen so streng erschienen, dass sie es für sich selbst ausschlossen. Als

Kapitel 14 Die besonderen Christen

Abb. 16 Die Miniatur aus einem spätmittelalterlichen englischen Stundenbuch zeigt einen Priester bei der Messe, assistiert von einem einfachen Kleriker. Der Priester erhebt die Hostie bei der Wandlung.

die scharfe Konfrontation der Umbruchzeit des 11. Jahrhunderts wieder den kleineren Konflikten des Alltags wich, hatten die meisten Gläubigen Verständnis für die Priester, die der Zölibat überforderte. Aber die Aura der Exklusivität, die die Reformer im späten 11. Jahrhundert für die Geistlichkeit mit so wütender Entschlossenheit und rigider Strenge eingefordert hatten, umgab die Kleriker weiterhin. Es war ihre besondere Rolle als exklusive Vermittler der göttlichen Gnade, die sie über die gewöhnlichen Laienchristen erhob. Diese Rolle hatten viele einfache Priester für sich gar nicht beansprucht, sie wurde ihnen zugewiesen.

Auch im späten Mittelalter blieb es dabei, dass die Frommen mit kritischem Blick auf die Priester schauten, deren Messe sie besuchten. So berichtet Jakob von Vitry über die Wahrnehmungen der Maria von Oignies:

Als aber der Priester nach der Gabenbereitung die Sakramente empfing, sah sie im Geist den Herrn in der Seele des Priesters bleiben und sie mit wunderbarer Klarheit erleuchten, oder wenn er sie unwürdig empfing, sah sie, dass der Herr mit Empörung zurückwich und die Seele des Elenden leer und düster zurückblieb.[351]

Zu Beginn des hohen Mittelalters, als die kirchlichen Reformen Konturen annahmen, war die Rolle der Priester bei der Vergebung der Sünden unter den Theologen umstritten. Es brauchte dafür nicht unbedingt einen Kleriker, der den Sündern nach der Beichte die Absolution erteilte. So widmet Petrus Lombardus (um 1095–1160) in seinen „Sentenzen", einem weitverbreiteten Lehrwerk dieser Zeit, ein ganzes Kapitel den folgenden drei Fragen:

> Als erstes nämlich wird gefragt, ob jemandem ohne Wiedergutmachung und mündliches Bekenntnis, allein wegen der Zerknirschung des Herzens die Sünde vergeben wird. Als zweites, ob es bisweilen genügt, [nur] Gott gegenüber zu bekennen, ohne einen Priester. Als drittes, ob ein [Bekenntnis], das einem gläubigen Laien gegenüber abgelegt wurde, gültig ist.[352]

Ohne hier in die Einzelheiten zu gehen: Der Lombarde kommt zum Schluss, dass in der Reue die Sünde bereits getilgt, das Bekenntnis vor einem Priester dennoch nützlich ist.

> Was also soll man darüber denken? Was also soll man festhalten? Zweifellos, dass die Sünden ohne Bekenntnis des Mundes und ohne Leistung einer äußeren Strafe [bereits] durch die Zerknirschung und Demut des Herzens getilgt werden.[353]

Genau diese „Fähigkeit", durch eigene Reue eine wirksame Vergebung ihrer Sünden zu erlangen, verloren die Gläubigen im Lauf des späten Mittelalters. Die Buße wurde zu einem Sakrament, das allein der dazu berechtigte Priester erteilen konnte. Die Beichte bei einem Priester wurde den Gläubigen als Pflicht auferlegt, der sie mindestens einmal im Jahr nachkommen mussten:

> Jeder Gläubige beiderlei Geschlechts soll, nachdem er in die Jahre der Unterscheidung gelangt ist, wenigstens einmal im Jahr all seine Sünden allein dem eigenen Priester getreu beichten, die ihm auferlegte Buße nach Kräften zu erfüllen suchen.[354]

Diese Vorschrift des Vierten Laterankonzils aus dem Jahr 1215 entfaltete nach ihrer Implementierung eine sehr lange Wirkungsgeschichte in der Kirche. Getragen wurde diese Implementierung von den Sorgen der Gläubigen. Die Rolle der Kleriker in der sakramentalen Buße wurde zunehmend von Juristen definiert, von Spezialisten des entstehenden Kirchenrechts. Ihre Tätigkeit wurde seit dem hohen Mittelalter in der Kirche immer wichtiger; auch das war eine Folge der erkennbar wachsenden Vernetzung der Christenheit im Lauf des 11. Jahrhunderts.

So wie die Sorge um ihr Seelenheil die Christen seit dem späteren 11. Jahrhundert von Mailand bis Canterbury in ähnlicher Weise umtrieb, so reagierten sie entsprechend: Dazu gehörten nicht nur gesteigerte Forderungen an die Lebensweise ihrer Priester, sondern auch eine zunehmende Aggression gegenüber Nichtchristen. Dies war eine neue Entwicklung.

Wir haben die Vielfalt der christlichen Lebenspraxis im frühen Mittelalter betont. Sie war Ausdruck des Lebens in einer Welt mit wenigen Menschen, eingeschränkter Kommunikation und reduzierten Handelskontakten. Den sozialen Aufbruch des 11. Jahrhunderts haben wir angesprochen, die Zunahme der Bevölkerung, die Belebung des Handels und der Märkte. In dieser Belebung Europas entstanden die Voraussetzungen für ein Zusammenwachsen der lateinischen Christenheit und für eine langsame Vereinheitlichung kirchlicher Normen und auch der Sanktionen bei ihrer Übertretung.

Aus der zunehmenden Vernetzung der Christenheit entstand die Grundlage für die neue Rolle, die viele Christen dem Bischof von Rom zugestanden. Der Aufstieg des Papsttums an die Spitze des Klerus und damit auch an die Spitze der Christenheit wurde vom Zusammenwachsen der lateinischen Christenheit getragen; hier entstand ein Kosmos auf der Basis eines breiteren sozialen Spektrums und anspruchsvoller Lebensregeln. Der Bischof von Rom hatte bis in diese Umbruchzeit hinein gelegentlich Ansprüche auf seine besondere Stellung vorgebracht, weil er der Bischof jener Stadt war, in der nach der Überlieferung die Apostel Petrus und Paulus ihr Martyrium erlitten hatten und begraben worden waren. Aber eine hierarchische Überordnung hatten die anderen Bischöfe ihm nur selten zugestanden. Das änderte sich nun. Der sich steigernde Anspruch auf die Führung der Kirche, den die päpstliche Kurie immer stärker formulierte, profitierte von dem Bedürfnis nach einheitlicher Regelung der Fragen, die die lateinische Christenheit für ihr Leben als zentral erachtete.

Aus der exklusiven Berechtigung, den Gläubigen im Bußsakrament ihre Sünden zu vergeben, erwuchs auch den gewöhnlichen Priestern eine Position der Macht. Auch wenn sie die hohen Ansprüche an ihre Lebensweise nicht immer erfüllen konnten, so eröffnete ihnen ihr Status zumindest eine respektable Position in dem Umfeld, in dem sie wirkten.

Das Bild des Priesters, der sich durch seine besondere Nähe zu Gott von seinen Mitchristen abhebt und dem in Sorge um das Heil der ihm anvertrauten Gemeinde besondere Rechte und Pflichten obliegen, war in dieser Form nicht neu. Schon die Kirchenväter der Antike hatten ein solches Ideal immer wieder formuliert und viele Synoden hatten es eingeschärft. Aber es war zumeist ein abstraktes Ideal gewesen. Neu waren daher im 11. Jahrhundert weniger die Inhalte dieses Priesterideals. Neu war die Verbindlichkeit, mit der die Gläubigen eine strenge Lebenspraxis einforderten.

„Nichts auf der Welt ist so mächtig wie eine Idee, deren Zeit gekommen ist", schrieb Victor Hugo in einer Zeit des Umbruchs. Das gilt auch für religiöse Überzeugungen. Es war die Transformation des Christentums von einer Religion im Milieu der frühmittelalterlichen Herrschaft in eine Volksreligion, die einem alten Ideal eine neue, rigide Dynamik verlieh. Das Christentum als Volksreligion verschärfte die Anforderungen an seinen Klerus, was für viele Priester in dieser Form ebenfalls neu war, obwohl es auch hierfür bereits Handbücher und kundige Anleitungen gab.

Pfarrer und Pfarreien

Papst Gregor der Große, dessen Schriften in hohem Ansehen standen und weite Verbreitung fanden, hatte bereits um 600 eine Schrift zur Seelsorge verfasst, aus der wir bereits zitiert haben.[355] Es handelt sich um eine sensible Anleitung zum Umgang mit unterschiedlichen Persönlichkeiten, auf die ein Hirte in seiner Herde treffen konnte und denen er mit dem Sinn für Gerechtigkeit begegnen sollte, der die römische Kultur auszeichnete, indem er jedem das Seine zukommen ließ. Aber für viele Geistliche, die Abhängigkeiten ausgesetzt waren, sei es aus Familienraison oder weil ihnen von einem Gutsherrn eine Pfarrkirche zugewiesen worden war, war dies fremdes Gedankengut. Es gab keine verpflichtende Ausbildung für Kleriker. Trotz aller Ermahnungen der Bischöfe, die selbst auch nicht immer einer geistlichen Berufung gefolgt waren, verstanden viele Priester wohl nur ungefähr, was der Messritus bedeutete, den sie am Sonntag vor ihrer Gemeinde zelebrierten. Die lateinische Sprache des Ritus konnte mitunter ihr Unwissen bemänteln, er umgab sie mit einer besonderen Aura. Sie waren zuständig für die Taufen, für die Feier des Gottesdienstes, nicht immer für die Segnung der Brautleute, aber immer für ein christliches Begräbnis auf dem Friedhof der Gemeinde. Dazu waren sie durch die Priesterweihe ermächtigt, selbst wenn ihnen die Bedeutung ihrer Handlungen nur dunkel vor Augen stand. Das Defizit, das diese Praxis bei den Gemeinden hinterließ, deren Mitglieder sich zunehmend mit dem Leben Jesu und seiner Gefährten beschäftigten, wurde deutlich, als die Franziskaner und Dominikaner bald nach 1200 in den Städten Europas erschienen.

Die Priester in den städtischen Pfarreien lebten davon, dass die Gläubigen ihre Pfarrgottesdienste besuchten, die Beichte bei ihnen ablegten und sich von ihnen beerdigen ließen – was sie mit regelmäßigen Zuwendungen ihren Priester vergolten. Diese Zuwendungen, die in der Sprache der Kirche Oblationen / Opfergaben oder Stolgebühren hießen, waren somit wichtige Einnahmequellen für die Pfarrer. Sie ergänzten die Pfründe, die zur Ausstattung der Pfarrstelle seit dem frühen Mittelalter etwa eine Hufe Agrarland betragen sollte, zudem den Pfarrhof und den Anteil am Zehnten der Gläubigen. Die Höhe der Opfergaben wurde im Lauf des 13. Jahrhunderts zunehmend vereinheitlicht. Sie wurden zu Pflichtabgaben, die in vielen Fällen mehr als die Hälfte der Einnahmen betrugen, die mit einer Pfarrei verbunden waren. Diese Einnahmen, die nicht selten 70% der Pfarreinnahmen ausmachen konnten, wurden gewöhnlich von den Besuchern der Gottesdienste, der Predigten und der Beichten dem Priester übergeben. Wenn aber die Gläubigen nun die Gottesdienste der Franziskaner oder Dominikaner besuchten, dann machte sich das für die Priester schmerzlich bemerkbar.

Die Streitigkeiten zwischen Bettelorden und Weltgeistlichen um die Anteile an den Abgaben der Gläubigen zogen sich über Jahrzehnte hin. Sie waren ein Katalysator für die genauere Regelung der Abgaben und ihre Aufteilung an die wechselnden Prediger der Bettelorden, an die Pfarrer und an die Vikare in den Pfarreien. Denn dies war eine Tendenz des späten Mittelalters: dass viele Pfarreien, die ursprünglich von Gutsbesitzern auf ihrem Land errichtet worden waren, im Lauf des späten Mittelalters von Klöstern aufgekauft wurden, die die Pfarrstelle in den Besitz des Klosters überführten und sie mit einem Vikar besetzten. Dieser Vikar erhielt in der Regel eine feste Entlohnung, während die Abgaben aus der Pfründe, dem Zehnten und den Opfergaben der Gläubigen an das Kloster oder das geistliche Stift flossen. Die Interessen der Eigentümer solcher Pfarreien und die Konflikte, die sich daraus zwischen Gläubigen und Pfarrherren ergeben konnten, beförderten die Präzisierung von Pfarrgrenzen und territorialen Zuständigkeiten, die lange Zeit unbestimmt gewesen waren.

In der Tradition der Kirche war der Bischof der Vorsteher der *parochia* (Pfarrsprengel, Kirchspiel), und das blieb er auch. In seinem Bistum behielt er das Recht, allen Gläubigen seines Sprengels die Sakramente spenden zu dürfen. In dieser Tradition, in der die frühe Christianisierung auf den Grundlagen der römischen Kultur eingesetzt hatte, waren die ersten Gemeinden in Städten entstanden. In Italien, wo es viele Städte und viele kleine Bistümer gab, gab es noch im hohen Mittelalter Bistümer, in denen der Bischof als alleiniger Seelsorger tätig war. Caesarius von Heisterbach († 1240) berichtet von einem lombardischen Bischof zu Zeiten Friedrich Barbarossas, der die Namen aller Gläubigen seines Bistums auf einem Zettel verzeichnet bei sich trug.[356]

Nördlich der Alpen waren die Bistümer größer, es gab weniger Städte und ein großer Teil der Gläubigen lebte auf dem Land, wo die Menschen Gottesdienste besuchen wollten, die erreichbar waren, wo Kinder getauft und Verstorbene beerdigt werden mussten. Diese Aufgaben delegierten die Bischöfe an geweihte Priester, denen dazu Pfarreien zugewiesen wurden, *weil der Bischof die Seelsorge (cura animarum) in den einzelnen Pfarreien jedem einzelnen Pfarrer übertragen soll*, wie eine Synode in Bourges im frühen 11. Jahrhundert festhielt.[357] Es handelte sich demnach um eine persönliche Delegation. Für die Aufteilung der Pfarreien nach der Zahl der Gläubigen in einem Pfarrsprengel gab es indes bis zum Ende des Mittelalters keinen Maßstab. So hatte Freiburg im Breisgau noch in der ersten Hälfte des 13. Jahrhunderts nur eine Pfarrei; Städte wie Danzig oder Frankfurt am Main hatten sogar noch im 15. Jahrhundert nur einen Pfarrer. Manche alte und inzwischen große städtische Pfarrei widersetzte sich erfolgreich ihrer Aufteilung, denn mit der Pfarrei waren auch die entsprechenden Abgaben verbunden. Aus einem solchen Streit über eine von vielen Gläubigen gewünschte, aber vom bisherigen Pfarrherrn abgelehnte Aufteilung ist die erste Erwähnung einer Pfarrei im kirchlichen Recht hervorgegangen. Papst Alexander III. (1159–1181) wies den Erzbischof von York an, in einer großen und reichen Pfarrei seiner Erzdiözese die Einrichtung, Besetzung und Ausstattung einer zweiten Pfarrkirche zu veranlassen. Die Gläubigen im Norden Englands hatten sich beim Papst beklagt, dass der weite Weg zur Pfarrkirche im Winter mit Schnee eine zu große Mühe sei. Der Papst befand, dass eine große und wohlhabende Pfarrei dem berechtigten Wunsch nach einer weiteren Pfarrkirche entsprechen solle. Der Erzbischof solle entsprechend handeln, auch wenn der dortige Pfarrherr sich dagegen sträube.[358] Papst Alexanders III.

Intervention fiel so in die Zeit des markanten Zuwachses an Gläubigen. Wir haben keine ausreichenden Daten, um die Dynamik in den verschiedenen Regionen präziser zu bestimmen, aber am Ausgang des Mittelalters umfasste das flächenmäßig größte Bistum des Reiches, Konstanz, etwa 1.700 Pfarreien, das Bistum Augsburg etwa 1.050 Pfarreien. Für den deutschsprachigen Raum schätzt einer der besten Kenner der mittelalterlichen Pfarreigeschichte, Enno Bünz, die Gesamtzahl an Pfarreien auf etwa 50.000.[359]

Dabei blicken wir bei dieser Zahl von Pfarrern im deutschen Sprachgebiet auf ein sehr weites Seelsorge-Spektrum. Dort gab es engagierte und gebildete Kleriker in städtischen Pfarreien, doch es gab auch eine große Zahl von Geistlichen auf dem Land, deren Bildung, Motivation und Einsatz manchen Wunsch offenließen. Das mochte auch damit zu tun haben, dass viele Pfarrer in den ländlichen Milieus nicht zuhause waren. Bauernsöhne waren unter den Priestern des späteren Mittelalters selten. Die Mehrheit der Priester dieser Epoche entstammte entweder dem städtischen Bürgertum bzw. einer Handwerkerfamilie oder ihre Väter waren selbst Priester gewesen, was nicht selten vorkam. Es zieht sich wie ein roter Faden durch diese Untersuchung: Sobald man die päpstlich-römische Perspektive verlässt, vermittelt die mittelalterliche Christenheit kein einheitliches Bild. Der nähere Blick auf die Welt der Pfarrgeistlichen legt nahe, dass das Priesterideal, das die Reformer im 11. Jahrhundert formuliert hatten und das die römische Kurie seitdem energisch verfolgte, viele Regionen noch nicht erreicht hatte.

Städtische Pastoral

Zunächst kommt es allerdings zu einem dynamischen Wandel, einer „pastoralen Wende", einem seelsorgerischen Neuanfang um das Jahr 1200.[360] Die Ausbildung der Pfarrstrukturen im 12. und 13. Jahrhundert vollzog sich vor dem Hintergrund der oben skizzierten gesteigerten Ansprüche der Laien an eine authentische Seelsorge nach dem Vorbild des Evangeliums. Auf diesen Aufbruch waren viele Weltgeistliche nicht vorbereitet. Sie vertrauten auf die mit ihrer Weihe und ihrem Status verbundenen Vorrechte. Aber viele Menschen wollten nun im Pfarrer ein lebendiges Vorbild glaubwürdigen christlichen Lebens sehen, nicht nur den Liturgen oder Prediger. Die Bettelmönche konnten diesen Wünschen zunächst entsprechen und profitierten von diesem Bedürfnis authentischer Religiosität. Sie hatten dieses Bedürfnis nicht ausgelöst, aber die Radikalität ihres Ordenscharismas wurde zum Katalysator einer religiösen Dynamik, die dem christlichen Antlitz Europas markante Züge hinzufügen sollte.

Noch bevor die Bettelorden die Bühne betraten, war Paris zum Ausgangspunkt eines pastoralen Aufbruchs geworden. Dort und im Umfeld der Stadt, die wir im Zusammenhang mit der Bibelproduktion um 1200 bereits als ein Zentrum theologischer Studien nördlich der Alpen kennengelernt haben,[361] waren zu dieser Zeit pastorale Gelehrte tätig, deren Schriften weite Verbreitung fanden und die als Lehrer auf junge Studierende der Theologie großen Einfluss ausübten. Die Predigt erhielt nun die volle Aufmerksamkeit dieser Theologen. Sie wurde zu einem zentralen Anliegen der Seelsorge; sie diente der Glaubensunterweisung, der moralischen Ermahnung zum richtigen Leben, zur Warnung vor den Gefahren der Hölle. Die Verantwortung des Priesters für seine Gemeinde war in den Augen dieser Männer enorm. Sie sollten die Körbe sein, in denen die Sünden aus der Gemeinde herausgetragen wurden.[362] Dazu mussten die Prediger die Menschen erreichen und zur Umkehr bewegen. Das war durch einen routinierten Vortrag allein nicht zu erreichen. Ein Prediger, der an verschiedenen Orten und vor wechselndem Publikum dieselben Ermahnungen und dieselben Metaphern benutzte, war wie ein Arzt, der allen Kranken dieselbe Medizin verordnete.[363] Der Prediger sollte sich vielmehr auf seine Zuhörerinnen und seine Zuhörer einstellen. Er musste ihr Leben, ihre Sorgen kennen. Das galt für die ganze Zuhörerschaft, auf deren Befinden sich ein guter Prediger einlassen sollte, so gut er konnte. Das galt aber auch für jede Einzelne und jeden Einzelnen seiner Gemeinde. Er sollte sie oft aufsuchen, sie unter vier Augen unterweisen und befragen und prüfen, ob sie etwa die auferlegte Buße erbracht hätten, ohne rückfällig zu werden.[364] Es war ein hoher Anspruch, und ein guter Priester musste hohe Standards erfüllen.

Dazu gehören nämlich zwei Dinge: die Gelehrsamkeit (doctrina) und das Leben (vita). Die Gelehrsamkeit, um andere zu unterweisen, das Leben, um den anderen ein Vorbild zu geben, wie man gut lebt.[365]

Dass sich die Worte der Predigt in den Taten des Predigers spiegeln sollten, dass er nicht nur vom guten Leben sprechen, sondern ein gutes christ-

liches Leben führen sollte, das hatten im Grunde bereits Caesarius von
Arles und das irische „Alphabet der Frömmigkeit" verlangt. *Dass nämlich
der Prediger mehr durch seine Werke als durch seine Worte zum Volk sprechen sollte*, hatte bereits Gregor der Große von den Geistlichen gefordert.[366] Der Anspruch eines glaubwürdigen Vorbilds war für Gläubige, die im 13. Jahrhundert nach einem apostolischen Lebensmodell suchten (*dem nackten Christus
nackt zu folgen*), selbstverständlich. So fügt sich das neue Priesterideal, das
um 1200 in Paris Form annahm und in den folgenden Jahrzehnten an vielen Orten Geistliche und Gläubige inspirierte, in das große Bild des sozialen
Wandels in dieser Phase überzeugend ein. Denn in diesen Jahrzehnten wurden die Städte auch in den Königreichen nördlich der Alpen zu wirkmäch-
tigen wirtschaftlichen, sozialen und politischen Zentren. In Italien hatte dieser Prozess schon im 11. Jahrhundert eingesetzt, mit einer gewissen
zeitlichen Verzögerung begann er nun auch im Norden. Die Bürgerschaf-
ten vieler Städte wurden zu selbstbewussten Gemeinden, die ihre Angelegenheiten selbst zu regeln suchten. Diese politischen Gemeinden stellten
Ansprüche an ihre Herren, an Fürsten, an Könige. Nicht immer waren sie
in der Lage, diese Ansprüche durchzusetzen oder sich zu behaupten. Doch
in vielen Fällen gelang es, insbesondere wenn es sich um pragmatische und
nicht zu grundsätzliche Fragen der Herrschaft handelte.

Landpfarrer

Dass Menschen, die in diesen Jahrzehnten von ihrer Herrschaft ein praktisches Maß an Eigenverantwortung einforderten, auch Ansprüche an ihre
Geistlichen stellten, kann uns nicht überraschen, zumal diese Ansprüche, wie das Kapitel über den Umgang mit den Bibeltexten gezeigt hat, von
einer wachsenden Kenntnis der Schrift und der christlichen Lehre begleitet wurden. Das ist ein stimmiges Bild und für die städtische Welt, die in
den Jahrzehnten um 1200 einen umfassenden Aufbruch erlebte, ist es ein
überzeugendes Bild. Aber wir müssen uns in Erinnerung rufen, dass dieses dynamische Szenario, begleitet von motivierten Priestern und Bettel-
ordensbrüdern, die mit urbaner Lebensklugheit die Herzen der Christen
erreichten, die Mehrheit der Menschen dieser Zeit aus den Augen verliert:
Denn auch im 13. Jahrhundert waren die Bewohner der Städte eine klei-

ne Minderheit. Neun von zehn Menschen lebten weiterhin auf dem Land. Auch wenn diese Quote in Italien, in Flandern und auch manchen anderen Regionen etwas niedriger lag, so blieb es doch dabei: Die meisten Menschen und die meisten Christen im späteren Mittelalter waren Bauern oder lebten auf dem Land. Dort, in großer Entfernung von Paris und außerhalb des Blickwinkels der städtischen Bettelorden, sah die Welt vieler Priester anders aus und in dieser Welt spielten sie auch eine andere Rolle. *Also, wer das Amt eines Pfarrers bekleidet, der soll wissen, dass ihn ohne Unterlass neun Teufel zerreißen*, so hebt noch am Ende des Mittelalters ein Landpfarrer zu einer wortgewaltigen Klage an, die er in Augsburg drucken ließ. Der Ort, an dem dieser Pfarrer sein geistliches Martyrium im Amt durchlitt, wird nicht genannt und ist nicht identifizierbar, aber er beansprucht, für viele Leidensgenossen zu sprechen, wenn er klagt: *der Henker, der Schinder, der Pfarrer, sie sind in der Laienwelt einer genauso verachtet wie der andere.*[367]

Der Landpfarrer, eingezwängt zwischen mürrischer Köchin und gierigem Bischof, umgeben von unwilligen Helfern, *wird täglich von seinen Pfarrkindern gekreuzigt.*[368] Die Landpfarrei, in der dieser einsame Dulder seine Klage erhebt, war ein Ort, an dem die verschiedenen Reformen des Mittelalters, die uns bisher begegnet sind, kaum Spuren hinterlassen hatten. Der Patron, der Mächtige vor Ort, drangsalierte ihn und machte ihm Vorschriften, als hätte es die Reformen des 11. Jahrhunderts nie gegeben. Dafür wirkten die anderen Folgen dieser Reformen umso belastender. Denn welche ehrbare Frau würde Haushälterin bei einem Pfarrer werden wollen, wenn sie erwarten musste, ständig bedrängt zu werden?

Darum behaupte ich zuversichtlich: wenn die Kirche nicht vor allem den Pfarrern wie vor Zeiten das Heiraten gestattet, so müssen sie alle ohne Ausnahme mit Huren ihr Hauswesen versorgen. Welche Schande![369]

Seine Pfarrkinder bezeugten dem Pfarrer keinen Respekt, der Bauer *tadelt deine Predigt, murrt über die langen Messen.*[370] Aber auch die anderen Geistlichen wie etwa der Prediger in der Kirche – vermutlich war dieser ein Bettelmönch, der gelegentlich predigte, genauer wird das nicht gesagt – sind in diesem ungastlichen Milieu keine Hilfe. Denn dieser Prediger, wohl geschult in der Lehre, blickt auf den Pfarrer mit Geringschätzung, *den er wie eine Null für nichts achtet.*[371] Der Verfasser erhofft den baldigen Rückzug aus seinem Amt auf eine Pfründe ohne Seelsorgeverpflichtung. War es angesichts solcher Zustände Beifall heischend, so fragte er, *dass so viele, welche geistlich werden, nicht dabei bleiben, so viele, die ein Kirchenamt übernehmen, es nach kurzer Zeit wieder aufgeben?*[372]

Hier sprach zunächst ein einzelner Pfarrer. Aber einer der wenigen erhaltenen Visitationsberichte des ausgehenden Mittelalters, ein Bericht aus dem Bistum Eichstätt, zeigt einen Pfarrklerus, der weit entfernt war vom Zölibatsideal. Der Bericht bestätigt die klagende Stimme des Pfarrers in vollem Umfang.[373] Die Zeit Gregors VII. lag lange zurück.

Die Klagen des Pfarrers benennen die Punkte, die im hohen und späten Mittelalter immer wieder zu Streit über den sozialen Status des geweihten Gottesmanns führen. Neben dem Zölibat waren dies vor allem die Privilegien, die der Landpfarrer so selbstverständlich beanspruchte und bei denen er *in allen Dingen Befreiung genoss*. Konkret bedeutete das Freiheit von Abgaben und Steuern, aber auch von Strafverfolgung. Priester unterstanden der göttlichen, nicht der weltlichen Rechtsordnung, und diese Immunität sorgte dort, wo sie mit der klerikalen Attitüde, zu einer höheren Ordnung zu gehören, in Anspruch genommen wurde, für Unmut. Schon das aufsehenerregende Zerwürfnis Thomas Beckets mit König Heinrich II. von England im späten 12. Jahrhundert war in hohem Maß darauf zurückzuführen, dass der Erzbischof von Canterbury es strikt abgelehnt hatte, dass die englischen Priester vor königliche Gerichte gestellt werden konnten, wenn sie Verbrechen begangen hatten. In den mittelalterlichen Universitätsstädten von Paris über Bologna und Heidelberg bis Prag waren die jungen Männer, die an einer kirchlichen Universität studierten, Kleriker mit niederen Weihen. Sie waren den Bürgern der Städte, in denen sie studierten, ein Ärgernis, weil die städtische Gerichtsbarkeit sie nicht erreichen konnte. Die Urkundenbücher mittelalterlicher Städte enthalten fast allesamt Bescheide, in denen die Kleriker unter Hinweis auf ihre Immunität Steuerzahlungen ablehnen. Die Immobilien in geistlicher Hand riefen als Besitz „der toten Hand", der dem städtischen Zugriff und städtischen Abgaben entzogen war, nicht nur in Zeiten prekärer städtischer Finanzen Unmut hervor.

Im Kontext dieser rechtlichen Fragen standen die Bemühungen um eine zeitgemäße Seelsorge. Die rechtliche Absicherung des Klerikers erfuhr im späteren Mittelalter eine weitere Differenzierung. Die Präzisierung und Abgrenzung gegenüber der Welt der Laien schritt voran. Es war kein

Zufall, dass fast alle Päpste seit dem späten 12. Jahrhundert Kirchenjuristen waren. Ohne dieses Wissen, ohne die Fähigkeit, Sachverhalte und soziale Verhältnisse in der Sprache des kirchlichen Rechts zu bedenken und festzulegen, ließ sich die Führung der hierarchisch geordneten Welt der Kleriker des späten Mittelalters nicht (mehr) organisieren. Entsprechend lässt der Pariser Reformer Petrus Cantor († 1197) in einer weit verbreiteten Schrift Papst Alexander III. einem Lobredner, der ihn einen guten Papst nennt, entgegnen:

> *Wenn ich gut zu richten weiß, gut zu predigen und gut die Beichte abzunehmen, dann werde ich ein guter Papst sein.* Petrus Cantor fügt hinzu: *Und in diesen dreien ist das ganze Amt des Priesters enthalten.*[374]

Richten, predigen und die Beichte abnehmen – durch zwei dieser drei Aufgaben besaßen die Priester gegenüber den Gläubigen große Macht. Das galt auch für alle Pfarrer, gleich auf welcher hierarchischen Stufe; der Priester stand über den gewöhnlichen Gläubigen. Unter dieser Voraussetzung kam es zur Seelsorgereform, die, wie wir gesehen haben, um 1200 in Paris ihren Ausgang nahm und im 13. Jahrhundert in der lateinischen Christenheit besonders von den Bettelmönchen gefördert wurde. Dabei ging dies nicht ohne Spannungen und Konflikte vor sich, denn die pastorale Bewegung mit der rechten Buße im Zentrum, die zu fördern auch die Franziskaner als ihre Aufgabe sahen, verlangte die Klärung der Frage, wer der zuständige Seelsorger für die Gläubigen sei. Dies war auch eine Frage der kirchlichen Hierarchie und verlangte von der Pfarrgeistlichkeit, sich in eine Ordnung zu fügen, ja sich gegebenenfalls unterzuordnen, auch wenn man bislang friedlich nebeneinander tätig war. Es galt die Frage zu klären, wer dem anderen übergeordnet war. Diese Klärung war kein friedlicher Vorgang, vielmehr lag darin erhebliches Konfliktpotenzial.

Geistliche Rivalitäten

Er sei dadurch nicht wenig beunruhigt und besorgt, dass ein gewisser Franziskanerbruder sich in seiner Predigt nicht scheute, die weltlichen Priester herabzusetzen und zu tadeln, indem er predigte, dass man unter den weltlichen Priestern kaum einen finden könne, der einen Bußfertigen von seinen Sünden lossprechen und für das Heil der Seele sorgen könne. Dies schrieb im späteren 13. Jahrhundert der Bischof von Magdeburg an den Generalminister der Franziskaner. Der Bischof sah in diesem Vorwurf gegen seine Priester ein selbstgerechtes Pharisäertum am Werk, das er für unangebracht hielt.[375] Er wusste um die Grenzen seines Pfarrklerus, aber er forderte Respekt vor dem Amt des Priesters. Er bat den obersten Franziskaner, dass der besagte Bruder *lerne, die Einfalt (simplicitas) bei den Priestern nicht zu missbilligen, sondern die Würde des Amtes zu ehren. Denn es kommt ihm nicht zu, die Einfalt der Priester zu verspotten.*[376] Wenn es nötig sei, einige von diesen Priestern als ungeeignet oder unwürdig von der Seelsorge abzuziehen, dann sei dies die Aufgabe des Bischofs. Mit diesem maßvollen Protest warb der Bischof für ein weiterhin gutes Verhältnis zwischen Franziskanern und Weltgeistlichen in seinem Zuständigkeitsbereich. Die Wortwahl des Magdeburger Bischofs lässt erkennen, dass er wusste, wo die Schwächen der einfachen Landpfarrer seiner Diözese lagen und dass sich dies so schnell nicht würde ändern lassen. Dem Brief ist aufgrund seiner Überlieferung nicht mehr zu entnehmen, ob sich der Streit im Harz oder in Brandenburg zutrug, aber in jedem Fall waren die Pfarreien, um die es ging, weit weg von Paris und seinen gebildeten Weltgeistlichen. Die Ostsiedlung des hohen Mittelalters hatte auch im Erzbistum Magdeburg, das Kaiser Otto I. einst als Standort für die Mission gegründet hatte, viele neue Dörfer entstehen lassen, die eigene Pfarrer erhielten. Aber an die Studienorte waren die Wege für einfache Pfarrer von dort sehr weit. Die Franziskaner dagegen verfügten über größere personelle Ressourcen und eine geordnete Ausbildung.

1223 waren die ersten Brüder in Magdeburg eingetroffen und 1231 hatten die Franziskaner dort bereits eine Kirche fertigstellen können, die vom Erzbischof geweiht wurde. In dem sehr lebendigen Bericht eines Teilnehmers der ersten franziskanischen Missionen in Deutschland nimmt Magdeburg eine prominente Position ein.[377] Immer wieder kamen bekannte Brüder nach Magdeburg und banden die Franziskaner vor Ort in ein Netzwerk ein, das sich von Italien über Frankreich und Deutschland bis nach England erstreckte. Mit den Erfahrungen und dem Wissensaustausch dieser mobilen und vielfach studierten Brüder konnten die Pfarrer vor Ort nur schwer konkurrieren.

An diesen Schauplätzen standen die Anliegen der Pariser Reform auf dem Prüfstand. Die Magdeburger Überlieferung lässt erahnen, dass es in den Pfarreien des Nordens im 13. Jahrhundert nicht viel anders zuging als in den bayerischen Pfarreien am Ende des Mittelalters. Der Magdeburger Erzbischof sah sich immerhin veranlasst, die Einbestellung eines Diakons, der eine Frau nach ihrer Heirat in Verlegenheit brachte, weil er ihre gemeinsame erotische Vergangenheit öffentlich machte, ebenso in eine Sammlung von Briefformularen für den späteren Gebrauch aufzunehmen wie die wiederholte Ermahnung eines Priesters, das offenkundige Zusammenleben mit einer Frau zu beenden.[378] Angesichts dieser nicht sehr diskret praktizierten Umgehungen des Zölibats mochten die Gläubigen mitunter den Eindruck haben, die Priester gingen zu weit. So enthielt die Briefsammlung auch die Beschwerde einer ganzen Stadtgemeinde über das Leben ihres Pfarrers. Die Diskretion des Bischofs lässt die Details der Beschwerde indes unerwähnt.[379] Die zitierte Klage ist ein Beleg dafür, dass Gemeinden ihren Pfarrern gegenüber im 13. Jahrhundert durchaus selbstbewusst auftraten.

Die neuere Forschung hat insbesondere für das späte Mittelalter eine Reihe von Belegen für regelrechte Dienstverträge von Gemeinden mit ihren Pfarrern gefunden, in denen nicht nur Zahlungen an den Priester, sondern auch die Leistungen festgelegt wurden, die der Geistliche im Gegenzug zu erbringen hatte.[380] Priester, die diese Erwartungen nicht erfüllten, konnten vertrieben werden. Diese Befunde ergänzen das Bild, das der klagende Landpfarrer aus der oben zitierten *Epistola* entwarf, um eine weitere Perspektive: Zu den Leistungen, die die Pfarrer zu erbringen hatten, gehörte der regelmäßige Sonntags- und Festtagsgottesdienst. Die Feier des Gottesdienstes war von den Pariser Reformern nicht eigens als besondere Aufgabe der Priester genannt worden. Moderne Leserinnen und Leser werden bei der Feier der Messe durch einen Priester keine großen Spielräume erwarten, das römische Vorbild erscheint zu dominant. Tatsächlich aber bildete sich ein einigermaßen gleicher Ablauf der Messfeier in der lateinischen Kirche erst im späten Mittelalter allmählich heraus. Die römische Kurie verlangte im Zeichen der päpstlichen Vollmacht seit dem hohen Mittelalter, dass der Ablauf der Messe in den Kirchen der lateinischen Christenheit dem Vorbild der römischen Messe folgen müsse: *In der Kirche darf übrigens ganz allgemein nichts gesungen oder gelesen werden, was von der Heiligen Römischen Kirche nicht ausdrücklich kanonisiert oder geduldet wird.* So stellte es ein liturgisches Handbuch am Ende des 13. Jahrhunderts fest, das im weiteren Verlauf des Mittelalters und darüber hinaus große Verbreitung und große Wirkung erzielen sollte.[381] Der Jurist und Liturgiespezialist Wilhelm Durandus der Ältere (um 1230–1296) hatte es im Umfeld der päpstlichen Kurie erarbeitet, um den Priestern eine Hilfestellung für die Feier der Messe, ihre Riten und deren Erklärungen zu geben. Das sogenannte *Rationale* folgte dem Ablauf des Kirchenjahres, beginnend mit dem ersten Adventssonntag. In einem knappen historischen Rückblick räumte Wilhelm ein, dass in der Urkirche *jeder nach seinem Belieben gesungen* habe, dass aber das Aufkommen von Häresien in späteren Zeiten eine ordnende Vorgabe nötig gemacht habe.[382] Seit der Zeit Karls des Großen sei der Gottesdienst am Sonntag im Ablauf geregelt worden.

Wilhelm Durandus und sein *Rationale*

Das *Rationale* des Dominikaners Wilhelm Durandus strebt eine Unterweisung und eine Erklärung der gottesdienstlichen Handlungen an. Es ist ein umfangreiches Werk für ein vertiefendes Verständnis der Liturgie. Dabei zeigen die Erklärungen und die heilgeschichtliche Einordnung mancher liturgischen Handlung eine gewisse Beliebigkeit, die ahnen lässt, dass das Spektrum der Praxis und des Verständnisses groß sein konnte. Das konnte für eher zeremonielle Fragen gelten, wie die Frage, warum dem Evangelium vor der Lesung zwei Kerzen vorausgetragen wurden. Die zwei Kerzen konnten die Lehrer der Kirche bezeichnen, durch die die Kirche erleuchtet wurde, oder die beiden biblischen Testamente oder das Gesetz und die Propheten. Dies war freilich keine Frage ersten Ranges. Interessanter war schon die Auseinandersetzung mit den möglichen Worten bei der Taufe. Das *Rationale* hält fest, dass die Hinzufügung weiterer Worte zu der erforderlichen Taufformel der Gültigkeit der Taufe keinen Abbruch tut. So sei es auch erlaubt, die Taufe mit folgenden Worten zu vollziehen: *Die Waffentaten und den Mann besinge ich, und ich taufe dich im Namen des Vaters und des Sohnes und des Heiligen Geistes.*[383] Solche an den Klassikern geschulten Abweichungen werden wahrscheinlich seltener gewesen sein als tatsächliche Versprecher im lateinischen Wortlaut. Wer die Erörterung unterschiedlicher Meinungen zu der Frage des Mischungsverhältnisses von Wein und Wasser bei der Gabenbereitung der Eucharistie liest, der erhält indes von den unterschiedlichen Verständnismöglichkeiten dieses zentralen Sakraments einen Eindruck.[384] Wer den Schreck des Sigebert von Gembloux angesichts der Übergriffe aufgebrachter Gläubiger auf die Eucharistie in Erinnerung hat, der in den Klagen mancher Landpfarrer eine etwas anders gelagerte Fortsetzung findet, ahnt bei den Vorschriften des *Rationale* zum Umgang mit verschüttetem Messwein, welche Kluft sich hier auftun konnte: Hatten die Gläubigen die Wandlung von Brot und Wein in den Leib und das Blut Christi nicht akzeptiert, weil der Priester am Altar mit einer Frau zusammenlebte, sollte der Priester, der den Wein verschüttete, diesen mit seiner Zunge aufnehmen, die Stelle auf Holz oder Stein danach sorgfältig abschaben und den Abrieb bei den Reliquien in der Sakristei sorgfältig verwahren.[385] Hier war der Priester, den die zitierte *Epistola* des Landpfarrers so vielfältiger Verachtung ausgesetzt sah, der Hohepriester eines Kultes, bei dem jeder Handgriff Perfektion erforderte. Wenn er seines Amtes gewaltet hatte und die Kirche verließ, sah ihn das *Rationale* als *Christus, der nach erfüllter Mission in die Herrlichkeit des Vaters aufgestiegen ist.*[386]

Die Messe war nach der Vorstellung der römischen Zentrale auch ein Gerichtsverfahren mit dem Kirchenraum als Gerichtsgebäude und Gott als Richter. Wenn man fragt, ob das römische Verständnis des Gottesdienstes das von vielen Gläubigen ausgedrückte und auch das von aufmerksamen Päpsten erkannte Interesse am Leben Jesu aufnahm, so sind Hinweise darauf nicht leicht zu finden. Am Ende eines Jahrhunderts, das in christlicher Perspektive stark von der Mission des Franziskus und Dominikus geprägt worden war, die das Leben Jesu zum Vorbild genommen hatten, sah Wilhelm in seinem Handbuch zur Liturgie die *vier hauptsächlichen Taten Christi* in *Geburt, Passion, Auferstehung und Ankunft zum Gericht.*[387] Das eigentliche Leben Jesu, von dem die Evangelien erzählen, spielt hier keine prominente Rolle.

Das Bild des Klerus im späten Mittelalter ist ein facettenreiches Bild hoher Ansprüche und menschlicher Schwächen. Darin schlugen sich die Erfahrungen einer Kirche nieder, die im Alltag der Menschen angekommen und den Gesetzen dieses Alltags unterworfen war und ihnen mitunter erlag.

Die Geistlichkeit des späten Mittelalters, die nach immer strengeren Regeln leben sollte, zeigte tatsächlich ein Bild voller Gegensätze: mit Akteuren, die ihr Amt mit Ernst und Hingabe versahen, mit Routiniers, die von den Einnahmen ihrer verschiedenen Pfründen lebten und die Seelsorge an

Vikare delegierten, mit Landpfarrern, die sich über das Selbstbewusstsein und die Ansprüche ihre Gemeinde ärgerten, und mit Bettelmönchen, deren Predigten Marktplätze füllten. Zwischen diesen Akteuren konnten Spannungen nicht ausbleiben. Aber die Spannungen erfassten auch die einzelnen Akteure angesichts der hohen Ideale. Es musste nicht einmal menschliche Schwäche sein. Ein junger Mann, der in der Nachfolge des Franziskus in den Orden eintrat, über dessen Anfangszeit Franziskus geschrieben hatte, dass er selbst und alle Mitbrüder *ungebildet und allen untertan* waren, und der nun als Priester über die Sünden der beichtenden Gläubigen urteilen sollte, musste erst den passenden Auftritt finden. Ein Richter war kein minderer Bruder.

Respektierter Richter oder Landpfarrer auf einer Ebene mit den ehrlosen Berufen – die Lebenswirklichkeit der späteren Jahrhunderte des Mittelalters hielt für Geistliche verschiedene Möglichkeiten bereit. Die Tradition der priesterlichen Gelehrsamkeit, der reflektierten Seelsorge, der sorgfältig vollzogenen Liturgie – sie hatten die besseren Zukunftschancen. Die spöttischen, verächtlichen, auch wütenden, dumpfen und ungebildeten Stimmen in den ländlichen Gemeinden fanden nur selten Eingang in die schriftliche Überlieferung, obwohl ihr Umfang den ehrwürdigen Stimmen zahlenmäßig wahrscheinlich ebenbürtig war. Die Kleruskritik des 15. Jahrhunderts und schließlich die Dynamik der Reformation lassen kaum einen anderen Schluss zu. Die Reformation und die katholische Reform und Gegenreformation förderten die Abgrenzung und Verhärtung der rivalisierenden Lager und stärkten so den herausgehobenen Status der Kleriker. Wie vieles in der katholischen Tradition war die Stärkung dieses Klerikerbildes eine bewusste Wahl, die die gelebte Gelassenheit des späteren Mittelalters im Umgang mit den verschiedenen priesterlichen Lebensmodellen vermissen ließ. Der historische Blick sollte dagegen die Vielfalt priesterlichen Lebens bewahren, die schon bald nach den rigiden Reformen des 11. Jahrhunderts in die mittelalterliche Christenheit einzog. Sie entsprach den gelebten Erfahrungen.

Teil III

Menschen aus Fleisch und Blut: Die Christenheit im späten Mittelalter (14.–15. Jahrhundert)

Kapitel 15

Ecce homo: Leiden mit dem Gekreuzigten

Neue Ausdrucksformen in der Passionsdarstellung

In den ersten Augusttagen des Jahres 1306 nahm der Bischof von London Anstoß an einer Darstellung des Gekreuzigten. Er ordnete die Entfernung des Kruzifixes aus der St. Mildred-Kirche in Poultry an. Der Abtransport solle bei Nacht geschehen, um kein Aufsehen zu erregen. Der Kauf der Skulptur solle rückgängig gemacht werden.[388] Die Londoner Darstellung Jesu am Kreuz war von einem Ausländer angefertigt worden, dem Deutschen Tiedemann (Thydemannus de Alemannia). Tiedemann musste schwören, solche Schnitzarbeiten künftig in der Stadt und der Diözese London nicht mehr herzustellen oder zu verbreiten. Es war die Form des Kreuzes, die den Zorn des Bischofs entflammte. Sie gebe die Form des wahren Kreuzes in keiner Weise wieder; die Form des wahren Kreuzes habe einen mystischen Sinn, den der Deutsche offenbar nicht kenne.

Es war das Querholz, dessen Form den Bischof empörte. Tiedemann hatte den Querarm anders gearbeitet, als es die Tradition vorsah. Die Bezeichnung *patibulum*, die der Bischof wählte, ist nicht eindeutig, aber sie gibt doch einen klaren Hinweis darauf, was den Bischof erzürnte: Das *patibulum* war in der Antike das Holz, an dem man die Arme der Verurteilten befestigte, wenn sie zur Kreuzigung geführt wurden. Es war allerdings kein durchgehender Balken, wie ihn die christliche Tradition meist darstellt, sondern bestand aus zwei verbundenen Hölzern, die sich um den Hals legten. In der europäischen Kunst hielt im beginnenden 14. Jahrhundert eine neue Kreuzesform Einzug, die heute noch an verschiedenen Standorten zu sehen ist. Eines der bekanntesten Beispiele findet sich in Köln, in der alten Kirche St. Maria im Kapitol. Das Kölner Kreuz wurde bisher auf 1304 datiert, neuere Forschungen setzen eine etwas spätere Entstehungszeit an. Aber im Hinblick auf die guten Kontakte der Kölner nach London und die zeitliche Übereinstimmung könnte die Kölner Kreuzesdarstellung für jene stehen, die der Londoner Bischof ablehnte: Die Rede ist von den sogenannten Gabelkreuzen. Diese Kreuze, die häufig wie ein stilisierter Baum gearbeitet sind, haben keinen Querarm, der in einem rechten Winkel zum Stamm des Kreuzes steht, sondern die Querarme ragen wie bei einem »V« nach oben, wodurch der Körper des Gekreuzigten deutlich gestreckt wird und somit nicht wie bei älteren Kreuzesdarstellungen die Ruhe des gefasst sein Leid ertragenden Christus ausstrahlt. Das Gabelkreuz stellt das quälende Leid des Gekreuzigten dar, weshalb diese Art der Darstellung auch „der schmerzensreiche Gekreuzigte" genannt wird.

Die Reaktion des Bischofs von London erinnert uns daran, dass der Wandel in den Inhalten, die die Lehrer des Glaubens vermittelten, und der Wandel in der Form, die sie dieser Vermittlung gaben, kein harmonischer Übergang von einer älteren in eine neue Auffassung war. So erscheint es uns bisweilen, etwa wenn wir ausgewählte Darstellungen des Gekreuzigten im Wandel des Mittelalters sehen: Die Haltung am Kreuz und der dargestellte Gesichtsausdruck erscheinen uns immer leidender, je weiter das Mittelalter voranschreitet.

In der Lehre und in der Vermittlung des Glaubens erhielt die Passion Jesu eine Aufmerksamkeit, die sie im frühen Mittelalter kaum, im hohen Mittelalter allenfalls in Ansätzen erfahren hatte. Nun widmeten sich zahllose Traktate und Andachtstexte dem Leiden Jesu in seinen letzten Stunden. Dabei ging es nicht nur um ein verstärktes inhaltliches Interesse an der Passion. Es ging auch um die Form, in der dieses Interesse an der Passion die Gläubigen ansprechen sollte. Die Passionsdarstellungen zielten zunehmend auf die Emotionen der Gläubigen. Aber dieser Wandel, der in der Distanz deutlich hervortritt, vollzog sich in der Zeit in bisweilen harten Auseinandersetzungen; deren Begleiterscheinungen waren Verbote, Ausgrenzungen und Vorstöße, die zunächst oft Kopfschütteln verursachten, bevor sich die Zeitgenossen an die neuen Formen gewöhnten. Die Abwehrversuche gegen die neuen Formen der Ansprache der Gläubigen hiel-

Kapitel 15   *Ecce Homo:*

Abb. 17 Das Gabelkreuz in St. Maria im Kapitol zu Köln (frühes 14. Jahrhundert).

ten den Wandel nicht auf. Aber der Wandel erfasste immer nur einen Teil der Menschen. Die alten Ausdrucksformen wurden weiter gepflegt, solange die Menschen lebten, denen sie wichtig waren. Konservative Geistliche, die die Gottesdienste der Bettelmönche mit ihrer direkteren Ansprache der Gläubigen nicht schätzten, feierten weiter ihre distanziertere Liturgie. Die neuen Formen traten an ihre Seite – in den Gottesdiensten der Franziskaner und Dominikaner, in den neuen Formen der privaten Andacht mit den Gebeten aus den Stundenbüchern, in der Meditation vor kleinen Passionsdarstellungen im Hausaltar. Das Spektrum, seine Frömmigkeit auszudrücken, wurde größer. In der Christenheit im späten Mittelalter wurden dabei die Töne dunkler, die Hoffnung erschien angesichts der Intensität des Leidens Jesu, in das sich die Gläubigen nun vertiefen wollten, verhaltener. Das Leid des Gekreuzigten trat ins Zentrum der Verkündigung, aber auch die leidvolle irdische Existenz der Gläubigen, die sich der Sünde und dem Tod in einer Weise ausgeliefert sahen, die nur wenig Raum für ein christliches Hoffnungsideal ließ. Es machte einen Unterschied, ob man, wie in den Anfängen der Armutsbewegung des 12. und 13. Jahrhunderts, sein eigenes Leben tätig an dem Vorbild des Evangeliums ausrichtete und dabei Härten und Hunger, aber auch unerwartete Freude und Zuspruch erfuhr, oder ob man sich, den Anweisungen von didaktisch geschulten Priestern und Mönchen folgend, mitfühlend in die Betrachtung des Leidens und Sterbens Jesu versenkte. Die Lebenserfahrung der Menschen bot zahlreiche Anlässe, das eigene Leben aus einer Perspektive des Leidens zu betrachten.

Leidenserfahrungen

Das begann schon mit der Geburt Jesu. Während neuzeitliche Krippenbilder die Geburt Jesu meist zu einem pastoralen Bild mit Maria, Josef und den Hirten verklären, die das neugeborene Kind andächtig bewundern, klang das im 13. Jahrhundert anders:

Ich möchte nämlich das Gedächtnis an jenes Kind begehen, das in Betlehem geboren wurde, und ich möchte dabei die bittere Not, die es schon als kleines Kind zu leiden hatte […] so greifbar als möglich mit leiblichen Augen schauen.[389]

So hatte Franziskus seine Inszenierung der Geburtskrippe Jesu in Greccio erklärt. Wir haben es oben bereits angesprochen.[390] Am Beginn der langen Krippentradition in der christlichen Geschichte ging es nicht um die rührende Schau des „holden Knaben im lockigen Haar". Hier sollte der karge Anfang eines entbehrungsreichen Lebens mit seinem leidvollen Ende den Menschen so nahegebracht werden, dass es sie berührte. Für Franziskus sollten die Betrachtenden die Szenerie der Geburt Jesu *so greifbar als möglich* vor Augen haben. Damit benannte er ein didaktisches Ziel, das die Prediger von nun an bis zum Ende des Mittelalters umtreiben sollte. Das Leiden Jesu sollte schau- und erfahrbar werden.

In der zweiten Hälfte des 15. Jahrhunderts wurde ein kleines Buch an verschiedenen der nun neu entstehenden Druckorte vervielfältigt: Das *Horologium devotionis circa vitam Christi*. Die deutsche Fassung dieses Andachtsbüchleins hieß „Zeitglöcklein des Lebens und Leidens Jesu". Verfasst hatte es mehr als 100 Jahre zuvor der Dominikanerbruder Berthold von Freiburg († um 1360) mit einem klaren Ziel, das sich seitdem nicht verändert hatte: Die Gläubigen sollten über die Passion Christi meditieren, und bei dieser Mediation oder bei ihrer Lektüre sollten sie den nackten Christus *vor den Augen ihres Herzens* haben, am ganzen Körper wund und blutend. *Und wie furchtbar die Wächter ihn schlugen.* Die Gläubigen sollten sich diese Qualen

Jesu konkret vorstellen.[391] Es war etwas anderes, ob man dem nackten Jesus *nackt folgen* wollte und dabei darauf vertraute, im Alltag von Gott mit dem Nötigen versorgt zu werden, wie zu Beginn der Armutsbewegung, oder ob man sich nun den nackten Jesus als geschundenen Körper vorstellte, dem ein elender Tod bevorstand.

Im 15. Jahrhundert nahm die Zahl verfügbarer Texte und kleiner Bücher enorm zu, und mit dem beginnenden Buchdruck stieg auch die Verfügbarkeit von Flugschriften mit wenigen Seiten rasant an. Der größte Teil aller mittelalterlichen Texte stammt aus dieser späten Zeit. Die meisten dieser Texte hatten religiöse Inhalte. Viele didaktische Schriften mit Hinweisen zum religiösen Leben behandelten die Passion Christi. Sie hielten die Menschen an, sich das Leiden Jesu immer wieder neu zu vergegenwärtigen. Es reichte nicht zu wissen, was die Knechte des Gerichts Jesus beim Verhör angetan hatten. Die Gläubigen sollten die Schmerzen, die Jesus erlitten hatte, selbst nachfühlen. Jesus wurde dadurch für viele Christen zum Schmerzensmann. Der Isenheimer Altar des Matthias Grünewald verdichtete die Kreuzigung zu einem Bild des menschlichen Leids, das die Jahrhunderte überdauert hat. Am Fuß des Kreuzes sinkt seine Mutter ohnmächtig vor Schmerz zusammen. Auch dies war ein verbreitetes Motiv der religiösen Kunst und der Bildsprache der Passionsdarstellungen.

Die Christenheit des späten Mittelalters stand somit stark unter dem Eindruck des Leidens ihres Erlösers und seiner Mutter. Wenn man sich daran erinnert, dass Pestepidemien die Menschen in dieser Zeit regelmäßig heimsuchten, kann man verstehen, dass die Erfahrung des Todes und des Verlustes für viele Menschen tatsächlich allzu vertraut war. Wer etwa seine Familie in der Pest verloren hatte, musste seine Phantasie nicht sehr bemühen, um die Tränen der Gottesmutter über den Tod ihres Sohnes zu verstehen. Zahlreiche Aufzeichnungen dieser Zeit bezeugen diese bitteren Erfahrungen. Allerdings setzte die Vertiefung der Gläubigen in das Leid Jesu bereits lange vor den ersten Pestwellen ein. Franziskus wollte den Menschen in Greccio die *greifbare* Erfahrung der leidensvollen Umstände der Geburt Jesu bereits mehr als 100 Jahre vor dem ersten Ausbruch der Pest nahebringen. Die Franziskaner, die Franziskus auf seinem Weg folgten, wie etwa David von Augsburg, trugen in den Jahrzehnten nach dem Tod des Franziskus viel zu einer Vergegenwärtigung des Passionsgeschehens bei, vor allem in den städtischen Gesellschaften des späten Mittelalters. Dort ging man auch dazu über, die Passionsgeschichte in eigenen Passionsspielen aufzuführen. Damit kündigte sich bereits die umfassende Präsenz an, die das Leidensgeschehen im 14. und 15. Jahrhundert in der lateinischen Christenheit erfahren sollte.

Kannst du deinen Geist nicht erheben zu hohen, zu himmlischen Betrachtungen, so suche deine Ruhestätte in den Leiden Christi und wohne gerne in seinen heiligen Wunden. Denn sobald du in echter Hingabe zu den kostbaren Wundmalen Jesu, dieser festen Burg des Heiles, deine Zuflucht nimmst, wirst du dann wider alle Leiden Kraft schöpfen [...]. Christus wollte leiden, Christus wollte sich verachten lassen, und du wagst es, den Mund aufzutun und über deine geringen Leiden zu klagen?[392]

Am Ausgang des Mittelalters gab Thomas von Kempen († 1471) in seiner vielfach verbreiteten Schrift De imitatione Christi („[Über] Die Nachfolge Christi") diese Empfehlung. Sie markiert gewissermaßen den Abschluss des Wandels, der sich im Zuge der Durchsetzung des christlichen Glaubens in breiten Bevölkerungsschichten ereignet hatte. Die Verbreitung des christlichen Glaubens, die Aufnahme christlicher Inhalte und Lebensmodelle in den Milieus der entstehenden Städte, des niederen Adels und auch der Dorfbewohner hatte etwa 300 Jahre zuvor verstärkt eingesetzt, als das Ideal der christlichen Armut viele Menschen dazu bewegte, *dem nackten Christus nackt zu folgen*. Es war ein anspruchsvolles Ideal, und die Gläubigen, die sich davon erfassen ließen, beeindruckten ihre Zeitgenossen. Ihre Predigten fanden viele Zuhörer, ihr Vorbild mobilisierte manche großzügige Gabe. Aber das Lebensideal dieser Bettelmönche, auch das der häretischen Wanderprediger, blieb für viele Menschen bei aller Faszination unerreichbar. Die Familien dieser gläubigen, aber zögernden Handwerker oder Kaufleute werden in vielen Fällen dankbar gewesen sein, dass sie nicht einfach in ein Kloster verabschiedet wurden wie etwa die Frau und die Töchter des Petrus Waldes. Es waren in vielen Fällen die Bettelmönche und Wanderprediger, die die Passion Jesu als ein lebendiges Bild vor den Augen der Menschen beschworen. Sie boten den Gläubigen damit ein Identifikationsmuster für ihr eigenes christliches Leben an. Die Logik der Worte des Thomas von Kempen klingt noch heute in den Broschüren mancher evangelikaler Gruppierungen nach. Was zählt das konkrete menschliche Leid im Vergleich zu jenem des geschmähten Erlösers? Diese Logik wird im Mittelalter kaum mehr Menschen von ihren realen Sorgen befreit haben, als sie es heute tut – aber das sollte uns nicht den Blick dafür verstellen, dass die Hinwendung zum Leid Jesu vielen Glaubenden einen exklusiven Zugang zur Person Jesu insgesamt eröffnete. Jesus hatte von denen, die ihm nachfolgen wollten, Umkehr und Glauben verlangt, mithin die Änderung ihres Lebens. Viele Menschen, die seit dem späteren 12. Jahrhundert von seiner Botschaft ergriffen worden waren, hatten diese Umkehr gewagt. Aber dies war ein radikaler Schritt, der manchen überforderte. Das Leben in der Nachfolge der Apostel ließ sich nicht mit einer familiären Existenz verbinden, das geht schon aus den Berufungsgeschichten der Evangelien hervor. Wer das Handwerk seines Vaters fortführen wollte, brauchte ein stabiles soziales Umfeld. Frauen, das haben wir bereits festgestellt, waren wiederum von diesem Leben nach dem Vorbild der Apostel weitgehend ausgeschlossen.

Andacht

Die neue Passionsfrömmigkeit, die zunächst von den Bettelmönchen, dann von immer mehr Klerikern gefördert wurde, eröffnete den gläubigen Menschen, die ihren Lebensunterhalt durch ihrer Hände Arbeit verdienten, Verantwortung für ihre Familie trugen und diese Lebensform nicht aufgeben wollten, eine neue spirituelle Perspektive. Die teilnehmende Hinwendung zum sterbenden Jesus, das Mitleiden beim Anblick seiner Wunden, konnte sich in stiller Trauer vollziehen. Dazu war es nicht nötig, Familie und Besitz zurückzulassen. An die Stelle des apostolischen Lebensideals trat die andächtige Haltung.

„Andacht" ist nun die immer wieder genannte Bezeichnung dieser Haltung, die man von den Glaubenden erwartete. Die empathische Beschäftigung mit der Leidensgeschichte Jesu war dennoch kein einfacher Weg, und den Predigern ging es nicht um Lippenbekenntnisse. Sie zielten auch auf schmerzvolle Praktiken ab. Aber in erster Linie sollte die Andacht eine innere Praxis sein, die sich auch als gewöhnlicher Christ zuhause vor einem kleinen Andachtsbild mit dem Gekreuzigten und seiner Mutter ausüben ließ. Viele Gebetbücher enthielten liturgische Anleitungen für private Andachten. So konnte man sich etwa die Passion Jesu in verschiedenen Gebetstexten über den Tag verteilt vergegenwärtigen.

Die mitfühlende Vertiefung in das Leid Jesu am Kreuz zielte auf die Emotionen der Menschen. Manchen Hirten beunruhigte diese Ansprache, wie wir am Anfang dieses Kapitels gesehen haben. Der Bischof von London hatte die Beseitigung der besonderen Kreuzesdarstellung in jener Kirche verfügt, weil die ungebildeten Gläubigen *scharenweise* zu diesem Kruzifix geeilt waren.[393] Er befürchtete eine Gefahr für die Seelen dieser einfachen Gemeindemitglieder.[394] Tatsächlich war das Hervorrufen von religiösen Emotionen kein unproblematischer Vorgang. In den Augusttagen des Jahres 1306 konnte eine Darstellung des Gekreuzigten, die das Leiden Jesu betonte, für die jüdische Gemeinde in London wohl noch keine akute Gefahr heraufbeschwören, da der englische König einige Jahre zuvor alle Juden aus seinem Königreich ausgewiesen hatte. Aber die zunehmend emotionale spirituelle Praxis des späten Mittelalters barg die Gefahr der Mobilisierung religiös motivierter Gewalt gegenüber vermeintlichen Schuldigen – und allzu oft hatten die jüdischen Gemeinden den Preis dafür zu zahlen.

Die andächtige Betrachtung des schmerzensreichen Erlösers trat mehr und mehr an die Stelle des Bemühens um apostolische Nachfolge. Die emotionalen Reaktionen, die daraus resultierten, ließen sich nicht einfach steuern; zu verschieden waren Persönlichkeiten und Temperamente. Ebenso wie heute ertrugen die Menschen die Ausübung brutaler Gewalt in sehr unterschiedlichem Maß. Ein Beispiel dafür bieten öffentliche Hinrichtungen, die ein regelmäßiges Schauspiel in mittelalterlichen Städten waren. Wir können davon ausgehen, dass es viele Menschen gab, die dieser öffentlichen Gewalt aus dem Weg gingen.

Auch in der Annäherung an den Menschen Jesus gab es verschiedene Zugänge. Zu den eindrücklichen Figurengruppen der christlichen Kunst gehört das Bild der trauernden Maria mit ihrem toten Sohn auf dem Schoß. Die *Pietà*, das Vesperbild (weil die Betrachtung dieser Trauer häufig im Rahmen der Vesperliturgie am späten Nachmittag geschah), zeigt dabei häufiger eine Maria, die vom Alter her eher als Schwester denn als Mutter des erwachsenen Gekreuzigten erscheint. Auch diese Darstellungen zielten auf die Anteilnahme der Betrachtenden. Ein ganzes Spektrum möglicher Reaktionen war denkbar: Trauer, Mitleid, in manchen Fällen auch konkreter Schmerz bei der Hinwendung zur Passion, wahrscheinlich dann auch Wut über das ungerechte Urteil bei theologisch weniger Versierten. Die anteilnehmende Betrachtung ließ vielen Menschen den Erlöser erreichbar erscheinen. Das leidende Antlitz war nicht verklärt, sein sichtbares Eintauchen ins leidvolle Dasein, das jeder Mensch zumindest von Zeit zu Zeit erfuhr und kannte, sprach viele Menschen direkt an.

Aber auch im späten Mittelalter, in Zeiten von tödlichen Krankheiten und kriegerischer Gewalt, gab es freudige Erfahrungen. Es gab Situationen im Leben, in denen die Menschen Zuversicht und Hoffnung verspürten, und diese Emotionen waren die hellere Seite der Passionsfrömmigkeit. Damit Maria ihren Sohn betrauern konnte, musste Gott in die Welt gekommen sein.

Eine neue religiöse Haltung

Für Franziskus war die Geburt Jesu ein ergreifendes Geschehen, weil sie in Armut geschah. Aber auch Armut war mit Humor vereinbar, für manchen war sie so auch besser zu ertragen. Es ist kaum vorstellbar, dass ein Bruder wie Jordan von Giano, den wir bereits erwähnt haben, mit traurig-ernstem Gesicht an der Krippe stand. Spätestens dann, wenn seine Oberen nicht hingesehen hätten, hätte er versucht, das Kind durch Späße zum Lachen zu bringen. Denn es gab nicht nur den leidenden Jesus, dem sich die Menschen so intensiv zuwandten; es gab auch das Kind Jesus, den Neugeborenen, der die Aufmerksamkeit und die Zuwendung seiner Mutter brauchte. Manchmal bedurfte er auch der Fürsorge anderer Frauen, wie die der Ite von Hallau, einer Schwester im Kloster Katharinenthal südlich des Bodensees, die eines Tages in der Küche ihres Klosters stand und das Sauerkraut zu einer Kugel drückte.

> *Do erschain ir únser herr als ein kindli und na mir die ballun uss der hand und warff ir si do wider. Und also ballet si und das Jesusli mit enander, und was ir als wol mit dem kindlin, das si vergass, das si tuon solt.*[395]

Um die Mitte des 14. Jahrhunderts begannen die Schwestern dieses Klosters, die Visionen ihrer Mitschwestern aufzuzeichnen. Das etwas unbeholfen wirkende Ballspiel der Laienschwester Ite von Hallau mit dem übermütigen Jesuskind war ein typisches Erlebnis für Frauen, die ohne eigene

Kinder in den zahlreichen Klöstern dieser Zeit lebten. Man mag darin auch eine Kompensation für den Verzicht auf eigene Kinder sehen. Ite von Hallau hatte bei der Weihnachtsmesse eine Vision der Geburt Jesu, und das Jesuskind begleitete sie nach dem Gottesdienst in die Küche, als sie nach der Messe dort ihren Dienst antrat.[396] Die Hinwendung zu dem Kind Jesus eröffnete manchen Frauen eine spirituelle Alternative, zumal wenn sie auf blutige Wunden und gewalttätige Schmerzszenarien zurückhaltend reagierten.

Im Übergang von einem apostolischen Ideal, das zur Aktion drängte, hin zu einer betrachtenden Haltung, die das Geschehene hinnahm, wird sichtbar, wie sich die christliche Lehre und die spezifische Spiritualität, die aus ihr hervorging, im Lauf der beiden letzten Jahrhunderte des Mittelalters entwickelt hatten. Eine Religion, die bis in den Alltag der Menschen hinein wirkte, konnte nicht ständige Aufbrüche von ihnen verlangen. Die dynamische Verbreitung des christlichen Lebensideals, das die Armutsbewegung in der Kirche freigesetzt hatte, fand weiterhin statt, aber im Hinblick auf eine „Volksreligion" bedeutete sie eine Überforderung. Es fällt auf, dass die besondere Aufmerksamkeit der populären Prediger nun wieder jenen zwei Lebensphasen Jesu galt, die das klassische Glaubensbekenntnis benannte, seiner Geburt und seinem Tod am Kreuz. Die wenigen Jahre seines öffentlichen Wirkens, von denen die Evangelisten berichten, traten nun wieder zurück. Die meisten bildlichen Darstellungen konzentrierten sich auf die beiden Phasen seines Lebens, in denen Jesu Autonomie weitestgehend eingeschränkt war. Im Blick auf die Geburt und den Tod Jesu konnten die Gläubigen eher durch eine andächtig-mitfühlende Haltung als durch eine entschiedene Praxis Teil dieser Geschichte werden. Manchem erfahrenen Prediger wird das bewusst gewesen sein. Aber es ging dabei nicht um strategische Planung oder gar Marketingstrategien. Die Betonung einer inneren Haltung, die wir in den letzten beiden Jahrhunderten des Mittelalters verstärkt beobachten, wurde auch im sozialen Leben spürbar, in das die religiöse Praxis eingebettet war.

Die innere Einstellung

In den 1250er Jahren predigte der Gelehrte und Dominikaner Albertus Magnus († 1280) in Augsburg. Augsburg war damals eine aufstrebende Stadt mit selbstbewussten Handwerkern und Kaufleuten. Um diese Gesellschaft ging es Albertus, aber er sprach als Gelehrter vor einem exklusiven geistlichen Publikum, nicht auf einem öffentlichen Platz. Das Thema seiner Predigt war das Zusammenleben in der Stadt. Der Text seiner Predigt ist ein seltenes und wertvolles Zeugnis des sozialen Denkens zu Beginn jener Phase, in der sich die Passionsfrömmigkeit allmählich durchzusetzen begann. Gelehrte wie Albertus formulierten ein neues soziales Leitbild, das nicht auf Gelehrtenkreise beschränkt bleiben sollte. Dieses Leitbild bildete die theoretische Basis einer neuen Haltung, die sich mit einer Verzögerung dann ab ungefähr 1300 auch im öffentlichen Leben zeigte.

Albertus sprach über die städtische Gemeinschaft – er benutzte dieses Wort ausdrücklich: *gemeyscaph*.[397] Er sprach von schwierigen Zeiten. Um in Notlagen, in Hungersnöten oder bei militärischer Bedrohung Hilfe zu erhalten, war die Stadt auf ihre wohlhabenden Bürger angewiesen. Sie konnten den einzelnen Schwachen beistehen und die Gemeinschaft dort unterstützen, wo deren Mittel allein für größere Projekte nicht ausreichten. Dazu bestand eine Verpflichtung. Albertus spricht hier von ausgleichender Gerechtigkeit. Um richtige Mitglieder der Bürgerschaft zu sein, sollten alle das erhalten, was sie brauchten. Gestand man ihnen das nicht zu, dann versündigte man sich nicht nur am Mitmenschen, sondern man schädigte die Gemeinschaft, deren Zusammenhalt aus dieser gerechten Einheit erwuchs:

Wenn ich weiser, edler oder würdiger bin als die anderen Bürger und Du beneidest mich und entziehst mir allein die Einheit, dann bist Du kein Bürger, dann greifst Du alle an, Du bist kein Bürger, weil Du die Einheit nicht hältst.[398]

Dahinter stand die alte römische Vorstellung von der Gerechtigkeit, die jedem zuteilte, was ihm zukam. Für Albertus war es dabei selbstverständlich, dass es Standesunterschiede zwischen Fürst und Gärtner zu beachten galt. Die Gemeinschaft erwuchs aus der inneren Haltung ihrer Mitglieder. Sie lebte im Austausch – Albertus sprach von Kommunikation. Diese zugewandte Haltung, die der Gelehrte einforderte, war aber nicht nur ein frommer Wunsch, der im Alltag notwendigerweise an manche Grenze stieß. Vielmehr entstand die Gemeinschaft durch Kommunikation in den verschiedenen Geschäften des Alltags. Albertus sprach in seinen Beispielen von Tagelöhnern, Schustern und Kaufleuten. Er hatte die Märkte von Padua, Paris und Köln gesehen. Als er seine Augsburger Predigten hielt, reisten die Kaufleute auf der Seidenstraße bis in die Mongolei. Die Handelsverbindungen, die auf diese Weise entstanden, versorgten europäische Städte mit exotischen, aber auch mit nötigen Gütern. Dieser Handel belebte die Welt des Albertus in einer Weise, die sehr anders klingt als die dunklen Töne der Passionsfrömmigkeit. Dabei hatten beide Erfahrungen eine gemeinsame Grundlage.

> *Du wirst sehen und Du strömst über, und dein Herz wird sich wundern und geweitet werden, wenn die Fülle des Meeres dir zugetragen wird und das Glück der Völker zu Dir kommt.*[399]

Dieses Bekenntnis zur Vielfalt des sozialen Lebens formulierte Albertus im zuversichtlichen Geist des 13. Jahrhunderts. Es hielt den Belastungen der Zukunft nicht immer stand, aber dieser Geist entsprang dem Vertrauen in eine Haltung der wechselseitigen Verantwortung der Menschen füreinander, der Anteilnahme am Schicksal der anderen. Wer seine Mitmenschen mit Anteilnahme behandelte, wenn sie nicht gerecht bezahlt wurden, sollte er oder sie dann nicht der leidenden Kreatur erst recht eine besondere Anteilnahme zukommen lassen, zumal wenn es sich um den Erlöser der Welt handelte? Eben hierin lag der Zusammenhang zwischen den anteilnehmenden Blicken auf den Gekreuzigten, auf die Mitmenschen und dem wachsenden Gefühl für die soziale Gemeinschaft im späteren Mittelalter.

Die verletzliche Kreatur

Siebzig Jahre nachdem Albertus Magnus sein Ideal einer menschlichen Gesellschaft in Augsburg vorgetragen hatte, erschien in Paris eine Schrift, deren klare Positionierung gegen die Machtansprüche des Papstes für Aufregung sorgte. Der Autor des Textes, der seinen Namen zunächst noch geheim gehalten hatte, war ein Arzt aus Padua. Als Marsilius von Padua wurde sein Name zur Chiffre für antiklerikales politisches Denken, das weit über das Mittelalter hinaus wirkte. Marsilius legte in seinem Hauptwerk *Defensor pacis* („Der Verteidiger des Friedens")[400] ein Regelwerk für das

Zusammenleben vor, das ohne die ordnende Macht der päpstlichen Kirche auskam. Es war die Bedürftigkeit der Menschen, *nackt und waffenlos geboren, gegenüber dem übermächtigen Einfluss der umgebenden Luft und anderer Elemente empfindlich und verletzlich*, die sie dazu brachte, sich zusammenzuschließen. Denn die vielen Defizite der menschlichen Natur ließen sich durch die vielen Fertigkeiten ausgleichen, die die verschiedenen Menschen in diese Gemeinschaft einbrachten. *So mussten die Menschen sich zusammenschließen, um Vorteil aus ihnen zu gewinnen und Nachteil zu vermeiden.*[401]

Den Zusammenhang von menschlicher Natur und sozialem Zusammenschluss hatte bereits Aristoteles betont, und Marsilius berief sich in seiner Schrift auch ausdrücklich auf den Philosophen als Vorbild.[402] Aber Aristoteles hatte nicht die Mängel der menschlichen Kreatur und die Notwendigkeit eines helfenden Ausgleichs betont. Seine Begründung war abstrakter. Marsilius verlieh diesem abstrakten Zug zur Gemeinschaft das verletzliche Antlitz der menschlichen Kreatur. Er war hierin nicht allein. In den Jahrzehnten zwischen der Predigt des Albertus Magnus und dem Erscheinen des *Defensor pacis* des Marsilius veränderte sich der Blick auf die Menschen, auch auf die Hohen und Mächtigen, so dass wir den Wandel auch heute noch nachvollziehen können.

Abb. 18 Die Grabplatte König Rudolfs von Habsburg zeigt das Antlitz eines alten, vom Leben gezeichneten Mannes. Die Quellen berichten, dass der Künstler dabei die Totenmaske des Königs verwendet habe. Auch wenn spätere Jahrhunderte das Erscheinungsbild etwas verändert haben, so ist der Ausdruck der leidenden Kreatur doch authentisch und beabsichtigt (s. dazu im Text S. 324).

Teil III   Menschen aus Fleisch und Blut

Im Juli 1291 spürte König Rudolf von Habsburg, dass sein Leben zu Ende ging. Das Wissen um den Zeitpunkt des Todes war für die Menschen dieser Zeit nicht ungewöhnlich. Rudolf war ein alter Mann. Seit fast 20 Jahren regierte er in Deutschland. Zu einer Kaiserkrönung war es in dieser Zeit häufig wechselnder Päpste nicht gekommen, aber Rudolf sah sich in der Tradition der großen Könige des Reiches und bei ihnen wollte er begraben werden. So ritt er nach Speyer, um dort zu sterben, wo viele Könige des Reiches im Dom begraben lagen. Seine Entscheidung war ein Bekenntnis zur Tradition und sichtbarer Anspruch, diese Tradition fortgesetzt zu haben. Für die Nachwelt ließ Rudolf auf dem Sterbebett noch einmal die Grabplatte anpassen, die der Steinmetz in früheren Sitzungen bereits vorbereitet hatte. Mit dem von ihm selbst freigegebenen Antlitz steht Rudolf von Habsburg der Nachwelt vor Augen. Es ist das faltenreiche Antlitz eines alten Mannes, ge(kenn)zeichnet von den Mühen des Amtes.[403] Mit diesem Antlitz reihte sich Rudolf von Habsburg in die Tradition klangvoller Namen salischer und staufischer Kaiser und Könige ein. Ging man in dieser Geschichte weniger als 300 Jahre zurück, traf man auf einen König, der sich in Handschriften auf goldenem Grund in einer Mandorla mit dem segnenden Christus abbilden ließ. Christus und der König waren der Sphäre der Menschen augenfällig enthoben. Nun trugen die Grabplatte des Königs und der Christus am Kreuz in London sichtbar die ganze Last der irdischen Existenz – und mehr als das. Rudolf von Habsburg hatte als König die Bettelmönche stark gefördert. Sie wiederum waren Förderer der Passionsfrömmigkeit, und Rudolf wurde in ihren Predigten an das leidvolle Sterben Jesu erinnert. Dies wird zu seiner Entscheidung für sein düsteres Grabbildnis beigetragen haben.

König, Bürgerinnen und Bürger und sicher auch manche Bauern, von denen wir weniger wissen, Bettelmönche und Nonnen, sie alle nahmen den leidenden Erlöser in ihre Obhut. Das hilflose Kind in der Krippe und der sterbende Mann am Kreuz boten die Bilder, die die Phantasie vieler Gläubigen beschäftigte. Wie zuvor schon die vielen Heiligen wurde nun der Erlöser als Mensch zu einer nahbaren Größe. Das Bild Gottes und das Selbstverständnis der Gläubigen hatten sich mit dem Eindringen des Christentums in das Leben vieler Menschen im lateinischen Europa entscheidend verändert. Der leidende Erlöser am Kreuz war kein Motiv für eine erfolgreiche

Mission unter Menschen, die diesem Gott bislang nicht begegnet waren. Es war vielmehr ein Motiv für die emotionale Vertiefung einer bestehenden Verbindung. Als die ersten Missionare fast 500 Jahre zuvor in England und Skandinavien unter den Kriegern und Händlern des Nordens für ihren Gott geworben hatten, da hatten sie betont, dass ihr Gott ein Gott des Sieges war; der Gott jener Missionare war ein Garant des Erfolges in der Welt. Der Gekreuzigte, dessen Schmerz so sichtbar war, war offenkundig kein Garant des weltlichen Erfolgs. Jene Bilder des Gekreuzigten waren Bilder für Glaubende, nicht für Menschen, die noch gewonnen werden mussten. Dass der leidende Christus zur Ikone der Christenheit im späten Mittelalter wurde, zeigt, wie sehr das Christentum die Menschen erfasst hatte.

Kapitel 16

Viele Aufbrüche, aber kein Umbruch: Reformen

Reformbedarf

Die Kirche hat immer Reformbedarf – *ecclesia semper reformanda* –, so lautet ein berühmter programmatischer Satz. Man würde ihn wahrscheinlich dem Mittelalter zuschreiben, schon wegen der Sprache. Aber der mittelalterliche Klang täuscht. Die Formulierung geht auf neuzeitliche Theologen der reformierten Kirche zurück, die damit die Arbeit am Zustand der Kirche als eine ständige Aufgabe verstehen wollten. Allerdings hätten ihnen viele Theologen, Geistliche und Christen ohne kirchliche Ämter bereits im späten Mittelalter zugestimmt. Wer sich auf der Suche nach Reformanliegen einen Eindruck in den entsprechenden Quellen des 14. und 15. Jahrhunderts verschafft, stößt immer wieder auf Klagen über die Zustände und auf den Ruf nach Reformen.

> *Dass diese Entartungen in der Kirche Gottes immer wieder, Tag für Tag, emporschießen und dass diese so schlimm verdorbenen Sitten sie [wie eine Seuche] anstecken […],*

so begann der Text der „Pragmatischen Sanktion", mit der der französische König 1438 wichtige Reformbeschlüsse des Konzils von Basel für Frankreich übernahm.[404] Nikolaus Cusanus (1401–1464), Theologe und Philosoph, der nach einer längeren Zeit als päpstlicher Gesandter 1450 zum Kardinal erhoben wurde, legte acht Jahre später einen Entwurf für die Reform der Kirche vor, der feststellte, *dass sich der Leib der Kirche in diesen Zeiten sehr vom Licht und vom Tag abgewandt hat und sich in düsteren Schatten verstrickt.*[405]

Kapitel 16 Viele Aufbrüche, aber kein Umbruch

Klagen über den Zustand der Kirche, der Sitten und über die Ernsthaftigkeit des Glaubenslebens begleiten die Geschichte der Kirche von Beginn an durch verschiedene Epochen. Die Frage, wie reformbedürftig die Zustände in der spätmittelalterlichen Christenheit tatsächlich waren, ist auch in der historischen Forschung umstritten. Manche Klage gehörte zur gelehrten Routine von Klerikern mit strengem Blick, denen ihre Zeitgenossen nur wenig recht machen konnten. Aber der vielstimmige Chor der Reformfreunde benennt doch Missstände, die in der Struktur der hierarchischen Kirche des späten Mittelalters angelegt waren. Die dramatischen Ereignisse in der Geschichte der Kirche und der lateinischen Christenheit dieser Phase deuten darauf hin, dass die Zustände zumindest vielen Gläubigen reformbedürftig erschienen. Tatsächlich gehört die Reformation Martin Luthers am Ende dieser Phase zusammen mit der Erfindung des Buchdrucks sowie der enormen Horizonterweiterung durch die Reisen des Kolumbus und seiner Nachfolger zu den Ereignissen, die das Mittelalter beendeten und damit ein neues Kapitel in der Geschichte der Christenheit aufschlugen. Der Ausblick auf die Reformation zeigt den Ernst der Kritik an vielen Zuständen des kirchlichen Lebens im ausgehenden Mittelalter.

Die Reformation veränderte die Bedingungen, unter denen von nun an über Reformen in der Christenheit diskutiert wurde, fundamental, da sich für die Christen im Abendland nun eine konkrete Alternative zur katholischen Kirche eröffnete. Damit begann eine Lagerbildung, die mit der Geschichte der Konfessionalisierung in der frühen Neuzeit anhebt. Die Konfrontation der Konfessionen wies den religiösen Autoritäten eine Machtstellung zu, die im Mittelalter vielfach behauptet, aber nur sehr selten erreicht worden war. Man kann sich fragen, warum die lateinische Christenheit, die über Jahrhunderte mit dem Selbstverständnis der Einheit gelebt hatte und deren päpstliches Haupt zumindest seit etwa 1200 sehr entschieden auf der alleinigen Führungsrolle bestanden hatte, in den Jahrhunderten nach 1500 in so gegensätzliche konfessionelle Lager zerfiel, die sich gegenseitig sogar ihren Glauben aberkannten und sich im Namen dieses Glaubens blutig bekriegten.

Die Frage führt zurück in das späte 14. Jahrhundert, als im Jahr 1378 ein Schisma ausbrach, das die lateinische Christenheit eine Generation lang in zunächst zwei, dann sogar drei Lager spaltete. Dieses Große Abendländische Schisma, das erst auf dem Konzil von Konstanz mit der Wahl Martins V. zum Papst am 11.11.1417 überwunden wurde, hatte die Grenzen des päpstlichen Führungsanspruches deutlich aufgezeigt. Es hatte während des Schismas Päpste gegeben, die beim Amtsantritt einen feierlichen Eid geleistet hatten, das Schisma zu überwinden, die danach aber auch dann mit großer Entschiedenheit an ihrem Amt festhielten, wenn sich Lösungsmöglichkeiten boten. Dabei hatten sie es durchaus ernst gemeint. Aber das päpstliche Amt hatte im Lauf des späten Mittelalters eine so exponierte Stellung erreicht, dass es sich jeder Kontrolle durch kirchliche Instanzen entzog. Das Schisma war eine Krise, die durch persönliches Ungeschick der Beteiligten und Konflikte an der Kurie um die Mitbestimmung der Kardinäle ausgelöst wurde. Die Ursachen aber lagen zu einem erheblichen Teil in der Überhöhung des päpstlichen Amtes, die die Kirchenjuristen und Theologen in den Jahrzehnten zuvor forciert hatten. Dabei war das Große Abendländische Schisma eine Krise ohne inhaltliche Streitpunkte, die die lateinische Kirche in ganz Europa betroffen hätten. Die Dauer des Schismas wurde durch die hierarchische Struktur der Kurie und der Kirche verlängert. Entsprechend laut wurden nach seinem Ende die Stimmen, die auf eine Reform dieser Strukturen drängten. In der Sprache der Zeit sollte dies eine Reform an *Haupt und Gliedern* sein.

Das Haupt bildeten der Papst und seine Kurie, die zugleich päpstlicher Hofstaat und Apparat war. Dieses Haupt hatte in seinem Ansehen nicht davon profitiert, dass es über 20 Jahre hinweg zunächst zwei, dann sogar drei Päpste gegeben hatte, die sich und ihren jeweiligen Anhängern gegenseitig jegliche Legitimität absprachen. Im traditionell papstfreundlichen Florenz gab es schließlich Stimmen, die angesichts der aktuellen politischen Spannungen mit dem Papst nüchtern bilanzierten, zum Wohl der Stadt Florenz wünsche man sich lieber zwölf Päpste als einen.[406] Es blieb nicht ohne Wirkung, dass die konkurrierenden Päpste und ihre Gefolgschaften (Obödienzen) je für sich an der Fiktion der Einheit festhielten, indem sie die Christen der jeweils anderen Lager als Häretiker ansahen, die man nicht mehr berücksichtigen musste. Der Anspruch des Papsttums, die lateinische Christenheit mit seiner Autorität in der Einheit zu bewahren, war so erkennbar nicht einzulösen. Da die Kurie ihren Führungsanspruch in den Jahrzehnten zuvor immer rigider formuliert hatte, so dass er gar als heilsnotwendig galt, nahmen die Kritiker besonderen Anstoß an den Schwächen des päpstlichen Hofes.

Welche Rolle Geld an der Kurie spielte, brachte viele Kritiker besonders auf:

Denn wie es bei den Engeln Gottes Freude gibt über einen Sünder, der Buße tut, so gibt es Freude in der Römischen Kurie über einen Prälaten eines reichen Bischofssitzes, der zu Tode kommt,

so klagte Dietrich von Niem († 1418), der eine lange Zeit als Kleriker an der Kurie verbracht hatte und die Zustände kannte.[407] Da sich die Kurie in vielen Fällen die Erennung eines neuen Bischofs vorbehielt, musste nach dem Tod eines Bischofs der designierte Nachfolger an den päpstlichen Hof kommen, um dort in sein Amt eingesetzt zu werden. Dafür waren Gebühren in der Höhe der Jahreseinnahmen eines Bistums fällig. Die historische Forschung zählt solche Praktiken zum „päpstlichen Fiskalismus", der mit dem Umzug der Päpste nach Avignon im frühen 14. Jahrhundert eingesetzt hatte. Der Aufbau neuer Strukturen und neuer Gebäude kostete Geld, die Organisation der Kontrolle päpstlicher Besitzungen in Italien aus dem entfernten Avignon ebenfalls. Das Schisma halbierte die Ressourcen für die konkurrierenden Päpste, so dass die „Bewirtschaftung" der Kirchen vor Ort intensiviert wurde. Die Kurie wurde zu einem Handelsplatz, an dem große Geldsummen für das Vorantreiben wichtiger Anliegen, die Reservierung aussichtsreicher Pfründen, die Zahlung der Gebühren zum Amtsantritt und Ähnliches umliefen, die manchen Kleriker beunruhigten.

Matthäus von Krakau († 1410), Theologe an der jungen Heidelberger Universität, verfasste in den Jahren nach 1400 einen scharfen Angriff auf die Praxis der Pfründenvergabe an der päpstlichen Kurie, dem er den aussagekräftigen Titel *Der Sumpf der päpstlichen Kurie* gab.[408] Matthäus hielt fest, dass keine Bitte eines armen Geistlichen um die Aussicht auf eine kleine Pfründe vom Papst auch nur mit einem Datum versehen würde (d. h. in die Bearbeitung aufgenommen), wenn der Bittsteller nicht zuvor einen Dukaten (d. h. eine Goldmünze) entrichtet habe. Für die Aussicht auf eine höherrangige Pfründe, wie etwa für Kardinäle, müssten bis zu 40 Dukaten bezahlt werden. Eine Aussicht auf eine kirchliche Pfründe bedeutete dabei noch keine Verleihung. Es war nur der Anspruch auf eine freiwerdende Pfründe, den man im Fall des Todes eines Geistlichen vorbringen, für den es dann aber auch konkurrierende Ansprüche geben konnte. Matthäus sah angesichts der Zustände, die er ausführlicher schildert, *durch den Zorn des Herrn das Feuer entzündet*, das Klerus, kirchlichen Stand und die Früchte ihrer geistlichen Arbeit verzehren würde.[409] *Selten gibt es einen, der die Kurie so rein verlässt, wie er sie betreten hat.*[410] Dabei boten die Beschwerden (*gravamina*) durchaus kein einheitliches Bild. Denn während Matthäus von Krakau auf der einen Seite die finanzielle Belastung der Ortskirchen durch den römischen Zentralismus beklagte, der sich seine Entscheidungen mit einträglichen Gebühren vergelten ließ, bedauerte Dietrich von Niem auf der anderen Seite, dass der Klerus Siziliens, Böhmens und der skandinavischen Länder wegen solcher kurialen Praktiken keine Pfründenanfragen mehr nach Rom richtete und sich vom Papst abwandte.

Wir wollen hier kein Sittengemälde der päpstlichen Kurie vor der Reformation entwerfen. Das ist schon vielfach und farbig geschehen. Hier soll es vor allem um die Christenheit in einer gewissen Entfernung vom Papst gehen, wobei wir zur Abrundung der groben Skizze vom Bild, das sich viele Menschen vom päpstlichen Hof machten, noch die Empfehlung des Cusanus für die Ausstattung der Kardinäle anführen sollten. Seine Reformschrift sah vor, dass die Kardinäle sich mit jährlichen Einkünften von 3.000 bis 4.000 Gulden zufriedengeben sollten. Ihre Haushalte sollten sich auf ein Personal von 40 Personen und 24 Pferden beschränken.[411] In einem Umfeld, in dem eine gewisse Ausstattung eine wichtige Rolle spielte, benötigte ein *ehrenvoller Haushalt* erhebliche Finanzmittel.

Konzilien

Wie geistliche Besucher und Amtsträger die Kurie und die päpstliche Verwaltung wahrnahmen, lässt die Schwierigkeiten erahnen, die eine Reform am Haupt der Kirche mit sich bringen musste. Trotz der Krisen und trotz der Kritik blieb der Papst ja das hierarchische (Ober-)Haupt der kirchlichen Ordnung. Reformen waren gegen seinen Widerstand nur sehr schwer durchzusetzen. Auf dem Konzil von Konstanz, das durch die Wahl eines neuen Papstes das Große Abendländische Schisma beendete, wurden sie immerhin ins Auge gefasst. In Konstanz zeigt sich nach der langen Krise in der päpstlichen Kirchenführung, dass die lateinische Christenheit bei aller Zersplitterung nach über 30 Jahren des Schismas ihre Handlungsfähigkeit durch eine Konzilsversammlung zurückgewonnen hatte. Das Konzil löste das Personalproblem an der Spitze. Der neue Papst wurde wieder von fast allen katholischen Christen akzeptiert. Formal war die Einheit wiederhergestellt. Um diese Einheit zu erreichen, hatte man die Sachprobleme zunächst aufgeschoben. Sie sollten auf weiteren Konzilien gelöst werden, die man nun regelmäßig abhalten wollte.

Eines der letzten Dekrete des Konstanzer Konzils, das nach seinem lateinischen Beginn als *Frequens* zitiert wird, hielt fest: *Häufiges Abhalten von Allgemeinen Konzilien ist eine besondere Pflege des Ackers des Herrn.*[412] Ohne tiefgreifende Reformen, die die gravierenden Missstände bei der Besetzung der kirchlichen Ämter durch die Rolle des Geldes an der Kurie und in der Kirche und andere Gravamina aufgriffen, erschien die Einheit vielen Menschen als eine Einheit auf Zeit. Die Reform der Kirche sollte also auf Konzilien vorangetrieben werden, die im Abstand von zunächst fünf, dann sieben und schließlich zehn Jahren abgehalten werden sollten. Es schien, als habe das Konstanzer Konzil damit dem päpstlichen Zentralismus ein geradezu republikanisch anmutendes Element entgegengesetzt. Zuvor hatte es in der lateinischen Christenheit seit dem Konzil von Vienne (1311/12) ein Jahrhundert lang keine allgemeine Kirchensynode mehr gegeben.

Zu Beginn des 15. Jahrhunderts schien die schwere Krise des Schismas nun den Geist der Reform zu beleben. Immerhin hatte das Konstanzer Konzil im Dekret *Haec sancta* selbstbewusst festgestellt:

Die im Heiligen Geist rechtmäßig versammelte Synode, die ein Generalkonzil bildet und die streitende katholische Kirche repräsentiert, hat ihre Gewalt unmittelbar von Christus. Ihr ist jeder, unabhängig von Stand und Würde, wäre sie auch päpstlich, in dem, was den Glauben und die Ausrottung des besagten Schismas und die allgemeine Reform der Kirche Gottes an Haupt und Gliedern betrifft, zum Gehorsam verpflichtet.[413]

Das Konzil bot eine Bühne für den Austausch und die Debatten, die wirkungsvolle Reformen begleiten mussten. Die Ansätze dazu waren sichtbar, nicht nur bei den Kritikern der päpstlichen Kurie. So verfasste der aragonesische Kleriker Johannes de Palomar († nach 1437), der am päpstlichen Hof tätig war, zum Auftakt des Konzils von Basel 1432 einen kleinen Dialog. Das Konzil sollte die Arbeit an der Reform der Kirche fortsetzen, und Johannes von Palomar wirkte dort als ein einfacher Vertreter der päpstlichen Seite mit. Sein Dialog lässt erkennen, dass er mit einer konstruktiven Haltung an die Arbeit gehen wollte:

> *Deine Beweisführung ist eindrucksvoll und führt in zwingendem Verfahren zu dem Schluss, dass mit aller Kraft auf die Reform hingearbeitet werden muss* […]. *Sage mir bitte: „Wo sollte man deiner Meinung nach beginnen?"* Johannes: *„Natürlich bei uns selbst!"*[414]

So beeindruckend sich das anhört, so schwierig konnte es werden, wenn es konkreter werden sollte. Der Klerus war kein einheitlicher Stand. So entschlossen die Konzilsväter in Konstanz aufgetreten waren, als es um die Beseitigung des Schismas in der Wahl eines neuen Papstes ging, so vielfältig waren die Interessen von Kardinälen, Bischöfen, Äbten, den Oberen der großen Orden, Universitätstheologen aus Ländern und Regionen mit unterschiedlichen Lebensbedingungen. Als das Konstanzer Konzil drei Wochen nach dem Dekret *Frequens* die Agenda für die künftige Reformarbeit verabschiedete, listete man zunächst 18 Punkte auf.[415] Da sollte es um die Zusammensetzung des Kardinalskollegiums, die päpstliche Finanzpraxis, die Vergabe von Pfründen und die Führung von Prozessen am päpstlichen Hof gehen, von denen es viele gab. Hierbei waren zahlreiche unterschiedliche Interessen betroffen, und wenn man sieht, dass zudem noch die Frage der Anklage und möglichen Absetzung eines Papstes auf der Tagesordnung stand, dann lässt sich das Konfliktpotential bei den nachfolgenden Beratungen erahnen. Die Erfahrungen des Schismas legten nahe, dass auch das päpstliche Amt selbst einer gewissen Kontrolle unterstehen sollte. Aber die Tradition der Kirche und mit ihr die Überzeugung der traditionell gestimmten Kleriker hielt seit Jahrhunderten daran fest, dass „der Papst von niemandem gerichtet" werden dürfe. Die Arbeit an der Reform war dadurch deutlich komplexer als die Wahl eines neuen Papstes.

Ein Klerus in vielen Gestalten

Der Klerus konnte auf die oben zitierte Aufforderung des Johannes de Palomar nicht mit einer Stimme reagieren, weil es „den Klerus" nicht gab. Zu verschieden waren die sozialen Welten von Bischöfen, Domherren und auch Äbten vornehmer Klöster einerseits und von einfachen Priestern oder

Vikaren andererseits, die von den mageren Einkünften kleiner Altarstiftungen lebten. Als das Konzil in der Stadt Konstanz zusammentreten sollte, verfassten Vertreter der Konstanzer Kirche, und man darf annehmen, dass sie dem Bischof nahestanden, eine Denkschrift über die reformbedürftigen Zustände im Bistum. Darin hieß es, dass es für weltliche Herren *heutzutage üblich* sei, für die Besetzung von Pfarrstellen, für die sie als Patrone der Kirchen verantwortlich wären, *schlechthin Unfähige, Ungebildete, Unausgebildete vorzuschlagen*.[416]

Wenn solche Priester für Pfarrstellen ausgewählt wurden, konnte der Bischof nur korrigierend eingreifen, wenn er selbst ein geistliches Anliegen mit seinem Amt verband und nicht nur mit der Aussicht auf ein auskömmliches Leben Bischof geworden war. Dietrich von Niem hatte daher in seiner Reformschrift für das Konstanzer Konzil verlangt, dass die Inhaber von Bischofs- und anderen Hirtenämtern *zumindest innerhalb eines Jahres* die Priesterweihe empfangen sollten.[417]

Der Blick auf die Geistlichkeit im späten und im ausgehenden Mittelalter bietet, wie wir gesehen haben, je nach Perspektive und Temperament ein buntes Bild in unterschiedlichen Farbtönen. Da viele Reformer deutliche Kritik am Klerus vorbrachten, wobei die Kritiker häufig moralische Vorwürfe erhoben, sollten wir an dieser Stelle noch einmal auf die Geistlichkeit am Ende des Mittelalters schauen. Stellen wir die Moral in dieser Betrachtung so weit zurück, wie es für eine historische Untersuchung angemessen ist, dann ergibt sich das Bild eines überforderten Standes, der aufgrund seiner Aufgabe, Vermittler der Gnade Gottes zu sein, höchsten Standards verpflichtet war. Diese Verpflichtung galt im Grunde gleichermaßen für gewöhnliche Priester ohne wirtschaftliche Absicherung wie für Bischöfe, Erzbischöfe und Kardinäle. Während diese mächtigen Männer der Kirche in aller Regel einer sozialen Elite entstammten und zumeist adliger Herkunft waren, kamen viele der einfachen Priester aus bescheidenen Verhältnissen oder waren nicht selten die illegitimen Söhne von Priestern. Keineswegs lebten alle diese Priester von den einträglichen Pfründen ihrer Kirchen und den Zehnten ihrer Pfarrkinder. Viele dieser Priester besaßen keinerlei Pfründe, sondern waren ohne die realistische Aussicht auf eine eigene Pfarrei geweiht worden. Eine Priesterweihe ohne konkrete Aussicht auf eine Verwendung in der Pfarrseelsorge oder ein Amt in der Kirche wurde zwar kritisch gesehen, aber die Situation in vielen Pfarreien förderte die Entstehung eines solchen Priester-Prekariats.

Wenn in der Diözese Genf im ausgehenden Mittelalter etwa 80% der Pfarrstellen nicht von den eigentlichen Pfarrern betreut wurden, sondern von Vikaren, dann gab es für diese Vertretungen einen Markt. In der Erzdiözese Rouen in der Normandie gab es in dieser Zeit 2.500 Priester ohne eigene Pfründe. Es ist nicht verwunderlich, dass geweihte Priester ohne Amt und ohne Pfründe sich an die Autorität wandten, die solche Pfründen vergeben konnte. Das war zunächst der Bischof oder ein adliger Patron, wie es die zitierte Konstanzer Reformschrift nahelegt. In letzter Instanz aber war dies in vielen Fällen die päpstliche Kurie.

Die päpstliche Kurie hatte im Lauf des späten Mittelalters die einstmals fast autonomen Rechte der einzelnen Bischöfe, was die Weihe neuer Priester anging, zunehmend durch das Recht einer päpstlichen Intervention abgeschwächt. Die Ordnung, in der die Weihe für die kirchlichen Ämter verliehen wurde, war eine strikt hierarchische Ordnung. Denn die Weihe verlieh den Geweihten die Gnade Gottes. Die Weihegnade ihrerseits befähigte die Geistlichen nun selbst, diese Gnade in sakramentalen Handlungen nach festgesetzten Riten zu spenden. Die Weiheordnung ging auf Gott zurück, und im späteren Mittelalter hatte der Papst eine Stellung erlangt, die ihn zum Vermittler dieser Gnade für alle kirchlichen Amtsträger machte. In der Praxis des Mittelalters war dies in der Regel nicht zu leisten. Die Päpste versuchten in der Regel nicht, Pfarrstellen in entfernten Diözesen zu besetzen, von denen man in Rom kaum Kenntnis hatte. Die Stellung als hierarchisches Haupt der Christenheit, von dem sich die Amtsgewalt aller anderen nachgeordneten Amtsträger ableitete, bedeutete in der Praxis nicht, dass die Kurie eine aktive Personalpolitik in der Christenheit betrieb. Aber seine Stellung ermöglichte dem Papst, einzugreifen und Stellen zu besetzen, wenn Personen versorgt werden sollten, die für die Kurie wichtig waren. Dies machte den Papst zum obersten Richter der Christenheit und die Kurie zum Appellationsgericht bei strittigen Personalfragen. Nicht immer verfügte man über eine geeignete Pfründe, wenn die Kurie einen bedürftigen Kleriker versorgen wollte, worauf seine Bedürftigkeit auch immer beruhen mochte. In solchen Fällen ergab sich die Möglichkeit, dem Kandidaten eine Anwartschaft auf eine Pfründe zu verleihen – mit der

Aussicht auf zukünftige Versorgung, sobald eine frei werden würde. Diese sogenannten *exspectantiae* (Erwartungen) waren ein Instrument päpstlicher Personalpolitik, das jedoch gleichzeitig auch die Grenzen der päpstlichen Personalinterventionen aufzeigte: Da die Kurie über die Ausstellung solcher *Exspektanzen* keine Listen führte, die eine Rangfolge bei der Besetzung freiwerdender Stellen festlegten, mussten die Begünstigten diesen Anspruch vor Ort selbst durchsetzen.

Aus dieser Spannung zwischen päpstlichem Anspruch auf die Entscheidung in letzter Instanz, den sich die Kurie mit Gefälligkeiten und Gebühren vergüten ließ, und den vielen Problemen ihrer praktischen Umsetzung ergaben sich eine ganze Reihe von berechtigten Klagen über die kuriale Finanzpraxis. Die Widerstände gegen die Änderung solcher lang gepflegten Praktiken an der Kurie waren allerdings ebenfalls vehement. Sie wurden vielfach von einem adligen Selbstverständnis der Kardinäle getragen, das von christlichen Demutsforderungen nur am Rande berührt wurde.

Reformvorschläge

Das Augenmerk vieler Reformvorschläge richtete sich auf Probleme in der Welt des Klerus. Es war die Kritik von Klerikern an ihrem Stand, es war im Wesentlichen „Selbstkritik des Ordens- und Säkularklerus".[418] Die Arbeit an der Reform, die in Konstanz begonnen hatte, wurde auf zwei weiteren Konzilien fortgesetzt. Die Konzilien tagten in dem zeitlichen Abstand, den die Konzilsväter in Konstanz vereinbart hatten. Schon bei der ersten dieser Folgeversammlungen zeigte sich allerdings, dass die trockenen Sachthemen der Reform die Geistlichen weniger bedrückten, als das Große Schisma es getan hatte. Das Konzil von Pavia (1423/24), das aufgrund eines Pesteinbruchs nach Siena verlegt werden musste, war nur schwach besucht und entfaltete wenig Wirkung.

Mit der Einigung auf einen Papst hatte das Konzil von Konstanz das Schisma beendet und mit dem römischen Adligen Odo Colonna als Martin V. (1417–1431) das Papsttum wieder an seine alte Tradition herangeführt, die ihre eigene Wirkung entfaltete. So gerieten Martin V. und sein Nachfolger Eugen IV. (1431–1447) mit der neu belebten Kraft der Konzilien („Konziliarismus") über die Rolle des Papstes in Konflikt. Sich dem Konzil zu unterwerfen, war für die Inhaber des höchsten Amtes der Christenheit nur schwer vorstellbar. So wurde bei den Reformbemühungen viel Energie auf das Verhältnis von Papst und Konzil verwandt.

Das Konzil von Basel, mit dem die Konzilien in der Nachfolge von Konstanz zu Beginn der 1430er Jahre fortgesetzt wurden, brachte einen Höhepunkt, aber schließlich auch das Ende der konziliaren Bemühungen um die Reform der Kirche. Nach einem holprigen Beginn mit zunächst noch wenig Teilnehmern und einem Kräftemessen zwischen Konzil und Papst formulierte das Konzil während einer fast dreijährigen Arbeit eine Reihe ausgewogener Reformvorschläge, die in der weiteren Geschichte des 15. Jahrhunderts auch Wirkung zeitigten. Dabei ging es um den Umgang mit den weit verbreiteten Exkommunikationen, die häufiger auch bei sehr weltlichen Streitfällen vor dem bischöflichen Gericht zum Einsatz kamen, wenn etwa ausstehende Zahlungen durch die Androhung der Exkommunikation eingefordert wurden; es ging um die würdige Feier der Gottesdienste und um das hartnäckige Problem der sogenannten Konkubinate.

Das letztgenannte Thema bewegte schon die Reformer früherer Zeiten mit mäßigem Erfolg. Es war auch keine leichte Aufgabe. *Man müsste über wirksame Maßnahmen nachdenken, durch die das Laster des Konkubinats und der offenkundigen Unzucht des Klerus ausgerottet wird.* So hatten es am Vorabend des Konstanzer Konzils die Verantwortlichen am Sitz des Erzbischofs von Salzburg vorsichtig formuliert. Wie wir bereits gesehen haben, war das ein Dauerthema. Unterschiedliche Interessen, verschiedene Lebensverhältnisse des Klerus zwischen Sizilien und dem skandinavischen Norden, zwischen Spanien und Polen, traten bei diesem Thema etwas zurück.

Der strenge Geist der gregorianischen Reformzeit in den Jahrzehnten um 1100 war abgeklungen. Wenn Priester mit Frauen ein Verhältnis hatten, verursachte das keinen Skandal mehr. Doch diese neuen Realitäten milderten die Stimmen der strengen Reformer nicht. Die rigide Sexualmoral der Reformer flankierte die sittlichen Ermahnungen an die Gläubigen beider Geschlechter und an die Amtsträger in einem Maß, das dem realen Ärgernis, das solche Beziehungen mit sich bringen konnten, kaum angemessen war. Es gibt keine verlässlichen Statistiken über die zölibatäre Disziplin des Klerus der unterschiedlichen Weihestufen im ausgehenden Mittelalter. Die Ermahnungen auf den Konzilien oder in den Schriften der Reformer

Kapitel 16   Viele Aufbrüche, aber kein Umbruch

Abb. 19 Konstanz, 11. November 1417: Nachdem das Konzil Kardinal Odo Colonna zum neuen Papst gewählt hat, wird er durch die Stadt zur Krönung im Münster geleitet. Mit der Wahl Martins V. endet das Große Abendländische Schisma. Die Konstanzer Bürgerinnen und Bürger verfolgen das bewegte Geschehen aufmerksam. Das Bild entstammt Ulrich Richenthals „Chronik des Konstanzer Konzils".

blieben eben das: Ermahnungen. Bei Missachtung des Zölibats konnten die Konsequenzen unterschiedlich ausfallen. Ein gutes Bild vom Alltag vieler Priester, die in den Tiefen des christlichen Raums mit der Seelsorge betraut waren, vermitteln die Visitationsberichte einzelner Bistümer im Auftrag des jeweiligen Ortsbischofs. Ebenso wie die Versammlungen des Klerus einer Diözese, die Diözesansynoden, sollten Visitationen regelmäßig abgehalten werden; aber sowohl Visitationen als auch Diözesansynoden fanden in der kirchlichen Praxis des späten Mittelalters eher selten statt. Die Kontrolle des Alltags der Menschen durch die Obrigkeit, sei sie weltlich oder kirchlich, blieb im Mittelalter begrenzt. Strukturen, die solche Kontrollen ermöglicht hätten, waren nur schwach ausgeprägt. Das galt auch für die Berichte selbst, die die Visitatoren verfassten, wenn sie tatsächlich gereist waren. Aus dem Deutschland vor der Reformation haben sich solche Visitationsberichte nicht erhalten – mit einer späten Ausnahme. Ein Bericht über eine Visitation im Bistum Eichstätt eröffnet kurz vor dem Ende des 15. Jahrhunderts den Blick auf einen Klerus, der dem Zölibat eher fernstand.

Der wundeste Punkt aller Protokollschilderungen ist das Konkubinat. Er war Ende des 15. Jahrhunderts in der Diözese allgemein geworden, eine rühmliche Ausnahme bildete nur Schwalbach, wo die Geistlichen ein gemeinsames Leben führten.

So stellte, etwas schmerzlich, der noch junge Franz Xaver Buchner 1902 fest. Buchner, selbst Priester, wurde 1927 schließlich Domkapitular in Eichstätt. Er hatte den Visitationsbericht aus dem Jahr 1480, der als einzige Quelle dieser Art überdauert hat, als historischer Laie mühevoll durchgearbeitet.[419]

Diesen Befund sollte man vor Augen haben, wenn man das strenge Dekret des Konzils von Basel gegen das Konkubinat der Priester studiert, das als Konkubinat bereits das Zusammenleben eines Klerikers *mit einer Frau, die im Verdacht der Unenthaltsamkeit und in schlechtem Ruf steht,* ansieht.[420] Die Strafen für Kleriker, die solchen Umgang mit Frauen pflegten, waren streng. Wer im öffentlichen Konkubinat lebte, dem musste sein kirchlicher Vorgesetzter seine Pfründen entziehen. Die Strafen galten für alle Weihestufen bis hinauf zum Bischof. Wer im Konkubinat lebte, durfte keine kirchlichen Ämter übernehmen, wer rückfällig wurde, durfte nicht mehr auf Großzügigkeit hoffen. Kamen die Vorgesetzten ihrer Pflicht zur Bestrafung nicht nach, sollten sie selbst bestraft werden. Das Dekret lässt keinen Zweifel an seiner Ernsthaftigkeit. Seine Kenntnis wird in allen Bistümern zwei Monate nach seiner Veröffentlichung vorausgesetzt.

In der Diözese Eichstätt wurden die Reformdekrete des Basler Konzils durch Bischof Johann von Eych während seiner fast 20-jährigen Amtszeit auf regelmäßigen Synoden bekannt gemacht und eingeschärft. Der Bischof sah die Reform in seinem Bistum als eine ernsthafte Aufgabe an, die er mit Sorgfalt und auch mit Strenge betrieb.[421] Besondere Aufmerksamkeit verlangte der Bischof bei den Maßnahmen und Sanktionen gegen das Konkubinat. Doch trotz dieses bischöflichen Einsatzes soll es am Ausgang des 15. Jahrhunderts in der Diözese Eichstätt kaum einen Pfarrer gegeben haben, der tatsächlich zölibatär lebte. Es ist hilfreich, diese Fallstudie im Hinterkopf zu haben, wenn man die Chancen unpopulärer Reformmaßnahmen einschätzen möchte, bei deren Durchsetzung die Reformer, anders als die Dekrete vermitteln, in der Regel kaum über Sanktionsmöglichkeiten verfügten. Es konnte *erbitterter Widerstand* sein, der in Deutschland selbst Reformern im päpstlichen Auftrag wie Cusanus entgegenschlug;[422] es konnten aber auch einfach die alltäglichen Mühen auf allen Ebenen sein, die den Reformeifer schwächten.

Das Basler Konzil und das Ende des Konziliarismus

Das Konzil von Basel zeigt die Komplexität der Verhältnisse und Umstände, mit der eine Reformsynode im frühen 15. Jahrhundert fertig werden musste. Wenn die Entscheidungen von der römischen Kurie und den Königen der großen Königreiche mitgetragen werden sollten, dann mussten die Vertreter der Kurie und der Könige in die Beratungen eingebunden werden. Die Erzbischöfe und Bischöfe, die man bei der Umsetzung von Reformen im Klerus benötigte, waren meist mächtige Herren in ihren Königreichen, in der Regel mit starken materiellen Interessen, da sie einer Hofhaltung vorstanden, deren Politik und deren Repräsentation erhebliche Finanzmittel benötigten. Das waren Zwänge, denen sich auch ein bescheiden lebender Bischof nicht einfach entziehen konnte, und bescheiden lebende Bischöfe waren nicht unbedingt in der Mehrheit. So kamen in diesen Zusammenkünften eben auch die großen politischen Themen zur Sprache, die die Verhältnisse dieser Mächtigen bestimmten.

In Böhmen sorgten in den sogenannten Hussitenkriegen (1419–1434) militärische Erfolge der Anhänger von Jan Hus für Unruhe, den das Konzil von Konstanz 1415 als Ketzer verurteilt und verbrannt hatte. Der Hundertjährige Krieg um die Krone Frankreichs befand sich zur Zeit der Reformkonzilien in einer dramatischen Phase: Die junge Johanna von Orléans, die den entmachteten französischen Thronfolger als König Karl VII. auf den französischen Thron geführt hatte, war 1431 als Ketzerin verurteilt und verbrannt worden, aber die Macht des englischen Königs in Frankreich schwand nach dem frühen Tod des charismatischen Heinrich V. Dazu kam der Konflikt um die Rolle des Papstes im Reformprozess, der in Basel seinen Höhepunkt erreichte. Der Brief eines Mönchs aus Cluny vom Oktober 1433 vermittelt einen Eindruck von der Vielschichtigkeit der Probleme bei der Arbeit des Konzils. Der Mönch, dessen Namen wir nicht kennen, schildert den eindrucksvollen Einzug von Kaiser Sigismund in die Stadt Basel. Trotz der vielen Probleme, die eine Einigung erschweren, hatte Sigismunds Ankunft beim Konzil von Konstanz den versammelten Klerus dazu bewegt, die Arbeit an der Überwindung des Schismas energisch voranzutreiben. Es war Sigismund damals auch darum gegangen, einem unumstrittenen Papst den Weg nach Rom zu bereiten, der ihn dort rechtmäßig zum Kaiser krönen konnte. Nun war Sigismund seit wenigen Monaten Kaiser, und im Dom von Basel trat eine feierliche Versammlung zusammen.[423] Der Kaiser wurde zu seiner Rechten und Linken von Kardinälen, zwei Patriarchen, Erzbischöfen und Bischöfen flankiert. Wie der Mönch aus Cluny jedoch seinem Abt schrieb, wurden auf einer solchen Versammlung keine Beschlüsse gefasst, die nicht zuvor in den Ausschüssen beraten und vorbereitet worden waren. Das war sicher sinnvoll, denn so eine große und feierliche Synode, in der die ständischen Hierarchien ausdrucksvoll inszeniert wurden, konnte nicht über eine einzelne Formulierung beraten, auf die es bei Reformdokumenten ankommen konnte. Bei den Beratungen in Basel waren sodann Kleriker und Theologen ganz unterschiedlichen Standes vertreten. Neben berühmten Theologen oder standesbewussten Kardinälen gab es auch einfache Vertreter wie jenen namenlosen Mönch aus Cluny. Spannungen zwischen diesen Gruppen blieben nicht aus. Auch wenn die einfachen Kirchenleute ihre Reformvorschläge in einen Entwurf für ein Reformdekret einbringen konnten, mussten diese Dekrete dann noch vom versammelten Konzil verabschiedet werden. Hierbei galten aber weiterhin die Regeln einer hierarchischen Gesellschaft; deren ranghohe Vertreter empörten sich über *Köche, und was noch bedenklicher ist, verheiratete Laien*, die in den Ausschüssen und in der Generalversammlung eine Stimme hätten.[424]

Tatsächlich stand das Konzil vor einer kaum lösbaren Aufgabe. Eine Synode, deren Vertreter durch kriegerische Gewalt, konkurrierende ständische Interessen und durch das Ringen um institutionelle Macht gegeneinanderstanden, sollte eine Fülle von Problemen beraten und lösen, über deren genaueren Inhalt, Charakter und Ausmaß keine Einigkeit bestand. Für die Bearbeitung dieser Probleme gab es keine bewährte Routine, mit der man atmosphärische oder inhaltliche Hindernisse überwinden konnte. Wie schwierig der Prozess sein würde, ließ sich auf dem Höhepunkt der Reformarbeit ahnen, wenn der Mönch aus Cluny seinem Abt schrieb: *Ich erwarte nicht, dass sich dieses Konzil innerhalb der nächsten vier Jahre auflösen wird.*[425]

Dafür sollte der Abt ausreichende Mittel bereithalten; denn die lokalen Preise für Lebensmittel stiegen, je länger das Konzil andauerte.

Tatsächlich tagte das Konzil schließlich 17 Jahre lang. Es zerstritt sich mit dem bisherigen Papst, wählte sogar einen neuen Papst und löste sich schließlich auf. Da die meisten Kirchenleute von Zeit zu Zeit in ihren Heimatdiözesen gebraucht wurden, nahm der Besuch in der späteren Phase deutlich ab. Mit dem Basler Konzil endete der Konziliarismus und damit vorerst die Wiederbelebung eines bedeutenden kirchlichen Gremiums mit großer Tradition. Die Konzilien konnten die Reformen, die vielen Gläubigen und Klerikern nötig erschienen, nicht zentral steuern. Im ausgehenden Mittelalter vermochten diese Versammlungen sich nicht erneut als Instrument der Reform und der Kirchenleitung durchzusetzen, das den päpstlichen Zentralismus als Korrektiv ergänzt hätte. Angesichts des großen Gebiets der lateinischen Christenheit, der Vielfalt ihrer Lebensverhältnisse und der wachsenden Ansprüche der Gläubigen an die gelebte religiöse Praxis konnten zentral gelenkte Reformen nicht wirksam durchgesetzt werden. Das war auch vielen Zeitgenossen klar, was aber nicht bedeutete, dass die Diskussionen auf den Konzilien folgenlos geblieben wären. Sie verhinderten zwar die Reformation nicht. Das war auch kaum möglich. Aber auch die Reformation erfasste zunächst nur einen Teil der Christenheit. Die Konzilien in der ersten Hälfte des 15. Jahrhunderts waren Teil einer breiten Aufbruchsbewegung, die die theoretisch streng hierarchische kirchliche Ordnung des Mittelalters in eine neue Epoche überführte.

Ordensreformen

Reformen zielten im Mittelalter auf eine Rückkehr zu den Zuständen einer besseren Vergangenheit. Die Reformer wollten zurück zu einer Vergangenheit, in der die Ordnungen und Regeln des religiösen Lebens noch streng befolgt worden waren. Davon gingen sie zumindest aus. Es ging ihnen um die Einhaltung der Vorschriften, die einst das Leben so geregelt hatten, dass dieses Leben zum Heil führte: *Brüder, wir haben also den Herrn befragt, wer in seinem Zelt wohnen darf, und die Bedingungen für das Wohnen gehört. Erfüllen wir doch die Pflichten des Bewohners.* So lauteten noch immer die Worte im Prolog der Benediktregel.[426] Tatsächlich ist es nicht überraschend, dass es auch in den verschiedenen Orden, die im Lauf des Mittelalters entstanden waren, Reformbestrebungen gab. Das Leben in den Klöstern und Orden hatte sich verändert. Die einzelnen Klöster mit zum Teil langer Geschichte, aber auch die Bettelorden waren Gemeinschaften, die sich trotz ihrer Distanz zur Welt nicht von den Entwicklungen abkoppeln konnten, die die christliche Welt veränderten – auch nicht ganz von den Forderungen, die an die Lebensweise des Klerus gerichtete wurden, zumal die Orden auf den Reformkonzilien vertreten waren, wie wir gesehen haben. Die Reformer in den Klöstern und Orden wollten zurück zu dem strengeren Geist der Anfänge. Die Bewegungen, die viele Benediktinerklöster und auch die Franziskaner im 15. Jahrhundert erfassten, werden unter dem Begriff der *Observanz* zusammengefasst, von der *Befolgung* der ursprünglichen Regel. Die Klöster, die sich diesen Reformbewegungen anschlossen, verbanden sich untereinander. Dabei waren die Zielvorstellungen dieser Bewegungen durchaus unterschiedlich, wie auch die Vorstellungen von der Vergangenheit, die als Vorbild diente, nicht einheitlich waren. Berühmte Zusammenschlüsse trugen die Namen der Klöster, die den ursprünglichen Anstoß zur Reform gegeben hatten und zu ihrem jeweiligen Zentrum wurden, so etwa Subiaco bei Rom, Melk an der Donau, Kastl oder Bursfelde an der Weser.

Nimmt man diese Beobachtungen zusammen – die Vielfalt der Lebensverhältnisse, in denen sich der Glauben bewähren musste, die zum Teil sehr verschiedene Wahrnehmung der Probleme, die konkurrierenden Lösungsvorschläge vor dem Hintergrund einer zunehmenden inneren Anteilnahme der Gläubigen –, dann ist es nicht überraschend, dass in den Reformprogrammen radikal unterschiedliche Vorstellungen vom Charakter der Kirche formuliert wurden.

Jan Hus und John Wyclif

Alle aber sind unterteilt in vorher gewusst Verworfene und Erwählte: Erstere sind am Ende Teufelsglieder, letztere Glieder des mystischen Leibes, der die heilige Kirche ist, die Braut Jesu Christi.

So schrieb Jan Hus (1369–1415) in seinem Traktat *Von der Kirche*, den er in der Haft des Konzils von Konstanz verfasste, das ihn verurteilte und verbrennen ließ.[427] Jan Hus vertrat eine radikal andere Vorstellung von der Kirche, die die bestehende institutionelle Kirche grundsätzlich in Frage stellte. Gott hatte für Jan Hus seine Entscheidung bereits getroffen, wer unter den Menschen, die sich auf Christus beriefen, erlöst werden würde. Die Handlungen der einzelnen Christen, mochten sie auch noch so gut erscheinen, änderten an ihrem persönlichen Schicksal nichts. Die Weihen, die die Kirche spendete und aus denen sie die Berechtigung ihrer Ämterhierarchie ableitete, waren für Hus ohne Bedeutung. Ein Papst, der nicht streng nach den Worten des Evangeliums lebte und handelte, die für Hus der entscheidende Maßstab waren, war für ihn keine Autorität. Er war *ein Gesandter des Antichrists*.[428] Gleiches galt für die Priester, deren Anspruch auf die Binde- und Lösegewalt aufgrund der Weihe durch einen Kirchenoberen er für *völlig verrückt* hielt.[429]

Jan Hus hatte wichtige Anregungen für sein Bild der Kirche aus den Schriften des englischen Theologen John Wyclif (1330–1384) erhalten. Auch Wyclif hatte die Versammlung der Auserwählten als die wahre Kirche Gottes angesehen. Zunächst waren dies akademische Überlegungen des an der Universität Oxford lehrenden Theologen gewesen, woraufhin allmählich die Kritik an seinen Schriften einsetzte. Die Universitäten waren damals kirchliche Einrichtungen. Aber Wyclif hatte Fürsprecher in der königlichen Familie, die ihre schützende Hand über ihn hielten. Seine Forderungen nach einer armen Kirche stießen hier nicht auf Ablehnung. Wyclif starb schließlich als Pfarrer auf dem Land, weil er seine Professur aufgrund seiner radikalen Haltung gegenüber der bestehenden Kirche nicht behalten konnte. Eine Generation später erlebte Jan Hus die ganze Härte der kirchlichen Verfolgung.

Wie John Wyclif war Jan Hus ein Mensch mit einer sehr strengen Moral, die ihn in letzter Konsequenz zum Martyrium verpflichtete. So hatte er es in seinem Traktat von der Kirche angekündigt und so hielt er es auch. Das Konstanzer Urteil gegen Jan Hus hatte in seiner böhmischen Heimat massive Folgen. Seine Anhänger stellten sich bewaffnet gegen die bestehende Ordnung. In England orientierten sich nach dem Tod von John Wyclif verschiedene Gruppen der englischen Gesellschaft an seiner Kirchenkritik. Die Lollarden genannten Kritiker der Kirche kamen aus einfacheren Verhältnissen und forderten eine entschiedene Beschränkung der englischen

Kirche und ihres Besitzes. Sie erlebten verschiedene Phasen stärkerer Wirkung, wurden letztlich aber doch als Häretiker angesehen.

John Wyclif und Jan Hus stellten die bestehende Kirche grundsätzlich in Frage und hielten ihr eine unsichtbare Kirche entgegen, die ihre Berechtigung direkt von Gott empfängt. Riten, liturgische Handlungen und eine äußere religiöse Praxis, die nicht durch innere Anteilnahme und einen tiefen Glauben getragen wurde, waren für sie ohne Wert. Hier sind die Vorläufer der lutherschen Kritik an der „Werkgerechtigkeit" der mittelalterlichen Kirche zu erkennen. Wyclif und Hus waren engagierte Vertreter volkssprachlicher Bibelübersetzungen. Die Heilige Schrift, die die höchste Autorität für die Gläubigen sein sollte, sollte auch allen Gläubigen verständlich sein.

Die Kritik an der real existierenden Kirche wurde allerdings nicht von allen Gläubigen geteilt. Wir haben oben auf die starke Kraft liturgischer Handlungen, formalisierter Gebetstexte, die die bösen Geister abwehren sollten, und die Wirkung guter Taten im Namen des Glaubens hingewiesen. Für viele Menschen behielt dies weiterhin gültige Kraft. Im Rückblick sind die Texte der Kirchenkritik origineller als die Flut traditioneller Heiligenlegenden, Stundenbücher und Andachtsbilder. Ein großer Teil der Textmenge des 15. Jahrhundert besteht indes aus kirchenkonformer Literatur. Diese Texte wurden nach wie vor mit der Hand geschrieben und kopiert. Sie waren gefragt, sonst hätte man sie nicht abgeschrieben.

Während für Jan Hus Jesus das Oberhaupt der einzigen Kirche war, die für ihn Realität beanspruchen durfte, stand für die beiden italienischen Camaldulenser-Mönche Paolo Giustiniani (1476–1528) und Pietro Querini (1478–1514) außer Frage, dass der römische Papst das Oberhaupt nicht nur der christlichen, sondern der ganzen Welt sein müsse, wenn diese Welt eine Zukunft haben sollte.

> *Er hat die ganze Welt Eurem Befehl und Eurem Regiment unterstellt, so dass durch Euer Bemühen, Eure Sorge und Eure Weisheit ein Gemeinwesen aller menschlichen Kreatur errichtet wird, das Jesus Christus dient, nach dem Vorbild des himmlischen Königreichs.*[430]

So schrieben die beiden Mönche dem römischen Papst Leo X. im Jahr 1514 (*Libellus ad Leonem X*). Es ist ein langer Brief mit einem Programm für die Reform der Kirche, allerdings mit einem Ziel, das weit über eine innerkirchliche Reform hinausging. Zu etwa der gleichen Zeit, als Martin Luther mit seinem Bruch mit der katholischen Kirche die Tür zu einem neuen Kapitel der Kirchengeschichte aufstieß, legten hier zwei katholische Reformer ein differenziertes Programm für die Erlangung einer christlichen Herrschaft über die damals bekannte Welt vor. Der Text verbindet religiösen Fanatismus mit kluger Problemanalyse und Kenntnis der Welt auf eine Weise, die heutigen Lesern in der modernen Welt weitgehend fremd ist. Die Empfehlung, der Papst möge durch einen Krieg gegen die Muslime die christlichen Nationen hinter sich vereinen, erscheint als eine kühle realpolitische Aktualisierung der Aufrufe zum ersten Kreuzzug. Auch das Bildungsprogramm für die einfachen Gläubigen folgt weitgehend dem mittelalterlichen Vorbild, indem es die Vermittlung der Zehn Gebote, des Credos und des Vaterunsers empfiehlt. Dabei geht es den beiden Reformern erkennbar um die Überwindung der Unkenntnis der Gläubigen, der *ignorantia*, die sie wiederholt beklagen. Um die Kenntnis der wesentlichen Wahrheiten des Glaubens zu vermitteln, brauche es, wie sie umsichtig argumentieren, eine Übersetzung der zentralen Texte in die Volkssprachen. Früher habe man die hebräischen und griechischen Texte der Bibel in die lateinische Sprache übersetzt, damit sie für die Zeitgenossen verständlich wurden; nun reiche das nicht mehr aus, und es brauche eine weitere Übersetzung in eine allgemein verständliche Sprache. Die vielen verschiedenen Riten der Heiligenverehrung und der Krankenheilung durch gezielte Gebetspraktiken sahen sie ebenso wie Wyclif und Hus als Aberglauben an, dem man begegnen müsse. Aber ihre Schlussfolgerungen waren gänzlich andere:

> Unternimm also entschlossen die Bekehrung der Juden, der Götzenanbeter und der Muslime, führe sie zum Glauben oder in den Untergang, unterwirf alle Völker christlichen Namens der Macht der Römischen Kirche und verbinde sie als Glieder mit ihrem Kopf.[431]

Die Aufbrüche der Laien

Der Chor der Reformer klang am Ende des Mittelalters bisweilen etwas dissonant. Aber die Fülle der Vorschläge stellte nur aus der Perspektive der römischen Zentrale ein Problem dar. Aus den Blickwinkeln der zahlreichen Glaubensäußerungen, vor dem Hintergrund der unterschiedlichen Lebenserfahrungen konnte man diese Fülle erwarten. Diversität (*diver-*

sitas), wie es die mittelalterlichen Autoren nannten, war nur für die Anhänger einer strengen Autorität ein Schrecken, für viele andere war *diversitas* eine lebendige Erfahrung. Die Vielfalt der Reformvorschläge und die Unmöglichkeit einer zentral gelenkten Reform waren der praktische Ausdruck mittelalterlicher Religiosität; sie waren der Beleg für die Grenzen der so oft überschätzten päpstlichen Macht. Diese päpstliche Macht erscheint im Rückblick deutlich stärker, als sie tatsächlich war. Die dichte päpstliche Überlieferung vermittelt ein falsches Bild. Viele Gläubige suchten in dieser späten Phase des Mittelalters bereits ihren eigenen Weg. Diese Aufbrüche vieler Laien waren die eigentlich bedeutende Entwicklung in der Geschichte religiöser Aufbrüche im späten Mittelalter.

Thomas von Kempen

Für diese Öffnung gibt es ein Zeugnis, das in den Jahren zwischen 1420 und 1440 entstand und weit über das Mittelalter hinaus wirkte. Es wird noch heute von Christen gelesen: Die *Imitatio Christi*, die „Nachfolge Christi", des Thomas von Kempen. Thomas stammte aus der Stadt am Niederrhein und trat in Deventer in das Augustinerchorherrenstift Agnetenberg bei Zwolle ein. Im Alter von fast 100 Jahren starb er dort 1471. Die Chorherren waren keine Mönche, aber die Chorherrenregel machte ihr Leben jenem in einem Kloster sehr ähnlich. Viele Gläubige sahen in Thomas' Schrift ein Leitbild für ihr eigenes religiöses Leben. *Homo religiosus* – so wurde der Mönch der verschiedenen Orden seit dem frühen Mittelalter genannt. Thomas von Kempen war so ein religiöser Mensch, und sein Buch über die „Nachfolge Christi" wurde mit fast 800 heute bekannten Handschriften und Frühdrucken zu einem Bestseller des ausgehenden Mittelalters, den die Menschen in Latein und in vielen Übersetzungen kauften und lasen. *Wer mir nachfolgt, der wandelt nicht im Finstern, spricht der Herr,*[432] so beginnt das Werk. Schon der Blick auf das hohe Alter, das Thomas von Kempen erreichte, legt nahe, dass die Nachfolge, die Thomas vor Augen hatte, nicht die nackte Nachfolge war, die Franziskus gut 200 Jahre zuvor so populär gemacht hatte. *Unser höchstes Bestreben sei darum, uns in die Betrachtung des Lebens Jesu Christi zu versenken und daraus zu lernen* (ebda.). Zu lernen gab es dabei vor allem den richtigen Umgang mit dem Leid. Denn das Leben Christi, das Thomas vor Augen hatte, war ein leidvolles Leben. *Das ganze Leben Christi war ein Kreuz- und Marterleben.*[433]

Allerdings bedeutete die Vertiefung in dieses Marterleben und in die Märtyrergeschichten der vielen Heiligen, deren Vorbild Thomas seinen Leserinnen und Lesern nahelegte, nicht, dass die Gläubigen selbst ihr Leben einsetzen sollten. Anders als Jesus, der nach dreijährigem Wirken mit dreiunddreißig Jahren jung starb, oder Franziskus, der mit Mitte Vierzig starb und bei seinem Tod nach dem Zeugnis einzelner Mitbrüder mit den Wundmalen Jesu gekennzeichnet war, starb Thomas von Kempen als ein sehr alter Mann. Schon als junger Mann hatten seine Betrachtungen über das Leben als Christ einen melancholischen Ton. Es sind die Betrachtungen eines Menschen, der sich zu stiller Meditation in seine Kammer zurückzieht und die Gemeinschaft mit anderen Menschen eher als eine laute Ablenkung vom Wesentlichen erlebt. Die „Nachfolge Christi" ist ein durch und durch ernsthaftes Werk. Sein Autor warnt beständig vor den Gefahren, denen die gläubige Seele in der Begegnung mit der Welt ausgesetzt ist. In Thomas' Betrachtungen über sein christliches Leben ist der hohe moralische Anspruch allgegenwärtig, den Erwartungen Gottes gerecht zu werden. Gelacht wird niemals. Humor kommt bei Thomas nicht vor, auch nicht, wenn er die vielen Schwächen der menschlichen Existenz beleuchtet. Manche Gefährten des Franziskus, die seinem Aufruf folgend über die Alpen gezogen waren, um den Menschen im Norden die Nachfolge Jesu vorzuleben, hatten diesen Weg mit Witz und Humor bestritten. So hatten sie die Sympathien vieler Menschen gewonnen. In der bäuerlichen Welt der Niederlande, die Pieter Bruegel der Ältere im 16. Jahrhundert pulsierend vor Leben malte, tritt der derbe Humor deutlich hervor. Bei Thomas von Kempen herrschte ein anderer Ton: ruhig, selbstbeherrscht, hochreflektiert.

Thomas' Werk ist Ausdruck der Hinwendung zur Passion Jesu, die wir im letzten Kapitel thematisiert haben. Er schwankt ein wenig zwischen dem Bekenntnis zum entschlossenen, freien Handeln und dem selbstkritischen Rückzug aus der Welt. In den vier Empfehlungen, wie innerer Frieden und Freiheit gewonnen und erhalten werden könnten, schreibt er:

Laß es dir, mein Sohn, erstens angelegen sein, lieber dem Willen eines anderen als deinem eigenen nachzuleben. Zweitens, wähle immer, weniger als mehr zu haben.

Drittens, setz dich lieber unten an und sei gern untertan. Viertens, wünsche und bete immer, daß Gottes Wille in dir vollkommen erfüllt werde.[434] Dies sind klassische klösterliche Tugenden. Die „Nachfolge Christi" richtet sich auch an Ordensbrüder, die ihrem Abt oder Vorsteher Gehorsam schulden. Aber die Schrift wurde von sehr vielen Gläubigen gelesen, die keinem Orden angehörten und in einer gewöhnlichen sozialen Umwelt lebten. Sosehr der beständige Appell zur Selbstverleugnung den Text auch durchzieht, so wird doch auch immer wieder erkennbar, wie schwer diese Haltung auch Mönchen und Stiftsgeistlichen fiel, die nach solch strengen Regeln lebten. Denn Thomas zielte nicht auf äußere Handlungen, sondern auf die innere Haltung der Gläubigen, und eben darauf kam es ihm an. Die Gläubigen sollten, so Thomas, sich selbst absterben lassen, sich von aller Bindung an das Vergängliche lösen – *desto höher hebt sie das freie Herz des Menschen empor.*[435] Diese Sätze wirken heute denkbar unmodern. Aber der Text enthält auch Einsichten über ein sinnvolles Leben, die in nur leicht anderer Form Kernsätze moderner Ratgeberliteratur sein könnten. *Du wirst immer froh sein am Abend, wenn du den Tag nützlich zugebracht hast.*[436]

Thomas von Kempen wird einer Richtung der spätmittelalterlichen Reform zugeschrieben, die als *Devotio moderna* ein Zentrum in Deventer hatte, von wo sie vor allem in den Niederlanden, aber auch darüber hinaus wirkte. Sie bewegte Frauen und Männer, von denen viele wie auch Thomas von Kempen als Augustinerchorherren lebten. Zu dieser Bewegung gehörten Kleriker und Laien. Anders als im 12. Jahrhundert, als Laien wie Petrus Waldes mit ihren Fragen und ihren Anliegen durch die Überheblichkeit gebildeter Kleriker in die Häresie gedrängt wurden, bemühten sich nun viele Geistliche wie Thomas von Kempen oder der französische Theologe Jean Gerson (1363–1429), der zur Zeit der Konzilien auftrat, um einen bescheidenen Auftritt und eine verständliche Sprache. Ein großer Teil der volkssprachlichen Literatur des ausgehenden Mittelalters vermittelte theologisches Wissen in elementarer Form und einfacher Sprache.

Thomas von Kempen grenzte sich bewusst von abstrakter Theologie ab. Das ist angesichts seiner Wirkung wiederholt beklagt worden. Aber es war Ausdruck einer weiteren Popularisierung der christlichen Religion im Mittelalter. Es war gewissermaßen das letzte Kapitel der mittelalterlichen Verbreitung christlicher Lehren und Lebensweisen, die bis zum Schluss –

trotz aller (theoretischen) Zentralisierungsbemühungen – eine große Offenheit beibehielten. Es gab Ausnahmen wie das finstere Wirken einzelner Inquisitoren. Diese Verfolgungen blieben meist zeitlich und räumlich eng begrenzt. Zwar wurde im Allgemeinen die Autorität der römischen Kurie in anspruchsvollen Formulierungen betont, aber die Gefolgschaft der Gläubigen wurde kaum kontrolliert. Stattdessen war eine andere Entwicklung für die Geschichte der europäischen Christenheit viel folgenreicher, für die Thomas' Werk mit seiner weiten Verbreitung ein wichtiges Zeugnis ist.

Der melancholische Ton der „Nachfolge Christi" hatte einen grundsätzlich anderen Klang als die vielen Reformtraktate, die das sündhafte Leben der Priester und Prälaten beklagten. Priester kamen in der „Nachfolge Christi" kaum vor, obwohl sich das vierte Buch des Werks dem Altarsakrament widmet, für das ein Priester unverzichtbar ist. Thomas von Kempen interessierte sich nicht für den besonderen Status der Priester, deren Weihe sie über die anderen Gläubigen erhob; er stimmte auch nicht in den Chor der Kritiker ein, die die Verfehlungen des priesterlichen Ideals wortreich beklagten. Thomas mahnte die Priester, dem Altarsakrament ihre innige Anteilnahme zu widmen. Er schrieb über das gelungene christliche Leben ohne Verweis auf den Klerus. Die elegischen Klagen, die Thomas anstimmte, waren Klagen über die eigene Fehlbarkeit als Mensch, über das Verfehlen des hohen Ideals. Man konnte indes kaum anders, als es zu verfehlen. Wenn der Maßstab nicht der korrekt ausgeführte Ritus war, sondern die tief empfundene eigene Anteilnahme in jeder religiösen Lebensäußerung, was konnte man erwarten? Im frühen 12. Jahrhundert begannen prominente Autoren wie Petrus Abaelard bei der Beurteilung menschlichen Handelns in ihren ethisch-theologischen Erörterungen nach Motiven zu fragen. Als so die Psychologie Einzug in das religiöse Denken hielt, gab Abaelards frühere Geliebte Heloïse in ihren Briefen Auskunft über ihre Gedanken und Phantasien, die sie als Äbtissin beim Gottesdienst umtrieben und in denen die erotischen Erinnerungen an ihre gemeinsame Zeit mit Abaelard noch wach waren. Thomas von Kempens Standards wäre sie so nur schwer gerecht geworden. Thomas wusste um solche Prüfungen, aber er stellte keine Regeln für andere auf. Er verlangte die innere Haltung von sich selbst, und diese Selbstprüfung empfahl er seinen Leserinnen und Lesern. Darum ging es und dies war das Neue, das sich im letzten Kapitel der Geschichte der mittelalterlichen Christenheit in verschiedenen Aufbrüchen äußerte: die Arbeit an sich selbst in religiöser Absicht, auch als Leitfaden für alle Mitchristen.

Das war in dieser Form neu. Die Demut, die Thomas' gesamten Text durchzieht, war zunächst Ausdruck seiner persönlichen Haltung. Aber sie ging über einen persönlichen Charakterzug hinaus. Sie war Ausdruck einer grundsätzlichen Neuausrichtung der religiösen Orientierung, die die Christenheit seit dem 14. Jahrhundert allmählich durchdrang. Auch die Texte des frühen Mittelalters verlangten Demut von den Gläubigen. Aber die Adressaten dieser früheren Texte stammten meist aus reichen und mächtigen Familien. Die Demut, die die Menschen im Umfeld der Königshöfe Gott, den Engeln oder den Heiligen gegenüber bezeigten, war durch den Respekt selbstbewusster Akteure gegenüber einem Herrn geprägt, der über ihnen stand. Es war in erster Linie eine sozial und herrschaftlich gestützte Unterordnung unter eine mächtigere Kraft. Die Demut, die die ganze *Imitatio Christi* durchzieht, hat eine anthropologische Dimension: Es ist die Demut eines Menschen, dem seine Fehlbarkeit schmerzlich bewusst ist und der sie immer wieder aufs Neue erlebt, weil er seine eigenen Handlungen mit dem hohen Maßstab misst. Das religiöse Gewissen war im Lauf des Mittelalters zu einer individuellen Instanz geworden. Das bedeutete nicht, dass es nun alle Gläubigen um den Schlaf brachte. Viele Gläubige konnten ihr Gewissen mit Ablässen oder Wallfahrten beruhigen, für sie gab es einen ganzen Markt an Möglichkeiten. Aber es gab immer mehr Gläubige, die höhere Ansprüche an sich selbst stellten. Diese Ansprüche hatten nicht alle den melancholischen Ton von Thomas' Betrachtungen. Sie teilten auch nicht alle seine Skepsis gegenüber einem neugierigen Geist oder den Möglichkeiten der Vernunft. Man konnte diese hohen Ansprüche an das eigene Handeln durchaus mit Humor, auch mit Witz verbinden. Wichtig war vor allem die neue Direktheit. Thomas hatte die Vermittler auf die Seite geschoben: *Nicht Moses oder die Propheten reden zu mir. Du, o Herr, du, mein Gott rede zu mir.*[437] Dies war nicht nur ein Anspruch einer Gruppe frommer Gläubiger mit strengem Gesichtsausdruck am Niederrhein. Auch Nikolaus Cusanus, Philosoph, Kardinal und gelehrter Reformer zwischen Konzil und Papst, begann in diesen Jahren seinen Brief zur allgemeinen Reform der Kirche mit der *grundsätzlichen* Feststellung:

Kapitel 16   Viele Aufbrüche, aber kein Umbruch

Dies bedeutete nichts anderes, als dass der Mensch geschaffen wurde, um Gott in seiner Herrlichkeit zu sehen.[438]

Antonello da Messina

Dieses Sehen hielt einige Jahre später der sizilianische Maler Antonello da Messina (1430–1479) in seinem Bildnis der Maria der Verkündigung (*Annunziata*) eindringlich fest. Das kleine Bild zeigt das konzentrierte Antlitz einer jungen Frau, die in ihrer Lektüre innehält und deren Blick mit außergewöhnlicher Wachheit nach innen gerichtet ist. Weil ein dunkelblauer Schleier ihr Haar und ihre Schultern verhüllt, richtet sich der Blick der Betrachtenden ganz auf ihr Gesicht, ihre Hände und das Buch, das auf einem kleinen Pult vor ihr liegt. Gabriel, der sie in der Verkündigungsperi-

Abb. 20 Antonello da Messina, Maria der Verkündigung (*Annunziata*) (s. dazu im Text S. 351f).

kope des Lukas grüßt und ihr die Nachricht ihrer Schwangerschaft überbringt (Lk 1,26–38), steht nicht neben ihr. Es ist ein Marienbild, das ganz in der Tradition der Verkündigungsdarstellungen zu stehen scheint. Aber es ist auch das Bild einer jungen Frau, die ganz bei sich ist und deren innere Bewegung durch keinen äußeren Akteur verursacht wird. Wäre da nicht ihre Hand, die die abwehrende Bewegung andeutet, mit der Maria in den vielen Verkündigungsszenen der abendländischen Kunst der Ankündigung Gabriels begegnet, könnte diese sizilianische Maria eine Leserin der *Imitatio Christi* in einer Kammer am Niederrhein sein, die in ihrer Lektüre innehält, weil sie plötzlich realisiert, dass etwas Besonderes mit ihr geschieht.

Antonello erreichte die Lebendigkeit in der Darstellung Marias durch die Verwendung von Ölfarben, eine Technik, für deren Transfer nach Italien er berühmt geworden ist. Giorgio Vasari betont in seinem kurzen Künstlerporträt Antonellos die Vorzüge der neuen Technik, die die Darstellung mit Schönheit und Anmut bereichere. Antonello habe am Hof von Neapel ein Tafelgemälde mit Ölfarben gesehen und sei daraufhin nach Flandern gereist, um bei Jan van Eyck die Technik der Ölmalerei zu erlernen.[439] Auch wenn diese Reise Antonellos nach Flandern eine Legende ist, so nutzte er doch eine in Flandern entwickelte Technik, um eine junge Sizilianerin im Moment einer Gottesbegegnung zu malen, bei dem es keine Rolle spielte, ob dieser Moment sich in Antwerpen oder an der Straße von Messina ereignete. Das innere Geschehen, das sich in der lebendigen Ruhe im Gesicht dieser jungen Frau spiegelt, verstanden am Ende des Mittelalters viele Menschen in ganz Europa.

Kapitel 17

Die letzten Dinge

Im Angesicht des Todes

Der Zug zur Innerlichkeit und Individualisierung, der im ausgehenden Mittelalter so deutlich hervortrat, hatte sich angesichts einer besonderen Herausforderung an anderer Stelle schon früher gezeigt. Lange bevor die Künstler begannen, den Verstorbenen auf ihren Grabmälern individuellere Züge zu verleihen, sahen sich die Sterbenden einer Prüfung gegenüber, die sie allein mit ihrer sehr persönlichen Lebensgeschichte zu bewältigen hatten. Im Angesicht des Todes und des göttlichen Gerichts erkannten die Gläubigen ihr Leben als eine persönliche Geschichte mit Schicksalsschlägen, mit Höhepunkten und Krisen, mit Erfolgen und Niederlagen. Die moderne Psychologie hat die Erlebnisse und Erfahrungen Sterbender vielfach untersucht und hebt den Wert menschlicher Begegnungen hervor, den Sterbende im letzten Rückblick auf ihr Leben immer wieder betont haben. Wir haben keine vergleichbaren Zeugnisse aus dem Mittelalter. Die Berichte von Sterbenden, die es seit dem frühen Mittelalter gibt, stammen in der frühen Zeit zumeist aus dem klösterlichen Umfeld und tragen einen deutlich didaktischen Charakter: Der Ausblick auf ewige Höllenstrafen nach dem Tod sollte die Lebenden bewegen, ihr Leben zu ändern. Zunächst waren diese Lebenden zumeist Mönche, deren Leben den hohen Ansprüchen des christlichen Ethos nicht immer entsprochen hatte oder sie hartnäckig ignorierte. Diese Sünder büßten nun gequält von Dämonen für ihren Übermut. Häufig waren es erotische Abweichungen von der zölibatären Norm, was nicht weiter überrascht. Auffällig ist die Strenge der Maßstäbe.

Mit dem 12. Jahrhundert, und damit in der Zeit, in der das Christentum breitere soziale Milieus erschloss und durchdrang, hob eine Welle von Visionsberichten an, in denen nun auch Bauern und Ritter zu Wort kamen. Nicht nur die kämpfende Kirche im Diesseits war vielfältiger geworden. Auch die triumphierende Kirche im Jenseits bekam nun ein facettenreicheres Bild, allerdings noch ein wenig schattenhaft, weil man sich die Seelen der Verstorbenen körperlos vorstellte. Aber die Seelen im Jenseits hatten doch individuelle Züge, und die Jenseitsreisenden erkannten sie mitunter. Dann zeigten sie sich verwundert, betroffen oder verschreckt, wenn sie die Bekannten im Feuer der Hölle antrafen. Oder sie waren erfreut, wenn sie bekannte Seelen in den Freuden des Paradieses erblickten. Der berühmteste dieser Reisenden war Dante, der in seiner *Commedia*, der „Göttlichen Komödie", vom römischen Dichter Vergil begleitet durch die Hölle wandert, den Läuterungsberg hinaufsteigt und bis in das Paradies gelangt, wobei auch hier den modernen Leser das Schicksal Vergils irritiert, der den Dichter auf seiner Jenseitsreise nicht durch das Paradies führen darf. Er darf das Paradies nicht betreten, obwohl ihn keine „Schuld" trifft. Der Zugang zum Paradies blieb Vergil verwehrt, weil er ungetauft geblieben war. Anders konnte es nicht sein, denn Vergil starb ein halbes Jahrhundert vor dem Wirken Jesu. Die mittelalterlichen Vorstellungen von Verantwortung bezogen Umstände mit ein, die unsere moderne Vorstellung von Gerechtigkeit nicht nachvollziehen kann. Für die Gläubigen des Mittelalters waren sie dagegen eine häufige Erfahrung in ihrer sozialen Umwelt.

Im Angesicht des Todes aber mochte die mittelalterliche Erfahrung der Erfahrung moderner Menschen auf dem Sterbebett insofern ähneln, als viele Gläubige in den Jahrhunderten zwischen Benedikt von Nursia und Thomas von Kempen in der realen Angst lebten, ohne Beichte zu sterben. Philippe Ariès († 1984) hat in seiner „Geschichte des Todes" betont, dass die Menschen in diesen früheren Zeiten häufig eine sichere Vorahnung vom Zeitpunkt ihres Todes verspürten, die es ihnen ermöglichte, sich auf das Sterben vorzubereiten, wenn sie nicht Opfer eines Unfalls oder einer Gewalttat wurden.[440] Eine Vorbereitung auf die letzte Beichte war wie ein Rückblick auf das eigene Leben. Das eigene Tun musste geprüft, mögliche Verstöße gegen göttliche Gebote gewichtet werden. Das Sakrament der Buße, das der Priester auf dem Totenbett spendete, konnte Höllenstrafen vorbeugen, wenn man aufrichtige Reue zeigte. Dazu musste man sich seine Handlungen ins Gedächtnis rufen. Manche Gläubigen werden bei einem solchen Rückblick und bei der unbestimmten Aussicht, was sie konkret nach dem Tod erwartete, Angst verspürt haben. Diese Angst in der Todesstunde befällt bis heute manchen Menschen. In einer Welt, in der magische Kräfte noch wie im Mittelalter wirken konnten und deren religiöse Kultur noch manchen mittelalterlichen Zug trug, ließ Gabriel García Márquez seinen Protagonisten am Beginn der „Liebe in Zeiten der Cholera" von einer Leiter fallen:

Einen Augenblick schwebte er in der Luft, und da wurde ihm klar, dass er starb, ohne Kommunion, ohne Zeit, irgendetwas zu bereuen oder von irgendjemandem Abschied zu nehmen.[441]

In der katholischen Kultur Lateinamerikas konnte man am Ende des letzten Jahrtausends noch manchmal einen Nachklang des Mittelalters vernehmen.

Weiter oben in Kapitel 5 habe ich eine Vision des heiligen Benedikt zitiert. Benedikt hatte gegen Ende seines Lebens die ganze Welt in einem einzigen Lichtstrahl gesehen, wie sein Biograph Gregor der Große in seinen Dialogen berichtet.[442] Der Bericht von der Vision fährt allerdings fort:

Während der ehrwürdige Vater seinen Blick unverwandt auf den strahlenden Glanz dieses Lichts gerichtete hielt, sah er, wie Engel die Seele des Bischofs Germanus von Capua in einer feurigen Kugel zum Himmel trugen.

Eine Nachfrage in Capua ergab, dass der Bischof zum Zeitpunkt der Vision verstorben war. In dieser frühen Zeit, als die Zahl der Christen noch so überschaubar war, dass viele sich kannten, wird wiederholt von solchen Visionen berichtet, in denen Gläubige die Auffahrt von Seelen verdienter Verstorbener in den Himmel sehen. Da dies zugleich eine Todesnachricht war, schwankten die Sehenden zwischen der Trauer über den Verlust und der Freude über die offenkundige Erfüllung eines christlichen Lebens. Benedikt selber hatte nicht lange vor dieser großen Vision eine familiäre Vision, in der ihm der Tod seiner Schwester bedeutet wurde, die in Gestalt einer Taube zum Himmel aufgestiegen war.[443] Die direkte Aufnahme in den Himmel war möglich, sie schien indes den Gläubigen vorbehalten zu sein, die als Mönche, Nonnen oder Bischöfe ein strenges geistliches Leben führten bzw. geführt hatten.

Was aber durfte man erwarten, wenn man ein gewöhnliches christliches Leben geführt hatte, das auch Schattenseiten kannte? Für die Gläubigen im Mittelalter war dies die Frage nach den „letzten Dingen". Als die „vier letzten Dinge" (*quattuor novissima*) unterschied man im Mittelalter den Tod, das Jüngste Gericht, Himmel und Hölle. Die Frage danach war eine zentrale Frage. Für gläubige Christen war es eigentlich die entscheidende Frage.

Man liest bisweilen über das Mittelalter, dass die Menschen den Tod nicht gefürchtet hätten, weil sie als Christen ein ewiges Leben erwarteten. Wer sich etwas intensiver mit dieser Zeit befasst hat, wird diese Einschätzung kaum teilen. Zu allen Zeiten des Mittelalters begegnen einem die Gläubigen als Menschen, die ihr Leben ungern riskieren. Das gilt auch für Mönche und Priester. Sie alle mussten sich aber letztlich dieser Frage stellen, die auf alle Menschen zukommt. Die Theologie bezeichnet die Lehre von den letzten Dingen (griech. *éschata*) heute mit dem neuzeitlichen Begriff der „Eschatologie", den die mittelalterlichen Theologen noch nicht kannten. Aber sie brauchten diesen Begriff nicht, um sich mit dem Tod, dem Jüngsten Gericht, mit dem Himmel und der Hölle zu befassen.

Dabei vollzog sich im Lauf der Jahrhunderte ein deutlicher Wandel. Die sterbenden Gläubigen mussten sich immer differenzierteren Prüfungen unterziehen, wobei die Aussichten auf eine direkte Aufnahme in den Himmel vom frühen bis in das späte Mittelalter trotz der deutlichen Zunahme theologischer Kompetenz und didaktischer Bemühungen der Geistlichkeit nicht erkennbar zunahmen. Eher erschien das Gegenteil der Fall. Nach dem Tod schien vielen Gläubigen zumindest für eine bestimmte Zeit eine Bestrafung bevorzustehen. Sünden mussten gesühnt werden. Wir sollten versuchen, den mittelalterlichen Erwartungen beim Blick in die Ewigkeit über ihren Sitz im Leben näher zu kommen. Dabei müssen wir uns die Grenzen dieser Bemühungen vor Augen halten. Wir sind bei der Beantwortung dieser Fragen auf das Zeugnis schriftlicher und bildlicher Quellen angewiesen.

Die mittelalterlichen Texte, die im Angesicht des Todes notiert oder in Hinblick auf den Tod verfasst wurden, wurden zur Belehrung, zur Erklärung, zum öffentlichen Zeugnis und mitunter zum Trost verfasst. Aber wie die sterbenden Menschen oder ihre Angehörigen diese Texte aufnahmen, darüber sagen diese Zeugnisse nichts aus. Sie lassen es bisweilen erahnen. Doch sollten wir nicht dem Irrtum erliegen, mit dem Zitat einer wohlformulierten Lehrmeinung zum Höllenfeuer oder zum Paradies die Hoffnungen oder Befürchtungen sterbender Christen zu erfassen, deren Leben und Erfahrungen so anders sein konnten als die eines geistlichen Verfassers. Selbst wenn sie die erbaulichen Texte über das Sterben lesen konnten, werden sie ihr eigenes Bild von dem gehabt haben, was auf sie zukam, wenn sie die letzte Schwelle überschritten. Aber wir können vielleicht einige Gemeinsamkeiten in den zahlreichen zugänglichen oder verdeckten Bildern der letzten Dinge ausmachen, die die Menschen im Spannungsfeld zwischen der Sehnsucht nach Heil und bedrängender Heilsunsicherheit mit sich herumtrugen.

Augustinus

Der wohl einflussreichste und am häufigsten zitierte Kirchenvater des Mittelalters war Augustinus († 430), Bischof im nordafrikanischen Hippo in der Spätphase des römischen Reiches. Sein großes Werk, das *opus magnum* christlicher Geschichtsdeutung, der „Gottesstaat", wurde das ganze Mittelalter hindurch gelesen, in Zitatensammlungen exzerpiert und prägte das christliche Denken auch über das Mittelalter hinaus nachhaltig.

Augustinus' Haltung gegenüber dem menschlichen Leben, auch gegenüber den langfristigen Aussichten der meisten Gläubigen, war von einer tiefen Skepsis durchzogen. Sie prägt viele seiner Schriften und ließ die Gnade Gottes dadurch umso heller leuchten:

Denn schon in seinen Anfängen bezeugt das irdische Leben, wenn es mit seinen unzähligen schweren Übeln überhaupt noch den Namen Leben verdient, dass das gesamte Geschlecht der Sterblichen verdammt worden ist.[444]

Es sagt etwas über die Haltung vieler Theologen des Mittelalters aus, dass ein Lehrer mit einem solchen Bild des menschlichen Lebens in ihrem Denken so präsent war. Es muss einen nicht verwundern, dass ein solches Geschlecht mit nicht allzu großen Erwartungen an die Pforten der Ewigkeit treten sollte. Augustinus war dabei durchaus bewusst, dass seine dunklen Aussichten bei manchem Zeitgenossen auf Zweifel stoßen würden. Aber diese Zweifel konnten für Augustinus nur diejenigen bewegen, *die in un-*

fassbarer Erbitterung oder Blindheit den Heiligen Schriften keinen Glauben schenkten.[445] Zweifel und Unglaube konnten die Sterblichen nicht davor bewahren, sich vor Christus als Richter verantworten zu müssen.

Das 20. Buch des „Gottesstaates" bietet eine Zusammenstellung und Exegese der biblischen Tradition zum Jüngsten Gericht. Augustinus gibt einen Überblick von den Propheten und Psalmen bis zur Offenbarung des Johannes. Allerdings sind die Auslegungen der dunklen Schriftworte durch Augustinus wohl auch deshalb so folgerichtig, weil der Bischof von Hippo den inneren Zusammenhang bereits sah, bevor er diese Stellen genauer studierte. Der Text des Augustinus lässt keinen Zweifel an der Macht des göttlichen Gerichts, auch wenn der genauere Ablauf der Verhandlungen etwas unklar bleibt. Der Verlauf der Geschichte lässt einen göttlichen Plan erkennen, dem sich nach einem so bescheidenen Beginn nun die Welt zu unterwerfen anschickte:

Wer, sage ich, hätte erwartet, dass die Völker auf Christi Namen ihre Hoffnung setzen würden, wer hätte es damals erwartet, als Christus festgenommen und gebunden, geschlagen, verspottet, gekreuzigt wurde [...]? Was damals kaum einer der Schächer am Kreuz erhoffte, das erhoffen jetzt die Völker allüberall, und sie bezeichnen sich, um nicht dem ewigen Tode zu verfallen, mit dem Kreuz, woran er den Tod erlitt.[446]

Wenngleich Gott nun triumphierte, wie Augustinus es an deutlichen Zeichen ablas, so war das kein Grund für die vielen Sünder, die seine Worte bis dahin überhört hatten, auf die Milde des Herrn der Geschichte zu hoffen. Die Strafen, die in der Hölle für sie vorgesehen waren, waren ewige Strafen, und die Flammen der Hölle brannten heiß. Das 21. Buch des Gottesstaates ist der Bestrafung der Sünder gewidmet.

Augustinus ersparte den Lesern seines Werkes die detaillierte Ausmalung all jener Höllenstrafen, die die Phantasie mittelalterlicher Autoren und Künstler bis zu den Höllenbildern des Hieronymus Bosch beflügelt haben. Augustinus war kein Handwerker höllischer Apparaturen, er erörterte die grundsätzlichen Fragen. Das freilich milderte seine Gewissheiten für die Sünder nicht ab. Denn Augustinus fragte nach den Aussichten für die Sünder, der ewigen Strafe zu entkommen, die Temperaturen des Höllenfeuers zu senken, nach einer Zeit der Sühne aus dem Glutkessel entlassen zu werden. Konnten auch schwere Missetäter in der Welt der Antike auf gnädige

Richter hoffen, nachdem sie eine gebührende Strafe erhalten hatten? Konnten die Gebete der Angehörigen oder Freunde keine Befreiung aus der Hölle bewirken? Oder, so furchtbar das klingen mochte, würde der Schmerz im ewigen Feuer die sündigen Seelen nicht töten, sodass die Qual auf diese Weise endete? Augustinus sah dafür keine Aussicht. *Eintreten wird also, ohne Zweifel wird eintreten, was Gott durch seinen Propheten gesprochen hat über die ewige Strafpein der Verdammten.*[447] Wortreich erörterte er die Frage, wie die Seelen beschaffen sein mussten, die im Feuer körperlich litten, obwohl sie noch unkörperlich waren. Aus der Geschichte und aus Erzählungen benannte er Beispiele überraschender Naturphänomene bei der Begegnung mit großer Hitze. Man fragt sich beim Lesen bisweilen, ob dem Bischof von Hippo ein wenig mehr christliche Empathie möglich gewesen wäre. Insgesamt sah er wenig Aussichten für eine durchschnittliche christliche Existenz, sich durch äußerliche Befolgung christlicher Regeln oder durch regelmäßiges Almosengeben oder den Empfang der Sakramente vom Feuer freikaufen zu können. Ganz anders erging es den Seelen, die das Wohlwollen des göttlichen Richters gefunden hatten. Das 22. Buch des Gottesstaates widmet sich den Auferstandenen.

Beim Blick in die ewige Seligkeit sah Augustinus auf das Ende der Zeiten, wenn die Ewigkeit anbrechen würde, die den einen ewige Strafen, den anderen ewige Freuden bescherte. Das Buch handelt von der Auferstehung der Toten, die sich nach dem Jüngsten Gericht wieder mit ihren Seelen verbinden würden, allerdings in einer veränderten und veredelten Stofflichkeit. Die Frage, was mit den Seelen der Gläubigen geschah, die vor dem Jüngsten Gericht verstarben, beschäftigt Augustinus mit dem Blick auf das Paradies weniger. Zur Zeit des Augustinus stand die christliche Geschichte noch in den Anfängen. Die Zahl der Seelen ohne klare Bestimmung sorgte noch nicht für Unruhe. 1000 Jahre später hatte sich das erkennbar geändert. Das lässt sich einer Klärung entnehmen, die Benedikt XII. 1336 mit der Bulle *Benedictus Deus* vornehmen sollte.[448] Bis dahin waren manche Fragen aufgekommen, die sich Augustinus noch nicht gestellt hatte. Der Kirchenvater blickte zuversichtlich in eine Welt mit jungen, schönen Erscheinungen, wenn er in die Ewigkeit sah. Die Gläubigen würden nicht in dem Leib auferstehen, in dem sie verstorben seien. Die vielen Kinder, die lange vor ihrem Erwachsenenalter gestorben waren, die Alten und Gebrechlichen, die ihre besten Jahre bei ihrem Tod hinter sich gelassen hatten, sie alle durften hoffen, als junge Menschen im Alter Jesu von etwa 30 Jahren in die Ewigkeit einzutreten. Körperliche Mängel würden bei der Auferstehung ausgeglichen. *Und so braucht man um die Mageren und die Dicken nicht besorgt zu sein […].*⁴⁴⁹

Der Hinweis darauf, dass die Auferstandenen auch all die Gliedmaßen oder Organe ersetzt bekämen, die sie im irdischen Leben verloren hatten, tröstete die in der Schar der Märtyrer, die die Spuren ihres Ruhms hinter sich lassen würden. Die Auferstandenen hatten Grund zur Freude: *Da werden wir feiern und schauen, schauen und lieben, lieben und preisen.*⁴⁵⁰ Augustinus, der dem weiblichen Geschlecht eine belastete Rolle in der Geschichte zugewiesen hatte, war in Hinblick auf die weibliche Auferstehung sicher, dass auch Frauen auferstehen würden. Den Skeptikern hielt er entgegen: *Ein Gebrechen aber ist die weibliche Geschlechtlichkeit nicht, sie ist vielmehr Natur.*⁴⁵¹ Immerhin! Dass der Natur in der Ewigkeit indes Grenzen gesetzt waren, darauf legte er allerdings Wert. Denn diese Natur wird *fortan erhaben sein über Beilager und Geburt.*⁴⁵²

Es mochte eine Folge dieses Ausschlusses der menschlichen Antriebskräfte von Eros und Thanatos aus den Gefilden der Ewigkeit sein, dass die Aussichten, die Augustinus skizzierte, nur verhalten wirkten. In einem Moment, in dem der Kirchenvater im vorletzten Kapitel seines Werkes über die Heiligen in der Ewigkeit nachdenkt, gesteht er ein: *Allerdings, wenn ich die Wahrheit sagen soll, ich weiß es nicht, welcher Art ihr Tun oder vielmehr ihre Ruhe und Muße sein wird.*⁴⁵³ Von der friedlichen Ruhe der Seligen gab es weniger zu berichten als von den zahlreichen Spielarten bösartiger Gewalt. In den mittelalterlichen Texten von den letzten Dingen ist dies deutlich erkennbar.

Augustinus war sich seiner Sache sicher. Dass ihm darin nicht alle Zeitgenossen folgten, lässt sein Text erkennen, indem er sich immer wieder gegen die Zweifler wendet. Wo deren Vorstellungskraft, etwa über den Aufenthalt der körperlich Auferstandenen, an eine Grenze stieß, vertraute er auf die Macht Gottes, der bei so vielen Gelegenheiten durch Wunder gezeigt hat, dass Naturgesetze für ihn keine unüberwindliche Hürde waren. In dieser Gewissheit interpretierte er auch die Schriftzeugnisse, die auf die Ewigkeit verwiesen. Allerdings zeigt ein Blick auf die Schriftzeugnisse, dass das Reich Gottes, von dem Jesus inspirierend zu seinen Zeitgenossen sprach, weder im Alten noch im Neuen Testament klare Umrisse gewann.

Biblische Belege

Jesus sprach in Gleichnissen. Eines der bekanntesten ist das vom Senfkorn:
Womit sollen wir das Reich Gottes vergleichen, mit welchem Gleichnis sollen wir es beschreiben? Es gleicht einem Senfkorn. Dieses ist das kleinste von allen Samenkörnern, die man in die Erde sät. Ist es aber gesät, dann geht es auf und wird größer als alle anderen Gewächse […]. (Mk 4,30–32)
In den Evangelien spricht Jesus vom „Reich Gottes" bzw. (bei Matthäus) vom „Himmelreich". Beide Redeweisen bezeichnen die Sphäre, in der das Gesetz Gottes gilt, und wiederholt betont Jesus, dass dieses Reich „nahe" ist.
Geht und verkündet: Das Himmelreich ist nahe! Heilt Kranke, weckt Tote auf, macht Aussätzige rein, treibt Dämonen aus! (Mt 10,7–8)
„Nahe" bedeutete: die verbleibende Zeit bis zum Anbruch des Himmelreiches ist kurz, deshalb auch die eindringliche Botschaft: *Kehrt um und glaubt an das Evangelium.* (Mk 1,15) Was die Gläubigen im Himmelreich bzw. im Reich Gottes erwartete, wird dagegen nicht ganz klar. Ob die bestehende Welt bei ihrem Anbruch beendet oder der Übergang eine allmähliche Transformation sein würde, dazu machen die Evangelien unterschiedliche Angaben. Auch wie das Himmelreich gestaltet sein würde, war allenfalls in Umrissen erkennbar.

Im Haus meines Vaters gibt es viele Wohnungen. (Joh 14,2) Dieses Zitat aus dem Johannesevangelium ist vielleicht der deutlichste Hinweis darauf, wie es im Himmelreich aussieht. Wenngleich es offenkundig einen gleichnishaften Zug trägt, haben mittelalterliche Autoren daraus eine Topographie des Jenseits abgeleitet. Das gelang nicht immer überzeugend, wie wir sehen werden. Aber angesichts der wenigen Hinweise auf die Beschaffenheit des Jenseits kann man ihnen diese Versuche kaum verdenken. Denn sie standen vor einem Problem, das mit der Zeit immer größer wurde. Die schiere Zahl der Menschen und damit der Seelen, die nach ihrem Tod einen Ort brauchten, brachte die bildliche Vorstellungswelt mittelalterlicher Theologen, Dichter oder Maler an Grenzen.

Jesus, seine Jünger und auch Paulus waren davon ausgegangen, dass das erhoffte Reich Gottes noch zu ihren Lebzeiten anbrechen werde. *Diese Generation wird nicht vergehen, bis alles geschieht*, das war ihre Überzeugung. Matthäus, Markus und Lukas berichten übereinstimmend von diesen Worten Jesu, mit denen er den Anbruch der letzten Tage der bekannten Welt ankündigt (Mt 24,39; Mk 13,30; Lk 21,32). Aber die Zeit verging. Bis zum Pontifikat Gregors I. des Großen waren es fast 600 Jahre. Bis zu Dantes gewaltigem Entwurf des Jenseits waren es an die 1300 Jahre; das waren fast 40 Generationen, seit die Generation vergangen war, die die Wiederkunft Jesu und den Anbruch des Gottesreiches noch zu ihren Lebzeiten erwartet hatte. Die Worte des Evangeliums konnten offenbar nicht einfach so verstanden werden, wie die Ankündigungen geklungen hatten, obwohl sie auf Jesus zurückgingen und nicht etwa auf einen zornigen Propheten. Der Text der Offenbarung bzw. der Apokalypse des Johannes, der einen beunruhigenden Blick auf das Ende der Welt in gewaltigen Bildern entwirft, sorgt nicht notwendig für größere Klarheit. Bis heute lädt er Menschen zu Deutungen in Hinblick auf das Ende der Zeiten ein, und die Geschichte einschlägiger Fehldeutungen ist lang. Für Menschen, die nüchtern dachten, war dies kein sehr hilfreicher Text. Die Phantasie von Menschen mit einem Sinn für dunkle Bilder und Worte wurde dagegen auf vielfache Weise angeregt.

Es gab kaum einen anderen Weg: Die Theologen, aber auch alle Gläubigen mussten über den Sinn der biblischen Worte nachdenken. Sie mussten sich bei den zahlreichen Textstellen, die ihre Fragen nicht beantworten konnten, mit eigenen Überlegungen behelfen. Die jüdische Tradition hatte sich in den Texten des Alten Testaments mit der Frage eines Lebens nach dem Tode nicht eingehender befasst. In den bewegenden Klagen Ijobs, auch in den Klageliedern und in den Psalmen war die Rede vom *Land des Dunkels und des Todesschattens*, einem Land *so finster wie die Nacht* (Ijob 10,21–22). Aber dies waren die Stimmen der Verzweifelten, und als Gott sich Ijob schließlich wieder zuwandte, widerrief der seine Klage und atmete auf (Ijob 42,6). Ein Loblied ist aus dieser Zeit nicht mehr überliefert. Aber es würde wohl andere Worte gefunden haben. Im Buch Daniel, dessen visionäre Worte bei den Exegeten der christlichen Heilsgeschichte eine große Rolle spielen sollten, hieß es immerhin:

Von denen, die im Lande des Staubes schlafen, werden viele erwachen. Die einen zum ewigen Leben, die anderen zur Schmach, zu ewigem Abscheu. (Dan 12,2) Aus dieser Unterscheidung, die die christlichen Autoren das gesamte Mittelalter hindurch betont hatten (mit einem starken Akzent auf der „Schmach"), erwuchs schließlich die Dringlichkeit der Frage: Wo würde man die Ewigkeit verbringen?

Schon aus der Geschichte des ersten Paradieses konnten die Gläubigen ersehen, dass ein Verstoß gegen göttliche Regeln streng geahndet wurde. Gott hatte Adam und Eva aus dem Paradiesgarten vertrieben, nachdem sie sein Verbot, vom Baum der Erkenntnis zu essen, übertreten hatten. Dieses irdische Paradies, in dem die menschliche Geschichte begonnen hatte, war für die christlichen Autoren des Mittelalters ein konkreter Ort. Auf den Weltkarten des Mittelalters war er eingezeichnet. Dieser Paradiesgarten hatte eine sinnliche Qualität, aber er war ein Ort der Vergangenheit. Es gab keinen Weg dorthin zurück. Das Himmelreich hatte einen anderen Ort, ohne dass Übereinstimmung darüber herrschte, wo er zu finden sei. Dasselbe galt für die Hölle, die die meisten der Autoren für einen heißen Ort, einen Ort des Feuers hielten, der ihre Phantasie deutlich mehr beschäftigte als die Aussicht auf das Himmelreich. Das galt nicht nur für Augustinus.

Reinigendes Feuer

Gregor der Große, dessen „Dialoge" in späteren Jahrhunderten eine enorme Wirkungsgeschichte erlebten, wandte sich im vierten Buch seines Werks den Fragen des Jenseits zu. Die Fragen und Einwürfe seines Gesprächspartners, des Diakons Petrus, der auch eine Stimme des zweifelnden Gregor selber ist, zeigen noch immer, wie sehr diese Fragen die Menschen in einer Weise beschäftigten, die uns auch heute noch verständlich ist. Petrus gesteht seinem Meister, dass die Vorstellungen von der Seele seine Imaginationskraft an eine Grenze bringen. Die Sinne des Menschen seien auf sichtbare Erscheinungen ausgerichtet, die letzten Dinge aber gehörten zu einer unsichtbaren Welt, die sich der menschlichen Erfahrung entzog. Gregor bestand auf der Kraft des Glaubens, die die Grenzen der Erfahrung überwinde.[454] Petrus, der zweifelnde Diakon, erinnerte sich daran, wie er beim Tod eines Mitbruders anwesend war. Ob die Seele dieses Bruders seinen Körper verlassen habe, habe er nicht sehen können, *und es scheint sehr schwer, an eine Sache zu glauben, die niemand zu sehen vermag.*[455] Gregor berichtet in dem Gespräch von zwei Brüdern aus einem Kloster in Terracina. Einer der beiden, Speciosus, habe sich auf eine Reise nach Capua begeben. Dort sei er verstorben. Sein Bruder Gregorius habe zu diesem Zeitpunkt eine Vision gehabt, die ihm offenbarte, wie die Seele seines Bruders dessen Körper verließ.[456] Gregor der Große konnte von keiner eigenen Erfahrung dieser Art berichten. Daher wird nicht ganz klar, ob seine Erzählungen und Erklärungen die Zweifel des Petrus zum Erliegen bringen konnten, die wohl auch seine eigenen Zweifel sein mochten. *Das ist alles richtig, aber der Geist weigert sich zu glauben, was er mit leiblichem Auge nicht sehen kann.*[457]

So unsichtbar die Seelen sein mochten, so sicher war sich Gregor indes, dass die Seelen derer, die Böses getan hatten, in einem ewigen Feuer gequält würden. Er sah dieses Höllenfeuer unterirdisch brennen. Die verschiedenen Sünder erlitten es entsprechend ihrer Schuld auf unterschiedliche Weise. Auf die bange Frage des Petrus, ob es denn für diese Seelen gar keine Hoffnung auf Besserung gäbe, gab Gregor eine klare Antwort. So wie die Freude der Guten kein Ende habe, so sei auch die Qual der Bösen ohne Ende.[458] Allerdings gab es in den Tiefen der Erde nicht nur ein strafendes Feuer, es gab auch reinigende Flammen. So konnte ein Diakon, der zu Lebzeiten bei der Papstwahl für den falschen Kandidaten gestimmt hatte und an dieser Entscheidung festhielt, durch die intensiven Fürbitten des Bischofs Germanus von Capua das reinigende Feuer verlassen. Der verstorbene Diakon hatte sich dem Bischof gezeigt, als dieser zum Bad ging. Außer der falschen Wahlentscheidung hatte sich der Mann mit einem ansonsten heiligmäßigen Leben nichts zuschulden kommen lassen.

In dem etwas gewundenen Gesprächsverlauf gehen Gregor und Petrus der Frage nach, ob es nach dem Tod ein reinigendes Feuer gäbe, das den Sünder von seiner Schuld befreien könnte.[459] Gregor äußerte sich nicht ganz klar, aber er hielt ein Feuer für wahrscheinlich, das die Sünder von leichten und geringen Sünden reinigen konnte. Wir befinden uns in einer übersichtlichen Welt. Bischof Germanus von Capua muss seine Zeitgenossen beeindruckt haben. Es war seine Seele, die der heilige Benedikt in seiner Vision zum Himmel aufsteigen sah. Wir wissen sonst kaum etwas über Germanus, der zu Beginn des 6. Jahrhunderts der Diözese im süditalienischen Capua vorstand. Offenbar führte er ein vorbildliches christliches Leben, so dass seine Zeitgenossen sicher waren, dass er nach seinem Tod in seine himmlische Heimat aufgefahren war und seine Stimme im Himmel gehört wurde. In diesem kurzen Abschnitt über Bischof Germanus klingt eine wichtige Frage an, die die Priester und die Gläubigen das ganze Mittelalter hindurch positiv beantworteten: Konnten die Gebete der Lebenden die Toten auf dem Weg ins Paradies unterstützen?

Nicht alle Christen hatten am Ende ihres Lebens eine so eindeutige Bilanz vorzuweisen wie der Bischof von Capua oder der Mönch Speciosus. Die meisten Menschen hatten nach den strengen Standards, die in diesen Erzählungen erkennbar werden, manches zu bereuen und zu sühnen, bevor sie auf das Paradies hoffen konnten. Das war ihnen und ihren Nächsten meist bewusst. Schon früh sprachen die Gelehrten von der Möglichkeit einer Reinigung der Seelen der Verstorbenen. Anders als die Qualen der Hölle, die ohne Ende fortdauerten, waren die Qualen dieser Reinigung begrenzt. Die Dauer dieser Sühne im Reinigungsfeuer konnte durch Gebete und gute Taten der Gläubigen für das Seelenheil der Verstorbenen verkürzt werden. Dabei schienen die meisten Zeitgenossen davon auszugehen, dass diese Reinigung durch Feuer geschehe. Dieses *Feuer der Reinigung* brannte schon früh an sehr verschiedenen Orten. Gregor der Große sah seinen Rauch, und auch deutlich weiter im Norden war sein Flammenschein sichtbar.[460]

In der Lebensbeschreibung des Ansgar, der als erster Bischof von Hamburg und Bremen als Missionar ohne großen Erfolg nach Skandinavien reiste, berichtet sein Nachfolger und Biograph Rimbert von einem dramatischen Erlebnis Ansgars, der sein eigenes Sterben durchlebte, um dann aber ins Leben zurückzugelangen.[461] Er erlebte, wie seine Seele an den Ort des reinigenden Feuers geführt wurde, *wie er ohne Erklärung genau wusste*. Dort kam ihm sein Zeitgefühl abhanden, in undurchdringlicher Finsternis durchlebte er *fürchterliche Angst und Beklemmung*. Die Topographie des Ortes bleibt unklar, seine Lage auch, ebenso wie die Frage, wie an einem Ort, an dem ein reinigendes Feuer brennt, eine solche Finsternis herrschen kann. Aber es ist ein eindringlicher Text. Das Erlebnis änderte das Leben des zu diesem Zeitpunkt wenig eifrigen jungen Ansgar grundlegend. Auch Rimbert wird später wie Gregor und andere Zeitgenossen im Traum sehen, wie die Seele eines seiner Schüler, der infolge einer Rauferei mit einem Mitschüler an seinen Verletzungen starb, von Engeln zum Himmel geleitet wurde.[462]

Die Vorstellung von den letzten Dingen setzte sich schon in den Jahrhunderten des frühen Mittelalters aus verschiedenen Elementen zusammen. Dabei sind in den einschlägigen Texten das Paradies und die Hölle als gegensätzliche Alternativen nach dem Tod der Gläubigen klarer abgegrenzt als jene etwas unbestimmt bleibende Phase der *Reinigung* oder der zeitlich begrenzten Bestrafung zum Ziel der Läuterung mit der Aussicht auf das ewige Leben.

Diese Phase, in der die Verstorbenen ihre zeitlich begrenzten Sündenstrafen qualvoll abzubüßen hatten, war für die Gläubigen, die noch im Leben standen, dann von besonderem Interesse, wenn sie diesen Verstorbenen im Leben nahegestanden hatten. Zwar richteten sich die Gebete und die Bitten auch an die Heiligen, die aufgrund ihrer Verdienste direkt in den Himmel aufgefahren waren und nun im Angesicht Gottes die Anliegen der Gläubigen als Fürsprecher vortragen konnten; aber ob die Bitten erhört wurden, dafür gab es keine Garantie. Was die Seelen im Reinigungsfeuer betraf, so setzte sich jedoch schon bald die Auffassung durch, dass Gebete, Almosen und Wallfahrten die Zeit der Seelen im reinigenden Feuer verkürzen oder sogar beenden konnte. Zudem galt das fürbittende Gebet, etwa durch Ordensleute in Klöstern, als hilfreich. Die Wirksamkeit dieser Gebete konnte durch eine Stiftung oder das Ansehen der Betenden erhöht werden. Zu diesem Zweck erklärte Abt Odilo von Cluny (994–1049) für die Klöster, die nach den Regeln von Cluny lebten, den 2. November zum Tag des Totengedenkens. Cluny hielt sich zugute, dass es durch seine Gebete besonders viele Seelen aus dem Reinigungsfeuer rettete.[463]

Bis hierhin haben wir für das frühe Mittelalter vom „Reinigungsfeuer" gesprochen, nicht aber vom „Fegefeuer". Der französische Mediävist Jacques Le Goff (1924–2014), der sich um die Fegefeuer-Forschung besonders verdient gemacht hat, betont in seinem Klassiker „Die Geburt des Fegefeuers", dass es dieses Feuer als einen festen Ort der Läuterung erst seit den Jahren um 1200 gebe.[464] Erst in den Jahrzehnten vor 1200 hätte das Fegefeuer als ein Ort der Reinigung seine gedankliche Gestalt erhalten. Le Goff sah als Entdecker des Fegefeuers vor allem die Pariser Intellektuellen im Umfeld der Kathedrale Notre Dame und der entstehenden Univer-

Kapitel 17   Die letzten Dinge

Abb. 21 Das Gebet für die Verstorbenen blieb auch im späten Mittelalter eine besondere Aufgabe der Mönche. Daran änderten auch die verschiedenen Reformbewegungen nichts. Diese Handschrift des 15. Jahrhunderts zeigt die Mönche verschiedener Orden beim Gebet für die Verstorbenen. Im großen Bild und links unten die Benediktiner im schwarzen Habit, rechts unten die Dominikaner in weißer Kutte mit schwarzem Umhang, darüber die Franziskaner in der braunen Ordenskluft und rechts oben die Karmeliten mit weißem Umhang über der schwarzen Kutte.

sität. Dieses Milieu war damals das Zentrum der Theologie in der lateinischen Christenheit.

Die Frage nach den letzten Dingen unterschied sich von anderen theologischen Fragen. Viele dieser Fragen waren abstrakter Natur. Die theologischen Schulen gingen bei ihren Überlegungen nach einer strengen Methode vor, der scholastischen Methode. Um der Argumentation folgen zu können, musste man mit den Regeln der Logik vertraut sein. Aber die Frage, was sie nach dem Tod erwartete, war eine Frage, die sich viele Gläubige in einer Welt stellten, in der das Sterben von Menschen eine ganz alltägliche Erfahrung war. Der Tod war in ganz anderer Weise präsent als in unserer Gegenwart. Ihre Sterblichkeit war den meisten Menschen sehr bewusst. Sie hatten nicht selten erlebt, wie ihre jungen Geschwister oder auch ihre Mutter bei deren Geburt oder bald danach starben. Der Tod war keine abstrakte Möglichkeit. Er war die sehr konkrete Aussicht für alle Zeitgenossen und konnte jederzeit eintreffen.

Eine Generation, bevor die Intellektuellen in Paris das Fegefeuer als lokalisierbaren Ort der Reinigung entdeckten, stellte Bischof Otto von Freising seine imposante „Weltchronik" („Geschichte der zwei Reiche") fertig, die wir in Kapitel 4 bereits zitiert haben.[465] Ottos Chronik war eine Menschheitsgeschichte von der Schöpfung bis zum Jüngsten Tag. Das letzte Buch seines Werkes handelt vom Ende der Zeiten, vom Jüngsten Gericht, vom Lohn für die Getreuen und von den Strafen für die Sünder. Als junger Mann hatte Otto an den Schulen von Paris studiert. Er kannte die Kirchenväter, zitierte Augustinus und Gregor den Großen und dachte selbst über die Dramaturgie dieser Endzeit nach. Manches erschien ihm unklar, doch er wählte nicht den einfachen Weg, die Unsicherheiten mit entschiedenen Feststellungen zu überspielen.

Ferner ist, so meine ich, zu untersuchen, ob nach der Durchführung des Gerichts außerhalb der untersten Hölle noch ein Ort für leichtere Strafen vorhanden ist. Manche behaupten nämlich, es gäbe in der Unterwelt einen Läuterungsort, wo diejenigen, die noch gerettet werden können, nur mit Finsternis heimgesucht und von sühnendem Feuer ausgedörrt würden […]. Wir wollen jedoch diese Frage, die, soviel wir sehen, bisher noch nicht autoritativ entschieden ist, der Entscheidung Gottes überlassen.[466]

Wir wissen nicht, ob Jacques Le Goff bei seiner Arbeit über das Fegefeuer diesen Text kannte. Otto spricht hier von einem Läuterungsort. Er verwendet den lateinischen Begriff *locus purgatorium*, der uns darauf verweist, dass man in dieser Phase verstärkten theologischen Nachdenkens dem Vorgang der Reinigung von leichterer Sündenschuld einen eigenen Ort zuwies. Allerdings war der Bischof von Freising von der Existenz dieses Ortes nicht überzeugt. Die autoritative Klärung, die er vermisste, wurde im Mittelalter nicht mehr erzielt.

Jenseitsvorstellungen

Als Papst Benedikt XII. 1336 mit seiner Bulle *Benedictus Deus* die Frage entscheiden wollte, wie nah die Heiligen nach ihrem Tod Gott seien, diente seine Klärung der Beendigung einer scharfen Kontroverse, die durch Feststellungen seines Vorgängers ausgelöst worden waren.[467] Der Vorgänger, Johannes XXII., hatte die Auffassung in Frage gestellt, dass die Heiligen im Angesicht Gottes verweilten. Die Frage war brisant, denn wie sonst sollten die Bitten der Gläubigen von den Heiligen vor Gott vorgebracht werden? Dass die Zweifel aber durch die Feststellung Benedikts beseitigt waren, ist wenig wahrscheinlich. Immerhin hatte selbst ein Papst gezweifelt. In diesen Fragen war man offensichtlich auch an der Spitze der Kirche unterschiedlicher Auffassung.

In den Jahren, in denen der Streit um den Aufenthalt der Heiligen anhob, verfasste Dante seine „Göttliche Komödie". Dantes Dichtung führte auf eine Reise aus den Abgründen der Hölle in die kosmischen Höhen des Paradieses. Das zweite der drei Bücher (*Inferno – Purgatorio – Paradiso*) schildert die Reise an den Ort der Läuterung. Aber bei Dante ist das Purgatorium kein Feuer, sondern ein Berg. Seine sieben Stufen, die den sieben Hauptsünden entsprechen, erheben sich aus dem Meer. Die Reisenden, Dante und Vergil, erklimmen sie über einen Sims, der rund um den Berg aufsteigt.

Inzwischen waren wir auf dem letzten Rundsims angekommen und hatten uns nach rechts gewandt. Da wurde unsere Aufmerksamkeit von etwas anderem in Beschlag genommen.
Hier schießt aus der Felswand eine Flamme nach außen [...].[468]

Dieser Moment auf dem letzten Sims ist die einzige Begegnung mit einem Feuer auf dem Berg der Läuterung. Der Ort der Reinigung der Seelen ist bei Dante keine Feuerstätte in der Unterwelt. Aus den Flammen drang ein Hymnus zum Dichter: *Summae Deus Clementiae*. Dantes Ort der Läuterung war ein Ort der Mühsal, aber kein Ort feuriger Sühne. Auch diese mühsame Zeit der Bewährung konnte durch die Gebete der Lebenden verkürzt werden: *denn hier kommt man durch Hilfe von dort sehr wohl voran*.[469]

Es mochte zu Dantes Zeit schon seit mehreren Generationen unter den Gelehrten eine gefestigte Vorstellung davon geben, dass die Seelen vieler Gläubiger nach ihrem Tod eine Phase der Reinigung durchlaufen mussten, um sich für die Aufnahme ins Paradies vorzubereiten. Aber die Zweifel Ottos von Freising mit seiner profunden Kenntnis der Tradition, die er in seinen großen Geschichtsentwurf einfließen ließ, lebten bei Dante nicht nur fort; in seinem gewaltigen Panorama des Jenseits, das er mit so vielen prominenten Akteuren von der Antike bis hin zu seiner Gegenwart bevölkerte, ließ er die vielen brennenden Scheite, mit denen die Tradition sein Fegefeuer hätte heizen können, beiseite. So blieb das Purgatorium in seiner Beschaffenheit ebenso unbestimmt, wie es die Lebensbilanz all der Seelen war, für die es im Lauf des Mittelalters eingerichtet wurde. Dieses Zwischenreich der Bewährung, das die Phantasie so vieler Gläubigen seit dem hohen Mittelalter zunehmend beschäftigte, ohne im weiteren Verlauf klar definiert zu werden, war ein Ausdruck der vielen Veränderungen, die die Christenheit in diesen Jahrhunderten durchlief. Die Fragen, die dieses Zwischenreich aufrief, waren die Fragen der Gläubigen. Die Sorgen und die Hoffnungen, die die Lebenden in Hinblick auf dieses Zwischenreich umtrieben, waren authentischer Ausdruck der Sorge um ihre christliche Existenz. Die Appelle der Verstorbenen an die Solidarität der Lebenden, die eigentümliche Vorsorge, in der reiche Gläubige ewige Fürbittgebete für die Seelen ihrer Familien stifteten, sie bezeugen das Geflecht aus pragmatischen Interessen und tätiger Fürsorge, das die christlichen Gemeinden zusammenhielt.

Das Zwischenreich oder Fegefeuer, wie es meistens hieß, war trotz seiner Hitze das „humane" Szenario in der Topographie des Jenseits. Es war der Ort, an dem menschliches Bemühen das Schicksal seiner Insassen zu wenden vermochte. Es war auch in Dantes Jenseits der Ort, an dem eine psychologische Dimension dieses menschlichen Schicksals sichtbar wurde; denn die Reinigung der Seele zielte auf eine innere Transformation, die dann den Wechsel ins Paradies ermöglichte:

Dass sie geläutert ist, kann nur ihr Wille bekunden, der vollkommen bereit zum Wechsel der Umgebung, die Seele überkommt und ihr Freude an ihrem Wollen bereitet.[470]

Die verschiedenen Jenseitsvorstellungen, die uns seit dem frühen Mittelalter begegnen, waren erkennbar von der jeweiligen Umwelt der Schreibenden und von ihrem eigenen christlichen Umfeld, in dem sie lebten, geprägt. Da der Blick ins Jenseits eine Begegnung mit den Kräften sein konnte, die das menschliche Leben prägen, das Leben gelingen oder scheitern ließen, wurde das Jenseits in dem Maß komplexer, in dem das soziale Leben im Diesseits vielgestaltiger wurde. Aber nicht nur die wachsende Komplexität des sozialen Lebens seit dem hohen Mittelalter hinterließ ihre Spuren im Jenseits. Mit dem Einzug eines psychologischen Blicks auf die menschlichen Antriebskräfte im hohen Mittelalter begannen auch die Seelen in den Berichten aus dem Jenseits über ihre Empfindungen und die mitunter widersprüchlichen Motive zu sprechen, die ihre Handlungen im Leben bestimmt hatten.

Die Welt war komplexer geworden, und so konnten auch die Reaktionen auf die Unvermeidlichkeit des Todes sehr verschieden sein. Wir haben von den Sorgen der Frommen gesprochen, die angesichts drohender Strafen oder schmerzhafter Reinigungen im Feuer ihr Leben prüften und mitunter änderten.

Es gab indes auch eine Reaktion auf die drohenden Strafen und Bußen, die ebenso eine Folge der gesellschaftlichen Entwicklung war und der Nachwelt als spezifisch mittelalterlich erschien, zumal unter dem kritischen Blick der Reformation: Nicht wenige Zeitgenossen des ausgehenden Mittelalters sahen einen Ausweg aus der drohenden Abrechnung ihrer Sünden in Ablässen, die eifrige Prediger an vielen Orten feilboten. Ein Ablass, also der Nachlass zeitlicher Sündenstrafen oder der Zeit im Fegefeuer, konnte im Gegenzug für gute Werke gewährt werden. Gute Werke wie Almosen für Arme, die Versorgung Kranker oder eine Wallfahrt konnten die Gläubigen persönlich auf sich nehmen. Seit dem 13. Jahrhundert wurde es auch möglich, die persönliche Bußleistung durch eine Geldzahlung zu ersetzen. Für die Finanzierung der Kreuzzüge wurde dies zu einem wichtigen Mittel. Die Spender, die nicht selbst ins Heilige Land zogen, ermöglichten durch ihre Zahlung die Anwerbung oder die Reise eines Ritters. Dafür erhielten sie den Kreuzzugsablass. Diese Entwicklung entsprach der Fiskalisierung vieler Lebensbereiche, in denen soziale Verpflichtungen oder Dienste durch Geldzahlung ersetzt wurden. Eine genauere Regelung des Ablasswesens gab es im Mittelalter indes nicht. So nutzten insbesondere im 15. Jahrhundert einzelne Kirchenfürsten die Gewährung von Ablässen zur Finanzierung ihrer ehrgeizigen politischen oder dynastischen Projekte.

Jenseitsreisen

Die Berichte von Reisenden in die Welt jenseits des Todes waren Berichte von Lebenden, die an den Ort der ewigen Strafen und des ewigen Heils entrückt wurden, um anderen Lebenden davon zu erzählen. Es waren Erzählungen in didaktischer Absicht, die die Lebenden daran erinnern sollten, dass ihre Zeit begrenzt war und sie ihre Tage nutzen sollten. Die frühen Berichte hinterließen Brandspuren in der Geschichte, denn in ihnen ist besonders vom Feuer die Rede, so auch in der kurzen Wiedergabe der Vision eines Abtes aus der Auvergne, von der Gregor von Tours berichtet.[471] Der Abt war an einen feurigen Fluss versetzt worden, zu dem die Menschen wie Bienen schwärmten. Sie versanken in dem Fluss in unterschiedlichem Grad und klagten ihr Leid. Über den Fluss führte eine sehr schmale Brücke, auf der sich jene nicht halten konnten, die als Hirten ihre Herde vernachlässigt hatten.

Etwas ausführlicher gibt Beda Venerabilis in seiner „Kirchengeschichte Englands" eine Vision des irischen Missionars Fursa wieder, der im frühen 7. Jahrhundert ein Kloster mit dem Namen Cnobheresburg im Süden Englands gründete. Während einer Krankheit hatte er eine Vision, in der er zu Engeln und Teufeln entrückt wurde. Bei seinem Flug über das Land sah er vier Feuer in der Luft, die ihm die Engel als jene Feuer deuteten, die die Welt in Flammen setzten.[472] Es waren die Feuer der Lüge, der Gier (nach Reichtümern), der Zwietracht und der Ruchlosigkeit. Anders als in den meisten solcher Texte fiel hier sexuellen Regelverstößen keine besondere Rolle zu. Die Feuer, denen der Abt bei dieser Gelegenheit näherkam, waren nicht nur literarische Bilder. Sie standen für die inneren Feuer, die die Sünder verzehrten, aber sie waren auch reale Brandherde. Als der Reisende ein Feuer passierte, schleuderten die Dämonen, die dort eine Seele rösteten, den Unglücklichen auf ihn. Für den Rest seines Lebens soll Fursa an Schulter und Oberkiefer Brandmale als Spuren dieser Begegnung getragen haben.

Einer der bekanntesten Berichte aus dem frühen Mittelalter ist der des Mönches Wetti aus einem Kloster auf der Insel Reichenau im Bodensee. Er ist präzise datierbar, denn Wettis Abt Haito, der die Worte seines Mitbruders aufzeichnen ließ, leitet den Bericht mit dem Datum ein: dem 3. November des Jahres 824, unter der Herrschaft von Kaiser Ludwig. Damals hatte sich Wetti an einem Samstagabend plötzlich schlecht gefühlt und sah sich dann auf seinem Lager von finsteren Mächten bedrängt. Nach kurzer Erholung in der Nacht zum Mittwoch hatte er schließlich eine Vision, die ihn zu den Verdammten und Geretteten führte. Er wachte noch einmal auf, um davon zu berichten, und starb am Donnerstag. Sein eigenes ewiges Schicksal schien noch nicht entschieden. Nachdem Wetti verschiedene Schauplätze passiert hatte, an denen Bekannte und Unbekannte im Feuer und auf andere Weise gequält wurden, erlebte er, wie zunächst verdienstvolle Priester, die vor dem Thron Gottes saßen, dann Märtyrer und dann heilige Jungfrauen sich für die Rettung seiner Seele vor dem Thron Gottes einsetzten. Die göttliche Stimme knüpfte die Aussicht auf Barmherzigkeit an verschiedene Bedingungen. Man war im Himmel mit Wettis Lebenswandel nicht ganz zufrieden. Sollte ihm von seinen Mitbrüdern, die durch sein Beispiel in die Irre geführt worden waren, verziehen werden und sollte er am Ende seines Lebens nach vielen Irrtümern noch einmal etwas Gutes lehren, dann würden ihm seine Fehltritte vergeben.[473] Die Topographie des Geschehens wird nicht ganz klar. Die Szenerie ist die einer imposanten Bergkulisse. Wetti berichtet zwar, *Unzählige* gesehen zu haben, und er habe viele erkannt.[474] Viele der Gestraften im Feuer oder in der Gewalt anderer Qualen waren Kleriker unterschiedlicher Weihegrade oder Mönche. Aber auch ein Herr über Rom und mächtiger Verteidiger des Glaubens in seinem Jahrhundert, der nur Karl der Große sein konnte, wurde dort an seinen Geschlechtsteilen gestraft.[475] In Wettis Bericht waren sexuelle Abweichungen von der kirchlichen Disziplin die am häufigsten genannten Vergehen. Insbesondere die

Homosexualität, die in mittelalterlichen Quellen „Sodomie" genannt wird, schien den Engel, der Wetti durch das Jenseits geleitete, zu beunruhigen.[476]

Anders als spätere und auch frühere Texte, die die Ewigkeit der Strafen und die Aussichtslosigkeit im Schicksal der Verdammten betonten, war Wetti in der Frage der Ewigkeit weniger entschieden. Die Strafen, die er schilderte, waren qualvoll. Der Feuerstrom, in dem die Seelen bis zur Hüfte standen und litten, brannte heiß. Die Strafe, die der Mächtige trotz seiner Verdienste um den Glauben wegen seiner erotischen Freiheiten erdulden musste, war bitter, aber sie war endlich. Sie bereitete ihn auf das ewige Leben vor. Dasselbe galt für die Strafe für den Abt, der auf dem Gipfel eines hohen Berges seit seinem Tod zehn Jahre zuvor den Launen des Wetters ausgesetzt war. Es waren Sühnen auf Zeit. In Wettis Jenseits schien das letzte Wort noch nicht gesprochen. Das göttliche Verzeihen wurde nicht auf Bitten hin einfach gewährt, aber es schien bei rechtem Bemühen erreichbar. Wettis Jenseits war ein Ort der Sühne für viele, denn die Welt war schlecht. Wenn sie so blieb, würden viele – Mächtige und Kleriker – Zeit zum Zähneknirschen haben. Aber so wie zu Beginn seiner Visionen kräftige Männer in Mönchsgewändern die Mächte der Finsternis vertrieben, so war auch die Furcht kalkulierbar. Dieses Jenseits war Wetti im Grunde vertraut. Es waren nicht nur die hohen Berge, die er an klaren Tagen vor Augen hatte, wenn er vor sein Kloster auf der Reichenau trat und nach Süden über den See blickte. Er traf die Akteure, die seine Welt bevölkerten, auch im Jenseits: Mitbrüder und Priester, denen die Enthaltsamkeit zu schaffen machte, lokale und regionale Mächtige, die allzu bereitwillig Geschenke entgegennahmen, und schließlich einen Kaiser, über dessen Affären man an seinem Hof Bescheid wusste und dieses Wissen dann auch an den langen Abenden miteinander teilte, die man an fremden Feuern und Kaminen verbrachte, wenn der Hof durch das Land zog.

Wettis christliche Welt war auf den Thron Gottes ausgerichtet. Die heiligen Fürsprecher, die ihre Fürsprache im Bemühen um göttliche Gnade für die Seelen jener vorbrachten, die im Reinigungsfeuer waren, sie trugen individuelle Züge, sie hatten Geschichten und trugen Namen. Das Jenseits wurde größer und komplexer, als die Bekehrungen neue Bevölkerungsgruppen erreichten. Die Welt Wettis war die Welt der karolingischen und ottonischen Höfe, eine Welt, aus der die heutigen Experten nur wenige hundert

Personen näher kennen. Das änderte sich, als Bäuerinnen und Handwerker, Angehörige des niederen Adels mit kleinen Ländereien oder die Bewohner der Städte begannen, sich ernsthaft um ihre Aussichten im Jenseits Sorgen zu machen. Das schlug sich in einzelnen Texten nieder, denn nun wurden auch Laien in den Himmel und die Hölle entrückt – und sie begannen ab dem 12. Jahrhundert davon zu erzählen.

Die Reise des irischen Ritters Tnugdal ist die vielleicht bekannteste Jenseitsvision dieser Zeit. Sie ist in einer großen Zahl von Manuskripten überliefert. Aufgeschrieben hat sie ein Mönch namens Marcus in einem Kloster in Regensburg.[477] Tnugdal trat seine Reise um das Jahr 1148 in Begleitung eines Engels an. Die Reise begann mit einem Parcours der Höllenqualen, der sich in einer Gegend von Tälern, Bergen und Seen erstreckt. Ausgelegt für die verschiedenen Sünden, beginnend mit Mord, Hochmut und Geiz bis hin zur Unzucht der Mönche, lagen diese Stätten sichtbar auf der Oberfläche der Erde. Danach begann der Abstieg in die tieferen Zonen der Hölle. Wie die Seele von ihrem Begleiter erfuhr, war die tiefe Hölle, an deren Pforte sie nun anlangten, der Bestimmungsort für viele jener Seelen, die sie auf ihrer Reise bereits gesehen hatten. Der Strafparcours musste von den sehr Schlechten vollständig absolviert werden. Immer wieder stellt der Engel der Seele Tnugdals in Aussicht, dass sie ebenfalls einen solchen Strafdurchgang absolvieren werde, wenn sie ihr Verhalten nicht ändere. Dabei waren die Ansprüche hoch.

Nachdem Tnugdals Seele auch Luzifer begegnet und danach sehr verzagt war, kehrte auf dem weiteren Weg das Licht langsam zurück. Die reisende Seele sah nun Männer und Frauen, die den Elementen schutzlos ausgeliefert waren, die Wind und Regen, Hunger und Durst ertragen mussten.[478] Sie erfuhr, dass dies der Ort der Reue für die *Schlechten* sei, *aber die nicht sehr Schlechten*. Nun wurde die Umgebung heller, Blumen und Licht umgaben die Reisenden.[479] Dieser *locus amoenus* war indes noch nicht das Paradies, er war vielmehr der Ort für die *nicht sehr Guten*. Die noch folgenden, jeweils voneinander getrennten himmlischen Areale, die sich in ihrer Schönheit steigerten, waren denjenigen vorbehalten, die ein mustergültiges christliches Leben geführt hatten: als Verheiratete, als Märtyrer oder Enthaltsame, als Mönche oder Nonnen oder als Jungfrauen. An diesem Ort, an dem die (frühmittelalterlichen) neun Ordnungen bzw. Chöre der Engel das Lob Gottes sangen, begegnete die irische Seele schließlich den Seelen der besonders um den Glauben verdienten Iren, und zuletzt sogar dem heiligen Patrick. Dann aber war es Zeit, zurückzukehren.

Aber alles, was er gesehen hatte, hat er uns bald darauf vorgetragen, und er hat uns ermahnt, ein gutes Leben zu führen, und das Wort Gottes, das er zuvor nicht gekannt hatte, predigte er mit großer Ergebenheit, Demut und Kenntnis.[480]

Ein halbes Jahrhundert später trat der englische Bauer Thurkill eine ähnliche Reise an.[481] An einem Freitag gegen Ende Oktober 1206 hob Thurkill auf seinen Feldern Gräben aus. Da sah er einen Mann aus der Ferne rasch herankommen. Der Mann richtete sich mit einem besonderen Auftrag an Thurkill. Er sollte ihn zum heiligen Jakob führen, dem Schutzpatron der Pilger, denn Thurkill war ein Pilger. In der Nacht brachen sie auf. In der Zeit dieser Traum-Reise – zwei Tage und zwei Nächte – lag Thurkill zuhause und schlief. Seine Frau und die Nachbarn wunderten sich zunächst, dann sorgten sie sich. Schließlich weckte man ihn auf. Damit endete sein Ausflug etwas unsanft. Es dauerte ein wenig, bis er in der Lage war, von seiner Reise zu erzählen:

Mit seinem Begleiter war er zum Mittelpunkt der Erde gereist, wo eine große Basilika stand, deren Dach von nur drei Säulen getragen wurde. Hier empfing sie der heilige Jakobus, der nun weitere Heilige anwies, Thurkill die Stätten der Bestrafung der Sünder und die Wohnungen der Gerechten zu zeigen. Die Basilika, in der sie sich befanden, so lernte Thurkill, sei der Ort, an dem die Seelen nach dem Tod ihren Verdiensten entsprechend zugeteilt würden: zur Stätte der Gerechten, zur Stätte der Verdammten oder zur Stätte jener, die sich durch Strafen reinigen können. Diese Orte für die Einteilung der Seelen nach ihrem Verdienst im Leben seien auf Drängen der Jungfrau Maria eingerichtet worden. Im Norden wurde dieser Ort durch eine Mauer abgegrenzt. Als sie sie passierten, erblickte Thurkill den Eingang zur Hölle, aus der ein schlimmer Gestank aufstieg. Im Osten der Basilika befand sich ein Fegefeuer, das durch zwei Mauern begrenzt war. Daran schloss sich ein sehr kaltes und salziges Wasser an, in dem die Seelen versanken, die das Feuer durchquert hatten. Sie schienen indes wieder aufzutauchen, denn sie mussten eine Brücke überqueren, die mit Stacheln besetzt war, bevor sie zum Berg der Freuden gelangen konnten, auf den die Brücke hinüberführte. Dort erhob sich eine große Kirche, deren Portal offenstand. Dies war das Areal, in dem sich die Dramaturgie der Ewigkeit vollzog. Über der Mauer, die die Basilika vom Höllenschlund abgrenzte, hing eine Waage. Mit ihr wurden die Verdienste der Seelen in einem Wettstreit des Teufels mit dem Apostel Paulus gewogen. Manche der Seelen, die nur durch wenige Sünden befleckt waren, waren schon nach einem Gang durch das Fegefeuer gereinigt, manche mussten nach dem Urteil noch mehrmals hindurch. Sie hofften auf die Fürbitte der noch lebenden Gläubigen. Hier werden bereits präzise Tarife für die Abkürzung der Qualen benannt. Wem die Reinigungsverfahren und die Barmherzigkeit des Apostels nicht helfen konnten, weil er sich bereits zu Lebzeiten durch seine finsteren Taten einen Platz in der Hölle errichtet hatte, der nun glühend und voller Stacheln auf ihn wartete, der wurde auf diesem Platz festgeschnallt. Von Zeit zu Zeit mussten diese armen Seelen auf Befehl des Teufels ihre Sünden vor einem Publikum von Teufeln erneut aufführen, bevor sie von wilden Teufeln zerrissen, zerschnitten oder verbrannt wurden, um anschließend wieder zusammengefügt auf dem Höllenstuhl Platz zu nehmen. Ganz anders erging es den Gerechten. Sie wurden ohne Schaden durch das Feuer und das Wasser über die Brücke hinauf zu der großen Kirche geführt, wo sie in die Wohnungen der Seligen einzogen und himmlischen Chören lauschten, deren Stimmen nicht nach außen drangen. Hinter der Kirche lag ein Garten, der wie der Garten des Paradieses anmutete. In ihm sah Thurkill Adam, den Urvater des Menschengeschlechts. Er wartete darauf, dass sich die Zahl der Erwählten erfüllte. Damit käme die Geschichte an ihr Ende. Als Thurkill nun noch zu einer weiteren Kirche geführt wurde, deren Glanz alles bisher Geschaute in den Schatten stellte, und er in einer Kapelle drei heilige Jungfrauen von unaussprechlicher Schönheit erblickte, wurde seine Reise jäh beendet. Er fand sich in seinem Bett in England wieder, erleuchtet und verwirrt.

Thurkills Jenseits scheint über eine größere territoriale Geschlossenheit zu verfügen. In der Anlage weichen dieser und andere Berichte durchaus voneinander ab. Gläubige mit einem ausgeprägten Sinn für räumliche Wahrnehmung mochten hier die Stirn runzeln. Aber die Topographie dient(e) einem Zweck: Strafe und Belohnung. Thurkills Jenseits weist überdies ein feuriges und eisiges Areal der Reinigung auf und bestätigt so Jacques Le Goffs These von der Verfestigung der Fegefeuer-Vorstellungen um 1200. Trotz dieser Erweiterung weist auch Thurkills Jenseits jenen Zug auf, der allen mittelalterlichen Jenseitsbildern eigen ist: Die Ausgestaltung der Hölle nimmt deutlich mehr Raum ein als die der Freuden des Paradieses. Mochte die Schilderung der Qualen auch variieren, was im Einzelfall nicht ohne Bedeutung war, so lag diesen Visionen doch ein Kanon von neun Strafen zugrunde, die die Sünder erwarteten: (1) Glut oder Feuer, (2) unerträgliche Kälte, (3) unsterbliche Würmer, (4) unerträglicher Gestank, (5) Peitschenhiebe bzw. Hammerschläge, (6) undurchdringliche Finsternis, (7) Verwirrung der sündigen Seelen, (8) Dämonen und Drachen, (9) glühende Ketten.[482]

Das Jüngste Gericht

Die Entstehung dieser Texte fällt in eine Zeit, in der die Kirche begann, sich um einheitliche Standards in der Ausbildung ihres Klerus zu bemühen. Es war noch ein weiter Weg bis zu einem verpflichtenden Theologiestudium für angehende Priester. Aber an der entstehenden Universität, dem Zentrum theologischer Wissenschaft dieser Zeit, begann man, in der Theologie eine Textsammlung zu verwenden, die die Feststellungen von Kirchenvätern und Konzilien zu den großen Fragen des Glaubens zusammenstellte. Die Sammlung der sogenannten „Sentenzen" – Aussprüche und Lehrsätze von Autoritäten wie Augustinus oder Gregor dem Großen – sorgte zwar nicht für eine vereinheitlichte Lehre, aber sie sorgte dafür, dass die Professoren an der Universität ihre Meinungen immer wieder zu denselben Lehrsätzen formulierten, sodass diese Sentenzen und Kommentare allmählich ein Meinungsbild zu den großen Fragen entstehen ließen. Alle bedeutenden Theologen des späteren Mittelalters verfassten einen Kommentar zum Sentenzenwerk des Petrus Lombardus. Petrus, der eine Zeitlang Bischof von Paris war, beeinflusste durch seine Textauswahl, die er für die Lehre in der Theologie erstellt hatte, die Art, wie sich die Theologen mit den Fragen des Glaubens beschäftigten, nachhaltig.[483]

Petrus Lombardus legte in der Frage der letzten Dinge einen besonderen Schwerpunkt auf das Jüngste Gericht, das die oben erwähnten Jenseitsberichte nicht thematisieren, weil es erst mit der Wiederkunft Christi am

Ende der Zeiten abgehalten würde; dann würde Christus gemeinsam mit den Heiligen über die Seelen zu Gericht sitzen. Er wird richten und nicht allen verzeihen, bei Gott ist *die Barmherzigkeit* [nichts anderes] *als die Gerechtigkeit*.[484] Vor diesem Gericht würden sich die Auferstandenen verantworten müssen, bei denen die Seele nun wieder mit ihrem Leib vereinigt wäre. Petrus folgte der Tradition, dass die Leiber bei dieser Gelegenheit im Alter von etwa 30 Jahren vor Gericht erscheinen würden (also in etwa dem Alter Jesu bei dessen Tod und Auferstehung). Die Märtyrer würden mit wiederhergestellten Körpern erscheinen. Zu verantworten hatten sie sich nicht mehr. Tatsächlich war es eine Frage, wie das Gericht mit den einzelnen Seelen umgehen würde und wie es zu einer Entscheidung komme. Brauchte man beim Jüngsten Gericht einen erfahrenen Beistand? Würde es Anklage und Verteidigung geben? Immerhin war häufiger zu lesen, dass im Himmel über die Sünden Buch geführt würde. Bei der Seelenwaage in der Vision Thurkills bringen die Teufel solche Listen vor. Schriftlichkeit war in der Gerichtspraxis des späten Mittelalters unverzichtbar. An der päpstlichen Kurie zogen sich Prozesse um die Rechtgläubigkeit von Lehrmeinungen oder die Besetzung von Pfarrstellen oft jahrelang hin. Die dort tätigen Juristen waren dabei stets der Überzeugung, nach göttlichem Recht zu handeln. Wer also diese Frage nach der gerichtlichen Entscheidungsfindung gemäß den Standards des kanonischen Rechts und der kirchlichen Prozesspraxis zu Ende dachte, der konnte sich fragen, wie lange der Jüngste Tag andauern würde.

Bei der Erörterung dieser Fragen kamen Intellektuelle wie Otto von Freising oder Thomas von Aquin zu einem ähnlichen Urteil. Die Rede von den Büchern, die beim Jüngsten Gericht aufgeschlagen würden, war bildlich gemeint. Wenn Daniel in seinem visionären Text sagt, *Das Gericht nahm Platz und es wurden Bücher aufgeschlagen* (Dan 7,10), dann sprach er von den Gewissen der Menschen, da war sich Otto von Freising sicher (Chronik, 8, 16). Wenn die Offenbarung des Johannes vom *Buch des Lebens* spricht und davon, dass *die Toten nach ihren Werken gerichtet* würden, *nach dem, was in den Büchern aufgeschrieben war* (Offb 20,12), dann war damit das Vorherwissen des Schöpfers gemeint, der wusste, wer die Sünder waren. Menschen mit einem Horizont wie Otto von Freising und Thomas von Aquin kamen zu dem Ergebnis, dass das Endgericht nach besonderen Regeln ablaufen würde:

Was im Bereich dieser Frage das Wahre sei, kann man nicht mit Bestimmtheit sagen. Dennoch spricht die größere Wahrscheinlichkeit dafür, dass das ganze Gericht – die Untersuchung, die Anschuldigung der Bösen und die Empfehlung der Guten wie auch der Urteilsspruch über beide – sich geistig vollziehen wird.[485]

Das war die Auffassung theologisch gebildeter Autoren. Wir müssen uns trotz der Strahlkraft ihrer Texte jedoch vor Augen halten, dass sie eine Minderheit unter den Gläubigen bildeten. Ihre Texte fanden Verbreitung, aber vor allem unter Menschen, die Zugang zu Klosterbibliotheken hatten oder später die Universitäten besuchen konnten. Viele Gläubige konnten das nicht. Wenn Otto von Freising darüber berichtet, dass Jerusalempilger im Tal Josafat nahe der Stadt sichtbare Markierungen hinterließen, weil sie dort, wo sie die Austragung des Jüngsten Gerichts erwarteten, schon einmal ihren Platz reservieren wollten, dann waren dies Gläubige, die immerhin bis nach Jerusalem hatten pilgern können und etwas von der Welt gesehen hatten.

Die meisten Gläubigen begegneten dem Jüngsten Gericht wohl in einer bildlichen Darstellung ihrer Pfarr- oder Bischofskirche. Diese Darstellungen des Gerichts mit seiner Scheidung der Gläubigen in die Erlösten und Verdammten schmücken noch heute viele mittelalterliche Kirchen. Mit dem Bildprogramm verband sich ein Anspruch. Das ganze Mittelalter hindurch war der Name für die Gerichtshoheit (*iudicium*) auch der Name für Herrschaft. Das Gericht hatte seinen Ort bei den Mächtigen. Der oberste weltliche Gerichtsherr war der König. Aber auch er musste sich vor dem göttlichen Gericht verantworten. Die Bauten, in denen die Christen des Mittelalters ihre Gottesdienste feierten, wurden in einer reichen Formensprache errichtet und ausgestattet. Die Menschen daran zu erinnern, dass sie sich einmal vor dem Gericht Gottes würden verantworten müssen und dass dieses Gericht eng mit ihrer Kirche verbunden war, gehört zu den weniger subtilen Fingerzeigen. Tatsächlich aber stellt sich spätestens hier eine zentrale Frage für das Verständnis der mittelalterlichen Christenheit: Glaubten die Menschen an die feurigen Versionen ihrer Zukunft, die ihnen die Prediger nicht nur in der Fastenzeit mit Hingabe darlegten, etwa wenn ein berühmter Prediger wie Berthold von Regensburg seinen rhetorischen Eifer darauf richtete, den Menschen die schmerzhafte Hitze des Höllenfeuers möglichst nahezubringen?[486] Er zitiert ein „schönes Gleichnis" des heiligen Augustinus zum Höllenfeuer: So viel heißer auf der Erde ein echtes Feuer als ein gemaltes Feuer sei, so viel heißer sei das Höllenfeuer im Vergleich zum irdischen Feuer. Angesichts der vielen Sünden, die ausreichen, um die Hörer seiner Predigt – als temperamentvoller Prediger zählte Berthold sie verständlich auf – an dieses Feuer heranzuführen, waren das beunruhigende Aussichten, wenn die Worte des Predigers auf fruchtbaren Boden fielen.

Die Hölle

Die bereits zitierte päpstliche Definition des Jenseits in der Bulle *Benedictus Deus* Papst Benedikts XII. aus dem Jahr 1336 hielt fest, dass die Seelen der in Todsünde verstorbenen direkt in die Hölle hinuntergeleitet würden, wo sie Höllenqualen erleiden mussten. Allerdings sprach der Papst nicht vom Feuer der Hölle, sondern von ihren Qualen. Wo der Papst den Dichter Dante vermutete, der Benedikts Vorgänger Bonifatius VIII. in seiner *Divina Commedia* in der Hölle lokalisiert hatte und inzwischen selbst gestorben war, wissen wir nicht. Dantes Reise durch die Hölle hat in der europäischen Literatur ein enormes Echo gefunden.[487] Der berühmte Gruß über dem Höllentor zu Beginn des dritten Gesangs – *Lasst alle Hoffnung fahren, wenn ihr hier hereinkommt* – klingt lange nach, wenn man die Schicksale der Zeitgenossen Dantes verfolgt, denen er bei seinem Abstieg in die Finsternis begegnet.[488] Dantes Hölle war indes kein Ort des Feuers und der Hitze. *So durchmaßen wir den trüben Morast aus Schatten und Regen, Schritt für Schritt.*[489] Es gab Begegnungen mit dem Feuer, aber immer wieder war es dunkel auf dem Weg. Erst im achten Graben, als die Wanderer fast den Grund der Hölle erreicht hatten, sahen sie Seelen im Feuer. Unter ihnen war Odysseus, der gemeinsam mit seinem Gefährten Diomedes für *die List mit dem Pferd* im Feuer büßt(e).[490] Auf dem weiteren Weg trafen sie einen grausam entstellten Mohammed und bekamen schließlich Luzifer zu Gesicht. Aber hier brannte kein Höllenfeuer, im Gegenteil:

> *Ich war nun – und voller Angst setze ich es in Verse –*
> *dort, wo die Schattenseelen vollkommen vom Eis bedeckt*
> *waren; sie schienen hindurch wie Strohhalme in Glas.*[491]

Zusammenfassend gilt: Es gab keine feste Vorstellung davon, wie die Hölle beschaffen war. Viele Bilder und Vorstellungen glichen sich – als Folge (biblisch-)literarischer Traditionen und einer in manchem übereinstimmenden Phantasie des Schreckens. Dantes Hölle zeigte sich am Ende als eine Hölle des Hasses, ein Ort, dessen Schrecken nicht nur aus äußeren Qualen erwuchs, weil die Geschichte, die am Ende auf den Reisenden wartete, einen Blick in menschliche Abgründe eröffnete. Auch die Theologen sahen die Hölle seit dem 12. Jahrhundert zunehmend als einen Ort der Begegnung mit den menschlichen Schwächen.[492] Um 1200 benannte Alain von Lille bzw. Alanus ab Insulis, ein Gelehrter an der Schule von Chartres, in einem Lehrwerk *vier Strafen der Hölle: den Wurm des Gewissens, die Flammen der Hölle, die Aufdeckung der Schuld, de[n] Entzug der Schau Gottes.*[493]

Die Höllenqualen, die Jenseitsreisende wie Tnugdal oder Thurkill gesehen und geschildert hatten, waren dagegen sehr viel körperlicher. Detailliert beschreibt Tnugdal, wie die höllischen Folterknechte die Seelen quälen, *so lange, bis Haut wie auch Fleisch, Muskeln und Knochen* zu Asche verbrannt waren.[494] Hier war von Seelen die Rede, die körperlos waren. Es ist nach der Lektüre dieser Berichte aus dem Jenseits nicht zu übersehen, dass die Quälereien in der Hölle die Beobachter und wohl auch die Zuhörenden stärker in den Bann zogen als die Freuden des Paradieses. In der Hölle geschah weit mehr: Verbrechen wurden bestraft, Unrecht wurde gesühnt, stolze Mächtige wurden gedemütigt. Vom Paradies gab es weniger zu erzählen: keine Kämpfe, kein Betrug, keine Niederlagen und auch nicht die Dramen menschlicher Leidenschaften. Das Paradies war ein Ort ohne Geschichten. Es war ein Ort, an dem sich die Geschichten vollendeten. Für das Publikum war die Hölle der interessantere Ort.

Wir wissen nicht, wie sehr die Menschen diesen Berichten Glauben schenkten. Sahen die Ehebrecher, die von ihrem Laster nicht ablassen konnten, sich künftig zusammen mit wollüstigen Mönchen in der Hölle brennen? Sahen die Priester, die neben ihrer kleinen Pfründe mehr Geld für Messen angenommen hatten, als sie feiern konnten, die Strafen vor sich, die Thurkills Vision ihnen in Aussicht stellte: dass man ihnen die Kehle durchschnitt, die Zunge herausriss, dass man sie zerstückelte, in Fett siedete und wieder zusammenfügte?[495] Oder waren dies Schreckensgeschichten, die zwar die Leser oder Hörer erzittern ließen, die aber kein Verhalten änderten, weil sie dem Reich einer dunklen Imagination angehörten, die Teil der menschlichen Psyche ist? Manches spricht dafür, dass für viele Zeitgenossen die Schreckensbilder grausamer Gewalt und Qual, die in den Bildern eines Hieronymus Bosch am Ende des Mittelalters ihren finsteren Höhepunkt fanden, eine Form des Nervenkitzels waren, eines Schauderns, das dem heutigen Horror-Genre nahekam. Dadurch erklärt sich auch die Faszination, die diese Berichte für einige moderne Zeitgenossen noch immer haben. Sie bedienen ein unbestimmtes Schuldgefühl mit anschaulichen Bildern. Shakespeare hat durch Hamlets Zweifel vor dem letzten Schritt –

[…] *To die, to sleep;*
To sleep: perchance to dream: ay, there's the rub;
For in that sleep of death what dreams may come –

dieser Sorge zeitlos Ausdruck verliehen.[496] Die Aussicht auf die finstern Träume des Todes ließen manchen schon vorab unruhig werden. Die Theologen des hohen und späten Mittelalters wussten, was die moderne Psychologie als eine menschliche Erfahrung kennt, die uns indes in allen historischen Epochen begegnet. Jeder Mensch hat seine eigene Hölle. Auch die mittelalterliche Kirche hatte keine klare Vorstellung von der Topographie, der Beschaffenheit und dem Personal der Hölle. Denn jede und jeder Gläubige hatte ein eigenes Bild dieser Realität nach dem Tod. Die Ängste, die damit verbunden waren, waren nur begrenzt steuerbar.

Es ist kaum zu übersehen, dass die enge Verbindung von Gericht und Strafe die Gedankenwelt der lateinischen Christenheit seit der Antike stark geprägt hat und bis in die Moderne stark prägt. Angesichts dieser Kontinuität, die den starken Wandel der Lebensbedingungen seit Antike und Mittelalter bis in die Moderne überstanden hat, entspricht die Verbindung von Schuld und Strafe wohl einem menschlichen Bedürfnis. Dieses Bedürfnis hat in unserer Zeit und in unserem Kulturkreis auch das Schrumpfen konfessioneller Kirchlichkeit überstanden und beschäftigt unsere Gegenwart etwa in der Auseinandersetzung um das Klima. Die Verbindung von Schuldzuweisung und apokalyptischen Strafszenarien scheint ein beständiges Muster unserer Kultur zu sein.

Auferstehung und Paradies

Doch für die Gläubigen damals konnte die Hölle, welcher Art auch immer, nicht das Ziel sein. Viele mochten sich vor dem Fegefeuer fürchten, zumindest seitdem die Zahl der Gläubigen im hohen Mittelalter so sehr anstieg, aber nach der Reinigung hofften sie auf die Aufnahme in den Himmel, in das Paradies oder ins himmlische Jerusalem; hierfür gab es verschiedene Namen, und die Vorstellungen waren nicht festgeschrieben. Das Paradies war die Sphäre Gottes, es unterstand seiner Allmacht und war keine historische Größe. Es war vielmehr ein Ort außerhalb der Zeit, aber es war durchaus ein vorstellbarer Ort. Denn am Jüngsten Tag würden die Leiber der Gläubigen und der Ungläubigen auferstehen und vor dem Gericht erscheinen. Bei der Auferstehung kamen die Seele und ihr gnädig wiederhergestellter Leib zusammen, um in das Reich Gottes zu gelangen oder die Strafen der Hölle zu erleiden. Es wird in den Texten nicht immer ganz klar, ob das Fegefeuer nach dem Jüngsten Tag noch brennen würde, aber wahrscheinlich sollte es so sein. Auch wo die Seligen ihr neues Dasein genießen konnten, wird nicht ganz klar. In Tnugdals Vision erscheinen die Stätten der Gerechten jenseits des höllischen Theaters in fußläufiger Entfernung, ohne dass sie näher beschrieben würden.[497] Thurkill und sein Begleiter waren aus der Diözese London nach Osten hin aufgebrochen und so zum Mittelpunkt der Welt gelangt.[498] Die Gerechten empfingen ihre Belohnung in der Kirche auf dem Berg der Freuden, für den man die dornige Brücke überqueren musste.

> *Als der Mann vom heiligen Michael in die Kirche hineingeführt wurde, sah er dort viele Männer und Frauen, die er gekannt hatte, als sie noch auf Erden lebten. Alle, die hinauf in diese Kirche stiegen, waren rein und von großer Freude über die Glückseligkeit erfüllt.*[499]

Thurkills kurzer Kontakt mit der Freude des Paradieses hatte etwas von der Aura eines sonntäglichen Kirchenbesuchs. Er sah viele bekannte Gesichter. Allerdings war Thurkill bei diesen Begegnungen diskreter, als es später Dante sein sollte, der die Laster und die Verdienste der Bekannten, die er im Jenseits antraf, in große Dichtung verwandelte. Dantes Jenseits war deutlich größer angelegt und er entrückte das Paradies in kosmische Sphären. Dennoch wurden auch hier die Plätze eng: *Sechstausend Meilen weit von hier* […], so hebt der XXX. Gesang an, in dem der Dichter seine geliebte Beatrice ein letztes Mal auf seiner Reise sieht.[500] Beatrice wies ihn darauf hin, dass man hier in der obersten Himmelssphäre, im Empyreum, bald an eine Grenze stoße:

> Sieh unsere Stadt, wie weit herum sie reicht, sieh unsere Plätze, sie sind schon fast besetzt, man erwartet nur noch wenige.[501]

Die Räume des Jenseits mochten groß sein, doch ein Wiedersehen darin war möglich und sogar wahrscheinlich. Dieses Wiedersehen mit bekannten Menschen in den Berichten aus dem Jenseits weckte die Freude oder auch Schadenfreude der Leserschaft. Es weckte die Neugier darauf, wie die Taten von Verdammten und Erlösten gerichtet wurden, es entsprach dem Wunsch nach Gerechtigkeit. Vor allem aber entsprach dieses Wiedersehen einer menschlichen Sehnsucht, die Dantes großes Gedicht durchzieht, in dem er immer wieder von Beatrice spricht, jener nie erreichten Geliebten, die so früh gestorben war – *donna m'apparve*:

> *Geradeso, in einer Wolke von Blumen,*
> *die aus Engelshänden aufstieg und niedersank auf den Wagen und um ihn her,*
> *auf reinem weißen Schleier und mit Ölzweigen bekränzt erschien mir die Frau*
> *[…].*[502]

Wenn auch die Vorstellungen von der Beschaffenheit des Jenseits bei vielen Gläubigen nicht sehr präzise formuliert waren, so war der Wunsch, geliebte Menschen wiederzusehen, die man verloren hatte, groß und stärkte die Hoffnung auf Auferstehung. Auch der Bauer Thurkill suchte im Umfeld der Kirche auf dem Berg nach seinen Eltern, so wie es einst Odysseus in der Unterwelt getan hatte. Für die Reisenden ins Jenseits und für Dichter wie Dante waren die Angehörigen einfacher Familien keine bekannten Gesichter. Aber wenn die Reisenden in diesen Berichten Personen wiedererkannten und wenn Jesus in den Berichten der Apostelgeschichte seinen ehemaligen Jüngern nach seinem Tod erschien, so dass sie ihn erkannten, dann durften auch einfache Gläubige auf eine Wiederbegegnung hoffen. Dies betont die eher persönliche oder familiäre Seite der Hoffnung auf Erlösung. Sie war auch für diejenigen ein Motiv, deren Leben als Christen von keiner starken Sehnsucht nach einer Gottesbegegnung geprägt war. In dieser Gottesbegegnung aber bestand nach übereinstimmender Überzeugung von Mönchen, Mystikern, Theologen und engagierten Gläubigen die höchste Stufe des Daseins im Paradies.

Der bereits erwähnte Alain von Lille hatte den Entzug der Gottesschau als vierte Höllenstrafe benannt, und einige Jahre nach Dantes Tod hatte Papst Benedikt XII. verbindlich festgestellt, dass die Heiligen *das göttliche Wesen in einer unmittelbaren Schau und auch von Angesicht zu Angesicht geschaut haben und schauen [...]*.[503] So klar dies sprachlich formuliert ist, so unklar war letztlich, was es bedeutete. Auch Dante, der einen ganzen Kosmos an christlichen Erfahrungen in Worte gefasst hatte, verstummte hier: *Von hier an war mein Sehen mächtiger als mein Sprechen, das vor solchem Anblick versagt [...]*.[504] Der Anblick dessen, was er sah, ließ den Dichter verstummen, erst in der Erinnerung konnte er in Worte fassen, was die Anschauung Gottes in ihm ausgelöst hatte:

> *In seiner Tiefe sah ich, mit Liebe zu einem Band gefügt, was lose über die Welt hin verstreut ist: Wesenheiten, Eigenschaften und ihr Verhalten, gleichsam in eins verschmolzen, dergestalt dass, wovon ich spreche, ein einfaches Licht ist. Die Urform dieser Verbindung muss ich gesehen haben, denn noch jetzt, beim Sprechen, geht mir das Herz vor Freude darüber auf.*[505]

Die Erfahrung des Dichters und seine Reaktion darauf schlugen den Bogen zurück zu der Vision Benedikts von Nursia am Ende seines Lebens. Benedikt hatte nach den Worten seines Biographen Gregor *die ganze Welt in einem Lichtstrahl versammelt* gesehen. Auch damals war dies eine schwer vermittelbare Erfahrung gewesen. Es war eine kontemplative Erfahrung, die die Grenzen der Sprache überstieg. Auch Mystiker wie Meister Eckhart, Heinrich Seuse oder Juliana von Norwich berichten von solchen Erfahrungen. Was die erwähnte päpstliche Bulle mit Worten definierte, aber nicht anschaulich machen konnte, weil die Sprache hier an ihre Grenzen gelangte, hatten sie ohne Worte erfahren. Die mystische Erfahrung war und ist eine Erfahrung ohne didaktische Absicht. Weil diese Erfahrungen über die Sprache hinausgingen, entzogen sie sich auch dem Zugriff der kirchlichen Hierarchie. Die Rolle dieser Hierarchie in der mittelalterlichen Christenheit wird, wie wir mehrfach dargelegt haben, meist überschätzt. Auf die wesentlichen Fragen seines Glaubens musste jeder Mensch selbst antworten, spätestens in seiner Sterbestunde. Die herausfordernden Lebensumstände im späten Mittelalter gaben den Menschen dazu viele Gelegenheiten. Wenn ihre Antworten auch seltener überliefert sind – gegeben haben sie diese Antworten, wenn ihnen die Zeit blieb.

Schluss

Grundzüge einer Geschichte der Christenheit im Mittelalter

Frühes und hohes Mittelalter: Ein Glaube für Macht und Sieg

Die christliche Welt des frühen Mittelalters war weitgehend eine Welt der Mächtigen. Die christlichen Könige des frühen Mittelalters sahen sich als Nachfolger Davids und der Könige des Alten Testaments. Für die Bischöfe und Äbte, die hierarchischen Vertreter der kirchlichen Organisation, war es selbstverständlich, dass Gott die Könige an die Spitze ihrer Christenheit gesetzt hat. Die Mönche und Nonnen der Klöster, der geistlichen Zentren dieser christlichen Welt, waren von der Spiritualität der Psalmen geprägt, die sie täglich beteten. In ihnen wurde Gott als König verehrt, der dem christlichen König gegen seine vielen Feinde beistand. So wie es verschiedene Königreiche gab, so gab es auch verschiedene Christenheiten. Die Christenheit als eine Größe, die alle gläubigen Menschen umfasste, wurde von manchem Theologen erträumt, gelebt wurde sie nicht. Zu primitiv war das Wegenetz, zu beschwerlich die Fortbewegung, zu undurchdringlich die Wälder und zu regional die Interessen. Die Könige mussten sich vor Gott für das Heil ihrer Untertanen verantworten. Das riefen ihnen die Hüter des Glaubens von Zeit zu Zeit in Erinnerung. Wir wissen nicht wirklich, inwieweit diese Verpflichtung der Mächtigen gegenüber ihren Untertanen in die soziale Welt des frühen Mittelalters hineinreichte.

Die Frauen und Männer, deren christliches Leben in dieser Phase für uns erkennbar ist, gehörten fast ausnahmslos der zahlenmäßig kleinen Schicht der Mächtigen an. Das galt für die Bischöfe ebenso wie für die Mönche der großen und kleinen Klöster. Diese Klöster wurden häufig von adligen Familien gestiftet. Sie pflegten das Gebet für die eigenen Toten und versorgten die jüngeren Mitglieder der Familie standesgemäß. Den Gläubigen dieser Epoche galt die klösterliche Lebensweise als das ideale christliche Leben. Die Bischöfe der wenigen und kleinen Städte der christlichen Welt vor dem Jahr 1000 orientierten sich zumeist, wo wir das aus ihren Lebensbeschreibungen ersehen können, am Tagesablauf der Klöster. Nicht wenige von ihnen waren in Klosterschulen erzogen worden. Der christliche Glaube, den die Quellen dieser Zeit überliefern, war in hohem Maß ein Herrendienst. Der Vollzug der Liturgie war wichtiger als die Seelsorge. Für die normalen Gläubigen, von deren Zahl wir keine klare Vorstellung haben, war das Wirken Gottes ein Wirken in der Welt der Mächtigen. Der christliche Gott des frühen Mittelalters war der König der Könige.

Ihrem Gott näherten sich die meisten Gläubigen so, als näherten sie sich dem Hof ihres Herrn oder dem Palast ihres Königs. Es war keine ästhetische Liebhaberei, dass ein mächtiger König und Kaiser wie Karl der Große besonderen Wert auf den Vollzug der Liturgie legte. Es ging ihm um die korrekte Kommunikation im Kreis der Weltenlenker. In diesem Kreis bekundete die Liturgie den Respekt, den der Herr der Welt erwarten durfte. Die Christusdarstellungen dieser Zeit zeigen häufig einen triumphierenden Christus. Sie zeigen den auferstandenen Christus im Glanz der göttlichen Gnade. Darstellungen des Gekreuzigten finden sich in dieser früheren Phase des Mittelalters kaum. Der christliche Glaube dieser Zeit war vor allem ein Glaube der Sieger. Die Christenheit im frühen Mittelalter erscheint daher als ein exklusiver Kreis, geprägt durch die Erfahrungen und Interessen der Mächtigen.

Dennoch müssen die Bemühungen der wenigen Missionare, die Predigten der Priester und das Beispiel der Mönche und Nonnen allmählich zu den vielen Menschen durchgedrungen sein, deren Glauben und deren Leben für uns vor der Jahrtausendwende kaum fassbar sind und auch danach erst langsam in den Quellen sichtbar werden. Unter der Oberfläche der weitgehend adligen Überlieferung wuchsen jene Glaubensüberzeugungen heran, die eine religiöse Dynamik befeuerten, durch die die lateinische Christenheit in der zweiten Hälfte des 11. Jahrhunderts tiefgreifend verändert wurde. Bei dieser Christianisierung unter der Oberfläche des uns erkennbaren Geschehens, die den Boden für den Aufbruch im 11. Jahrhun-

Schluss Grundzüge einer Geschichte der Christenheit im Mittelalter

Abb. 22 Die Miniatur aus einer englischen Enzyklopädie des späteren 14. Jahrhunderts zeigt unter dem Buchstaben A eine Äbtissin (*Abbatissa*), die die Nonnen ihres Klosters unterweist.

dert bereitete, spielten die Klöster eine entscheidende Rolle. Das Wirken der Nonnen und Mönche als Lehrerinnen und Lehrer und als christliche Persönlichkeiten wirkte nachhaltig.

Der Wandel, der in der Mitte des 11. Jahrhunderts einsetzte und viele Menschen erfasste, vollzog sich in dramatischer Weise und hohem Tempo. Der Glaube bewegte nun erkennbar auch die Menschen, die keinen Umgang mit Königen und Mächtigen hatten. Er bewegte sie nicht nur – das hatte er auch vorher in vielen Fällen getan, ohne dass diese Erfahrungen sichtbare Spuren hinterließen –, der Glaube bereitete diesen Menschen nun auch eine Bühne, auf der sie wahrgenommen wurden. Menschen, die in Dörfern lebten, in den entstehenden Städten, niedere Adlige und Dienstleute von adligen Herren und Bischöfen, sie alle bekundeten nun ihre christliche Überzeugung. Sie verlangten entsprechend auch eine neue Disziplin von ihrem Klerus. Das kam für viele Vertreter der alten geistlichen Elite überraschend, auch erschreckend, und die damit verbundene Dynamik war nicht frei von gewalttätiger Aggression. Hier verschob sich etwas. Der christliche Glaube verlor seine soziale Exklusivität.

Das Erschrecken des gebildeten Klerus legt nahe, dass die Wucht dieses Aufbruchs im späten 11. Jahrhundert viele Geistliche überraschte. Der religiöse Wandel hatte die Welt außerhalb der Klöster erfasst und trug die Leidenschaft für die Religion auch in die bewegte Welt der entstehenden Städte. Mit dem Wechsel des Milieus veränderten sich die Inhalte, die das Glaubensleben prägten. Die Sorge um die Sündenschuld, das Drängen der Laien auf die Einhaltung des Zölibats der Kleriker waren in dieser Form neu. Die Keuschheit, wie die alten Texte die strenge sexuelle Enthaltsamkeit nannten, und der Gehorsam, den die kirchlichen Reformer in Rom nun so entschieden einforderten, gehörten zum klassischen Bestand klösterlicher Lebensregeln. Diese Forderungen, die die Laien nun so entschieden formulierten, mochten daher auch aus der klösterlichen Christianisierungsarbeit hervorgegangen sein. Auch wenn diese Regeln für Mönche und Nonnen keine direkte Anwendung auf die christliche Welt außerhalb des Klosters einforderten, so war die geringe Bereitschaft zu differenzieren ein Grundzug des religiösen Aufbruchs in dieser Phase. Mit der Einbindung von immer mehr Menschen verschoben sich allmählich auch die Inhalte, die Erscheinungsformen und die Schwerpunkte der Glaubenslehre.

Das Milieu der jungen adligen Männer, deren Leben von Waffen und Kriegsdienst bestimmt war und deren Gewalt nicht nur die Bäuerinnen und Bauern und die weniger kriegerischen Zeitgenossen in ihrer Nachbarschaft bedrängte, kam in stärkere Berührung mit der christlichen Lehre. Das war nicht selbstverständlich, denn auch Priester und Mönche litten unter den Übergriffen bewaffneter Banden, zu deren Befriedung die königliche Macht oft nicht ausreichte. Aber Begriffe wie der der „Ehre Gottes", die Anselm von Canterbury durch die menschliche Sündhaftigkeit so tief verletzt sah, die Aussicht auf handgreifliche Kämpfe gegen die „Feinde Gottes", von denen viele Psalmen sangen, sprachen diese jungen Krieger an. Viele gingen auf das Angebot ein, das ihnen die Kirche machte: für den Glauben zu kämpfen und dadurch in den Augen Gottes bleibende Verdienste zu erwerben. Darin setzte sich auch jener pragmatische Zug fort, den die Missionare seit Konstantin dem Großen den Mächtigen immer wieder vor Augen geführt hatten: Der christliche Gott schenkte den Sieg im Kampf. Die christliche Religion war eine Religion der Sieger. Der christliche Gott gab die Kraft zum bewaffneten Sieg.

Hier wurde eine Tradition fortgeführt und bestärkt, die in der Geschichte eine lange und beunruhigende Wirkung entfaltete. In dieser Tradition wurden die zivilen Einwohnerinnen und Einwohner von Jerusalem und Akko in den Kreuzzügen getötet. Die Belagerer verübten diese Taten mit ruhigem Gewissen und in fester Glaubensüberzeugung. Diese Spur religiös gerechtfertigter Gewalt zieht sich breit und blutig bis weit in die Neuzeit. Allerdings waren diese Taten selten allein durch die Religion verursacht. Ebenso wie der christliche Glaube den Gewaltbereiten eine Legitimation für ihr Handeln verlieh, konnte dieser Glaube in einer Welt gewaltbereiter Krieger, die keine Zweifel an der Berechtigung ihres Tuns hegten, auch einen zivilisierenden Effekt entfalten. Die Bilanz ist so unklar und widersprüchlich wie das menschliche Handeln in vielen Situationen. Doch für die Ausübung der Gewalt unter Glaubensgenossen und auch für das soziale Leben dieser jungen Unruhestifter galten allmählich Regeln. Diese Regeln schützten die Menschen anderen Glaubens nur selten. Aber sie bereiteten einen gewissen Schutz für die Schwachen der eigenen Welt. Das war durchaus nicht selbstverständlich. Das Ideal des Ritters, das daraus entstand, wurde von den Akteuren häufig ignoriert, es war bisweilen nur ein Deckmantel für finstere Taten, aber es erwies sich als eines der langlebigsten Ideale der europäischen Kultur.

Die Formen des christlichen Lebens wurden nun vielfältiger. Die neuen Formen lösten die alten nicht ab, sie traten an ihre Seite. Auch die Zahl der Stimmen zu Glaubensfragen mehrte sich. Es gab vermehrt Widerspruch. Autoritäten wurden in Frage gestellt. Das war nicht unbedingt neu, aber der Widerspruch als prinzipielle Übung zur Schärfung des Gedankens war in den Jahrhunderten der klösterlichen Lehre aus der Mode gekommen. Nun belebte die Scholastik die Dialektik wieder, in der sich die antiken Philosophen einst geübt hatten. Die Rückkehr der Kontroversen gefiel nicht allen, aber die neuen Stimmen verstummten nicht mehr.

Der Umschwung im 13. Jahrhundert: Die Armutsbewegung und die Hinwendung zur Passion

Mit der Bewegung der Geister, die an den städtischen Schulen und bald auch an den entstehenden Universitäten in Paris, Bologna, Oxford und anderswo neue Betätigungsfelder fanden, ging ein Aufkommen neuer, konkreter christlicher Lebensformen einher. Die Armutsbewegung, das Ideal des apostolischen Lebens nach dem Vorbild des Evangeliums, begeisterte viele Menschen, die sich dem Christentum im 11. Jahrhundert zuwandten und den Worten Jesu Taten folgen lassen wollten. Auch hier kam es zu Spannungen, Missverständnissen, aber auch zu Unmut bei den etablierten Klerikern, die solchen Laienbewegungen skeptisch gegenüberstanden. Die christliche Armutsbewegung und der darin ausgedrückte Wunsch nach einem authentisch-apostolischen Leben beeindruckten viele Menschen. Befördert durch die großen Ordensgründer Franziskus und Dominikus führte sie im 13. Jahrhundert vielleicht zur eigentlichen Christianisierung der lateinischen Christenheit, wenn man darunter das Vordringen des christlichen Glaubens als einer gelebten Religion in alle sozialen Milieus verstehen möchte. Die christliche Armutsbewegung, in deren Kern die besondere Kraft aller überzeugenden religiösen Lehrer wirkte, nämlich so zu leben, wie man lehrte, hatte viele Facetten. Sie führte zur Herausbildung von Orden, aber sie führte auch zum Entstehen häretischer Bewegungen; sie brachte eindrucksvolle Heilige hervor, aber auch grausame Inquisitoren. Für die Popularisierung des christlichen Lebens in einem breiten Spektrum war sie eine höchst wirksame Kraft.

Dennoch richtete sich die Armutsbewegung in der Konsequenz als Lebensmodell stärker an Männer als an Frauen. Das Programm, *dem nackten Christus nackt zu folgen*, eignete sich als aktives Ideal eher für Männer als für Frauen. Das legt diese weitverbreitete Formulierung bereits nahe. Franziskus hatte vor seinem Vater in einer ebenso praktischen wie symbolischen Geste alle seine Kleider abgelegt. Von seiner Gefährtin Klara wird ein solcher Akt nicht berichtet. Ihr schrieb Franziskus eine Lebensregel, die für die Frauen seiner Bewegung ein zurückgezogenes Leben in klösterlichem Schutz vorsah. Sosehr Frauen von Anfang an von diesem Ideal fasziniert und auch maßgebliche Unterstützerinnen dieser Bewegung waren, so führte sie dieser Weg doch häufig in die Abgeschlossenheit einer klösterlichen Existenz.

Das Vorbild der armen Wanderprediger trug durch das sichtbare Beispiel viel zur Verbreitung des christlichen Lebens bei. Dabei wirkte das Ideal der Wanderprediger stärker durch das glaubwürdige Vorbild als durch eine breite Nachahmung. Es war ein Ideal mit hohem Anspruch. Selbst unter den populären Häretikern dieser Zeit, wie etwa den Katharern im Süden Frankreichs, wurde der entscheidende Schritt in den Status der wahrhaft Frommen, der mit strenger Askese verbunden war, in aller Regel erst am Ende des Lebens vollzogen. Viele Menschen suchten nach einer glaubwürdigen Ordnung, die ihrem Leben mit ihren Sorgen und Hoffnungen Halt gab. Aber dieser Glaube sollte sich mit ihrem normalen Leben in Einklang bringen lassen.

Es war die Hinwendung zu dem leidenden Menschen Jesus, die diesen Schritt ermöglichte. Die eigentliche Verbreitung christlicher Lebensformen in den Alltag der Gläubigen setzte mit einer gewissen Verzögerung ein, vollzog sich dann aber mit einer breiten Wirkung. An ihrer Grundlegung hatten die Bettelmönche wiederum einen wichtigen Anteil, und auf diesem Feld verlangten sie von den Menschen auch keine Änderung ihres Lebens. Franziskus hatte wenige Jahre vor seinem Tod einem Weihnachtsgottesdienst in dem kleinen Ort Greccio in Latium eine besondere Aura verliehen, als seine Vertrauten dort den Stall von Betlehem in einem realen Szenario nachbauten und so die anhaltende Tradition der Weihnachtskrippe begründeten.[506] Was hier begann bzw. einen weiteren wichtigen Impuls erhielt, war die empathische Annäherung an den Menschen Jesus über die Schlüsselszenen seines Lebens, in denen er auf die Fürsorge anderer angewiesen war. Die Wanderprediger konzentrierten sich insbesondere auf die Jahre von Jesu öffentlichem Wirken, in denen er selbst als Wanderprediger umhergezogen war, Kranke heilte und das Evangelium verkündete. Die populäre Verehrung, die diesem Jesus im späten Mittelalter entgegengebracht wurde, konzentrierte sich zunehmend auf den hilflosen Säugling und auf den leidenden Mann am Kreuz. In der emotionalen Annäherung und im Mitfühlen mit dem Leiden des Gekreuzigten sahen viele Prediger des späten Mittelalters und viele Gläubige die höchste Form des Glaubens. Eindringlich forderten sie zum frommen Mitleiden auf, und Künstler wie Matthias Grünewald vertieften sich derart in dieses Leiden, dass die Betrachtung ihrer Werke auch heute kaum jemanden unberührt lässt. Hier konnten Gläubige tätig Anteil nehmen, ohne ihr Leben tiefgreifend verändern zu müssen. Die Hinwendung zum leidenden Jesus am Kreuz, aber auch die Fürsorge für den Säugling in der Krippe eröffnete auch vielen Frauen einen neuen Zugang zum Heiland. Aufgrund eines weiblichen Rollenbildes der fürsorgenden Mutter war dies ein Zugang mit einer gewissen Exklusivität. Die emotionale Energie einer christlichen Gesellschaft, die auf diese Weise gezielt angeregt wurde, hatte neben der Fürsorge und dem mitleidenden Trost für Jesus am Kreuz auch eine dunkle Seite. Nicht nur am Karfreitag, wenn auf öffentlichen Bühnen die großen Passionsspiele des späten Mittelalters aufgeführt wurden, wurde es für Juden gefährlich. Das Mitleiden mit dem Gekreuzigten, das Mitgefühl mit seiner leidenden Mutter unter dem Kreuz – beides schlug immer wieder in Hass auf die vermeintlichen Täter um, ungeachtet der zeitlichen Distanz, ungeachtet des jüdischen Glaubens Jesu selbst, seiner Angehörigen und all der Akteure des biblischen Geschehens, mit denen man sich identifizierte.

Das Christusbild verschob sich vom entrückten Antlitz des Auferstandenen in den exklusiven Kreisen des frühen Mittelalters hin zum schmerzensreichen Antlitz des Gekreuzigten, das die Phantasie so vieler Menschen des späten Mittelalters beschäftigte. Diese Annäherung an den hilfsbedürftigen Menschen Jesus, die mit der Verbreitung des christlichen Glaubens in den gelebten Alltag einherging, hat das Mittelalter in der katholischen Welt weit überdauert.

Reale Vielfalt und die Illusion der Einheit

Das Nachzeichnen dieser Entwicklungslinien reduziert die reale Vielfalt religiöser Lebensäußerungen während der tausendjährigen Geschichte des Mittelalters zwangsläufig. Das ist in einer konzentrierten Einführung nicht zu vermeiden. Es ist eine notwendige Vereinfachung für das gewählte Format. Wir müssen uns dabei immer vor Augen halten, dass eine Religion mit einem universalen Anspruch ihren Gläubigen eine Fülle von Möglichkeiten bietet, sie in ihr Leben zu integrieren. Die Fülle der unterschiedlichen Geschichten der prägenden Menschen, selbst der Propheten, und der unterschiedlichen Berichte über Jesus, die sich bisweilen in ihrer Botschaft eher widersprechen als ergänzen, zeichnet in ihrer Gesamtheit ein Bild von der Komplexität des menschlichen Lebens. Jeder dieser Aspekte konnte in der Lage sein, einzelne Menschen oder Gruppen von Menschen anzusprechen, und ihrem Leben wichtige Impulse geben. Ein Großteil dieser Geschichte spielte sich zudem außerhalb der schriftlichen Zeugnisse ab. Das lag daran, dass der überwiegende Teil der Gläubigen des Mittelalters nicht lesen oder schreiben konnte, als die Religion zur Volksreligion wurde. Das lag aber auch daran, dass die Religion nur zu einem bestimmten Teil in der Welt der Worte beheimatet ist. Sie ging in vielen Erfahrungen der mittelalterlichen Gläubigen über die Grenzen der Worte hinaus. Auch davon war in dieser Darstellung die Rede.

Das Medium der Schrift hatte in der Religion immer eine widersprüchliche Funktion. Sie bewahrt die Inhalte der Lehre über die Zeit. Sie ermöglicht es Gläubigen, die einen eigenen Zugang und ein eigenes Verständnis des Glaubens suchen, durch Lektüre dieses Verständnis mit Inhalt und Leben zu füllen. Das ist die autonome Dimension jeder Überlieferung, die die Möglichkeit eigener Lektüre bereithält. Seit dem hohen Mittelalter haben wir viele Belege für diese Praxis einer Ermächtigung unorthodoxer oder abweichender Wege des Glaubens. Deutlich früher, als dies in der Regel angenommen wird, setzten sich die Gläubigen mit den Texten der Bibel und vor allem mit den Berichten des Lebens Jesu in volkssprachlichen Übersetzungen auseinander. Diese eigenständigen Glaubenswege wurden durch die schwachen Kommunikationsstrukturen begünstigt, was die Verbreitung von religiösem Wissen an entlegenere Orte, von denen es viele gab, behinderte. Sie behinderten dabei die Verbreitung regelnder Vorgaben, was und wie zu glauben sei. Stattdessen mussten die Menschen in vielen Fällen eigene Antworten suchen, wenn ihre Neugier nicht dort nachließ, wo die Überlieferung endete. Die Überlieferung überließ der Phantasie notgedrungen häufiger das Feld, denn die biblischen Texte erzählten von einer ganz anderen Umwelt, als sie die Menschen fernab des Heiligen Landes und fernab der Wüste bzw. fernab der Wälder, die diese Wüste manchmal in den Texten ersetzten, wie wir gesehen haben, kannten. Allein diese Vielfalt der Lebensformen sorgte in den wichtigen und weniger wichtigen Fragen des Glaubens für eine Vielfalt von Antworten, auch wenn sie uns nicht alle überliefert sind.

Die schriftliche Überlieferung, auf die wir in der historischen Betrachtung angewiesen sind, liefert uns zwangsläufig ein einheitlicheres Bild, als es die religiöse Wirklichkeit des Mittelalters bot. Ein großer Teil der Texte zum religiösen Leben entstammte einem hierarchischen Umfeld. Aber auch dieses hierarchische Umfeld stritt in vielen Fällen heftig über die großen und kleinen Fragen. Das Spektrum von Meinungen zu Fragen des Glaubens, zum Leben des Klerus, zur Ordnung des christlichen Lebens war unter den Vertretern des höheren Klerus so breit und der Ton der Kontroversen bisweilen so scharf, dass heutige Würdenträger der katholischen Kirche für manchen Beteiligten den Entzug der Lehrbefugnis eingeleitet hätten. Die mittelalterliche Christenheit ertrug solche Spannungen. Ihr Klerus beanspruchte seit dem 11. Jahrhundert eine führende Rolle, die das Leben und das Erscheinungsbild der katholischen Kirche bis heute prägt. Es war ein hoher Anspruch an die Priester, der durch die Rekrutierungsmöglichkeiten des Klerus an klare Grenzen stieß. Mächtige Positionen in der kirchlichen Hierarchie, die oftmals mit erheblichem Besitz verbunden waren, wurden eher nach familiären Kriterien vergeben als nach persönlicher Eignung. Viele Priester des frühen und späteren Mittelalters machten sich die strengen Zölibatsvorgaben und Lebensregeln für Geistliche nicht zu eigen.

Damit entstand eine Spannung zwischen Anspruch und Realität, die durch die Kleinteiligkeit der Lebensverhältnisse bis zum Beginn der Moderne nicht abgebaut wurde. Die Vertreter strenger religiöser Disziplin waren immer in der Minderheit und ihre praktische Wirksamkeit zu Lebzeiten war meist begrenzt. Aber wenn sie, wie Papst Gregor VII. und der Kreis der Reformer in seinem Umfeld, eine Zeitlang eine zentrale Position einnahmen, dann konnten sie Regeln erlassen, die eine lange Wirkungsgeschichte entfalten konnten. Diese Regeln waren häufig scharf formuliert, einerseits weil Akteure wie Gregor VII. der Überzeugung waren, im Auftrag Gottes zu handeln, aber auch weil ihnen und ihren Rechtsberatern die Kommunikationsbedingungen der Zeit klar waren. Sie wussten, dass die zeitliche und räumliche Entfernung die Durchsetzung ihrer Erlasse abschwächte. So formulierten sie ohne Zwischentöne, um zumindest eine gewisse Wirkung zu erzielen.

Studiert man diese Texte heute in einer modernen Edition, entsteht ein falscher Eindruck. Diese Lektüre einer dichten Abfolge autoritärer Erlasse blendet die abmildernde Wirkung sprachlicher oder personeller Widerstände aus. Sie berücksichtigt nicht die Langsamkeit der Kommunikation, gegen die sich diese Erlasse durchsetzen mussten. Unser historisches Verständnis wird durch die moderne Kommunikationstechnik irritiert, die alle diese Widerstände heute weitestgehend ausschaltet. So entsteht für moderne Betrachter rückblickend der falsche Eindruck, dass mittelalterliche Erlasse kommunikativ ebenso unvermittelt durchschlugen. In der Realität des Mittelalters waren schnelle Nachrichtenübermittlungen aber nicht möglich. Die Menschen in dieser bäuerlichen Welt, aber auch die Menschen in den Städten zeigten ein hohes Maß an Widerständigkeit gegen unterschiedliche Autoritäten. Regionaler Eigensinn und die Notwendigkeit, sich selbst und die Familie (ohne soziale Absicherung) am Leben erhalten zu müssen, sorgten für ein breites Spektrum unterschiedlicher Erfahrungen und Lebensweisen. Diese Komplexität war nicht nur auf die praktischen Fragen des Lebens beschränkt. Angesichts der Präsenz von übernatürlichen Kräften in jener Welt, von Engeln und Dämonen, mit denen man umgehen musste, sollten wir erwarten, dass die Menschen ihren eigenen Auslegungen der wenigen Grundtexte des christlichen Glaubens folgten, deren Wortlaut viel Raum für Ergänzungen und Interpretationen ließ. Wir sollten nicht dem Irrtum erliegen, ein bestimmter Wortlaut sei von allen Gläubigen gleich verstanden worden. Dort, wo die Quellenlage es zulässt, können wir häufig erkennen, dass das Verständnis der Texte durch die Zeitgenossen weit von unserem Verständnis abweicht, und mehr noch: es weicht auch in beträchtlichem Maße untereinander ab.

Bei den großen Fragen von Tod und Auferstehung blieben die kirchlichen Lehren auffällig unscharf. Wie das Himmelreich, das himmlische Jerusalem, das Reich Gottes beschaffen sein sollten, dazu gab es verschiedene Meinungen, aber „Klarheit" gab es nicht. Das ist nicht überraschend, da verbindliche Auskünfte aus der Schrift hier schwer zu bekommen sind. Aber es ist auffällig, dass über die Frage der Beschaffenheit des Himmelreiches erkennbar weniger nachgedacht wurde als über die Frage von Schuld und Strafe für die vielen Sünden. Die Christenheit, deren höchste Autorität den Satz *Fürchtet euch nicht!* in wichtigen Situationen vernehmbar formuliert hatte, bemühte sich auf den nachgeordneten Ebenen häufiger um den Schrecken. Die Hölle beschäftigte die Menschen sehr viel mehr als das Himmelreich.

Die Unerbittlichkeit, mit der schon seit Augustinus und dann verstärkt seit dem hohen Mittelalter das künftige Schicksal der Sünder verhandelt wurde, erscheint als ein Grundzug der religiösen Kultur Europas. Das Bedürfnis, schuldiges Verhalten zu benennen und zu ahnden, hat auch den verstärkten Rückzug der Religion aus dem öffentlichen Bewusstsein unserer Gegenwart überstanden. Verantwortungsvolle Vertreter der katholischen Kirche würden heute kaum mehr vom Höllen- oder Fegefeuer als einem realen Szenario sprechen. Aber die Frage nach „Schuld" und Verantwortung gegenüber den großen Problemen der Gegenwart wird auch von einer kirchenfernen Öffentlichkeit meist intensiver diskutiert als mögliche Lösungen.

Die Geschichte der mittelalterlichen Christenheit bietet ein lebendiges Bild mit vielen Widersprüchen. Es konnte auch nicht anders sein. Manche Erfahrungen scheinen außerhalb der Geschichte zu stehen. So sehr ähneln sie sich, obwohl fast 800 Jahre zwischen ihnen lagen. Es waren die großen Erfahrungen, die auch ein religiöser Mensch wie Benedikt oder ein wortgewaltiger Dichter wie Dante nur einmal im Leben machten und bei denen sie in ihrer Sprache an Grenzen gelangten. Sie konnten diese Erlebnisse nur unzureichend in Worte fassen, und diese Worte waren für andere oft nur schwer verständlich. Auf diesem Feld jenseits der Worte ist der Wandel schwer fassbar. Dafür ist er auf dem Feld der Worte umso fassbarer. Hier, wo der Wortlaut religiöser Regeln Klarheit schaffen sollte, war der Wandel bisweilen dramatisch. Manchen Heiligen des frühen Mittelalters hätte der Papst im hohen Mittelalter ihren Bischofsrang aberkannt. Die Lebensweise der Priester des frühen Mittelalters wurde im hohen Mittelalter skandalisiert und nach einer Phase religiöser Erregung schließlich wieder üblich. Die Vorstellung von Jesus als triumphalem Sieger im frühen Mittelalter verkehrte sich im späten Mittelalter in ihr Gegenteil.

Aus der Religion eines exklusiven Kreises der Mächtigen wurde eine Volksreligion. Auf diese Vielfalt und diesen Wandel hinzuweisen, das war das Anliegen dieses Buches, das so viele andere Facetten unerwähnt lassen muss.

Anmerkungen

1 Beda der Ehrwürdige, Kirchengeschichte des englischen Volkes II, 13; s. zu diesem Zitat Kap. 3, S. 70.
2 Novalis, Die Christenheit, S. 67 und 69.

Einleitung
3 Brief des Kardinals von San Ciriaco und Bischofs von Como über die Plünderungen, in: Milanesi, Sacco di Roma, Florenz 1867, S. 469–490, hier S. 487.
4 Der *dictatus papae* findet sich im Register Gregors VII. zum Jahr 1075. Für eine Übersetzung siehe etwa: J. Miethke / A. Bühler (Hrsg.), Kaiser und Papst im Konflikt. Zum Verhältnis von Staat und Kirche im späten Mittelalter, Düsseldorf 1988, Nr. 1.
5 Vergil, Aeneis I, 278–79.
6 Jonas von Bobbio, ed. O'Hara, Life of Columban, I,21.
7 Briefe des Bonifatius, Nr. 14.
8 Vgl. etwa den Kaisertitel Karls des Großen in einer Urkunde Karls vom 14.06.811: Die Urkunden Pippins, Karlmanns und Karls des Großen (DDKarol. I), hrsg. von E. Mühlbacher, Berlin 1906, Nr. 211, S. 282f.
9 Die Entwicklung der Titulatur des Königs in Deutschland und der Benennung des Reichs findet sich etwa in Stefan Weinfurters Übersicht: Das Reich im Mittelalter. Kleine Deutsche Geschichte von 500 bis 1500, 3. Aufl. München 2018.
10 Vgl. den Brief Bedas in: Hillgarth, Christianity, S. 161.
11 Briefe des Bonifatius, Nr. 68.

Kapitel 1
12 … *provincia tua melior potest constare*. MGH Epistolae III, S. 113.
13 Zu Caesarius vgl. seine Vita in: Migne 67, Sp. 1001A–1042C, besonders Sp. 1041. Auszüge aus der Vita bietet Hillgarth, Christianity in übersetzter Form.
14 Vita Caesarii, 32 und 36f.
15 Migne 67, Sp. 1066.
16 Vita Caesarii I, 43, Migne 67, Sp.1022, Hillgarth, Christianity, S. 41.
17 Christianity and Paganism, 350–750, S. 160–168.
18 Ebda., S. 161.
19 Cassiodor, Institutiones divinarum I, 16, 1,2 (Bd. 1, S. 215).
20 Gregor der Große, Der hl. Benedikt, Kap. 36.
21 Vgl. dazu Häussling, Mönchskonvent, S. 187–202.
22 MGH Epistolae III, Nr. 18, S. 518.

Kapitel 2
23 Sancti Columbani opera (Predigt 1), S. 64.
24 Ebda.
25 F. Prinz, Frühes Mönchtum, S. 121f.
26 Sancti Columbani opera (Predigt 5), S. 84.
27 Sancti Columbani opera (Predigt 10), S. 104.
28 Ebda.
29 Die Mönchsregel ist auch ediert in Sancti Columbani opera, ed. Walker, Dublin 1970.
30 Jonas von Bobbio, Das Leben Columbans I,10, in: Jonas of Bobbio, Life of Columbanus, S. 115–118.
31 Vgl. die Texte in L. Bieler (Ed.), The Patrician Texts in the Book Armagh, Dublin 1979 (Scriptores Latini Hiberniae 10).

Anmerkungen

32 Ebda., Vita, I,6.
33 Ebda., Vita 15–21.
34 Ebda., Vita, I,17, S. 88 und 90.
35 Ebda., Vita I, 17, S. 90.
36 Ebda., Vita, I,20.
37 Ebda., Vita II, 15, S. 80–82.
38 Der Text der Confessio von St. Patrick in kritischer Edition mit Faksimile und Übersetzungen ist gut zugänglich unter: https://www.confessio.ie.
39 Columban, Ep. I, in: Sancti Columbani Opera, S. 8.
40 Ebda., Brief Nr. 1, S. 8. Die Authentizität dieses Briefes gilt als sicher.
41 Jonas of Bobbio, Life of Columbanus I, 8.
42 Wahlafrid Strabo, Das Leben des heiligen Gallus, I,11.
43 Beowulf, V. 111–113.
44 Ebda., V. 2804f.
45 Bonifatius, Brief 111, S. 344f.
46 Vgl. zur Datierung des Beowulf zuletzt etwa: Leonard Neidorf (Hrsg.), The dating of Beowulf. A Reassesment, Cambridge 2014.
47 Vita Amandi, hier besonders S. 438.
48 Ebda., S. 444.
49 Vita Caesarii, Kap. 27, in: Hillgarth, Christianity, S. 37.
50 Apgatir Chrábaid: The Alphabet of Piety.
51 Ebda., § 1, S. 58f.
52 Ebda., § 18, S. 68f.
53 So schriebt Beda Venerabilis in seiner Kirchengeschichte III, 27 anläßlich von Egberts Tod im Jahre 729: *Er führte ein Leben in großer Bescheidenheit, Milde, Enthaltsamkeit, Einfachheit und Vollendung der Gerechtigkeit*, S. 301.

Kapitel 3

54 Erzbischof Agobard von Lyon, übersetzt und kommentiert in: A. Borst, Lebensformen im Mittelalter, Frankfurt/M. 1973, S. 372–377, Zitat S. 372.
55 Vgl. dazu F. Eygun, Le Baptistère St. Jean de Poitiers in: Gallia 22 (1964), S. 137–171.
56 Vgl. dazu Gregor von Tours, Zehn Bücher Geschichte II, 28–31, hier Kap. 29, S. 115.
57 Ebda., II, 30, S. 117.
58 Ebda., II, 31, S. 119.
59 *populus, qui me sequitur*, Gregor von Tour, Zehn Bücher Geschichte II, 31, S. 118.
60 Ebda., II, 31, S. 119.
61 Gregor von Tours, Zehn Bücher Geschichte, Vorrede zum III. Buch, S. 145.
62 Vgl. dazu die grundlegende Studie A. Angenendt, Kaiserherrschaft und Königstaufe: Kaiser, Könige und Päpste als geistliche Patrone in der abendländischen Missionsgeschichte, Berlin 1984.
63 Gregor von Tours, Zehn Bücher Geschichte II, 27, S. 113.
64 Notker der Stammler, Taten Karls des Großen, S. 90.
65 Migne 132, Sp. 663.
66 Hillgarth, Christianisation, S. 57–64.
67 Bonifatius, Brief 68.
68 Beda der Ehrwürdige, Kirchengeschichte des englischen Volkes, S. 2.
69 Beda, Kirchengeschichte II, 9, S. 165.
70 Ebda., II, 13, S. 182f., wörtliches Zitat s. S. 5.
71 Ebda., II, 16, S. 190f.
72 Ebda., X, 31, Bd. 2., S. 411.
73 Einhard, Vita Caroli Magni, Kap.7, S. 17 u. 19.
74 M. Becher, Der Prediger mit der eisernen Zunge. Die Unterwerfung und Christianisierung der Sachsen durch Karl den Großen, in: H. Kamp und M. Kroker (Hrsg.), Schwertmission. Gewalt und Christianisierung im Mittelalter, Paderborn u. a. 2013, S. 23–52.
75 Reichsannalen zum Jahr 772.

76 MGH, Capitularia Regum Francorum I, ed. A. Boretius, Hannover 1883, Nr. 26; die *Capitulatio* ist von W. Hartmann übersetzt in: ders. (Hrsg.), Deutsche Geschichte in Quellen und Darstellungen 1, S. 42–45.
77 Ebda.
78 Alkuin, Epistola 113, in: MGH Epistolae Karolini Aevi 2, ed. E. Dümmler, 2. Aufl. 1974, S. 164.
79 Vgl. etwa die Einführung zur Neuübersetzung der Isländersagas: K. Böldl, A. Vollmer und J. Zernack (Hrsg.), Isländersagas. Texte und Kontexte. Frankfurt/M. 2011.
80 Ari Thorgilssons „Isländerbuch", Kap. 7, S. 219.
81 Ebda., S. 220.
82 Ebda., S. 220f.

Kapitel 4
83 Einhard, Vita Caroli Magni, Kap. 26, S. 51.
84 Notker der Stammler, Taten Karls des Großen, I, 7.
85 Ebda.
86 Vita Sancti Uodalrici, Kap. 21.
87 Ebda.
88 Vita Sancti Uodalrici, Kap. 3.
89 Shakespeare, Richard II., III.3.
90 Vgl. dazu das Opus Caroli Regis contra Synodum (Libri Carolini), hrsg. von A. Freeman, Hannover 1998 (MGH Concilia. 2, Supplement 1) mit Einleitung.
91 Concilia Aevi Carolini 1.1, hrsg. von A. Werminghoff, Hannover und Leipzig 1906 (MGH Concilia 2.1), Nr. 19.
92 Opus Caroli Regis, S. 138–140.
93 Ionas episcopus Aurelianensis, De institutione regia, 3, in: H. H. Anton, Fürstenspiegel des frühen und hohen Mittelalters, Darmstadt 2006 (Ausgewählte Quellen zur deutschen Geschichte des Mittelalters, 45), S. 62–64.
94 Das Original befindet sich im Bestand der Aachener Domschatzkammer und ist in guter Qualität einsehbar unter https://de.wikipedia.org/wiki/Liuthar-Evangeliar#/media/Datei:Liuthar-Evangeliar.jpg.
95 Das Bild, das in der Bayerischen Staatsbibliothek bewahrt wird, ist in guter Qualität einsehbar unter https://upload.wikimedia.org/wikipedia/commons/b/b1/Krönungsbild_Heinrichs_II.jpg (Sakramentar Heinrichs II.).
96 Vgl. etwa die Vita Godehardi Episcopi Prior von Wolfher, Kap. 24: *Herr Heinrich, der bayerische Herzog, trat durch die Weihe des Willigis in die Herrschaft ein und lenkte die heilige Kirche Gottes mit wachsamster Sorge und Weisheit sein Leben lang sowohl in Hinblick auf den Klerus wie auf das Volk*, MGH Scriptores 11, ed. G. H. Pertz, Hannover 1854, S. 185.
97 Die Urkunden der Deutschen Könige und Kaiser 3: Die Urkunden Heinrichs II und Arduins, hrsg. von der Gesellschaft für ältere Geschichtskunde, Hannover 1900–1903 (MGH DD 3), Nr. 99.
98 Text des Capitularte de Villis: Hartmann, Deutsche Geschichte in Quellen und Darstellungen 1, S. 61–67.
99 Das Urbar von Staffelsee: Capitularia Regum Francorum 1, hrsg. von A. Boretius, Hannover 1883, S. 250–252, vgl. dazu K. Elmshäuser, Untersuchungen zum Staffelseer Urbar, in: Strukturen der Grundherrschaft im frühen Mittelalter, hrsg. von W. Rösener, Göttingen 1993, S. 335–369.
100 Die Admonitio Generalis Karls des Großen, hrsg. von H. Mordek und M. Glatthaar, Hannover 2012 (MGH Leges, Fontes Iuris Germanici in usum scholarim separatim editi, 16), hier Kap. 80.
101 Kap. 32 und das lange Kap. 80.
102 Kap. 68.
103 Ebda.
104 Agobard de Lyon, Ad Bernardum Episcopum De Privilegio et Iure Sacerdotii, XI, in: Migne 104, Sp. 138f.
105 Frankfurter Synode von 794, c. 54: MGH Capitularia Regum Francorum 1, S. 73–78, 78.
106 Admonitio Generalis, Kap. 55 u. 68.

Anmerkungen

Kapitel 5
107 Bonifatius, Brief 68 (von Papst Zacharias).
108 Ebda., Brief 90.
109 Ebda., Brief 80.
110 Ebda., Brief 50.
111 Römische Synode von 745, Ebda., S. 390–415.
112 Ebda., S. 399.
113 R. Rau, Quellen zur Karolingischen Reichsgeschichte 1, Darmstadt 1981, S. 103; vgl. dazu auch MGH Concilia Aevi Carolini, 1.1, Nr. 34–38.
114 MGH Concilia Aevi Carolini 1, Teil 2, hrsg. von A. Werminghoff, Hannover und Leipzig 1908 (MGH Concilia 2), Nr. 50A.
115 Das Sendhandbuch des Regino von Prüm, S. 20f.
116 Ebda., S. 160f; S. 164f.
117 Ebda., I, Kap. 275, S. 164f.
118 Ebda., I, Kap. 5–7, S. 42f.
119 Vita Sancti Uodalrici, Kap. 6.
120 Ebda.
121 Notker der Stammler, Taten Karls des Großen, I,8, S. 333.
122 Reginonis Chronica, zum Jahr 866, Quellen zur karolingischen Reichsgeschichte 3, ed. R. Rau, S. 198–215.
123 Ebda., S. 200f.
124 Ebda., S. 201 (dt. Übers. leicht geändert).
125 Regino, ebda., S. 202f.
126 Die Konzilien Deutschlands und Reichsitaliens 916–1001, hrsg. v. E.D. Hehl, Hannover 1987 (MGH Concilia 6.1), Nr. 18; dazu: E.-D. Hehl, Die Synoden des ostfränkisch-deutschen und des westfränkischen Reichs im 10. Jahrhundert. Karolingische Traditionen und Neuansätze, in: W. Hartman (Hg.), Recht und Gericht in Kirche und Welt um 900, München 2007, S. 125–150.
127 MGH Concilia 6.1, Nr. 18, Kap. 1.
128 Augsburger Jahrbücher (Annales Augustani), S. 129.
129 („In der Christianisierungsepoche waren die Klöster und ihre Kirchen natürlicherweise ‚Stützpunkte für Mission und Seelsorge'. Als Bindeglied zwischen der christlichen Kultur der Spätantike und der des Frühmittelalters verdichtete sich in ihnen gleichsam das christliche Programm zur Umgestaltung der Welt.", L. von Padberg, Mission und Christianisierung. Formen und Folgen bei Angelsachsen und Franken im 7.und 8. Jahrhundert, Stuttgart 1995, S. 102, mit weiterer Literatur.
130 Migne 103, Sp. 393–700.
131 Lorscher Annalen zum Jahr 802, in: MGH Scriptores I, ed. G.H. Pertz, Hannover 1826, S. 39.
132 Eine zweisprachige Ausgabe der Lebensbeschreibung Benedikts bietet: Gregor der Große, Der Hl. Benedikt. Buch II der Dialoge, St. Ottilien 1995; vgl. dazu auch: M. Puzicha, Kommentar zur Vita Benedicti. Gregor der Große: Das zweite Buch der Dialoge – Leben und Wunder des ehrwürdigen Abtes Benedikt, St. Ottilien 2012; zu Gregor dem Großen vgl. etwa: B. Neil und M. Del Santo (Ed.), A Companion to Gregory the Great, Leiden-Boston 2013 (Brill's Companions to the Christian Tradition 47); P. Riché, Gregor der Große, Leben und Werk, München 1996.
133 Dial. II, 2.
134 Dial. II, 3, 5.
135 Dial. II, 35, 3.
136 Dial. II, 35, 6.
137 Dial. II, 36.
138 Regula Benedicti, Prolog, S. 66f.
139 Regula Benedicti, Kap. 5.
140 Dial. II, 35: *dilatatus animus*; Benediktsregel, Prolog, S. 70: *Wer aber im klösterlichen Leben und im Glauben fortschreitet / dem wird das Herz weit* /[…].
141 Dial. II, Kap. 3,5.
142 Ebda., 34,5.

143 Johannes, Vita Odonis, in M. Marrier und A. Duchsene (Ed.), Bibliotheca Cluniacensis, Paris 1614 (ND. 1915), Sp. 32; der Druck ist allerdings schwer lesbar.
144 Jotsaldus, Vita Odilos, Planctus de Transitu Sancti Odilonis, in Dom M. Marriér und Duchsne, Bibliotheca Cluniacensis, Paris 1614, Repr. Macon 1915. Englische Übersetzung bei J. Evans, Monastic Life at Cluny, 1968 (Repr.), S. 54f.
145 Otto von Freising, Chronik, VII, 35.
146 Otto von Freising, Chronik VII, 21.
147 Radulf Glaber, Historiarum libri quinque, III, Kap. 11.

Kapitel 6
148 Vita Sancti Uodalrici, Kap. 1.
149 Rodulfi Glabri Historiarum libri quinque, III, Kap. 13.
150 Augsburger Jahrbücher (Annales Augustani), A.D. 994, S. 124.
151 Dieses und das folgende Zitat Lamperts von Hersfeld stammen aus Bericht der Jerusalemfahrt aus den Annalen zu 1064, S. 94–101, Zitate S. 95 und S. 99–101.
152 Hungrvaca, S. 428.

Kapitel 7
153 Gregor VII. an die Bischöfe Frankreichs, am 10.9.1074: Quellen zum Investiturstreit 1, Nr. 29, S. 100f.
154 Ebda.
155 Brunos Buch vom Sachsenkrieg, c. 70, S. 288f.
156 Ebda.
157 Quellen zum Investiturstreit 1, Nr. 47, S. 148–151.
158 Gregor VII. an Bischof Herman von Metz, in: J. Miethke und A. Bühler (Hrsg.), Kaiser und Papst im Konflikt. Zum Verhältnis von Staat und Kirche im späten Mittelalter, Düsseldorf 1988, Nr. 2, S. 63–67, 66.
159 Ebda., S. 66f.
160 Wipo, Gesta Chuonradi Imperatoris, Kap. 3, S. 549.
161 Quellen zum Investiturstreit 1, Nr. 27, S. 150 f.
162 Bonifatius VIII., *Unam Sanctam*, in: Miethke u. Bühler (Hrsg.), Kaiser und Papst im Konflikt, S. 121–126.
163 Innozenz IV., Kommentar zu *Ad apostolice dignitatis*, in: Innozenz IV., Apparatus in V libros decretalium II, 27, in: Miethke / Bühler, Kaiser und Papst im Konflikt, S. 111f.
164 Ebda., S. 112.
165 Bonaventura, *Utrum christianae religionis sit, quod omnes obediant uni?*, in: ders., De perfectione evangelica, Quaest. 4, Art. 3, in: ders., Opera Omnia 5, Quaracchi 1891, S. 189ff.
166 Als er aber in den letzten Zügen lag, waren seine letzten Worte: „Ich habe die Gerechtigkeit geliebt und das Unrecht gehasst, deshalb sterbe ich in der Verbannung, Quellen zum Investiturstreit 1, Nr. 148, S. 422f.
167 Vgl. R. Foreville, Lateran I–IV, Mainz 1970, S. 296–98.
168 Einladungsschreiben *Vineam domini*, in: Migne 216, Sp. 823–827.
169 Ebda., Sp. 825.

Kapitel 8
170 The Epistolae Vagantes of Gregory VII, Brief 9, S. 18 u. S. 20.
171 Ebda., Nr. 8.
172 Brunos Buch vom Sachsenkrieg, S. 330f.
173 Die Chroniken Bertholds von Reichenau und Bernolds von Konstanz, S. 78–83.
174 The Epistolae Vagantes of Gregory VII, ed. Cowdrey, S. 20.
175 Bertholds Chronik, in: Die Chroniken Bertholds von Reichenau und Bernolds von Konstanz, S. 82.
176 The Epistolae Vagantes of Gregory VII, ed. Cowdrey, Nr. 8, S. 18.
177 Ebda., Nr. 10.

Anmerkungen

178 Berthold Chronik, in: Die Chroniken Bertholds von Reichenau und Bernolds von Konstanz, S. 78f.
179 Sigebert von Gembloux, Chronik, S. 363.
180 Ebda.
181 Landulfi Historia Mediolanensis, III.10, S. 80.
182 Bernolds Chronik, in: Die Chroniken Bertholds von Reichenau und Bernolds von Konstanz, S. 382–385. Zitat S. 385.
183 Ebda., S. 382 u. 384.
184 Anselm von Canterbury, Cur Deus Homo, I, Kap. 11.
185 Ebda., I, Kap. 15.
186 Ebda., II, Kap.17.
187 Ebda., I, Kap. 13.
188 Sigebert von Gembloux, Chronik, 363f.

Kapitel 9
189 Vgl. den Brief des Abtes Everwin von Steinfeld an Bernhard von Clairvaux, in: Migne 182, Sp. 677.
190 Ebda.
191 Vgl. den Bericht von Walter Map, De nugis curialium. Courtiers' Trifles, ed./transl. M.R. James, C.N.L. Brooke und R.A.B. Mynors, Oxford 1983, Dist. 1, Kap. 31, S. 124–130.
192 Ebda.
193 Ebda.
194 Testament des Franziskus, in: Franziskus-Quellen, S. 59–62.
195 Ebda., S. 60.
196 Jordan von Giano O. Min, Chronik vom Anfang der Minderbrüder besonders in Deutschland Chronika Fratris Jordani), ed. J. Schlageter OFM, Münster/Westf. 2012.
197 Thomas von Celano, Leben und Wunder des Heiligen Franziskus von Assisi, hrsg. von E. Grau, 4. Aufl. Werl, Westf. 1988 (Franziskanische Quellenschriften, Bd. 5), Zweite Lebensbeschreibung, Kap. 28.
198 Ebda., S. 275.
199 Vgl. für die Perspektive zusammenfassend: R. Lambertini und A. Tabarroni, Dopo Francesco: L'Eredità difficile, Turin 1989.
200 Ebda.
201 *Super Cathedram*: Clem. 3.7.2, in: Corpus Iuris Canonici, Bd. 2.
202 Vgl. etwa Bonaventuras, De perfectione evangelica, Quaestio 4, Art. 3, in. S. Bonaventura, Opera omnia 5, Quaracchi 1891, S. 189ff.
203 Thomas von Celano, Das Mirakelbuch, Kapitel 2, in: ders., Leben und Wunder des Heiligen Franziskus von Assisi, S. 423.
204 Ebda., S. 424.

Kapitel 10
205 Neubauer u. Stern, Hebräische Berichte, S. 82.
206 Ebda., S. 166.
207 Ebda., S. 153.
208 Ebda., S. 157.
209 Gesta Treverorum, MGH Scriptores. 8, ed. G.H. Pertz, Hannover 1848, S. 190.
210 Ebda.
211 […] *a populis nimio zelo permotis*, vgl. im vorangehenden Kapitel Anm. 186, Migne 182, Sp. 677.
212 Brief 363, in: Bernhard von Clairvaux, Sämtliche Werke (lateinisch/deutsch) Bd. 3, hrsg. von Gerhard B. Winkler, Innsbruck 1992, S. 648–661.
213 Bernhard von Clairvaux, Brief 457, in: Bernhard von Clairvaux, Sämtliche Werke 3, S. 891
214 Gesta Francorum: The deeds of the Franks and other pilgrims to Jerusalem, ed. R. Hill, Oxford 1962, repr. 1972, S. 91.
215 Ebda.
216 Roger von Hoveden, Chronica III, ed. W. Stubbs, London 1970 (Rolls Series, Bd. 51, 3), S. 131.

217 Ebda., S. 128.
218 Ebda., S. 74f.
219 Vgl. dazu etwa H. Grundmann, „Oportet et haereses esse". Das Problem der Ketzerei im Spiegel der mittelalterlichen Bibelexegese, in: Archiv für Kulturgeschichte 45 (1963), S. 129–164; J. Oberste, Ketzerei und Inquisition im Mittelalter, Darmstadt 2007, S. 1–5.
220 Gesta Treverorum Continuatio IV, 4, Deutsch nach: Die Taten der Trierer. Gesta Treverorum, hrsg. von Emil Zenz, Bd. 3, Trier 1959, S. 52.
221 Chronica Albrici Monachi Trium Fontium a Monacho Novi Monasterii Hoiensis interpolate, S. 931.
222 Alexander Patschovsky hat in einem sorgfältig recherchierten Beitrag das Wirken Konrads von Marburg letztlich als konsequente Umsetzung erbarmungsloser Ketzergesetze gesehen. Zur Ketzerverfolgung Konrads von Marburg, in: Deutsches Archiv für Erforschung des Mittelalters 37 (1981), S. 641–693. Das scheint mir das Spektrum unterschiedlicher Auslegungsmöglichkeiten von Gesetzestexten zu unterschätzen.
223 Oberste, Ketzerei und Inquisition, S. 101f.; D. Schwerhoff, Die Inquisition. Ketzerverfolgung in Mittelalter, München 2019, S. 55.
224 Synode von Toulouse, Kap. 1 u. 14, in: K.V. Selge (Hrsg.), Texte zur Inquisition, Gütersloh 1967, S. 30–34.
225 Ebda, Kap. 12.

Kapitel 11
226 Cistercian Lay Brothers. Twelfth-Century Usages with Related Texts, ed. C. Waddell. (Studia et Documents, Bd. 10). Citeaux: Commentarii Cistercienses, 2000, S. 180.
227 C. Mirbt, Quellen zur Geschichte des Papsttums und des römischen Katholizismus, 6. Aufl, bearb. von K. Aland, Tübingen 1967, Nr. 593, S. 306 (12. Juli 1199).
228 Das Landnahmebuch, Landnámabók, übers. von Klaus Böldl, in: Isländersagas. Texte und Kontexte, S. 238.
229 Otfried von Weißenburg, Evangelienbuch. Aus dem Althochdeutschen übertragen und mit einer Einführung, Anmerkungen und einer Auswahlbibliographie versehen von H. Hartmann, Bd. 1, Herne 2005.
230 Ebda., S. 8.
231 Otfried, Evangelienbuch I, 27, S. 80.
232 Otfried, Evangelienbuch I, 27, S. 81.
233 Der Text ist in der Übersetzung von Karl Simrock in der Edition Gutenberg online zugänglich: https://www.projekt-gutenberg.org/anonymus/heliand/helian17.html.
234 S. o. Kap. 1, S. 39.
235 Die Admonitio Generalis Karls des Großen c. 70, S. 225.
236 Nikolaus von Lyra, Prologus secundus, in: Migne 113, Sp. 29.
237 Brief 53 an Paulus, Migne 22, Sp. 544 (7).
238 Vgl. J. Contreni, The patristic legacy to c. 1000, in: New Cambridge History of the Bible, Bd. 2, ed. R. Marsden und A. Matter, Cambridge 2012 S. 505–535, 521.
239 The Reference Bible. Das Bibelwerk. Inter pauca problemata de enigmatibus ex tomis canonicis nunc prompta sunt Praefatio et libri Pentateucho Moysi, ed. G. MacGinty, Tunhout 2000 (Corpus Christianorum, Continuatio Mediaevalis 173), S. 117.
240 Reference Bible, S. 112.
241 [...] *quia non narrat, nisi ea que ad sensum pertinent*, Reference bible, S. 110.
242 Caesarius von Arles, Sermo 303: Migne 39, Sp. 2325.
243 Ebda.
244 Der Bericht über Benedikt Bischofs Bilder aus Rom in Bedas Historia Abbatum monasterii in Wiremutha et Gyrvum 6, in: C. Plummer (Ed.), Historia Ecclesiastica Gentis Anglorum, Oxford 1966, S. 369f. Die Klage des Caesarius wie Anm. 238f.
245 Zu Dhuoda vgl. unten Kap. 12, S. 247–251; das Zitat von Dhuoda, Liber Manualis, IV, S. 86.
246 Vita Leobae, Kap. 11, S. 126.
247 Vgl. dazu D. Ganz, The Carolingian Bibles, in: New Cambridge History of the Bible 2, S. 326.
248 Das Zitat befindet sich auf Fol. IV. des Codex Amiatinis, siehe bei F. van Liere, An Introduction to the Medieval Bible, Cambridge 2014, S. 72.

Anmerkungen

249 S. o. Kap. 4, S. 96.
250 Nikolaus von Lyra, in: Migne 113, Sp. 25.
251 Vgl. etwa J. Contreni, The Patristic Legacy to c. 1000, in: The New Cambridge History of the Bible 2, S. 506: „In the 500 Years between the patristic age and these new developments, the Christian bible played a dynamic and far-reaching role in shaping almost every facet of European identity. The foundation for the enduring influence of the Bible were set down in these centuries."
252 D. Shepherd, The Latin Gospelbook, in: The New Cambridge History of the Bible, S. 353.
253 Concilia Aevi Carolini 1,1, Nr. 38, S. 286–293, S. 288 (17).
254 Stephen Harding, Censura de Aliquot Locis Bibliorum, in: Migne, Sp. 1374f.
255 Predigt über das Hohelied 7.5, in: Bernhard von Clairvaux, Sämtliche Werke lateinisch/deutsch, hrsg. von G.B. Winkler, Bd. 5, Innsbruck, 1994, S. 116f.
256 Zu genaueren Zahlen vgl. A. Gow, The Bible in Germanic, in: New Cambridge History of the Bible 2, S. 214.
257 Roger Bacon, Opus minus, in: ders. Opera quae hactenus inedita, London 1859, ed. J. S. Brewer, Vol. 3 (Rolls Series, Bd. 15, 3), S. 333.
258 Lateran IV, Kan. 11, in: Alberigo u. a., Dekrete der Ökumenischen Konzilien, S. 240.
259 S. o. S. 208.
260 Siehe hierzu, Gregor der Große, Homilien zu Ezechiel, übers. von Georg Bürke, Einsiedeln 1983, S. 149.
261 Nikolaus von Lyra, Prolog zur Bibel: Migne 118, Sp. 28.
262 Augustinus de Dacia, Rotulus Pugillaris, ed. A. Waltz, Angelicum 6 (1929), 253–78, S. 256.
263 Nikolaus von Lyra, Prolog, Migne 118, Sp. 28f.: *Et istorum quatuor sensum potest poni exemplum in hac dictione Jerusalem, quae secundum sensum litteralem significat quamdam civitatem, quae fuit quondam metropolis in regno Judaeae [...]. Secundum sensum vero moralem significat animam fidelem [...], secundum sensum allegoricum significat ecclesiam militantem [...], secundum vero sensum anagogicum significat ecclesiam triumphantem.*
264 Nikolaus von Lyra, Prologus secundus, Migne PL 113, Sp. 30.
265 Migne 118, Sp. 133.
266 Deeds of the Franks, S. 87.

Kapitel 12

267 Iacobus de Vitriaco, Thomas Cantipratensis, Vita Marie de Oegnies; ed. R.B.C. Huygens, 2012; Jakob von Vitry, Das Leben der Maria von Oignies, ed. I. Geyer, 2014.
268 Das Leben der Maria von Oignies, II, 6.
269 Caesarius von Heisterbach, Dialogus Miracolorum. Dialog über die Wunder, 3. Teilband, Turnhout 2009, S. 1026f.
270 Gregor von Tours, Zehn Bücher Geschichte, II, 29f. S. o. Kap. 3, S. 64.
271 S. o. Kap. 9, S. 170.
272 Augustinus, Vom Gottesstaat, 13, Kap. 14.
273 Vgl. etwa M. Hubrath, Eva. Der Sündenfall und seine Folgen im Mittelalter und in der frühen Neuzeit, in: U. Müller (hrsg.), Verführer, Schurken, Magier, St. Gallen 2001, S. 243–262.
274 Confessiones IX. Buch, 8. Kap. Text nach der Bibliothek der Kirchenväter online.
275 S. o. Kap. 10, S. 214.
276 Dhuoda, Liber Manualis. Handbuch für den Sohn Wilhelm, ed. P. Riché/W. Fels, Stuttgart 2020, 1. Buch, Kap. 5, S. 25.
277 Dhuoda, Buch 1, 7, S. 29.
278 Ebda.
279 Buch 4, Kap. 4, S. 86.
280 Ebda, S. 89.
281 Buch 2, Kap. 3.
282 Ebda., S. 36.
283 Buch 3, 5, S. 52.
284 Buch 3, Kap. 1, S. 65.
285 Beda, Kirchengeschichte IV, 23, S. 391.
286 Ebda., S. 393.

287 E. E. Stengel, Die Grabinschrift der ersten Äbtissin von Quedlinburg, in: Deutsches Archiv für Erforschung des Mittelalters 3 (1939), 361–370, Zitat 362. Der Text ist ansonsten schwer lesbar.
288 Abaelard, Die Leidensgeschichte und der Briefwechsel mit Heloisa, , S. 30.
289 Vgl. Anm. 168.
290 Abaelard, Die Leidensgeschichte und der Briefwechsel mit Heloisa, S. 84f.
291 Brief 78, Hildegard von Bingen, Werke VIII: Briefe, hrsg. von der Abtei St. Hildegard, Beuron 2012, S. 132.
292 Hildegard von Bingen, Wisse die Wege. Liber Scivias (Werke I), hrsg. von der Abtei St. Hildegard, 2. Aufl. Beuron 2012, S. 15.
293 Hildegard von Bingen, Das Buch vom Wirken Gottes. Liber Divinorum Operum (Werke VI), hrsg. von der Abtei St. Hildegard, Beuron 2012, S. 149.
294 Brief 84R, Hildegard von Bingen, Werke VIII: Briefe, hrsg. von der Abtei St. Hildegard, Beuron 2012, S. 149.
295 Brief 379, Caterina von Siena, Gesamtausgabe. An die Frauen der Welt, hrsg. W. Schmid, St. Josef 2013, S. 279.
296 Ebda, Brief 356, S. 270f.
297 Brief 127, Caterina von Siena, Gesamtausgabe. An die Männer der Kirche 1, hrsg. von W. Schmid, St. Josef 2005, S. 37.
298 Ebda, Brief 206, S. 366–367.
299 Leben und Offenbarungen der heiligen Birgitta, übers. und hrsg. von L. Clarus, Bd. 2, Regensburg 1856, S. 297: vgl. auch G. Schiwy, Birgitta von Schweden. Mystikerin und Visionärin des späten Mittelalters, München 2003, S. 320–326.
300 Die Aussagen Johannas vor dem Inquisitionsbericht sind nur in indirekter Form protokolliert erhalten geblieben. Eine Ausgabe in deutscher Sprache mit einer Erläuterung der historischen Situation bieten G. und A. Duby, Die Prozesse der Jeanne d'Arc, Berlin 1999, hier S. 23.
301 Ebda., S. 26.
302 Ebda., S. 71.
303 Ebda., S. 43.
304 Ebda., S. 106.
305 Ebda., S. 181.

Kapitel 13
306 Le Prediche Volgari di Bernardino da Siena, Bd. I, ed. L. Banchi,Siena 1880, Predigt 2, S. 48.
307 Vgl. dazu etwa: S. Doering-Manteuffel, Das Okkulte. Eine Erfolgsgeschichte im Schatten der Aufklärung. Von Gutenberg bis zum World Wide Web, München 2008.
308 Johann Wolfgang Goethe, Sämtliche Werke in 18 Bänden, Band 10: Aus meinem Leben. Dichtung Wahrheit, Artemis Gedenkausgabe zu Goethes 200. Geburtstag, hrsg. von E. Beutler, 1977, S. 842, der *Zauberlehrling* und der *Erlkönig* in dieser Ausgabe: Bd. 1, 149–152 und S. 115f.
309 Vgl. Athanasius, *Vita Antonii*/Leben des Antonius, ed. P. Gemeinhardt (Fontes Christiani, Bd. 69), Freiburg i. Br. 2018.
310 Vgl. Athanasius, Leben des Antonius, Kap. 22.
311 Ebda., Kap. 22, S. 169.
312 Ebda., Kap. 31f.
313 Ebda., Kap. 51, S. 228f.
314 Vgl. etwa *Vita Antonii*, Kap 70, S. 263: *Die Heiden und die, welche man ihre Priester nennt, kamen in die Kirche und sagten: „Wir wünschen den Gottesmenschen zu sehen." [...] Viele Heiden wünschten den Greis nur zu berühren, weil sie glaubten, dass ihnen das nützen würde (vgl. Mt 9,20–22). Tatsächlich wurden in jenen wenigen Tagen so viele Christen, wie man es sonst in einem Jahr geschehen sehen würde. Weil einige meinten, er werde von der Menge in Verwirrung gebracht, und (diese) deshalb zurückdrängten, sagte er – der gar nicht verwirrt war –, diese seien auch nicht zahlreicher als die Dämonen, „mit denen wir auf dem Berge kämpfen".*
315 Martini episcopi Bracarensis opera omnia, ed. C. W. Barlow, New Haven, 1950, S. 183–203.
316 Vgl. ebda., Kap. 12.

Anmerkungen

317 Ebda., Kap. 8.
318 Das Verbot der Verehrung von Quellen, Bäumen und Hainen findet sich in der *Capitulatio de partibus Saxoniae Karls des Großen*, § 21.
319 Buch der Landnahmen, in: Böldl, Vollmer und Zernack, Isländersagas, S. 250.
320 Augustinus, Vom Gottesstaat, 15,23.
321 [...] *e tutto questo campo e pieno d'angioli* [...]; Bernardino von Siena, Le Prediche volgari, S. 39.
322 Vgl. S. Page, Medieval Magic, in: O. Davies (Hg.), The Oxford Illustrated History of Witchcraft and Magic, Oxfords 2017, S. 29–64.
323 Franz, Die kirchlichen Benediktionen im Mittelalter, 1, S. 167.
324 Ebda, S. 447.
325 Ebda, S. 107, Petrus Damiani, Opusculum VI, c. 18, in: Migne 145, Sp. 125.
326 Beda, Kirchengeschichte Englands, I, 17.
327 Franz, Die Kirchlichen Benediktionen im Mittelalter II, S. 72 aus Lacteus Liquor dist. IX, Clm 5128, B. 65.
328 Matthäus Parisiensis, Chronica, aus: K. van Eickels / T. Brüsch (Hrsg.), Kaiser Friedrich II. Leben und Persönlichkeit in Quellen des Mittelalters Düsseldorf-Zürich 2000, S. 331.
329 Y. Hen, The Early Medieval World, in: D. Collins (Hrsg.), The Cambridge History of Magic and Witchcraft in the West, Cambridge 2015, S. 183–206.
330 R. Kieckhefer, Holy and Unholy, in: Journal 24, S. 359; vor allem auch: S. Page, Medieval Magic, in. Oxford Illustrated History of Witchcraft and Magic, S. 47, mit zahlreichen Beispielen.
331 Die Bulle *Super illius Specula* ist ediert im Bullarum diplomaticum et privilegiorum sanctorum romanorum pontificum Taurinensis editio, Bd. 4, ed. F. Gaude, Turin 1859, S. 315f. Es gibt verschiedene Übersetzungen, etwa in A. Lawrence-Mathers / C. Escobar-Vargas, Magic and Medieval Society, London / New York, 2014, Dokument 31.
332 Vgl. zu Johannes XXII. und seinen verschiedenen Tätigkeitsfeldern: H.J.Schmidt und M. Rohde (Hrsg.), Johannes XXII. Konzepte und Verfahren seines Pontifikats, Berlin 2014.
333 Vgl. dazu E. Albe, Autour de Jean XXII. Hugues Géraud, évêque de Cahors. L'affaire des poisons et des evoûtements en 1317, Cahors / Toulouse 1904, Kapitel 4: Le Crime; eine knappere Zusammenfassung der Affäre findet sich bei R. Decker, Die Päpste und die Hexen. Aus den geheimen Akten der Inquisition, 2. Aufl. Darmstadt 2013, in dem Kapitel „Päpste und Inquisition im 14. Jahrhundert".
334 Albe, Autour de Jean XXII, S. 63f.
335 Vgl. etwa: R.Decker, Die Päpste und die Hexen. Aus den geheimen Akten der Inquisition, Darmstadt ²2013, S. 29–31.
336 Liber Florum: John of Morigny, The Flowers of Heavenly Teaching, ed. C. Fanger / N. Watson, Toronto 2015.
337 Zur Capitulatio vgl. oben Kap. 2, Bekehrungen, der Hexenhammer: H. Institoris, Der Hexenhammer = Malleus maleficarum, ed G. Jerouschek, 8. Aufl. München 2010.
338 Vita Sancti Uodalrici, Kap. 1.
339 Vgl. hierzu vor allem J. Tripps, Das handelnde Bildwerk in der Spätgotik. Forschungen zu den Bedeutungsgeschichten und der Funktion des Kirchengebäudes und seiner Ausstattung in der Hoch- und Spätgotik, Berlin 1998, S.92–113.
340 Thomas von Aquin benutzt eine Formulierung, die auch Bernhard von Clairvaux gebraucht te: *affectus devotionis*: *ad excitandum devotionis affectum*; Summa Theologiae 2.2, qu. 94 a. 2 ad 1.
341 D. Nirenberg, Communities of Violence. Persecution of Minorities in the Middle Ages, Princeton N.J., 1996, S. 203.
342 Urkundenbuch der Stadt Freiburg im Breisgau, Bd. 1, hrsg. von H. Schneider, Freiburg i.Br. 1828, Nr. 171.

Kapitel 14

343 D C. XII q. 1 c. 7, Decretum Magistri Gratiani, ed. E, Friedberg (Corpus Iuris Canonici, Bd. 1), Graz 1955.
344 Gregor der Große, Buch der Pastoralregel (Bibliothek der Kirchenväter Online), III, 35.
345 Gregor der Große, Buch der Pastoralregel, II,1.
346 MGH Libelli de Lite imperatorum et pontificum 1, hrsg. von E. Dümmler / L. von Heinemann / F. Thaner u. a., Hannover-Leipzig 1891, S. 543f.

347 S.o. Kap. 8, S. 157.
348 Das Register Gregors VII, herausgegeben von E. Caspar, Bd. 1, Berlin 1920 (MGH Epistolae Selectae 2.1.), S. 200.
349 Anselm von Canterbury, Cur Deus Homo I, 19, S. 71.
350 Johannes von Paltz, zitiert in: C. Burger, Volksfrömmigkeit in Deutschland um 1500 in den Schriften des Johannes von Paltz OESA, in: P. Dinzelbacher/D. Bauer (Hrsg.), Volksreligion im hohen und späten Mittelalter, Paderborn 1990, S. 307–327, Zitat: S. 308f.
351 Jakob von Vitry, Das Leben der Maria von Oignies II, 72, übers. von I. Geyer, S. 136.
352 Petrus Lombardus, Sent. IV dist. 17 cap. 1, 1, S. 1593. – Auf dieses Bußverständnis hat zuletzt Volker Leppin unter Anführung dieser Passage nachdrücklich verwiesen, V. Leppin, Sakramentalität und Unmittelbarkeit. Normdiskrepanz und Ambiguität im spätmittelalterlichen Bußverständnis, in: ders./J. Reichert (Hrsg.), Kleriker und Laien. Verfestigung und Verflüssigung einer Grenze im Mittelalter, Tübingen 2021, S. 239–255.
353 Petrus Lombardus, Sent. IV dist. 17 cap.1,11, 1599.
354 Viertes Laterankonzil, Kan. 21: Alberigo, Dekrete der Ökumenischen Konzilien, S. 245.
355 S. o. S. 287.
356 Caesarius von Heisterbach Dialogus Miracolorum. Dialog über die Wunder 2,29, hrsg. von H. Schneider und N. Nösges, Turnhout 2009 (Fontes Christiani, Bd. 86), Bd. 1, S. 470–473.
357 Can. XXII, in: J.D. Mansi, Sacrorum Conciliorum Nova et Amplissima Collectio, Vol. 19, Venedig 1774, S. 505.
358 X. III. 48. C. 3, Corpus Iuris Canonici, Bd. 2, hrsg. von E, Friedberg, Graz 1955.
359 E. Bünz, Pfarreien – Vikarien – Prädikaturen. Zur Entwicklung der Seelsorgestrukturen im Spätmittelalter, in: ders. Die mittelalterliche Pfarrei: Ausgewählte Studien zum 13.-16. Jahrhundert, Tübingen 2017, S. 91.
360 Vgl. dazu J. Oberste, Zwischen Heiligkeit und Häresie. Religiosität und sozialer Aufstieg in der Stadt des hohen Mittelalters, Bd. 1–2, Köln u. a. 2003.
361 S.o. Kap. 11.
362 Vgl. dazu J. Oberste, Zwischen Heiligkeit und Häresie. Religiosität und sozialer Aufstieg in der Stadt des hohen Mittelalters, Bd. 1–2, Köln u. a. 2003, S. 110.
363 Petrus Cantor, Verbum Abbreviatum, Migne 205, Sp. 42; und J. Oberste, Zwischen Heiligkeit und Häresie, S. 112.
364 Migne 205, Sp. 345.
365 Alanus ab Insulis, Summa de Arte Praedicatoria, Migne 210, Sp. 182.
366 Gregor der Große, Buch der Pastoralregel, III, 40.
367 Epistola de miseria curatorum seu plebanorum hrsg. von G. Braun. Der Herausgeber hat den Text, dem er ein „z. T. schauderhaftes Latein" bescheinigt – was auch Ausdruck des Bildungsstandes des klagenden Pfarrers ist, eine deutsche Übersetzung beigefügt, die hier zitiert wird.
368 Epistola, hrsg. von Braun, S. 30.
369 Epistola, hrsg. von Braun, S. 38.
370 Epistola, hrsg. von Braun, S. 66.
371 Epistola, hrsg. von Braun, S. 76.
372 Epistola, hrsg. von Braun, 77.
373 Zu Eichstätt vgl. unten Kapitel 15.
374 Petrus Cantor, Verbum Abbreviatum, Sp. 199.
375 Das Schreiben ist überliefert in einem Formelbuch der bischöflichen Kanzlei: Ein Formelbuch des 13. Jahrhunderts aus der Magdeburger Kirchenprovinz, hrsg. von F. Winter, in: Geschichtsblätter für Stadt und Land Magdeburg 12 (1877), S. 1–40, der zitierte Brief, S. 20f.
376 Ebda.
377 Jordan von Giano, Chronik vom Anfang der Minderbrüder in Deutschland.
378 Winter, Ein Formelbuch des dreizehnten Jahrhunderts, Nr. 20 und 23.
379 Ebda., Nr. 206.
380 Vgl. die verschiedenen Arbeiten von S. Arend, etwa: Ackerbau und Seelsorge. Zum Zusammenleben von Seelsorgern mit ihren Gemeinden in spätmittelalterlichen Pfarreien, in: Schweizerische Zeitschrift für Religions- und Kulturgeschichte 99 (2005), S. 223–238.

Anmerkungen

381 Wilhelm Durandus, Rationale divinorum officiorum, mit einer Einführung herausgegeben und bearbeitet von R. Suntrup (Liturgiewissenschaftliche Quellen und Forschungen, Bd. 107). Bd. 1–3, Münster 2016, Zitat: Rationale V, II, 2, Bd. 2, 654.
382 Ebda., und ebda. IV, 28: Bd. II, S. 285.
383 Rationale VI, 83.29: Bd. II, S. 1082.
384 Ebda., IV, 42, II: Bd. I, S. 479ff.
385 Ebda., Bd. I, S. 510.
386 Rationale IV, 9: Bd. I, S. 607.
387 Rationale VI, 1, 10: Bd. II, S. 767.

Kapitel 15
388 Registrum Radulphi Baldock, Gilberti Segrave, Ricardi Newport et Stephani Gravesend, episcoporum Londoniensium, A.D. 1304–1338, transcribed and edited by R. C. Fowler, London 1911, S. 19, siehe auch die kurze Notiz von F. Liebermann im Repertorium für Kunstwissenschaft 33 (1910), S. 550.
389 Thomas von Celano, Zweite Lebensbeschreibung, Kap. 30.
390 S. o. Kap. 13, S. 282.
391 Aus dem Andachtsbüchlein des Predigers Berthold, zitiert bei: Noll, Zu Begriff, S. 306f., FN. 48.
392 Thomas von Kempen, Nachfolge II, 1.
393 [...] *ad quam minus discretus populus* [...] *catervatim ruebat*, Registrum Radulphi Baldock, Gilberti Segrave, Ricardi Newport et Stephani Gravesend, episcoporum Londoniensium, A. D. 1304–1338, p. 19.
394 *unde prospeximus occasionaliter posse animarum pericula provenire*, ebda.
395 Das „St. Katharinenthaler Schwesternbuch", S. 107f.
396 Ebda.
397 Alberts des Großen Augsburger Predigtzyklus über den hl. Augustinus, S. 111.
398 Ebda., S. 119f.
399 Ebda., S. 145.
400 Marsilius von Padua, Der Verteidiger des Friedens: Defensor Pacis, übers. von Horst Kusch, hrsg. von J. Miethke; Darmstadt 2017 (Ausgewählte Quellen zur deutschen Geschichte des Mittelalters, Bd. 50).
401 Marsilius von Padua, Defensor Pacis I. 4. 3.
402 Aristoteles, Politik, I. 2.
403 Zu Rudolf von Habsburg vgl. etwa die verschiedenen Beiträge in: B. Schneidmüller (Hrsg.), König Rudolf I. und der Aufstieg des Hauses Habsburg im Mittelalter, Darmstadt 2019.

Kapitel 16
404 Miethke, Quellen zur Kirchenreform 2, S. 415.
405 Ebda., S. 475.
406 Florenz 1408, Archivio di Stato, Consulte e Pratiche 39, fol. 6r, zitiert nach P. Herde, Politische Verhaltensweisen der Florentiner Oligarchie 1382–1402, in: Geschichte und Verfassungsgefüge, FS Walter Schlesinger, Wiesbaden 1973, S. 190, Anm. 178.
407 Dietrich von Niem, Avisamenta (9), in: Miethke, Quellen zur Kirchenreform 1, S. 259.
408 Text in Miethke, Quellen zur Kirchenreform 1, A 1, S. 60–165.
409 Matthäus von Krakau, Der Sumpf der Römischen Kurie, Epilog, in: Miethke, Quellen zur Kirchenreform 1, S. 169.
410 Ebda.
411 Nikolaus von Kues, Allgemeine Reform, in Miethke, Quellen zur Kirchenreform 2, S. 491.
412 Text: Miethke, Quellen zur Kirchenreform 1, S. 484–497, Zitat S. 485.
413 *Haec sancta*: Alberigo, Dekrete der Ökumenischen Konzilien, S. 409f, Zitat, S. 409 (Langfassung vom 6. April 1415).
414 Miethke, Quellen zur Kirchenreform 2, S. 189.
415 Kautionsdekret: Miethke, Quellen zur Kirchenreform 1, S. 498f.
416 Miethke, Quellen zur Kirchenreform 1, S. 418.

417 Dietrich von Niem, Avisamenta (17), ebda., S.273.
418 J. Helmrath, Das Basler Konzil 1431–1449. Forschungsstand und Probleme, Köln 1987, S. 329.
419 Der Visitatonsbericht ist bis heute nicht ediert, die verschiedenen Arbeiten von Franz Xaver Buchner und seine Publikationen zu dem Visitationsbericht haben Enno Bünz und Klaus Walter Littger in einem eigenen Band zusammengestellt und mit einer Einleitung versehen, die Buchners Bemühungen würdigt: E. Bünz und K. W. Littger (Hrsg.), Klerus, Kirche und Frömmigkeit im spätmittelalterlichen Bistum Eichstätt. Ausgewählte Aufsätze von Franz Xaver Buchner, St. Ottilien 1997, das Zitat findet sich auf S. 130.
420 Konzil von Basel, XX. Sitzung, Alberigo, Dekrete der Ökumenischen Konzilien, S. 485–487, Zitat, S. 486.
421 Siehe dazu: E. Reiter, Rezeption von Basler Dekreten in der Diözese Eichstätt unter Bischof Johann von Eich (1445–1464, in: R. Bäumer (Hrsg.), Von Konstanz nach Trient. Beiträge zur Geschichte der Kirche von den Reformkonzilien bis zum Tridentinum, München u. a. 1972, S. 215–232.
422 Helmrath, Konzil von Basel, S. 349.
423 Der Brief des Mönchs ist ediert von J. Haller, Concilium Basiliense. Studien und Quellen zur Geschichte des Concils von Basel, Bd. 1, 1431–1437, Basel 1896, Nr. 18, S. 255–260.
424 Das Zitat stammt von Piero da Monte: E. Delaruelle – E.R. Labande – P. Ourliac, L´Église au temps du Grand Schisme et de la crise conciliaire 1378–1449, Paris 1962–1964, S. 239, Anm. 12, vgl. dazu und zu einer Zusammenstellung weiterer ähnlicher Klagen: Helmrath, Basler Konzil, S. 77f.
425 Haller, Concilium Basiliense, Bd. 1, Nr. 18, S. 260.
426 Regula Benedicti, Prolog, S. 69.
427 Jan Hus, Von der Kirche, Kap. 5, in: Johannes Hus Deutsch, hrsg. von A. Kohnle u. T. Krzenck, Leipzig 2017, S. 380.
428 Jan Hus, Von der Kirche, Kap. 9, in: Jan Hus Deutsch, hrsg. von Kohnle und Krzenck, S. 416.
429 Ebda., Kap. 10, S. 426.
430 Libellus. Addressed to Leo X, Supreme Pontiff, by Blessed Paolo Giustiniani and Pietro Querini, ed. und übers. von Stephen M. Beall / John J. Schmitt, Milwaukee, WI 2016, S. 34f.
431 Ebda., S. 236–239.
432 Thomas a Kempis, Nachfolge Christi, Kempen 1985, Kap. 1, S. 9.
433 Ebda., II,12, S. 90.
434 Ebda., III, Kap.23, S. 38.
435 Ebda., IV, 15, S. 251.
436 Ebda., I, 25, S. 60.
437 Ebda., III,2, S. 98.
438 Nikolaus von Kues, Allgemeine Reform, ca. 1458/59, in: Miethke, Quellen zur Kirchenreform 2, S. 468–499, Zitat, S. 469.
439 Giorgio Vasari, Das Leben des Paolo Ucello. Piero della Francesca, Antonello da Mesina und Luca Signorelli, übers. von Victoria Lorini, hrsg. von H. Gründler und I. Wenderholm, Berlin 2012, S. 65–71.

Kapitel 17
440 P. Ariés, Geschichte des Todes, München-Wien 1980, S. 13–23.
441 G. G. Márquez, Die Liebe in Zeiten der Cholera, München 1987, S. 69.
442 Die Vision: Gregor der Große, Dialoge II, 35.
443 Ebda., II, 34.
444 Augustinus, Vom Gottesstaat, 22,22.
445 Ebda., 20,20.
446 Ebda., 20,3.
447 Ebda., 21,9.
448 Benedictus Deus: H. Denzinger und P. Hünermann, Kompendium der Glaubensbekenntnisse und kirchlichen Lehrentscheidungen, Nr. 1002.
449 Augustinus, Vom Gottesstaat 22,19.
450 Ebda., 22, 30.

Anmerkungen

451 Ebda., 22, 17.
452 Ebda.
453 Ebda., 22,29.
454 Diese Passage findet sich den Dialogen Gregors IV,1–6.
455 Ebda., IV, 5.
456 Ebda., IV, 7.
457 Dial. IV, 6.
458 Dial. IV, 43.
459 Dial. IV, 39.
460 Ebda.
461 Rimberts Leben Ansgars, S. 23
462 Ebda., S. 29.
463 Vgl. zur Einführung des Allerseelentages: O. Ringholz, Die Einführung des Allerseelentages durch den heiligen Odilo von Cluny, in. Wissenschaftliche Studien und Mittheilungen aus dem Benedictinerorden 2,2 (1881), S. 236–251; Texte des Dekrets im Anhang: S. 250f.
464 J. Le Goff, Die Geburt des Fegefeuers, Vom Wandel des Weltbildes im Mittelalter, 2. Aufl. München 1990.
465 S.o. Kap. 4, S. 124f.
466 Otto von Freising, Chronik, VIII, 24, S. 641–643.
467 Wie Anm. 427.
468 Von der Göttlichen Komödie gibt es eine Vielzahl von Übersetzungen. Einen besonderen Standard setzt die ausführlich kommentierte Übersetzung von Hartmut Köhler, die ich hier verwende: Dante Alighieri, La Commedia. Die Göttliche Komödie, Italienisch / Deutsch. In Prosa übersetzt und kommentiert von H. Köhler, Bd. 1–3, Stuttgart 2011; hier: *Purgatorio* / Läuterungsberg, XXV, V. 108–112.
469 *Purgatorio* / Läuterungsberg, III, V. 145.
470 Ebda., XXI, V. 61–63.
471 Gregor von Tours, Fränkische Geschichte, IV, 33, in: Gregor von Tours, Zehn Bücher Geschichte, hrsg. von B. Schmale, Darmstadt 2017, Bd. 1, S. 241.
472 Beda Venerabilis, Kirchengeschichte des englischen Volkes, III, 19.
473 Visio, 16–18.
474 Visio, 14.
475 Visio, 11.
476 Visio, 24.
477 Marcus von Regensburg, Visio Tnugdali. Vision des Tnugdal. Eingeleitet, übersetzt und kommentiert von H.-C. Lehner und M. Nex, Freiburg 2018 (Fontes Christiani 74).
478 Ebda., Kap. 15.
479 Ebda., Kap. 16.
480 Ebda., Kap. 26.
481 Vgl. zum Folgenden: Die Vision des Bauern Thurkill. Visio Thurkilli mit deutscher Übersetzung, hrsg. von P. G. Schmidt, Leipzig 1987.
482 Vgl. zu diesem Register, das im Wesentlichen auf den Benediktiner Honorius Augustodinensis und sein *Elucidarium* 3,4 zurückgeht: Visio Tnugdali, Einleitung, S. 33, Anm. 98.
483 Petrus Lombardus, Sententiae in quattuor libris distinctae. Vier Bücher der Sentenzen.
484 Petrus Lombardus, Sent., IV, 46, 3.
485 Thomas von Aquin, Summa theologica 88,2.2 (S. 24).
486 Berthold von Regensburg, Predigt in Augsburg über die Sünden, in: Pfeifer / Strobl, Berthold von Regensburg: Vollständige Ausgabe seiner Predigten, Bd. 1, Nr. 6, S. 79–83, Zitat S. 83.
487 Vgl. knapp: Köhler, Anm. zu *Inferno*, 25, V. 7–9, S. 369.
488 *Inferno*, 3, V.8–9.
489 *Inferno*, VI, V. 100–102.
490 *Inferno*, 26, V. 56–60, Zitat V. 58.
491 *Inferno*, 34, V. 10–12.
492 Vgl. zu Dante auch Hartmut Köhlers Kommentar zum XXXIII. Gesang des *Inferno*; vgl. allgemeiner: N. Slenczka, Der endgültige Schrecken: Das Jüngste Gericht und die Angst in der

Religion des Mittelalters, in: Angst und Schrecken im Mittelalter. Ursachen, Funktionen, Bewältigungsstrategien, hrsg. von A. Gerok-Reiter und S. Obermaier, Berlin 2007, S. 97–112.
493 Alanus ab Insulis, Liber Sententiarum, 17; in: Migne 210, Sp. 237C.
494 Visio Tnugdali, Kap. 11, S. 134–135.
495 Die Vision des Bauern Thurkill, S. 52–27.
496 *Sterben, schlafen / womöglich träumen – ja da hakt's:/Denn in dem Schlaf des Tods, welch Träume kommen mögen [...]*, William Shakespeare, Hamlet, III,1.
497 Marcus von Regensburg, Visio Tnugdali, Kap. 16–25
498 Die Vision des Bauern Thurkill, S. 20–21 und S. 30–31.
499 Ebda., S. 74–75.
500 Dante, *Paradiso*, XXX, V. 1.
501 Ebda., V. 130–132.
502 *Purgatorio*, XXX, V. 28–32.
503 *Benedictus Deus*: Denzinger, in: Denzinger / Hünerman, Kompendium der Glaubensbekenntnisse und kirchlichen Lehrentscheidungen, Nr. 1002, S. 379.
504 *Paradiso*, XXXIII, V. 55–56.
505 Ebda., V. 85–93.

Schluss
506 Thomas von Celano, Vita I, Kap. 30.

Quellen und Literatur

Zitierte Quellen

Die Quellen werden in der Reihenfolge ihrer Erwähnung kapitelweise nach Möglichkeit ins Deutsche übersetzt zitiert; doch nicht immer gibt es Übersetzungen, dann zitiere ich die lateinische Edition. Quellentexte, die mehrfach zitiert werden, werden im Folgenden vollständig aufgeführt, mit Kurztitel in den Anmerkungen. Quellen, die nur einmal zitiert werden, werden nur in den Anmerkungen, dort jedoch vollständig genannt. Die Nachweise von Quellenzitaten (Ausgabe und mittelalterliche Einteilung Buch, Kapitel) ermöglichen interessierten Leserinnen und Lesern selbst nachlesen zu können, was die mittelalterlichen Stimmen gesagt oder geschrieben haben. Die sonstigen bibliographischen Daten erlauben in jedem Fall die Identifikation der erwähnten Werke.

Zwei große Quellenausgaben werden wiederholt zitiert und werden im Folgenden daher abgekürzt:

MGH   Monumenta Germaniae Historica
Migne   J. P. Migne, Patrologia Latina, 217 Bde., Paris 1841–1864.

Einleitung
Novalis, Fragmente und Studien: Die Christenheit oder Europa, Stuttgart 1984.
C. Milanesi, Il Sacco di Roma del MDXXVII. Narrazioni di Contemporani, Florenz 1867.
J, Miethke / A. Bühler (Hrsg.), Kaiser und Papst im Konflikt. Zum Verhältnis von Staat und Kirche im späten Mittelalter, Düsseldorf 1988.
Vergil, Aeneis, Lateinisch-Deutsch I, hrsg. von Johanes Götte, 6. Aufl. München und Zürich 1983.
Sancti Columbani Opera, ed. G. S. M. Walker, Dublin 1957.
Jonas von Bobbio, Jonas of Bobbio: Life of Columbanus and His Disciples, Life of John, Life of Vedast, ed. A. O'Hara, Liverpool 2017.
Briefe des Bonifatius / Willibalds Leben des Bonifatius, (Ausgewählte Quellen zur deutschen Geschichte des Mittelalters, Bd. 4b), hrsg. von R. Rau, 3. Aufl., Darmstadt 1984
Die Urkunden Pippins, Karlmanns und Karls des Großen (MGH DD Karol. I), hrsg. von E. Mühlbacher, Berlin 1906.
J. N. Hillgarth, Christianity and Paganism, 350–750. The Conversion of Western Europe, Philadelphia 1986,

Quellen und Literatur

Kapitel 1

Epistolae Merovingici et Karolini Aevi, Tomus 1, ed. Societas Aperiendis Fontibus, Berlin 1892 (MGH Epistolae III).

Vita S. Caesarii, in: Migne 67, Sp. 1001A–1042C.

Christianity and Paganism. 350–750, ed. J.N. Hillgarth, 2. Aufl. University of Pennsylvania Press 1986.

Cassiodor, Institutiones divinarum et saecularium litterarum / Einführung in die geistlichen und weltlichen Wissenschaften, Bd. 1–2, Freiburg 2003 (Fontes Christiani, Bd. 39/1–39/2).

Gregor der Große, Der hl. Benedikt. Buch II. der Dialoge (lat./dt.), St. Ottilien 1995.

A. A. Häußling, Mönchskonvent und Eucharistiefeier. Eine Studien über die Messe in der abendländischen Klosterliturgie des frühen Mittelalters und zur Geschichte der Meßhäufigkeit, Münster 1973.

Kapitel 2

Sancti Columbani opera, ed. G.S.M. Walker, Dublin 1957, Nachdruck 1970.

F. Prinz, Frühes Mönchtum im Frankenreich: Kultur und Gesellschaft in Gallien, den Rheinlanden und Bayern am Beispiel der monastischen Entwicklung 4. bis 8. Jahrhundert, 2. Aufl. München 1988.

Jonas of Bobbio, Life of Columbanus, Life of John of Réome, and Life of Vedast, transl. Alexander O'Hara / Ian Wood, Liverpool 2017.

Ludwig Bieler (Hrsg.), The Patrician Texts in the Book Armagh (Scriptores Latini Hiberniae, Bd. 10), Dublin 1979.

Wahlafrid Strabo, Das Leben des heiligen Gallus, hrsg. von E. Tremp, Ditzingen 2012.

Beowulf. Eine Textauswahl mit Einleitung, Übersetzung, Kommentar und Glossar, hrsg. von E. Standorp, Berlin / New York 2005.

Vita Amandi, in: Passiones Vitaeque Sanctorum Aevi Merovingici, ed B. Krusch / W. Levison, Hannover-Leipzig 1910 (MGH Scriptores Rerum Merovingicarum V), S. 395–485.

Vernam Hull, Apgatir Chrábaid: The Alphabet of Piety, in: Celtica 8 (1968), S. 44–89.

Kapitel 3

Notker der Stammler, Taten Karls des Großen, Bd. 2, hrsg. von H. Haefele, Berlin 1959 (MGH Scriptores Rerum Germanicarum Nova Series, Bd. 12).

Beda der Ehrwürdige, Kirchengeschichte des englischen Volkes, hrsg. und übers. von G. Spitzbart, 2. Aufl. Darmstadt 1997.

Einhard, Vita Caroli Magni. Das Leben Karls des Großen (Lat./Dt.)., übers. von E. Scherabon Firchow, Ditzingen 2018.

Deutsche Geschichte in Quellen und Darstellungen, Band 1: Frühes und hohes Mittelalter 750–1250, hrsg. u. übers. v. W. Hartmann Stuttgart 1995.

Reichsannalen: Quellen zur karolingische Reichsgeschichte, Erster Teil: die Reichsannalen, Leben Karls des Großen, Zwei „Leben Ludwigs", Nithard Geschichten, hrsg. von R. Rau und O. Abel, Darmstadt 2017 (Ausgewählte Quellen zur deutschen Geschichte des Mittelalters, Bd. 5).

MGH Capitularia Regum Francorum I, ed. A. Boretius, Hannover 1883.

Epistolae Karolini Aevi 2, ed. E. Dümmler, 2. Aufl. 1974 (MGH Epistolae IV).

Ari Thorgilssons „Isländerbuch" (Auszüge), in: Isländersagas. Texte und Kontexte, hrsg. von K. Böldl / A. Vollmer / J. Zernack, Frankfurt / M. 2011, S. 212–229.

Kapitel 4
Opus Caroli Regis contra Synodum (Libri Carolini), hrsg. von A. Freeman, Hannover 1998 (MGH Concilia II, Supplement 1).
Concilia Aevi Carolini 1.1, hrsg. von A. Werminghoff, Hannover und Leipzig 1906 (MGH Concilia II.1).
Vita Godehardi Episcopi Prior von Wolfher, in: MGH Scriptores XI, ed. G.H. Pertz, Hannover 1854, S. 167–196.
Capitularia Regum Francorum 1, hrsg. von A. Boretius, Hannover 1883 (MGH Leges II.1)
Agobard de Lyon, Ad Bernardum Episcopum De Privilegio et Iure Sacerdotii, XI, in: Migne 104, Sp. 127–148.

Kapitel 5
Das Sendhandbuch des Regino von Prüm, hrsg. von Wilfried Hartmann (Ausgewählte Quellen zur deutschen Geschichte des Mittelalters, Bd. 42), Darmstadt 2004.
Rodulfi Glabri Historiarum libri Quinque, ed. J. France, Oxford 1989.
Annales Augustani, in: MGH Scriptores III, ed. G.H. Pertz, Hannover 1839, S. 123–136.

Kapitel 6
Gerhard von Augsburg, Vita Sancti Uodalrici. Die älteste Lebensbeschreibung des heiligen Ulrich, ed. W. Berschin / A. Häse, 2. Aufl. Heidelberg 2020.
Rodulfus Glaber, Historiarum libri quinque, ed. John France (Oxford Medieval Texts), Oxford 1989.
Die Konzilien Deutschlands und Reichsitaliens 916–1001, hrsg. v. E.D. Hehl, Hannover 1987 (MGH Concilia 6.1).
Annales Augustani, in: MGH Scriptores III, ed. G.H. Pertz, Hanover 1839, S. 124–136
Regula Benedicti. Die Benediktusregel, hrsg. im Auftrag der Salzburger Äbtekonferenz, 3. Aufl. Beuron 2001.
Gregor der Große, Der Hl. Benedikt. Buch II der Dialoge, St. Ottilien 1995.
Otto von Freising, Chronik oder Die Geschichte der zwei Staaten, hrsg. v. W. Lammers / A. Schmidt, 5. Aufl. Darmstadt 1990 (Ausgewählte Quellen zur Deutschen Geschichte des Mittelalters, Bd. 16).
Lampert von Hersfeld, Annalen, ed. A. Schmidt / W.D. Fritz, Darmstadt 1957, 4. Aufl. Darmstadt 2000 (Ausgewählte Quellen zur deutschen Geschichte des Mittelalters, Bd. 13).
Hungrvaca. The Lives of the First Seven Bishops of Skalholt, in: Origines Islandicae: a collection of the more important sagas and other native writings relating to the settlement and early history of Iceland, ed. G. Vigfusson / F. York Powell, Oxford 1905.

Kapitel 7
Quellen zum Investiturstreit 1. Ausgewählte Briefe Papst Gregors VII., hrsg. von F.J. Schmale (Ausgewählte Quellen zur deutschen Geschichte des Mittelalters, Bd. 12a), Darmstadt 1979.

Quellen und Literatur

Wipo, Gesta Chuonradi Imperatoris. Taten Kaiser Konrads II, in: Quellen des 9. und 11. Jahrhunderts zur Geschichte der Hamburgischen Kirche und des Reiches, hrsg. von W. Trillmich und R. Buchner (Ausgewählte Quellen zur deutschen Geschichte des Mittelalters, Bd. 11), Darmstadt ⁶2017.

Bonaventura, De perfectione evangelica, Quaest. 4, Art. 3, in: Opera Omnia 5, Quaracchi 1891, S. 189ff.

Kapitel 8

The Epistolae Vagantes of Gregory VII, ed. H.E J. Cowdrey, Oxford 1972.

Brunos Buch vom Sachsenkrieg: Quellen zur Geschichte Kaiser Heinrichs IV. Die Briefe Heinrichs IV. Das Lied vom Sachsenkrieg. Brunos Sachsenkrieg. Das Leben Kaiser Heinrichs IV., hrsg. von F.-J. Schmale (Ausgewählte Quellen zur deutschen Geschichte des Mittelalters, Bd. 12), Darmstadt 1963, S. 192–405.

Bertholdi et Bernoldi Chronica MLIV–MC / Die Chroniken Bertholds von Reichenau und Bernolds von Konstanz 1054–1100, ed. I.S. Robinson (MGH SS rer. Germ. N. S. XIV), Hannover 2003.

Sigebert von Gembloux, Chronik, in: MGH Scriptores VI, ed. G.H. Pertz, Hannover 1844, S. 300–374.

Landulfi Historia Mediolanensis, in: MGH Scriptores VIII, ed. G.H. Pertz, Hannover 1848, S. 32–100.

Anselm von Canterbury, Cur Deus Homo / Warum Gott Mensch geworden (lat./dt.), hrsg. von F.S. Schmitt, Darmstadt 1956.

Kapitel 9

Walter Map, De nugis curialium / Courtiers' Trifles, ed./transl. M.R. James / C.N.L. Brooke / R. A. B. Mynors, Oxford 1983.

Franziskus-Quellen: die Schriften des Heiligen Franziskus, Lebensbeschreibungen, Chroniken und Zeugnisse über ihn und seine Orden, hrsg. von D. Berg / L. Lehman, Kevelaer 2009.

Jordan von Giano O. Min., Chronik vom Anfang der Minderbrüder besonders in Deutschland (Chronika Fratris Jordani), ed. J. Schlageter OFM, Münster / Westf. 2012.

Thomas von Celano, Leben und Wunder des heiligen Franziskus von Assisi, hrsg. von E. Grau, 4. Aufl. Werl, Westf. 1988 (Franziskanische Quellenschriften, Bd. 5).

Corpus Iuris Canonici, Bd. 1–2, hrsg. von E. Friedberg, Graz 1955.

Kapitel 10

A. Neubauer / M. Stern (Hrsg.), Hebräische Berichte über die Judenverfolgung während der Kreuzzüge, Berlin 1892.

Gesta Treverorum, in: MGH Scriptores. VIII, ed. G.H. Pertz, Hannover 1848.

Bernhard von Clairvaux, Sämtliche Werke (lateinisch / deutsch) Bd. 3, hrsg. von G.B. Winkler, Innsbruck 1992.

Chronica Albrici Monachi Trium Fontium a Monacho Novi Monasterii Hoiensis interpolate, ed. P. Scheffer-Boichorst, in: MGH Scriptores XXIII, ed. G.H. Pertz, Hannover 1874.

Kapitel 11
Otfried von Weißenburg, Evangelienbuch. Aus dem Althochdeutschen übertragen und mit einer Einführung, Anmerkungen und einer Auswahlbibliographie versehen von H. Hartmann, Bd. 1, Herne 2005.

The Reference Bible. Das Bibelwerk. Inter pauca problemata de enigmatibus ex tomis canonicis nunc prompta sunt Praefatio et libri Pentateucho Moysi, ed. G. MacGinty (Corpus Christianorum, Continuatio Mediaevalis 173), Tunhout 2000.

Rudolfus von Fulda, Vita Leobae abbatissae Biscofesheimensis, in: MGH Scriptores XV.1, ed. G. H. Pertz, Hannover 1887.

Dhuoda, Liber Manualis. Handbuch für den Sohn Wilhelm, ed. P. Riché / W. Fels, Stuttgart 2020.

G. Alberigo u. a., Dekrete der Ökumenischen Konzilien (Concilorum Oecumenicorum Decreta, Bd. 2), 3. Aufl. Paderborn u. a. 1973.

Kapitel 12
Iacobus de Vitriaco, Vita Marie de Oegnies. Thomas Cantipratensis, Supplementum, ed. R.B.C. Huygens, (Corpus Christianorum Continuatio Medievalis, Bd. 252), Turnhout 2012.

Jakob von Vitry / Thomas von Cantimpré, Das Leben der Maria von Oignies, ed./transl. I. Geyer (Corpus Christianorum), Turnhout 2014.

Abaelard, Die Leidensgeschichte und der Briefwechsel mit Heloisa, 4. Aufl., Heidelberg, 1979.

Hildegard von Bingen, Werke, Bd. 1–8, hrsg. von der Abtei St. Hildegard, Beuron 2011–2013.

Leben und Offenbarungen der heiligen Birgitta, übers. und hrsg. von L. Clarus, Bd. 2, Regensburg 1856.

G. und A. Duby, Die Prozesse der Jeanne d'Arc, Berlin 1999.

Kapitel 13
Le Prediche Volgari di Bernardino da Siena, Bd. I, ed. L. Banchi, Siena 1880.

A. Franz, Die kirchlichen Benediktionen im Mittelalter, Bd. 1–2, Freiburg 1909.

Kapitel 14
Petrus Cantor Verbum Abbreviatum, in: Migne 205.

Petrus Lombardus, Sententiae in Quatuor Libris distinctae. Vier Bücher Sentenzen, eingeleitet, übersetzt und kommentiert von S. Ernst (Fontes Christiani, Sonderband in 2 Teilbänden), Freiburg / Basel / Wien 2024.

Thomas von Aquin, Das Gesetz: 1-II, 90–195 (Die deutsche Thomas-Ausgabe, Bd. 13), hrsg. von O.H. Pesch, Graz 1977.

Epistola de miseria curatorum seu plebanorum hrsg. von G. Braun, in: Beiträge zur bayerischen Kirchengeschichte 22 (1916), S. 27–41 und S. 66–78.

Kapitel 15
Registrum Radulphi Baldock, Gilberti Segrave, Ricardi Newport et Stephani Gravesend, episcoporum Londoniensium, A.D. 1304–1338, ed. R.C. Fowler (Canterbury and York Society, Publications Bd. 7), London 1911.

Quellen und Literatur

Thomas von Celano, Leben und Wunder des Heiligen Franziskus von Assisi, hrsg. von E. Grau (Franziskanische Quellenschriften, Bd. 5), 4. Aufl. Werl/Westf. 1988 (Erste und zweite Lebensbeschreibung).
Th. Noll, Zu Begriff, Gestalt und Funktion des Andachtsbildes im späten Mittelalter, in: Zeitschrift für Kunstgeschichte 67 (2004), S. 297–328.
Thomas von Kempen (Thomas a Kempis), Nachfolge Christi, Kempen 1985.
R. Meyer (Hrsg.), Das „St. Katharinenthaler Schwesternbuch", Tübingen 1995.
J. B. Schneyer (Hrsg.), Alberts des Großen Augsburger Predigtzyklus über den hl. Augustinus, in: Recherches de Théologie ancienne et médiévale 36 (1969), S. 101–147; Text ab S. 105. Hier ist vor allem die dritte Predigt von Belang, S. 119–126.
Aristoteles, Politik, übers. und hrsg. von O. Gigon, 6. Aufl. München 1986.

Kapitel 16
J. Miethke (Hrsg.), Quellen zur Kirchenreform im Zeitalter der Großen Konzilien des 15. Jahrhunderts, Bd. 1–2 (Ausgewählte Quellen zur deutschen Geschichte des Mittelalters, Bd. 38a-b), Darmstadt 1995–2002.
J. Haller, Concilium Basiliense. Studien und Quellen zur Geschichte des Concils von Basel, Bd. 1, 1431–1437, Basel 1896.
Johannes Hus Deutsch, hrsg. von A. Kohnle/Th. Kzenck, Leipzig 2017.

Kapitel 17
Philippe Ariés, Geschichte des Todes, München/Wien 1980.
Gregor der Große (560–604), Vier Bücher Dialoge. Dialogi de Vita et Miraculis Patrum Italicorum, (Bibliothek der Kirchenväter), übers. von J. Funk, München 1933 (Bibliothek der Kirchenväter Online).
Augustinus von Hippo 354–430, De Civitate Dei. Zweiundzwanzig Bücher über den Gottesstaat, übers. von A. Schröder, München 1911–1916 (Bibliothek der Kirchenväter Online).
H. Denzinger/P. Hünermann (Hrsg.), Kompendium der Glaubensbekenntnisse und kirchlichen Lehrentscheidungen. Enchiridion symbolorum definitionum et declarationum de rebus fidei et morum, 45. Aufl., Freiburg 2017.
Rimberts Leben Ansgars, in: Quellen des 9. und 11. Jahrhunderts zur Geschichte der Hamburgischen Kirche und des Reiches, hrsg. von W. Trillmich/R. Buchner (Ausgewählte Quellen zur deutschen Geschichte des Mittelalters, Bd. 11), 6. Aufl. Darmstadt 2017.
Otto Bischof von Freising, Chronik oder: Die Geschichte der Zwei Staaten, übers. von A. Schmidt, hrsg. von W. Lammers (Ausgewählte Quellen zur Deutschen Geschichte des Mittelalters, Bd. 16), 5. Aufl. Darmstadt 1990.
Gregor von Tours, Zehn Bücher Geschichte, hrsg. von B. Schmale (Ausgewählte Quellen zur Deutschen Geschichte des Mittelalters, Bd. 3), Darmstadt 2017.
H. Knittel, Heito und Walahfrid Strabo: Visio Wettini. Einführung, lateinisch-deutsche Ausgabe und Erläuterungen (Reichenauer Texte und Bilder, Bd. 12), 2. Aufl., Heidelberg 2004.
Marcus von Regensburg, Visio Tnugdali. Vision des Tnugdal. Eingeleitet, übersetzt und kommentiert von H.-C. Lehner/M. Nex (Fontes Christiani, Bd. 74), Freiburg 2018.

Die Vision des Bauern Thurkill. Visio Thurkilli mit deutscher Übersetzung, hrsg. von Paul Gerhard Schmidt, Leipzig 1987.
Thomas von Aquin, Summa Theologica, dt.-lat. Ausgabe, hrsg. von der Albertus-Magnus-Akademie Walberberg bei Köln (Die deutsche Thomas Ausgabe, Bd. 36), Graz/Wien/Köln 1961.
F. Pfeifer/J. Strobl (Hrsg.), Berthold von Regensburg: Vollständige Ausgabe seiner Predigten, Bd. 1, Wien 1862.
William Shakespeare, Hamlet, neu übersetzt und mit Anmerkungen versehen von F. Günther, 10. Aufl. München 2014.

Weiterführende Literatur

Zum Thema der Christenheit im Mittelalter und zu den verschiedenen Aspekten des Themas gibt es eine ganze Bibliothek an guter Literatur. Hier wird nur eine kleine Auswahl präsentiert. Neben Überblickswerken in sehr unterschiedlichem Umfang führt die Auswahl maximal drei Titel pro Kapitel an, um eine gewisse Übersichtlichkeit zu erhalten.

A. Angenendt, Das Frühmittelalter. Die abendländische Christenheit von 400 bis 900, 3. Aufl. Stuttgart 2001.
M. Becher, Karl der Große, 6. Aufl. München 2016.
M. Bloch, Die Feudalgesellschaft, Frankfurt/M. 1982.
E. Brooke-Hitching, Der Atlas des Teufels. Eine Erkundung des Himmels, der Hölle und des Jenseits, München 2022.
P. Brown, Die Entstehung des christlichen Europa, München 1996.
D.J. Collins (Hrsg.), The sacred and the sinister: studies in medieval religion and magic, University Park 2019.
A. Derbes, Picturing the Passion in late Medieval Italy: narrative painting, Franciscan ideologies and the Levant, Cambridge 1998.
Die Geschichte des Christentums, hrsg. von N. Brox/O. Engels/G. Kretschmar u.a. (14 Bde).
– Bd. 4: Bischöfe, Mönche und Kaiser (642–1054), hrsg. von E. Boshof, Freiburg 2010.
– Bd. 5: Machtfülle des Papsttums (1054–1274), hrsg. von O. Engels/H. Smolinsky, Freiburg 2010.
– Bd. 6: Die Zeit der Zerreißproben (1274–1449), hrsg. von B. Schimmelpfennig, Freiburg 2010.
– Bd. 7: Von der Reform zur Reformation (1450–1530), hrsg. von M. Venard/H. Smolinsky, Freiburg 2010.
H. Feld, Franziskus von Assisi und seine Bewegung, Darmstadt 2007.
F.J. Felten/C. Kleinjung (Hrsg.), Vita religiosa sanctimonialium: Norm und Praxis des weiblichen religiösen Lebens vom 6. bis zum 13. Jahrhundert, Korb 2011.
A. Fößel/A. Hettinger, Klosterfrauen, Beginen, Ketzerinnen: religiöse Lebensformen von Frauen im Mittelalter, Idstein 2000.

Quellen und Literatur

J. Fried, Karl der Große: Gewalt und Glaube, 5. Aufl. München 2016.
K. Herbers, Geschichte der Päpste in Mittelalter und Renaissance im Mittelalter, Ditzingen 2014.
Himmel, Hölle, Fegefeuer. Das Jenseits im Mittelalter. Eine Ausstellung des Schweizerischen Landesmuseums in Zusammenarbeit mit dem Schnütgen-Museum und der Mittelalterabteilung des Wallraff-Richartz-Museums der Stadt Köln, hrsg. von P. Jezler, Zürich 1994.
G. Hoffmann, Das Gabelkreuz in St. Maria im Kapitol zu Köln und das Phänomen der Crucifixi dolorosi in Europa, Worms 2006.
N. Jaspert, Die Kreuzzüge, 6. Aufl. Darmstadt 2013.
H. Keller, Pataria und Stadtverfassung, in: J. Fleckenstein (Hrsg.), Investiturstreit und Reichsverfassung (Vorträge und Forschungen, Bd.17), Sigmaringen 1975.
H. Keller, Zwischen regionaler Begrenzung und universalem Horizont. Deutschland im Imperium der Salier und Staufer 1024–1250, Berlin 1986.
G. Krumeich, Jeanne d'Arc: Seherin – Kriegerin – Heilige: eine Biographie, München 2021.
W. Haug / B. Wachinger (Hrsg.), Die Passion Christi in Literatur und Kunst des Spätmittelalters, Tübingen 1993.
C. H. Lawrence, The Friars: the impact of the early mendicant movement on Western Society, London 2013.
V. Leppin, Franziskus von Assisi, Darmstadt 2018.
V. Leppin, Geschichte des mittelalterlichen Christentums, Tübingen 2012.
F. van Liere, An Introduction to the Medieval Bible, 2. Aufl. Cambridge 2015.
Liturgie im Mittelalter: Ausgewählte Aufsätze zum 70. Geburtstag von A. Angenendt, hrsg. von T. Flamme / D. Meyer, Münster 2004.
M. Meier, Geschichte der Völkerwanderung: Europa, Asien und Afrika vom 3. Bis zum 8. Jahrhundert, München 2021.
J. Oberste, Der „Kreuzzug" gegen die Albigenser: Ketzerei und Machtpolitik im Mittelalter, Darmstadt 2003.
L. E. von Padberg, Mission und Christianisierung. Formen und Folgen bei Angelsachsen und Franken im 7. und 8. Jahrhundert, Stuttgart 1995.
S. Page / C. Rider (Hrsg.), The Routledge History of Medieval Magic, Milton 2019.
S. Patzold, Presbyter, Moral, Mobilität, und die Kirchenorganisation im Karolingerreich, Stuttgart 2020.
J. Reinert / V. Leppin (Hrsg.), Kleriker und Laien. Verfestigung und Verflüssigung einer Grenze im Mittelalter, Tübingen 2021.
V. Reinhardt, Blutiger Karneval. Der Sacco di Roma 1527 – eine politische Katastrophe, Darmstadt 2009.
R. Schieffer, Papst Gregor VII., München 2010.
B. Schimmelpfennig, Das Papsttum. Von der Antike bis zur Renaissance, 6. Aufl. Darmstadt 2009.
H.-J. Simm, Und ich sah einen neuen Himmel: Jenseitsvorstellungen in den Religionen der Welt, Ostfildern 2012.
R. W. Southern, Western Society and the Church in the Middle Ages, Hammondsworth 1970.
The Cambridge History of Christianity

- Bd. 3, Early Medieval Christianities c. 600 – c.1100, hrsg. von T. F. X. Noble / J.M.H. Smith / R. A. Baranowski, Cambridge 2008.
- Bd. 4, Christianity in Western Europe c. 1100 – c.1500, hrsg. von M. Rubin / W. Simon, Cambridge 2009.

E. Schlotheuber, ‚Gelehrte Bräute Christi': geistliche Frauen in der mittelalterlichen Gesellschaft, Tübingen 2018.

B. Wegener, Magie – Zauberei – Hexerei, Göttingen 2019.

S. Weinfurter, Canossa. Die Entzauberung der Welt, 3. Aufl. München 2007.

E. Werner / M. Erbstösser, Kleriker, Mönche Ketzer: das religiöse Leben im Hochmittelalter.

H. Zschoch, Die Christenheit im Hoch- und Spätmittelalter. Von der Kirchenreform des 11. Jahrhunderts zu den Reformbestrebungen des 15. Jahrhunderts, Göttingen 2004.

Bildnachweis

Abb. 1 © rparys / Getty Images | **Abb. 2** © naturepicture_rika / shutterstock | **Abb. 3** © mauritius images / Svintage Archive / Alamy / Alamy Stock Photos | **Abb. 4** Public Domain via Münchener Digitalisierungszentrum / Digitale Bibliothek | **Abb. 5** © Joachim Schäfer | **Abb. 6** © mauritius images / NJphoto / Alamy / Alamy Stock Photos | **Abb. 7** Public Domain | **Abb. 8** © mauritius images / The Picture Art Collection / Alamy / Alamy Stock Photos | **Abb. 9** © mauritius images / History and Art Collection / Alamy / Alamy Stock Photos | **Abb. 10** © mauritius images / Tibbut Archive / Alamy / Alamy Stock Photos | **Abb. 11** © Imago / Kharbine-Tapabor | **Abb. 12** © akg-images / Fototeca Gilardi | **Abb. 13** Public Domain via UB Basel | **Abb. 14** © mauritius images / GL Archive / Alamy / Alamy Stock Photos | **Abb. 15** © Norbert Liesz, Augsburg | **Abb.16** © From the British Library archive / Bridgeman Images | **Abb. 17** © akg-images / Bildarchiv Monheim / Florian Monheim | **Abb. 18** © mauritius images / Michael Weber / imageBroker | **Abb. 19** © mauritius images / Historic Images / Alamy / Alamy Stock Photos | **Abb. 20** © mauritius images / Abbus Acastra / Alamy / Alamy Stock Photos | **Abb. 21** © mauritius images / Sonia Halliday Photo Library / Alamy / Alamy Stock Photos | **Abb. 22** Public Domain

Zum Autor

Martin Kaufhold, geb. 1963, Studium der Geschichte und Germanistik an der Universität Heidelberg und der University of Maryland, USA. Promotion in Heidelberg, wissenschaftlicher Mitarbeiter und Assistent am Lehrstuhl von Jürgen Miethke; Habilitation 2000. Seit 2003 ordentlicher Professor für Mittelalterliche Geschichte an der Universität Augsburg.

Personenregister

Nicht berücksichtigt sind Namensnennungen in den Anmerkungen.

A
Abbo, Abt 128
Adalbero 86
Adalbert von Hamburg-Bremen 152
Adelheid. Kaiserin 252
Agobard von Lyon 62, 95, 98f., 101f., 105, 110
Æthelburh 70, 72f.
Alain von Lille 382, 386
Alarich I. 35
Alarich II. 34, 37
Albertus Magnus 177, 321–323
Aldebert, Bischof 103
Alexander III., Papst 296, 302
Alfred der Große 92
Alkuin 77, 97, 109, 218–220
Amandus 57f., 63, 243
Ambrosius von Mailand 246
Angenendt, Arnold 67
Anselm von Canterbury 160–163, 165, 289
Ansgar 59, 243, 365
Antonello da Messina 351f.
Antonius der Große 117, 270–272
Ari Thorgilsson 80–82
Arialdus 158
Ariès, Philippe 354
Aristoteles 323
Arius 35
Astrolabius 252
Athanasius von Alexandrien 270
Augustinus von Canterbury 70
Augustinus de Dacia 234

Augustinus von Hippo 17, 35, 161, 215, 244–247, 273f., 357–360, 363, 368, 378, 381
Augustus 16

B
Beda Venerabilis 22f., 33, 38–42, 61, 69, 71–73, 97, 107, 202, 206f., 213, 251f., 276, 372
Benedikt von Aniane 114f.
Benedikt Biscop 39–41, 207, 214, 216f.
Benedikt von Mentana 102
Benedikt von Nursia 25, 40, 114–122, 125, 128, 173, 242, 250, 354f., 364, 386, 398
Benedikt XII., Papst 359, 369, 381, 386
Benedikt XVI., Papst 147
Beowulf 55f.
Bernard Gui 197
Bernhard von Clairvaux 124, 187f., 222, 257
Bernhard von Septimanien 247
Bernhardin von Siena 267f., 274
Bernold von Konstanz 159
Berthold von Freiburg 314
Berthold von Regensburg 380
Berthold von Reichenau 155
Birgitta von Schweden 262f., 266
Bonaventura 146, 177, 180, 226
Bonifatius 18, 56, 69, 102–104, 106, 204, 243
Bonifatius V., Papst 72
Bonifatius VIII., Papst 145–149, 180, 381

427

Personenregister

Boso, Graf 109
Brown, Peter 52
Bruno von Toul 138
Buchner, Franz Xaver 338
Bünz, Enno 297

C

Caesarius von Arles 17, 33f., 37–40, 44–46, 56–60, 78, 113, 116, 199, 213f., 272, 299
Caesarius von Heisterbach 296
Caracalla 32
Cassiodor 39f., 215
Ceolfrid von Wearmouth 207, 216
Chlodwig 31–33, 62, 64–68, 70f., 73f., 82f., 89, 242, 244, 249
Chrodechilde 64, 72, 244
Clemens Scottus 103
Coelestin V., Papst 147
Columbanus 17, 24, 45–47, 51f., 54, 56f., 59f., 63, 92, 101, 113f., 116f., 120, 160, 242

D

Dante Alighieri 354, 362, 369f., 381f., 384–386, 398
Dhuoda 214f., 247–251
Dietrich von Niem 329f., 333
Diokletian 65
Dominikus 306, 392
Duby, Georges 251

E

Eangyth 18
Eckhart, Meister E. 122, 386
Edwin von Northumbria 70–73, 82f., 251
Einhard 19, 75, 84
Elieser bat Natan 186
Emmeram von Regensburg 92
Engiltruda 109f.
Eugen IV., Papst 335
Eusebius von Caesarea 65

F

Franziskus von Assisi 26, 118, 134, 171–178, 181–184, 192, 200, 239, 242, 244, 269, 306f., 314f., 319, 346f., 392f.
Friedrich Barbarossa 190, 296
Friedrich II. 145f., 150, 277
Fursa 372f.

G

Gallus 54
Gerhard von Augsburg 108, 132
Germanus von Auxerre 48, 50, 276
Germanus von Capua 364f.
Giovanni Villani 149
Goethe, Johann Wolfgang von 268
Gratian 231, 233, 285f.
Gregor I. der Große, Papst 24, 40, 45, 51, 70, 114–122, 173–175, 203, 217, 221, 226, 232, 287, 294, 299, 355, 362–365, 368, 378, 386
Gregor VII., Papst 15f., 112, 132, 139–144, 149–156, 158, 162, 166f., 169, 254, 288, 301, 397
Gregor IX., Papst 145, 171, 175
Gregor XI., Papst 261f.
Gregor von Tours 17, 38, 60, 64–67, 73, 372
Günther von Bamberg 136

H

Haimo von Auxerre 235–237
Haito von Reichenau 373
Heinrich II. 90–93
Heinrich III. 87, 124, 138, 143, 152, 219
Heinrich IV. 124, 139f., 143, 149f., 155, 186f.
Heinrich VII. 146
Heinrich II. von England 170, 301
Heinrich V. von England 339
Heinrich Seuse 122, 386
Helgi der Magere 204
Heloïse 252–254, 349
Hermann von Metz 142
Hieronymus 51, 207, 209, 211f., 286
Hieronymus Bosch 358, 383
Hild von Whitby 215, 251f.

Hildegard von Bingen 254–259
Hinkmar von Reims 74
Hrabanus Maurus 215
Hugo, Victor 294
Hugues Guéraud 279

I
Innozenz III., Papst 144f., 150, 176, 203, 225, 239
Innozenz IV., Papst 145f., 150
Isidor von Sevilla 89
Isleif, Bischof 137f.
Ite von Hallau 319

J
Jakob von Vitry 239–241, 291
Jan van Eyck 352
Jan Hus 194, 339, 342–345
Jean Gerson 348
Jeanne d'Arc 194, 198, 263–265, 339
Johann von Eych 338
Johann von Morigny 280
Johann Ohneland 145
Johannes von Palomar 331f.
Johannes XXII., Papst 278f., 369
John Wyclif 343–345
Jonas von Bobbio 54
Jonas von Orléans 89
Jordan von Giano 179, 319
Judith, Kaiserin 205f.
Juliana von Norwich 386
Justinian 18
Jutta von Sponheim 255f.

K
Karl der Große 19, 42, 53, 55, 59, 62, 68, 74–79, 82–85, 87–89, 92, 95–98, 103–105, 109–111, 113–115, 127, 204, 208, 215, 218, 220, 230, 242, 248f., 272, 281, 305, 373
Karl IV. 146
Karl VII. von Frankreich 264, 266, 339
Katharina von Alexandrien 265
Katharina von Siena 259–263, 266
Keller, Hagen 159
Klara von Assisi 393

Konrad II. 143
Konrad von Marburg 196–198
Konstantin der Große 65f., 126
Kuno von Disibodenberg 258

L
Lambertini, Roberto 176
Lampert von Hersfeld 136
Le Goff, Jacques 366, 369, 378
Leo X., Papst 344
Liemar von Hamburg-Bremen 152f., 155
Lioba von Tauberbischofsheim 214f.
Liuthar von Reichenau 90
Lothar II. 109f.
Ludwig der Bayer 146
Ludwig der Fromme 68f., 105, 107, 110f., 179, 205, 208, 214f., 220, 247, 373
Lupus von Troyes 276
Luther, Martin 224, 327, 344

M
Marcus von Regensburg 375
Margareta von Antiochien 265
Maria von Oignies 239–241, 291
Márquez, Gabriel García 355
Marsilius von Padua 322f.
Martin von Braga 69, 272
Martin V., Papst 328, 335, 337
Mathilde von Quedlinburg 252
Matthäus von Krakau 329f.
Matthias Grünewald 283, 315
Maxentius 65
Milton, John 273
Monika 246f.
Muirchú 47

N
Napoleon 15
Nikolaus Cusanus 326, 330, 339, 350
Nikolaus von Lyra 208f., 216f., 224, 233f.
Notker der Stammler 68, 84, 109
Novalis 13

Personenregister

O
Odilo von Cluny 123, 366
Odo von Cluny 123
Olaf Tryggvason 80
Otfried von Weißenburg 205f.
Otto I. der Große 78, 85, 92, 111, 135, 252, 303
Otto III. 90
Otto von Freising 124f., 368, 370, 379f.
Otto von Konstanz 152, 154–156
Otto von Regensburg 136

P
Paolo Giustiniani 344
Patrick 47–50, 54, 60, 63, 204, 243, 284, 376
Paul I., Papst 43
Paulinus von York 71f., 251
Petrus Abaelard 231, 252–254, 349
Petrus Cantor 302
Petrus Damiani 276
Petrus Johannes Olivi 181
Petrus Lombardus 292, 378f.
Petrus Waldes 169f., 223, 237, 316
Philipp I. von Frankreich 139f.
Philipp II. von Frankreich 145
Philipp IV. von Frankreich 147–149
Philipp von Schwaben 145
Pieter Bruegel 347
Pietro Querini 344
Pippin III. der Jüngere 43, 87
Prinz, Friedrich 46

R
Radulf Glaber 128, 134
Raimund von Capua 259
Regino von Prüm 107–110
Remigius von Reims 31, 64, 66
Richard Löwenherz 190f., 193
Richard II. von England 87
Richardis von Stade 258
Rimbert 365
Roger Bacon 225
Roger von Hoveden 190f.
Romulus Augustulus 31
Rudolf von Habsburg 323f.
Rudolf von Rheinfelden 143

S
Saladin 150, 190
Severandus, Abt 118
Shakespeare, William 245, 383
Sigebert von Gembloux 157, 163, 166, 287f., 306
Sigfried von Mainz 136
Sigismund 339f.
Spörl, Johannes 124
Stephen Harding 222
Stephen Langton 232

T
Tabbaroni, Andrea 176
Theoderich der Große 35, 37, 39
Theodulf von Orléans 218
Thiedemann 311
Thomas von Aquin 177, 180, 226, 379
Thomas Becket 153, 301
Thomas von Celano 174, 182
Thomas von Kempen 122, 316, 346–350, 354
Thorgeir 80f.
Thorsteinn Raudnef 273
Thurkill 376, 382, 384f.
Tnugdal 375, 382, 384

U
Ulrich von Augsburg 45, 85, 92, 108, 111f., 132, 135, 282
Ulrich Richenthal 337
Urban II., Papst 159, 163, 167, 188–190
Urban VI., Papst 260f.

V
Vergil 16
Volmar 255f.

W

Walter Map 170, 178, 245
Wetti von Reichenau 373f.
Wido von Ferrara 287
Wilhelm von Aquitanien 123
Wilhelm Durandus der Ältere 305

Wilhelm von Nogaret 148
Wilhelm von Septimanien 214, 247f.
Wilhelm von Utrecht 136

Z

Zacharias, Papst 69, 89